权威·前沿·原创

皮书系列为
"十二五""十三五"国家重点图书出版规划项目

智 库 成 果 出 版 与 传 播 平 台

陕西省社会科学院 / 编

陕西经济发展报告（2021）

REPORT ON ECONOMIC DEVELOPMENT IN SHAANXI (2021)

主　编 / 司晓宏　白宽犁　裴成荣

社会科学文献出版社
SOCIAL SCIENCES ACADEMIC PRESS (CHINA)

图书在版编目(CIP)数据

陕西经济发展报告.2021/司晓宏,白宽犁,裴成荣主编.——北京:社会科学文献出版社,2021.1
(陕西蓝皮书)
ISBN 978-7-5201-7766-5

Ⅰ.①陕… Ⅱ.①司… ②白… ③裴… Ⅲ.①区域经济发展-研究报告-陕西-2021 Ⅳ.①F127.41

中国版本图书馆 CIP 数据核字(2021)第 009050 号

陕西蓝皮书
陕西经济发展报告(2021)

主　　编 / 司晓宏　白宽犁　裴成荣

出 版 人 / 王利民
组稿编辑 / 邓泳红
责任编辑 / 宋　静

出　　版 / 社会科学文献出版社·皮书出版分社 (010)59367127
　　　　　 地址:北京市北三环中路甲29号院华龙大厦 邮编:100029
　　　　　 网址:www.ssap.com.cn
发　　行 / 市场营销中心 (010)59367081　59367083
印　　装 / 天津千鹤文化传播有限公司

规　　格 / 开　本:787mm×1092mm　1/16
　　　　　 印　张:24.75　字　数:372千字
版　　次 / 2021年1月第1版　2021年1月第1次印刷
书　　号 / ISBN 978-7-5201-7766-5
定　　价 / 158.00元

本书如有印装质量问题,请与读者服务中心(010-59367028)联系

▲ 版权所有 翻印必究

陕西蓝皮书编委会

主　　　任　司晓宏

副 主 任　白宽犁　杨　辽　毛　斌

编　　　委　（按姓氏笔画排列）
　　　　　　于宁锴　王长寿　王建康　牛　昉　李继武
　　　　　　吴敏霞　谷孟宾　张艳茜　党　斌　郭兴全
　　　　　　唐　震　裴成荣

主　　　编　司晓宏　白宽犁　裴成荣

执 行 主 编　裴成荣

执行副主编　张　馨　陈　光

主要编撰者简介

司晓宏 教育学博士,二级教授,博士生导师。陕西省社会科学院党组书记、院长,研究领域为教育学原理和教育管理学。主持完成教育部哲学社会科学重大攻关课题、国家社科基金课题等国家和省部级课题13项,获全国高等学校科学研究成果奖(人文社会科学)、陕西省哲学社会科学优秀成果奖等国家和省部级、厅局级科研奖15项。先后在《教育研究》、COMPARE、《光明日报》等报刊发表学术论文80余篇,独立出版《教育管理学论纲》《面向现实的教育关怀》等专著4部,主编教材5部。2017年获陕西省首批"特支计划"哲学社会科学和文化艺术领域领军人才称号。兼任陕西省社科联副主席、陕西省人民政府督学,兼任第一届教育部高等学校教育学类专业教学指导委员会副主任、第二届委员,中国教育学会教育管理学术委员会常务副理事长、中国教育政策研究院兼职教授、陕西省教育理论研究会会长等。

白宽犁 陕西省社会科学院副院长,研究员。研究领域为马克思主义中国化、思想政治教育工作、宣传思想文化工作、社会治理等。在各类报刊上发表理论文章100余篇,编辑出版著作20余部,承担国家社科基金项目1项、其他项目20余项。

裴成荣 工学博士,二级研究员。陕西省社会科学院学术委员会副主任、经济研究所所长,陕西省人大常委会预算工作委员会副主任,陕西省

"特支计划"哲学社会科学和文化艺术领域领军人才，陕西省十三届人大代表，西安市人民政府参事。主要研究方向为区域经济、城市经济、产业经济。出版《国有企业改革与产权市场建设》《区域发展与产业培育》《国际化大都市特色研究》《文化繁荣背景下遗址保护与都市圈和谐共生机制研究》《陕西同步够格全面建成小康社会研究》等专著6部。自1999年以来主编年度出版物《陕西经济发展报告》（蓝皮书系列）等20余部。主持完成国家级及省部级课题20余项，完成厅局级各类课题50余项，发表研究论文100余篇。科研成果获省部级奖项20项，其中，获哲学社会科学优秀成果一等奖3项、二等奖5项。

摘　要

《陕西经济发展报告（2021）》主要包括六部分内容。第一部分总报告，主要对2020年陕西宏观经济运行态势进行分析，并对2021年经济形势进行预测。第二部分分报告，对2020年陕西农村经济形势、工业运行形势、对外贸易形势进行分析，并对2021年发展趋势进行预测。第三部分"十四五"专题篇，重点从"十四五"规划战略、提高经济增速、发展数字经济、促进对外贸易，以及提升居民消费等视角，对陕西经济高质量发展进行分析，并提出相应的政策建议。第四部分综合篇，主要对陕西新时代深化改革开放及加快追赶超越、通过"双创"稳定扩大就业、企业家队伍建设、构建中欧班列集结中心、陕西区域性资本市场发展、深化科技体制机制改革等问题进行研究，并提出相应的政策建议。第五部分区域篇，主要围绕自由贸易试验区改革创新发展、"中俄丝路创新园"俄方园区建设、黄河流域高质量发展、延安经济高质量发展，以及子洲县山区现代化发展等问题进行分析，并提出相应政策建议。第六部分产业篇，主要对装备制造业与科技融合发展、丝绸之路经济带陕西文旅融合发展进行了研究，并提出对策建议。

关键词： 陕西经济　十四五　高质量发展

Abstract

Report on Economic Development in Shaanxi (2021) includes six parts. The first part, General Report, focuses on macroscopic economy operation of Shaanxi in 2020 and forecasts tendency in 2021. The second part, Sub-reports, analyses the rural economic situation, industrial operation situation and foreign trade situation of Shaanxi in 2020, and forecasts the development trend in 2021. The third part, The "14th Five-year" Special Reports, focuses on the planning strategy, economic growth stimulation, digital economy development, foreign trade promotion, and consumption upgrade in Shaanxi in the "14th Five-year" period, and puts forward corresponding policy recommendations. The fourth part, Comprehensive Reports, mainly analyses the reform and opening-up in Shaanxi in the new era, the mass entrepreneurship and innovation, strengthening the construction of entrepreneurs in Shaanxi, and the construction of the China-EU railway assembly center, the regional capital market in Shaanxi, the scientific and technical system reform, and puts forward corresponding policy suggestions. The fifth part, Regional Reports, analyses development of the China (Shaanxi) Pilot Free Trade Zone, the building of the Russian-side of "China-Russia Silk Road Innovation Park", the evaluation of Shaanxi high-quality economic development in the Yellow River basin, the high-quality economic development in Yan'an, and the modernization strategy of Zizhou County, and puts forward corresponding policy suggestions. The sixth part, Industry Reports, focuses on the integrative development of equipment manufacturing with science and technology in Shaanxi, the cultural tourism integration along the Silk Road Economic Belt, and puts forward corresponding policy suggestions.

Keywords: Shaanxi Economy; 14th Five-year; High-quality Development

目 录

Ⅰ 总报告

B.1 2020年陕西经济形势分析及2021年预测
　　……………… 陕西省社会科学院经济研究所课题组 / 001
　　一 2020年陕西宏观经济运行分析 ……………… / 002
　　二 2020年陕西经济运行的特点 ………………… / 011
　　三 2020年陕西经济发展面临的国内外环境分析 ……… / 013
　　四 2021年全省宏观经济发展基本面预测 ……… / 019
　　五 2021年促进陕西经济发展的对策建议 ……… / 020

Ⅱ 分报告

B.2 2020年陕西农业农村经济形势分析与2021年预测 …… 赖作莲 / 026

B.3 2020年陕西工业经济形势分析与2021年预测
　　……………… 陕西省社会科学院经济研究所课题组 / 040

B.4 2020年陕西对外贸易发展形势分析及2021年预测 …… 刘晓惠 / 053

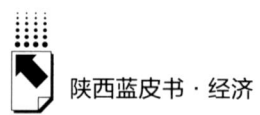

Ⅲ "十四五"专题篇

B.5 关于陕西省"十四五"规划十大战略问题的建议……… 曹 钢 / 070

B.6 "十四五"时期陕西潜在经济增长率研究
　　…………………… 陕西省发展和改革研究中心课题组 / 078

B.7 "十四五"陕西发展数字经济对策研究
　　……………… 张 鸿 侯光文 苏锦旗 杨佩卿 张 媛 / 097

B.8 "十四五"陕西对外贸易高质量发展研究
　　………………………… 薛伟贤 杨文瀚 程爱联 秦东方 / 114

B.9 "双循环"新格局下，陕西"十四五"城乡居民消费
　　提升路径及对策 ………………………… 王张明 郝渊晓 / 128

Ⅳ 综合篇

B.10 新时代陕西深化改革开放，加快追赶超越步伐研究
　　………………… 陕西省社会科学院经济研究所课题组 / 141

B.11 鼓励大众创业万众创新，进一步稳定扩大就业
　　问题研究 ………… 陕西省社会科学院经济研究所课题组 / 161

B.12 关于加强陕西省企业家队伍建设的调研报告
　　………………… 薛 健 张贵凯 叶珊珊 董青峰 关鸿亮 / 182

B.13 构建中欧班列集结中心，高质量建设内陆改革开放高地
　　………………………… 单英骥 王 园 顾 菁 陈 光 / 191

B.14 陕西区域性资本市场发展研究 ………………… 赵守国 / 208

B.15 陕西省深化科技体制机制改革研究 ………… 李思雨 李香菊 / 228

Ⅴ 区域篇

B.16 中国（陕西）自由贸易试验区改革创新发展的问题
及对策研究 …………………………………… 王铁山 石 娴 / 244

B.17 把"中俄丝路创新园"俄方园区打造成陕西省对外
开放平台的探讨 …………………………… 冯家臻 白振中 / 258

B.18 黄河流域陕西省经济高质量发展评价
………………………………………… 方 兰 李 军 王 恒 / 267

B.19 推动延安经济高质量发展研究
………………………………… 陕西中城经济发展研究院课题组 / 291

B.20 "绿色＋现代"山区治理致富之路
——子洲县山区农业现代化路径研究
………………………………………… 曹 钢 李 冰 胡铭焓 / 313

Ⅵ 产业篇

B.21 聚焦"双循环"驱动陕西装备制造业与科技融合发展研究
………………………………………… 王满仓 韩锦绵 刘希章 / 330

B.22 丝绸之路经济带陕西文旅融合的发展路径和趋势
………………………………………………… 余 洁 刘明秋 / 355

CONTENTS

I General Report

B.1 The Analysis of Shaanxi Economic Development Situation
in 2020 and Forecast in 2021
Project Group of Economic Research Institution of Shaanxi Academy of Social Sciences / 001
    1. The Characteristics of Shaanxi Macro-economic Operation in 2020　/ 002
    2. The Problems of Shaanxi Economic Operation in 2020　/ 011
    3. The Analysis of Shaanxi Economic Environment and the
       Impact in 2020　/ 013
    4. The Targets of Shaanxi Economic Development in 2021　/ 019
    5. The Policy Recommendations of Shaanxi Economic Development
       in 2021　/ 020

II Sub-Reports

B.2 The Analysis of Shaanxi Rural Economic Situation in 2020
and Forecast in 2021　*Lai Zuolian* / 026

CONTENTS

B.3 The Analysis of Shaanxi Industrial Economic Situation in 2020 and Forecast in 2021
Project Group of Economic Research Institution of Shaanxi Academy of Social Sciences / 040

B.4 The Analysis of Shaanxi Foreign Trade Development Situation in 2020 and Forecast in 2021 *Liu Xiaohui* / 053

Ⅲ The "14th Five-year" Special Reports

B.5 Ten Strategic Problems as the Suggestions of the "14th Five-year" Plan in Shaanxi *Cao Gang* / 070

B.6 Research on the Potential Economic Growth Rate of Shaanxi Province in the "14th Five-year" Period
Project Group of Shaanxi Provincial Development and Reform Research Center / 078

B.7 Countermeasures Study on Shaanxi Digital Economy Development in the "14th Five-year" Period
Zhang Hong, Hou Guangwen, Su Jinqi, Yang Peiqing and Zhang Yuan / 097

B.8 The Study on Shaanxi High-quality Foreign Trade Development in the "14th Five-year" Period
Xue Weixian, Yang Wenhan, Cheng Ailian and Qin Dongfang / 114

B.9 The Consumption Upgrading Path and Countermeasure of Shaanxi Urban and Rural Residents in the "14th Five-year" Period under the Dual-cycle Pattern *Wang Zhangming, Hao Yuanxiao* / 128

Ⅳ Comprehensive Reports

B.10 The Study on Deepening Reform and Opening-up, and Promoting Catching-up in Shaanxi in the New Era
Project Group of Economic Research Institution of Shaanxi Academy of Social Sciences / 141

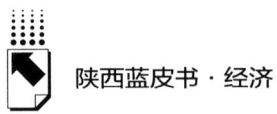

B.11 The Strategic Research on Stabilizing and Enlarging Employment by Mass Entrepreneurship and Innovation in Shaanxi
Project Group of Economic Research Institution of Shaanxi Academy of Social Sciences / 161

B.12 Investigation Report on Strengthening the Construction of Entrepreneurs in Shaanxi Province
Xue Jian, Zhang Guikai, Ye Shanshan, Dong Qingfeng and Guan Hongliang / 182

B.13 The Construction of the China-EU Railway Assembly Center and the High-quality Inland Reform and Opening-up Height
Shan Yingji, Wang Yuan, Gu Jing and Chen Guang / 191

B.14 The Study of the Regional Capital Market in Shaanxi
Zhao Shouguo / 208

B.15 The Study of the Scientific and Technical System Reform in Shaanxi
Li Siyu, Li Xiangju / 228

V Regional Reports

B.16 Problems and Countermeasures of Reform and Innovation Development of China (Shaanxi) Pilot Free Trade Zone
Wang Tieshan, Shi Xian / 244

B.17 The Discussion on Building the Russian-side Park of "China-Russia Silk Road Innovation Park" as the Open Platform of Shaanxi Province
Feng Jiazhen, Bai Zhenzhong / 258

B.18 The Evaluation of Shaanxi High-quality Economic Development in the Yellow River Basin *Fang Lan, Li Jun and Wang Heng* / 267

B.19 Adhere to "Two Creations" Concept and Implement "Three Promotions and Three Supplements" Strategy to Realize High-quality Economic Development in Yan'an
Project Group of Shaanxi Zhongcheng Economic Development Research Institute / 291

CONTENTS

B.20 Mountainous Region's Governing Strategy for Getting Rich by
"Green + Modernization"
—*Agricultural Modernization Strategy in the Mountainous Area
of Zizhou County*　　　　　Cao Gang, Li Bing and Hu Minghan / 313

Ⅵ　Industry Reports

B.21 The Research on Integrative Development of Equipment
Manufacturing with Science & Technology under the
Dual-cycle Momentum in Shaanxi
　　　　　Wang Mancang, Han Jinmian and Liu Xizhang / 330

B.22 The Development Path and Trend of Cultural Tourism Integration
in Shaanxi Province along the Silk Road Economic Belt
　　　　　Yu Jie, Liu Mingqiu / 355

总报告

General Report

B.1
2020年陕西经济形势分析及2021年预测[*]

陕西省社会科学院经济研究所课题组[**]

摘　要： 2020年，中国将全面建成小康社会，实现第一个百年奋斗目标。面对新冠肺炎疫情的严重冲击，我国各地区各部门科学统筹疫情防控和经济社会发展，经济呈现稳定恢复态势。陕西省委省政府在常态化疫情防控中有序组织复工复产，强化"六稳"举措，落实"六保"任务，深入贯彻习近平总书记来陕考察重要讲话、重要指示精神，坚持新发展理念，践行五项要求，奋力谱写陕西新时代追赶超越新篇章。前三季度，

---

[*] 本报告中未注明的数据均来源于国家统计局网站、陕西统计局网站和国家统计局陕西调查总队网站。

[**] 课题组组长：裴成荣，陕西省社会科学院经济研究所所长，二级研究员，研究方向为区域经济。课题组成员：张馨，陕西省社会科学院经济研究所副研究员，研究方向为区域经济与可持续发展；顾菁，陕西省社会科学院经济研究所助理研究员，研究方向为城市经济。课题执笔：张馨。

陕西经济增长稳定恢复，质量持续向好，发展活力逐渐显现。2021年，陕西要以十九届五中全会精神为统领，聚焦"十四五"规划建议，开启第二个百年奋斗目标的新征程，继续推动构建现代产业体系、全面深化改革、创新驱动发展、高水平扩大对外开放、提升居民消费能力、推进经济绿色化发展等工作。

关键词： 陕西　经济形势　现代产业体系

一　2020年陕西宏观经济运行分析

1. 经济增长稳定恢复

2020年前三季度，全省实现生产总值18681.48亿元，同比增长1.2%（见图1）。从产业结构看，呈现"三、二、一"模式，转变为第三产业占主导地位。其中，第一产业增加值为1176.28亿元，占总产值的比重为6.30%；第二产业增加值为8380.85亿元，占总产值的比重为44.86%；第三产业增加值为9124.35亿元，占总产值的比重为48.84%。从增速上看，第一产业增长最快，同比增长2.3%；第二产业增速最慢，同比增长0.8%；第三产业同比增长1.4%。在西部12个省区市中，陕西第三季度生产总值仅次于四川，排名第二，在全国排名第14。总体来看，陕西面对新冠肺炎疫情的严重冲击，全省经济增长稳定恢复，质量持续向好，发展活力逐渐显现。

从各市（区）来看，2020年前三季度生产总值同比增速高于全省平均水平的有4个市（区），依次是榆林、铜川、西安、宝鸡，其增速分别为5.2%、4.7%、4.5%、3.1%，其余市（区）都同比下降，位列全省最后三位的依次是商洛、安康、杨凌，其增速分别为-13.1%、-10.4%、-8.9%（见图2）。

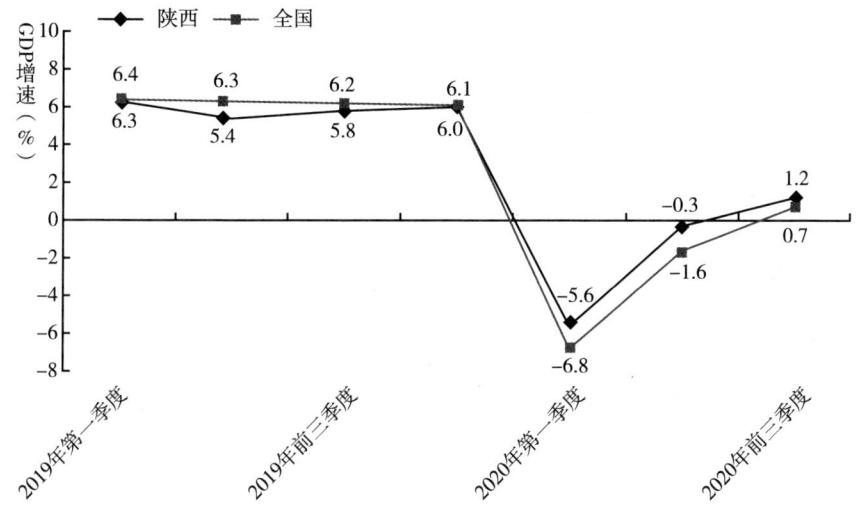

图 1　2019 年与 2020 年分季度陕西与全国 GDP 增速比较

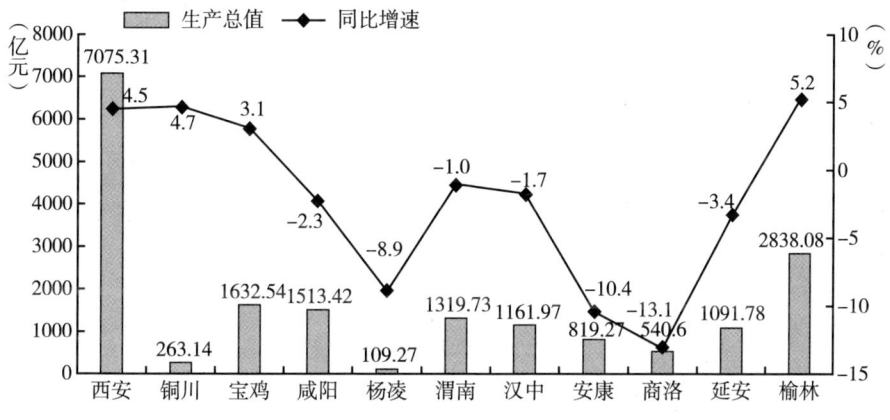

图 2　2020 年前三季度陕西各市（区）生产总值和增速

2. 农业稳中向好

前三季度，全省夏粮丰收，秋粮产量略增，全年粮食产量稳定增长。夏粮播种面积 1655.48 万亩，同比下降 0.1%，总产量 453.5 万吨，同比增长 7.9%。夏粮在播种面积比上年略有下降的情况下，实现了产量的较快增长，主要得益于单产的提高。

蔬菜、水果产量保持稳定。前三季度，全省蔬菜及食用菌产量达到1487万吨，较上年同期增长3.7%。园林水果保持良好态势，前三季度，园林水果总产量达到574.6万吨，同比增长5.0%。受新冠肺炎疫情影响，畜禽生产整体产量比上年下降，但是随着疫情得到控制，畜牧业呈现恢复性增长，下降幅度持续减小。前三季度，全省生猪出栏同比下降12.0%。

3. 工业生产保持正增长

前三季度，全省规模以上工业增加值同比增长1.2%，较上半年加快0.2个百分点。自2020年以来，全省规模以上工业增加值月度累计增速一直高于或持平于全国平均水平，并且自5月起累计增速持续保持正增长（见图3）。

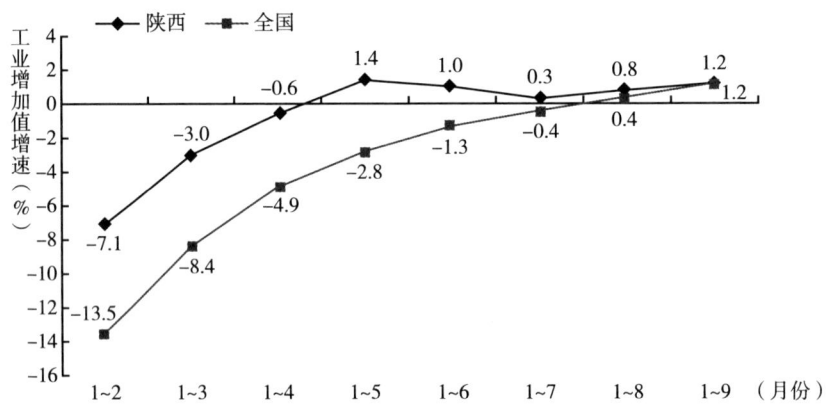

图3　2020年前三季度陕西和全国工业增加值增速比较

从主要行业看，前三季度，规上能源工业增加值同比增长4.2%，较上半年回落2.3个百分点。非能源工业增加值同比下降1.5%，较上半年降幅收窄2.6个百分点。从三大门类看，全省采矿业增加值同比增长2.8%，增速较上半年回落3.3个百分点；制造业下降0.6%，降幅较上半年收窄2.8个百分点；电力、热力、燃气及水生产和供应业增长6.6%，增速加快0.9个百分点。制造业的快速回升对全省工业经济恢复形成有力支撑。全省40个大类行业中，9个行业增加值同比实现增长。

从产品产量看,前三季度,全省原煤产量同比增长9.6%,原油加工量增长1.7%,天然原油下降0.1%,十种有色金属增长10.0%,卷烟增长1.2%,发电量增长10.8%,汽车增长12.3%,钢材下降2.8%。

从企业效益看,1~8月,全省规模以上工业企业营业收入14402.4亿元,同比下降6.4%,降幅较1~7月收窄1.0个百分点;利润总额1096.9亿元,下降21.4%,降幅收窄3.0个百分点;营业收入利润率7.6%,同比减少1.46个百分点。亏损企业亏损额195.7亿元,同比增长59.5%。

前三季度,陕西各市(区)规模以上工业增加值增速高于全省平均水平的有4个,依次为榆林、宝鸡、西安、铜川,其增速分别为8.2%、5.5%、5.3%和5.3%。其余市(区)都低于全省平均水平且增速为负,商洛、安康、杨凌列后三位,增速分别为-22.0%、-19.6%和-4.4%(见图4)。

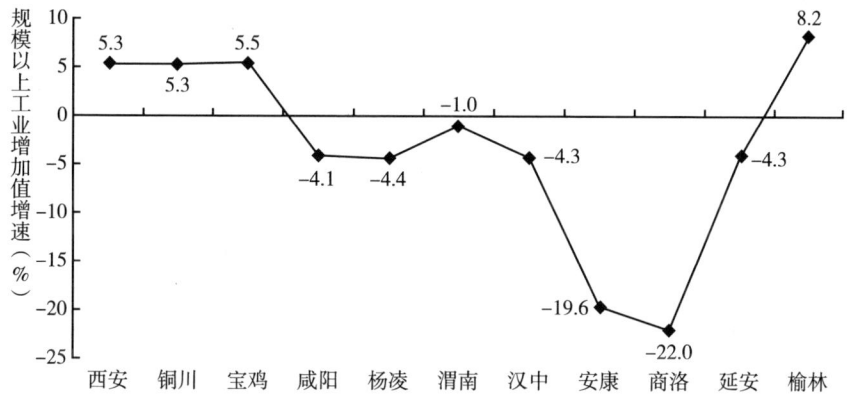

图4 2020年前三季度陕西各市(区)规模以上工业增加值增速

4. 固定资产投资增速持续加快

前三季度,全省固定资产投资(不含农户)同比增长3.9%,较上半年回升3.8个百分点(见图5)。其中,民间投资增长5.3%,回升5.8个百分点。从三次产业看,第一产业投资同比增长3.5%;第二产业投资同比增长3.9%,其中工业投资增长4.0%;第三产业投资同比增长4.0%。

房地产开发投资持续回升。前三季度,全省房地产开发投资3098.51亿

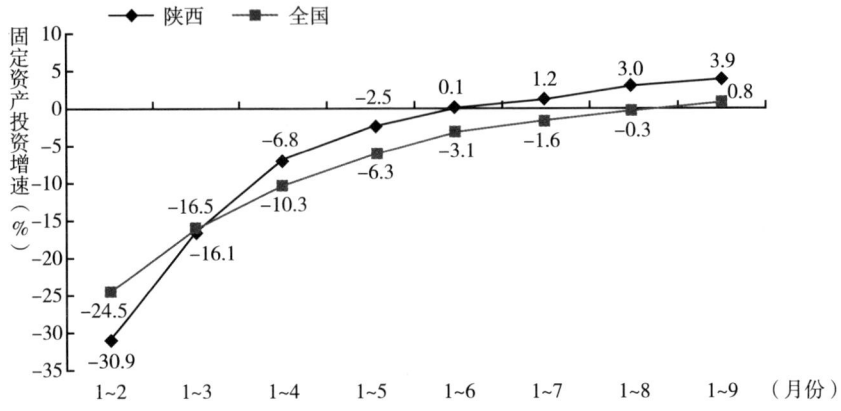

图 5　2020 年前三季度陕西和全国固定资产投资增速比较

元,同比增长 11.1%,增速较上半年加快 3.6 个百分点。商品房销售面积 2977.23 万平方米,下降 0.7%;商品房销售额 2909.85 亿元,增长 6.9%。截至 9 月末,商品房待售面积 626.86 万平方米,下降 1.4%,与上半年持平。

前三季度,陕西 11 个市(区)固定资产投资增速中,7 个市(区)同比增长,其中,西安、宝鸡保持高位增长,分别同比增长 12.9% 和 11.3%,其次为榆林、铜川、杨凌、咸阳、渭南,分别同比增长 8.7%、6.1%、3.1%、1.1% 和 0.6%;4 个市(区)同比下降,商洛、安康列后两位,分别同比下降 11.2% 和 11.1%。

5. 消费市场加速恢复

前三季度,全省社会消费品零售总额 6621.84 亿元,同比下降 9.3%,降幅较上半年收窄 6.5 个百分点,低于全国 2.1 个百分点(见图 6)。按消费形态分,餐饮收入和商品零售分别为 620.09 亿元、6001.75 亿元,分别下降 23.8%、7.5%;按经营单位所在地分,城镇和乡村消费品零售额分别为 5885 亿元、736.84 亿元,分别下降 9.3%、9.1%。

前三季度,全省限额以上企业(单位)商品零售额 2999.28 亿元,同比下降 7.3%,降幅较上半年收窄 6.6 个百分点。其中,汽车类下降 7.1%,石油及制品类下降 12.8%,粮油、食品类商品零售下降 1.4%,服装、鞋帽、针纺织品类下降5.6%。从网上零售来看，限额以上企业（单位）通过公共网络实现商品销售同比增长28.7%，较上年同期加快8.6个百分点，较上半年加快6.5个百分点；占限额以上企业消费品零售额的15.3%，较上年同期提高4.6个百分点。

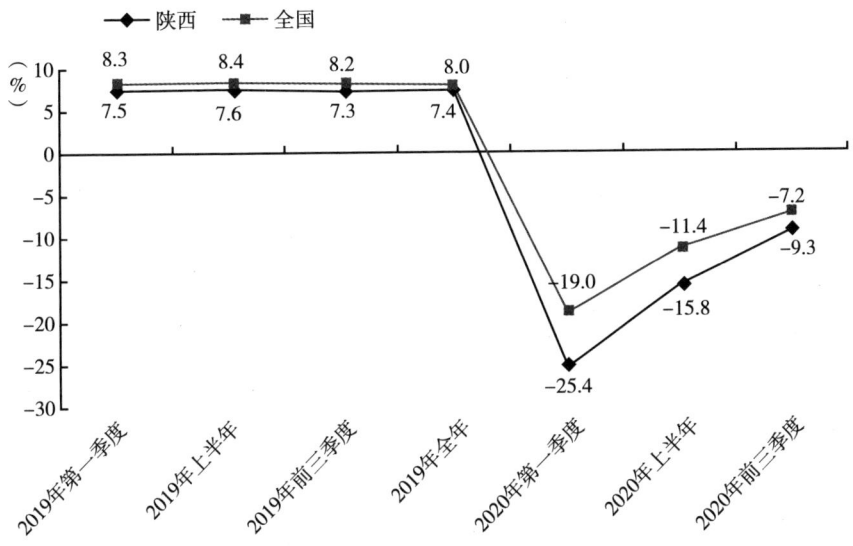

图6　2019年与2020年各季度陕西和全国社会消费品零售总额增速比较

前三季度，陕西11个市（区）的社会消费品零售总额同比全部下降，只有西安同比增速高于全省平均水平，为-5.6%。其次为汉中和安康，增速分别为-10.7%和-10.8%。商洛、渭南和杨凌分别以-20.8%、-15.1%和-15.1%的增速列后三位（见图7）。

6. 对外贸易增长加快

前三季度，全省实现对外贸易进出口总额2790.74亿元，同比增长7.2%，高于全国平均水平6.5个百分点。其中，出口1403.13亿元，同比下降1.2%，低于全国平均水平3个百分点；进口1387.61亿元，同比增长17.1%（见图8），高于全国平均水平17.7个百分点。同期贸易顺差15.52亿元，2020年以来首次实现顺差。

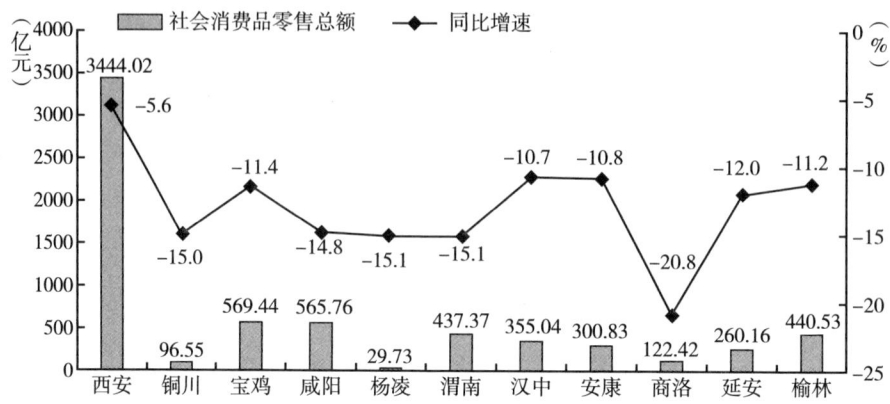

图7 2020年1~9月各市(区)社会消费品零售总额与增速

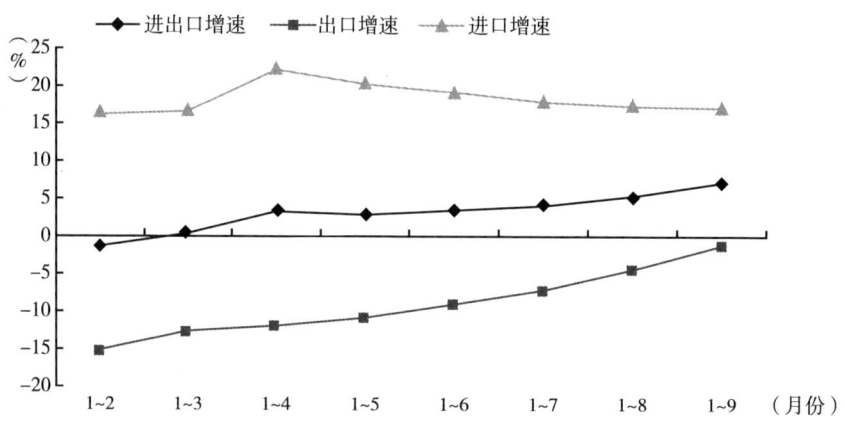

图8 2020年前三季度陕西进出口同比增速

1~8月,陕西合同利用外资16.95亿美元,同比下降36.0%,较上半年降幅扩大12.5个百分点;实际利用外资57.03亿美元,同比增长10.1%,较上半年提高1.5个百分点。

7. 财政收支降幅收窄

前三季度,全省地方财政收入1675.11亿元,同比下降9.4%,降幅较上半年收窄5.6个百分点。其中,各项税收收入1283.93亿元,同比下降10.5%;非税收入391.18亿元,同比下降5.5%。全省地方财政支出

4379.24亿元，同比下降1.6%，降幅较上半年收窄4.9个百分点。

从前三季度各市（区）财政收入累计增速来看，只有汉中和铜川为正增长，增速分别为2.9%和0.9%，渭南、榆林和安康分别以-16.1%、-9.6%和-7.0%的增速列后三位。从前三季度各市（区）财政支出累计增速来看，西安、安康和商洛增速为正，分别以3.0%、2.2%和0.4%的增速列前三位，其余市（区）增速为负，榆林、铜川、汉中分别以-14.2%、-13.1%和-9.6%的增速列后三位。

8. 居民消费价格涨幅收窄

前三季度，陕西居民消费价格总水平比上年同期上涨3.2%，比全国低0.1个百分点，涨幅较上半年收窄0.4个百分点，较第一季度收窄1.5个百分点，涨幅逐季收窄（见图9）。在全国31个省（区、市）中，按CPI涨幅由高到低排序，陕西居第14位。分用途看，食品价格同比上涨12.1%，涨幅比上年同期扩大7个百分点，拉动CPI上涨约2.34个百分点；非食品价格同比上涨1.1%，拉动CPI上涨约0.88个百分点。分类别看，消费品价格上涨4.5%，服务价格上涨0.9%。分城乡看，城市上涨3.2%，农村上涨3.3%。

前三季度，居民消费八大类商品和服务价格六升二降。其中，食品烟酒价格同比上涨9.8%，其他用品和服务价格同比上涨5.3%，教育文化和娱乐价格同比上涨2.0%，医疗保健价格同比上涨1.0%，生活用品及服务价格同比上涨0.4%，居住价格同比上涨0.2%；交通和通信价格同比下降2.3%，衣着价格同比下降0.4%。

9. 城乡居民收入快速恢复

前三季度，全省居民人均可支配收入19694元，同比名义增长5.7%，高于全国平均水平1.8个百分点；扣除价格因素，实际增长2.4%，高于全国平均水平1.8个百分点。陕西居民收入水平在全国31个省（区、市）中居第17位，与上年同期持平。

从可支配收入构成看，四项收入全面增长。工资性收入仍是占比最高的，人均工资性收入10581元，同比增长4.6%，占可支配收入的比重为53.7%；人均经营净收入2277元，同比增长6.1%，占可支配收入的比重为11.6%；

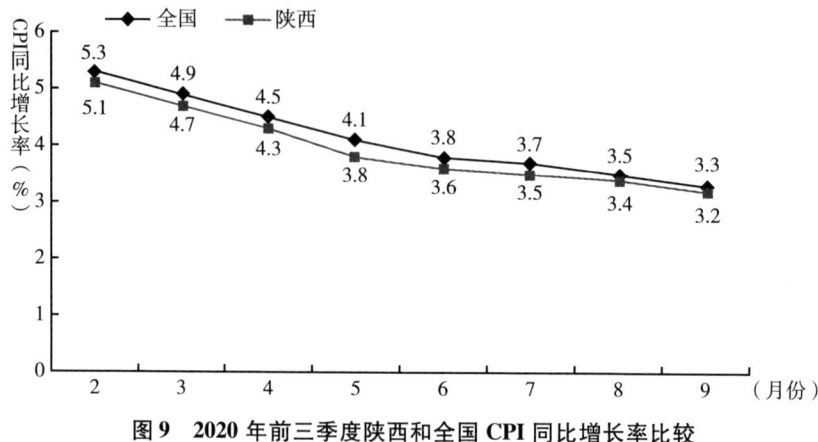

图9 2020年前三季度陕西和全国CPI同比增长率比较

人均财产净收入1243元，同比增长9.4%，占可支配收入的比重为6.3%；人均转移净收入5593元，同比增长7.0%，占可支配收入的比重为28.4%。

分城乡看，全省城镇居民人均可支配收入28618元，同比名义增长4.6%，增速快于全国平均增速1.8个百分点。农村居民人均可支配收入9881元，同比名义增长6.4%（见图10），快于全国平均增速0.6个百分点。陕西农村居民人均可支配收入增速高于城镇1.8个百分点，城乡居民人均可支配收入比值为2.9，较上年同期缩小0.05。

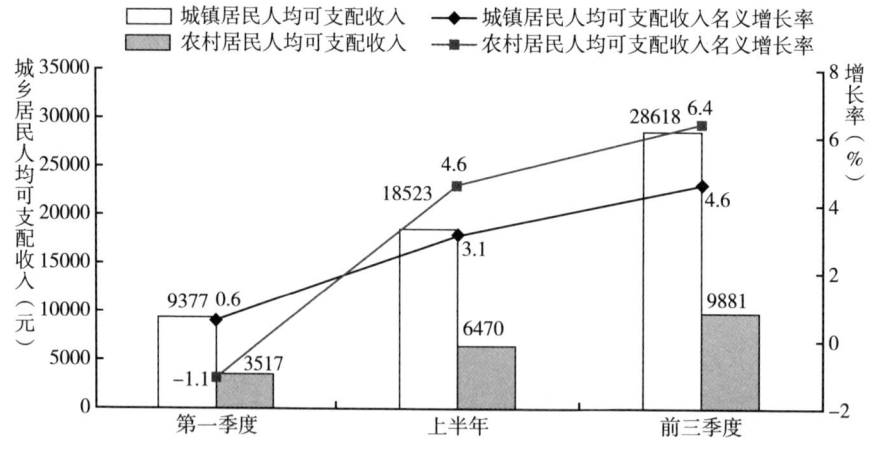

图10 2020年前三季度陕西城乡居民人均可支配收入比较

二 2020年陕西经济运行的特点

当前,世界正经历百年未有之大变局,国际环境日趋复杂,我国发展不平衡不充分问题仍然突出。陕西面对疫情的持续影响和不断变化的内外部环境压力,积极应对,精准施策,统筹做好"六稳"工作,积极落实"六保"任务,经济运行持续恢复,但新冠肺炎疫情影响广泛,经济发展面临严峻挑战,还需进一步夯实经济增长基础、巩固经济稳定恢复的良好态势。

1. 工业稳增长多维度发力

2020年前三季度,全省工业生产持续向好,多数产品生产和行业发展持续回升,装备制造业产值增长较快,高技术制造业亮点突出,工业经济复苏态势持续巩固。

全省能源工业继续保持增长,实现增加值同比增长4.2%,拉动规模以上工业增长2.0个百分点。能源工业支撑有力,发挥经济"压舱石"作用。非能源工业增加值同比下降1.5%,降幅较上半年收窄2.6个百分点。随着全省制造业产业链协同复工复产,以及部分骨干企业大项目落地达产,非能源工业持续回升,扮演稳增长"助推器"。

高技术制造业亮点突出,为工业发展添加"新动力",不仅疫情期间"逆势增长",复工复产后依然保持较快增速,对规上工业拉动作用显著。前三季度,全省高技术制造业增加值同比增长17.2%,达到2020年以来最高点,较上半年加快5.2个百分点,拉动规模以上工业增长1.7个百分点。

大中型企业加速发展,强化"顶梁柱"效力。前三季度,全省大中型企业产值同比下降2.0%,降幅较上半年收窄2.8个百分点,降幅小于规上工业3.2个百分点。从重点检测的全省150家企业情况来看,前三季度产值累计下降2.5%,降幅小于规上工业2.7个百分点。

规模以上工业企业数量和质量稳步提升,市场主体活力不断增强,经济规模进一步扩大。截至9月,全省规上工业企业达到7014家,企业数量持续增加,企业规模迈上新台阶。

2. 固定资产投资稳步回升

前三季度,工业投资同比增长4.0%,虽较上半年放缓2.1个百分点,仍高于全国7.3个百分点。其中,电力、热力、燃气及水生产和供应业投资增长39.0%,高于全国21.5个百分点。制造业投资增长5.2%,高于全国11.7个百分点,其中计算机、通信和其他电子设备制造业投资增长52.5%,2020年以来保持高速增长;汽车制造业投资增长6.7%;通用设备制造业投资增长7.6%;非金属矿物制品业投资增长16.3%。代表转型升级的工业企业技术改造投资增长44.3%,占工业投资的比重为17.8%,较2019年同期提高4.9个百分点。

高技术领域投资快速增长,产业集群发展壮大。前三季度,高技术产业投资同比增长26.5%,高于全国17.4个百分点。其中高技术制造业投资增长31.5%,高技术服务业投资增长17.8%。在高技术制造业中,电子及通信设备制造业投资增长42.2%,航空、航天器及设备制造业投资增长7.2%,医疗仪器设备及仪器仪表制造业投资增长60.7%。

前三季度,社会领域投资同比增长38.2%,较上半年加快10.6个百分点,高于全国29个百分点,增速创年内新高。基础设施投资同比增长1.2%,较上半年提高5.6个百分点,增速年内首次转正。

3. 消费品市场加快回升

随着全国疫情防控形势持续向好,城乡消费市场回升加快,乡村市场增速快于城镇。前三季度,城镇实现消费品零售额5885.0亿元,同比下降9.3%,降幅较上半年收窄6.5个百分点;乡村实现消费品零售额736.84亿元,同比下降9.1%,降幅较上半年收窄7个百分点。

在旅游市场等带动下,餐饮市场恢复速度加快。前三季度,全省实现餐饮收入620.09亿元,同比下降23.8%,降幅较上半年收窄7.2个百分点,其中限额以上单位餐饮收入同比下降23.5%,降幅较上半年收窄12.5个百分点。

网络消费持续发力。疫情推动全省商贸企业加快转变经营模式,线上消费热度走高。前三季度,限额以上单位通过公共网络实现商品销售额

484.27亿元，同比增长28.7%，较上半年提高6.5个百分点，较2019年同期提高8.6个百分点。

4. 对外贸易稳步增长

前三季度，陕西进出口总额2790.74亿元，同比增长7.2%，增速较上年提高6.5个百分点，较2020年上半年加快3.7个百分点，高于全国6.5个百分点，居全国第7位、西部省份第4位。

前三季度，一般贸易实现进出口总额701.39亿元，同比增长8.3%，增速较第二季度加快4.3个百分点，占全省进出口总额的25.1%。加工贸易增速由负转正，实现进出口额1602.37亿元，同比增长2.2%，较第二季度提升9.0个百分点，占进出口总额的57.4%，占比低于上年同期3.0个百分点。

前三季度，私营企业始终保持良好发展势头，实现进出口额751.58亿元，同比增长13.5%，增速高于全省6.3个百分点，较第二季度加快2.2个百分点，占全省进出口总额的26.9%，占比较上年扩大了1.4个百分点。外资企业增长一路上扬，前三季度累计实现进出口额1829.29亿元，增长7.7%，高于上半年4.0个百分点，占全省进出口总额的65.5%，是全省最大的进出口经营主体。国有企业降幅逐渐收窄，上半年实现进出口额201.89亿元，下降14.1%，降幅较第二季度收窄5.4个百分点，占全省进出口总额的7.2%。

三 2020年陕西经济发展面临的国内外环境分析

（一）国际经济发展环境分析

1. 国际大事件

（1）全球应对新冠肺炎疫情

新冠肺炎疫情是新中国成立以来发生的传播速度最快、感染范围最广、防控难度最大的一次重大突发公共卫生事件。2020年3月26日，国家主席习近平出席二十国集团领导人应对新冠肺炎特别峰会并发表题为《携手抗疫 共克时艰》的重要讲话，提出了坚决打好新冠肺炎疫情防控全球阻击战、有效开展国际联防联控、积极支持国际组织发挥作用、加强国际宏观经济政策协调四点倡议，并呼吁二十国集团成员采取共同举措，减免关税，取消壁垒，畅通贸易，发出有力信号，提振世界经济复苏士气。

疫情对全球经济运行产生明显影响，全球经济遭遇20世纪30年代"大萧条"以来最严重衰退。首先，各国采取了封城、停工、隔离等措施，基本停止了必需品生产以外的经济活动，经济陷于停滞。其次，国际贸易严重萎缩，全球经济潜在增速降低。再次，大部分产业短期"休克"，对全球供应链关键节点造成影响。最后，疫情还影响了全球投资者预期，国际金融市场"黑天鹅"事件频发。尽管当前疫情仍在全球蔓延并在欧洲出现二次反弹，但主要国家经济持续恢复。

（2）世界经济论坛

世界经济论坛2020年年会于1月21~24日在瑞士达沃斯举行。本届年会主题是"凝聚全球力量，实现可持续发展"。在经济全球化和多边主义遭遇逆流、国际形势不确定性增加的背景下，需要凝聚各方力量，共同应对涉及生态、经济、地缘政治等领域的挑战，以实现可持续发展目标。应对气候变化问题是当下最重要的挑战之一，此次年会讨论如何协调经济发展与减排之间的矛盾，为集聚各方动能、实现可持续发展目标提供助力。经济挑战也不容忽视，如何实现可持续的包容性增长是本届年会期间各方讨论的重点。在地缘政治领域，一些国家的单边主义、孤立主义倾向日益增强，多边治理体系面临严峻挑战，本届年会围绕多边主义、全球治理体系等话题进行了探讨。与会代表纷纷赞赏中国长期以来积极维护多边主义和自由贸易的立场和举措，期待中国方案为全球可持续发展提供新路径。

（3）中国国际服务贸易交易会全球服务贸易峰会

2020年9月4日，国家主席习近平在2020年中国国际服务贸易交易会全球服务贸易峰会上致辞，特别强调中国克服重重困难，举办这样一场重大国际经贸活动，就是要同大家携手努力、共克时艰，共同促进全球服务贸易发展繁荣，推动世界经济尽快复苏。

习近平主席提出"共同营造开放包容的合作环境""共同激活创新引领的合作动能""共同开创互利共赢的合作局面"三点倡议。中国以实际行动为促进全球服务贸易便利化提供机遇，各国应加强服务贸易发展对接，积极寻求发展利益"最大公约数"。

中国将充分利用中国国际服务贸易交易会、中国国际进口博览会等各类平台，推动开展政策和经验交流，建立和培育政府、国际组织、商协会及企业间多样化伙伴关系，支持组建全球服务贸易联盟，不断形成更多务实合作成果，使各国人民共享服务贸易增长成果。这充分展示了中国同各国一道不断完善全球经济治理、促进世界经济包容性增长、推动世界经济不断焕发生机活力的坚定信心和责任担当。

2. 主要经济体经济形势①

（1）美国

2020年前三季度美国实际GDP同比增速分别为0.3%、-9.0%和-2.8%，前三季度实际GDP约为15.466万亿美元，同比萎缩3.8%。从同比增速来看，美国经济仍处于负增长，前期财政刺激提振消费需求，制造业前景好转，但就业市场结构性问题仍较严重，并且由于新冠肺炎疫情持续恶化，经济恢复依然困难重重，疫情防控常态下或进入弱复苏阶段。

（2）欧元区

作为新冠肺炎疫情受冲击最大的区域，2020年欧元区在发达经济体中受冲击最大，进入"史上最严重的衰退"。欧元区19国2020年上半年GDP合计为60054.54亿美元，较上年同期减少6179.90亿美元，同比下降9.33%，经济收缩程度远超2008年金融危机时期，创历史新低。随着疫情在政府严格封锁措施下得到有效控制，欧元区经济在第二季度初探底后稳步复苏。第三季度以来，疫情二次暴发、债务风险加大、贸易投资保护主义加剧等不确定、不稳定因素依然较多，欧元区经济复苏面临

---

① 此节未标明数据来源的均来源于新华社中国金融信息网。

较大压力。

(3) 英国

在经历了第二季度创纪录萎缩之后,2020年第三季度GDP环比增长15.5%,但同比下滑9.6%。与第二季度相比,英国第三季度服务业、生产部门和建筑业产出分别上涨14.2%、14.3%和41.7%。虽然英国经济已逐步恢复,但产出远未达到疫前水平。

(4) 日本

随着国内外经济活动重启,第三季度日本经济恶化的程度较第二季度有所减弱,环比有所改善。但与新冠肺炎疫情暴发前相比,各项经济数据依然在较低水平徘徊。2020年前三季度,日本GDP同比实际下降5.9%,名义GDP为391.45万亿日元,按平均汇率折算为3.64万亿美元,仍为仅次于美国、中国的第三大经济体。虽然第三季度GDP创纪录强劲反弹,但预计日本经济进一步反弹的幅度较小,因为消费依然乏力,而且国内外疫情再次抬头,日本经济恢复到疫情前水平还需要一定时间。

(5) 金砖国家

第三季度以来,以金砖国家为代表的新兴市场经济体有所恢复。中国前三季度国内生产总值同比增长0.7%,经济增速由负转正,供需关系逐步改善,市场活力动力增强,国民经济延续稳定恢复态势。俄罗斯第一季度GDP增长1.6%,第二季度下降8.5%,第三季度下降3.6%,由于实行了新的防疫限制措施,俄罗斯经济复苏仍然脆弱。印度经济不均衡复苏,受新冠肺炎疫情冲击,2020年第二季度,印度GDP同比下滑23.9%,较第一季度大幅回落27个百分点。巴西第二季度GDP同比下滑11.4%,较第一季度回落11.1个百分点。疫情导致的投资锐减、为控制疫情所采取的隔离措施,以及全球大宗商品价格走低等因素都对巴西经济造成冲击。南非第一季度GDP同比下降0.1%,第二季度下降17.1%,出现自1990年以来最严重的季度萎缩。

总体来看,由于新冠肺炎疫情产生快速而巨大冲击及其防控措施造成经济"停摆",全球经济在2020年严重收缩。尽管疫情仍在全球蔓延并在欧洲出现二次反弹，但主要国家经济持续恢复，制造业改善总体快于服务业，全球经济在艰难曲折中缓慢复苏。2021年，随着中国和美国两大主要经济体的前景改善，全球经济从新冠肺炎疫情中的复苏速度有所加快。

（二）国内经济发展环境分析

1."双循环"发展战略

2020年，中国将全面建成小康社会，实现第一个百年奋斗目标。在超大规模疫情的冲击之下，我国各地区各部门科学统筹疫情防控和经济社会发展，经济运行逐步恢复。中共中央政治局7月30日会议提出了"形成以国内大循环为主体、国内国际双循环相互促进的新发展格局"的经济发展战略。以内循环为主的"双循环"战略是中国改革开放40年以后进入更深层次改革、更高层次开放的必然举措，是推动我国经济高质量发展的必由之路。加速国内形成一个更为稳健、全面的大市场，推动国内经济结构升级，实现居民追求美好生活的目的。要切实落地"双循环"战略，形成以内部消费为主体的经济结构，需要从产业升级和消费升级两方面推进。

（1）产业升级

实现优势产品的高附加值，近年来，随着高新技术产业的较快发展，中国高附加值产品的出口比例稳步增长，国际专利申请量超越美国成为全球第一。疫情暴发后，中国高新技术产品出口保持稳健，反映出其比较优势。未来着力突破关键技术的研发，减弱核心技术对"外循环"的依赖，为科技引领的经济发展注入长远的动力。进一步实现生产方式再进化，立足于中国完备的产业链条，通过工业互联网对供给侧进行数字化改造，并与高度数字化的居民生活相连接。当下的生产结构已经从原先的大规模工业化生产转化为数字化生产，生产过程更加灵活，生产能力与效率也得以提高。

（2）消费升级

加快新基建步伐已经成为"双循环"发展模式的重要基础。构建新型交通网络，以城际高铁和轨道交通为依托，进一步提高城市群之间的交通效率，串联起城市间的服务消费新需求，并承接疫情时代境外消费回流的新机遇。

构建新一代移动网络,以5G、大数据中心为基础,一方面凭借更高效的网络激活在线娱乐、远程办公等新的虚拟消费需求;另一方面则以"线上"赋能"线下"的方式,推动消费重心下沉,释放中小城市和农村地区居民的消费能力。着力提升居民收入。居民收入的提升是扩大内需、促进内循环的关键。通过调整收入分配格局,以居民充分就业和收入提升支撑内循环。

2."十四五"规划启动

2020年10月29日,中国共产党第十九届中央委员会第五次全体会议通过《中共中央关于制定国民经济和社会发展第十四个五年规划和二〇三五年远景目标的建议》(以下简称《建议》),习近平总书记对《建议》起草的有关情况进行了说明。

"十四五"时期是我国全面建成小康社会、实现第一个百年奋斗目标之后,乘势而上开启全面建设社会主义现代化国家新征程、向第二个百年奋斗目标进军的第一个五年。《建议》主要阐述了决胜全面建成小康社会的成就,我国发展环境,2035年远景目标,"十四五"时期的指导思想、原则和主要目标,分领域阐述"十四五"时期经济社会发展和改革开放的重点任务。《建议》是今后五年乃至更长时间中国经济社会发展的行动指南,在全面建成小康社会后,开启全面建设社会主义现代化国家新征程,要科学把握新发展阶段,深入贯彻新发展理念,加快构建新发展格局,以推动高质量发展为主题,以深化供给侧结构性改革为主线,实现经济行稳致远、社会安定和谐,为全面建设社会主义现代化国家开好局、起好步。

(三)陕西省内经济发展环境分析

2020年4月20~23日,习近平总书记来陕西考察,发表了重要讲话,肯定陕西践行追赶超越和"五个扎实"取得的成效,对陕西作出奋力谱写新时代追赶超越新篇章重要指示,指明了陕西发展的总体目标,对陕西新时代经济社会发展和党的建设具有纲领性、战略性指导意义,是做好陕西工作的前进方向和根本遵循。习近平总书记提出推动经济高质量发展迈出更大步伐、打造内陆改革开放高地、推动生态环境质量持续好转、加强民生保障和社会建设、推动全面从严治党向纵深发展等五项要求,为做好陕西新时代工作指明了前进方向、提供了思想武器、注入强大动力。

围绕习近平总书记提出的五项要求,陕西将抓机遇、强优势、补短板,用好共建"一带一路"、新时代推进西部大开发形成新格局、黄河流域生态保护和高质量发展等重大战略机遇,利用区位、文化、科教、产业、能源等方面的良好条件,着力解决发展不平衡不充分问题。要推动经济高质量发展迈出更大步伐,深化供给侧结构性改革,构建具有陕西特色的现代产业体系,推进军民融合、部省融合、央地融合,统筹城乡区域协调发展。要打造内陆改革开放高地,深化重点领域改革,大力发展枢纽经济、门户经济、流动经济,不断增强发展动力和活力。要推动生态环境质量持续好转,持之以恒地有效地保护好秦岭,加强黄河流域生态保护治理,打好蓝天、碧水、净土、青山保卫战。要加强民生保障和社会建设,全面完成脱贫攻坚任务,做好重点群体就业工作,大力发展教育、文化等社会事业,切实维护社会和谐稳定。要推动全面从严治党向纵深发展,用延安精神教育党员干部、净化政治生态。统筹推进疫情防控和经济社会发展,在常态化疫情防控中加快复工复产达产,做好"六稳""六保"工作,决战决胜脱贫攻坚,全面建成小康社会,奋力谱写陕西新时代追赶超越新篇章。

四 2021年全省宏观经济发展基本面预测

2020年,面对新冠肺炎疫情巨大冲击和复杂严峻的国内外环境,在以习近平同志为核心的党中央坚强领导下,各地区各部门科学统筹疫情防控和经济社会发展,有力有效推动生产生活秩序恢复,国内经济呈现稳定恢复态势。陕西经济也在稳定恢复,质量持续向好。2020年前三季度,陕西统筹推进疫情防控和经济社会发展,生产总值增速由负转正,同比增长1.2%。预计2021年陕西继续保持稳定增速,预计增速将在6%左右。

1. 规模以上工业增加值

2020年前三季度,陕西规模以上工业增加值同比增长1.2%。工业经济呈现生产增速加快态势，能源工业支撑有力，非能源工业持续回升，稳增长多维度发力，预计2021年全省规模以上工业增加值增速在6%左右。

2. 全社会固定资产投资

2020年前三季度，陕西固定资产投资同比增长3.9%。随着高技术领域投资的快速增长，基础设施投资增速回升，预计全省2021年全社会固定资产投资增速为6%左右。

3. 社会消费品零售总额

2020年前三季度，陕西社会消费品零售总额同比下降9.3%。随着消费需求有效释放，消费品市场回升势头明显加快，预计全省2021年社会消费品零售总额增速将在4%左右。

4. 外贸进出口总额

2020年前三季度，陕西外贸进出口总额增速为7.2%。外贸保持平稳增长态势，吸引外资投资环境良好，预计全省2021年外贸进出口总额增速将为7%左右。

5. 地方财政收入

2020年前三季度，陕西地方财政收入同比下降9.4%。预计全省2021年地方财政收入增速将在3%左右。

6. 居民消费价格指数（CPI）

2020年前三季度，陕西居民消费价格指数增速为3.2%。预计全省2021年CPI增速将在3%左右。

7. 城乡居民可支配收入

2020年前三季度，陕西城乡居民可支配收入分别增长4.6%和6.4%。通过稳就业促就业等政策措施，预计全省2021年城乡居民收入增速将分别为5.0%和6.0%左右。

五 2021年促进陕西经济发展的对策建议

2020年，面对新冠肺炎疫情的严重冲击，陕西省委省政府在常态化疫情防控中有序组织复工复产，强化"六稳"举措，落实"六保"任务，深入贯彻习近平总书记来陕考察重要讲话重要指示精神，坚持新发展理念，践行五项要求，奋力谱写陕西新时代追赶超越新篇章。2021年，陕西要以十九届五中全会精神为统领，聚焦"十四五"规划建议，开启第二个百年奋斗目标的新征程，继续推动构建现代产业体系、全面深化改革、创新驱动发展、高水平扩大对外开放、提升居民消费能力、推进经济绿色化发展等工作。

1. 加快构建现代产业体系，推动经济高质量发展

一是推进农业农村现代化，加快数字乡村建设。开展数字乡村试点示范工作，总结数字经济发展经验。推动数字乡村多元发展，积极支持淘宝村、村播、共享农业、众筹农业、定制农业、云农场等新产业新模式新业态在乡村不断涌现。培育壮大更多农村新产业新业态，推动乡村产业振兴。

二是推进制造业高质量发展。推动制造业与生产性服务业深度融合。重点围绕航空航天、石油装备、数控机床、汽车制造、电子信息、新材料等制造业集群构建区域服务体系，补齐产业链短板、提升产业链水平、加强产业配套。瞄准制造业数字化、网络化、智能化发展方向，建设工业互联网平台，拓展"智能+"，发展网络化协同研发制造、大规模个性化定制、云制造等新业态、新模式。

三是加快发展现代服务业。运用"互联网+"、云计算、大数据等数字技术整合上下游产业资源，拓展产业数字化、数字产业化和治理数字化等领域的新模式、新应用，催生新产品、新服务和新业态。加快陕西生产性服务业，特别是知识密集型生产性服务业的发展，推进经济新旧动能转换，加快构建科技创新、现代金融、人力资源与实体经济协同发展现代产业体系。

2. 全面深化改革，增强高质量发展新动能

一是持续推进供给侧结构性改革，加快新旧动能转换。巩固提升能源化工产业支柱地位，扩大天然气产能，扩大推进煤油气资源综合转化，发展高质量高载能产业。严格执行产能退出标准，淘汰落后产能。落实更大规模降税、更明显降费政策，推进物流降本增效。加强产业园区集聚，强化物流、

基础设施等配套建设，降低全产业链成本。

二是深化"放管服"改革。发挥好自由贸易试验区的先行示范作用，深化西咸新区开放型经济新体制试点试验和服务贸易创新发展试点工作。以云计算和大数据为基础，推动"智慧政务"工程全面升级，全面推行清单管理制度，实现全省"一网统管"。加快建设数字化信用评级模式，推进信用信息互联共享，构建以信用为基础的新型监管机制。加快创新公共资源配置方式，深化要素市场化改革。健全优化营商环境制度体系，持续落实好减税降费措施，降低企业融资、用能、人工、物流等生产成本，营造市场化、法治化、国际化营商环境，并建立持续优化营商环境的工作机制和评价体系。

三是探索国有企业战略性改革。探索公有制多种实现形式，深化国有企业改革，推进政企分开、政资分开，改革和完善国资监管体制，建立市场化激励约束机制，加快建立现代企业制度。健全支持民营经济、外商投资企业发展的法治环境，制定实施民营企业发展促进条例，增强非公经济的影响力、创新力和抗风险能力，培育一流企业集群。

3. 坚持创新驱动发展，全面塑造发展新优势

一是加快培育科技创新主体。进一步增强企业自主创新能力，建立企业成长加速机制，促进传统企业抓住机遇转型升级。培育一批产学研合作示范企业，扶持一批规模大、科技含量高、创新能力强、产业层次高的龙头企业，产生技术外溢效应，形成新的经济增长点。加大人才引进和培养力度，用好现有人才、稳定关键人才、培养青年人才、引进稀缺人才、集聚高端人才，强化特殊人才支持计划和人才创新创业激励。

二是加强科技创新能力建设。推进创新型城市和创新型园区联动建设，统筹推进大学科技园、科技产业园、科技创业园、留学回国人员创新创业园、科技企业孵化器（加速器）、创业特别社区等创新创业载体建设。加快创建西安国家军民融合创新示范区。构建以国家级高新区、开发区为重点，以中国西部科技创新港、中国科学院西安科学园、西北工业大学翱翔小镇等高校科研机构产学研一体化平台为核心，以省级创新型县（市、区）为补

充的区域产业创新体系。

三是推进产业技术创新。围绕产业链部署创新链,积极承接飞机制造、电子信息、集成电路等重大科技项目落地,聚焦能源化工、装备制造、新材料、生物医药、现代农业等领域,实施一批科技重大专项和重点产业创新链,支撑重点产业转型升级和创新发展。推动院校联合、院企携手,更大力度地引导创新要素的集聚、培育高技术特色产业,形成创新发展新优势。加强自主知识产权、自主品牌和自主创新能力建设,推进原始创新、集成创新和引进消化吸收再创新,提升产业核心竞争力。

4. 推动外贸优化升级,高水平扩大对外开放

一是培育外贸新业态新模式。培育特色产业外贸基地,构建境外营销体系。打造西安、延安跨境电子商务综合试验区,设立国(境)外分支机构、建立营销网点、开展并购重组,鼓励跨境电商企业建立"海外仓"和陕西商品展示中心。创新"物流+贸易+产业"运行模式,持续推动"运贸结合",通过物流枢纽带动贸易导入及产业聚集,形成供应链和产业链良性互动,打造汽车、粮油、肉类、跨境商品等贸易集散基地和商品分拨中心。

二是重点开拓"一带一路"和新兴国家市场。针对主要传统出口市场,以提高产品质量和档次为重点,大力发展品牌产品或互补性产品。积极开发非洲、中东欧、南美等新兴市场,构建跨境产业链。深化与共建"一带一路"国家的贸易合作,通过哈萨克斯坦纺织工业园、吉尔吉斯斯坦石油炼化园、中美农业科技产业园等境外合作园区建设,打造"一带一路"示范项目。推进数字丝绸之路建设。响应国家"新基建"号召,积极同共建"一带一路"国家在数字经济技术领域开展合作,积极发展"丝路电商"。

三是推动陕西自贸试验区成为内陆改革开放新高地。推进自贸试验区三大片区的协同发展,综合其地缘优势、城市建设、战略发展方向等要素,充分发挥三个片区的空间布局优势,深化三个片区之间的经贸合作。围绕实施内陆与沿海协同开放战略,加强陕西与"海上丝绸之路"相关省区的经贸合作、与共建"一带一路"国家和地区自贸园区的交流与合作。加大对自

贸试验区政策支持力度，设立自贸试验区制度创新专项资金，引导、鼓励各类研究机构和创新主体积极参与自贸试验区理论和制度创新，加快形成研究引导型的改革态势。

5.提升居民消费能力，拓展消费市场空间

一是大力优化收入来源，提高收入的稳定性。对于城镇居民，在稳步提高工资性收入的同时，更应努力提升财产性收入，优化家庭收入来源结构。对于农村居民，应拓宽就业渠道，助力居民增收。做好农村农产品外销，建立完善适应农产品网络销售的供应链体系、运营服务体系和物流、仓储等支撑保障体系，拓宽农产品销售渠道，推动农村地区农产品上网销售，实现优质优价。鼓励农村剩余劳动力进城务工，同时鼓励城市务工成熟群体返乡创业。实现农村人才要素的自由流动，真正提升其收入的稳定性。

二是进行产品供给侧改革，满足多样化消费需求。实施居民消费升级计划，充分利用陕西丰富的历史文化、教育科技、医疗养护等资源优势，加快发展基于互联网的医疗、健康、养老、教育等新兴服务业，提高市场中网络教育、医疗等商品和服务的供给。加大对在线教育、物流货运等各类线上商户的支持，深挖菜市场、早餐点、便利店、社区代购等非接触支付场景，不断提升居民消费体验。完善信息消费基础设施，提高信息消费供给水平，培育新的消费增长点。注重产品结构的优化升级，满足居民消费的多样化需求，不断优化消费环境，提升居民消费能力。

三是促进消费需求释放，顺应居民消费升级趋势。关注疫情防控常态化时期居民消费需求结构新变化，及时有效满足居民消费新需求，促进消费回补。发挥电商优势，适应消费升级趋势，鼓励运用大数据等技术，促进定制消费、智能消费等商业新模式发展。完善"互联网+"消费生态体系，鼓励建设"智慧商店""智慧街区""智慧商圈"，促进线上线下互动、商旅文体协同。进一步发展快递物流，降低消费门槛。尤其是做好农村地区电商发展，补齐农村消费基础短板，继续完善农村地区快递物流网点建设，提升农村快递网点覆盖率，促进电商产品下乡，助力消费增长。充分利用新闻媒体做好宣传引导，倡导绿色消费潮流，改善居民消费习惯，使居民能够适度消费、科学消费。

6. 加强生态环境保护，推进经济绿色化发展

习近平总书记来陕视察时提出五项要求，其中之一是推动生态环境质量持续好转，不仅需要持之以恒地、有效地保护好秦岭，加强黄河流域生态保护治理，还需要加快形成绿色生产生活方式，促进生态保护与经济发展相协调。

一是推动传统优势产业绿色化发展。创新和开发绿色技术，集中力量突破一批支撑绿色产业发展的关键共性技术，通过科技驱动和市场手段促进经济绿色增长转型。建立健全绿色科技创新评估和激励机制，扩大绿色科技的应用范围。制定支持大力发展再生资源产业的相关财政、税收和相关的配套政策。设立再生资源产业发展引导基金，扶持培育龙头企业。

二是构建全域绿色发展体制机制。建立"三线一单"生态空间管制制度，完善生态文明建设目标评价考核机制，将生态文明全面融入经济体系，坚持在发展中保护、在保护中发展，实现经济社会发展与人口、资源、环境相协调。充分发挥环境税收、绿色信贷、绿色债券、排污权交易、自愿减排等制度的作用，加强制度间的优势互补。发展现代农业、生态旅游和林下经济等，实现生态资源资产的保值增值。全面建设绿色陕西，为可持续发展生产力提供生长点，把生态效益转化为经济效益和社会效益。

分 报 告
Sub-Reports

B.2
2020年陕西农业农村经济形势分析与2021年预测*

赖作莲**

摘　要：2020年，面对新冠肺炎疫情，陕西积极应对各种风险挑战，全力抓好农业生产，农业农村经济保持良好发展态势。粮食生产再获丰收，蔬菜、水果产量稳定，畜牧业恢复性增长，农村居民收入增长逐步恢复，全省贫困县全部实现脱贫摘帽，数字乡村加快发展。但是年初疫情对农业农村经济发展影响较大，陕西农业农村还面临畜禽养殖业恢复困难，主要果品价格下滑、生产投入减少，农业应急管理薄弱等问题。展望2021年，粮食产量可能继续保持稳定，畜禽产品产量可能继续恢复增长，水果产量可能继续增加，蔬菜产量可能保持稳定。2021年，要推进脱贫攻坚与乡村振兴有效衔接，牢牢抓住

---

* 本文中未注明数据来源的数据均来源于陕西统计局网站和国家统计局陕西调查总队网站。
** 赖作莲，博士，陕西省社会科学院农村发展研究所副研究员，研究方向为农业经济管理。

粮食生产"牛鼻子",加快推进畜牧业高质量发展,加快推进数字乡村建设,加强农业应急管理。

关键词: 陕西　农业生产　农村经济

2020年,面对突如其来的新冠肺炎疫情带来的严峻挑战和错综复杂的国内外环境,陕西省委省政府按照中央部署统筹推进疫情防控和经济社会发展工作。前三季度,陕西经济克服疫情带来的不利影响,经济稳步恢复,复工复产逐月好转,经济运行呈稳步复苏态势,经济发展韧性和活力进一步增强。

根据地区生产总值统一核算结果,2020年前三季度,陕西省实现地区生产总值18681.48亿元,同比增长1.2%。其中,第一产业增加值1176.28亿元,同比增长2.3%。

一 2020年农业农村经济运行的总体情况

(一)粮食产量再获丰收

2020年,全省夏粮丰收,秋粮产量略增。陕西省夏粮播种面积1655.48万亩,同比下降0.1%,其中小麦播种面积1446.29万亩,同比下降0.2%;夏粮总产量453.5万吨,同比增长7.9%,小麦产量413.25万吨,同比增长8.2%[①]。夏粮在播种面积比上年略有下降的情况下实现了产量的较快增长。产量的增加得益于单产的提高。良好的气候条件有利于粮食作物的生长发育,小麦亩穗数增加明显。小麦亩产286公斤,增长8.4%。夏粮和小麦单产创历史新高,单产、总产量均为近五年第一。粮食丰收使粮食产量实现连续十年稳定在1200万吨以上。

---

① 陕西省统计局:《2020年前三季度全省国民经济运行情况》,2020年10月21日。

（二）蔬菜、水果产量保持稳定

蔬菜、水果产业稳步发展。2020年前三季度，全省蔬菜及食用菌产量1487万吨，较上年同期增长3.7%。上半年，全省蔬菜播种面积438.44万亩，同比增长3.1%；瓜果播种面积79.42万亩，同比增长4.9%。园林水果保持良好发展态势，前三季度，园林水果产量574.6万吨，同比增长5.0%。

此外，2020年，陕西继续推动茶叶产业加快发展。得益于茶叶主产区较好的光照、温度条件，早茶生长发育良好。全省茶园面积达到223.46万亩，同比增长8.9%；茶叶产量6.73万吨，同比增长6.5%。

（三）畜牧业恢复性增长

2020年，在新冠肺炎疫情冲击下，陕西畜牧业没能持续2019年的良好发展势头，整体产量比上年下降，但是随着疫情得到控制，畜牧业呈现恢复性增长。

一季度肉产量31.8万吨，比上年同期下降16%，到二季度肉产量47.41万吨，比上年同期下降12.6%。其中，一季度猪肉产量25.1万吨、牛肉产量2.3万吨、羊肉产量2万吨、禽肉产量2.4万吨，分别比上年同期下降17.9%、9.1%、8.3%、6.7%。上半年猪肉产量35.4万吨、牛肉产量3.75万吨、羊肉产量4.8万吨、禽肉产量3.46万吨，分别比上年同期下降15.7%、1.0%、1.4%、4.2%。可见，虽然上半年产量仍低于上年同期，但是降幅明显收窄。禽蛋产量走势类似，一季度13.2万吨，比上年同期下降10.8%；上半年28.6万吨，比上年同期下降2%。牛奶产量到二季度已超过上年同期水平。随着畜禽生产的不断恢复，下降幅度继续减小。前三季度，全省生猪出栏同比下降12%。

（四）农村居民收入增长逐步恢复

2020年陕西逐步克服新冠肺炎疫情对农民增收带来的不利影响，农村居民收入增长逐渐恢复。一季度农村居民人均可支配收入比上年同期下降1.1%，二季度逐步恢复，上半年同比增长4.6%。前三季度，农村居民人均可支配收入9881元，同比增长6.4%[①]。

从收入结构看，工资性收入和经营净收入仍是农村居民的最主要收入。上半年，陕西农村居民人均可支配收入6470元，比上年增长4.6%。其中经营净收入1578元，在受新冠肺炎疫情影响下仍表现强劲增长势头，比上年增长12.2%；转移净收入1895元，比上年增长7.1%；工资性收入2856元，受疫情影响增长受限，比上年下降0.4%，但仍是农民收入的第一大来源；财产净收入141元，与上年基本持平。上半年，陕西农村居民人均可支配收入在西部12省区市中居第四位，但是增幅居于后位。

（五）农村居民消费略有下降

前三季度，农村居民人均生活消费支出8137元，同比增长1.8%，扣除价格因素，实际下降1.4%。从消费支出结构看，食品烟酒类、居住类、交通通信类是主要支出。上半年，陕西农村居民人均生活消费支出5385元，比上年同期略有减少，下降0.6%。在八大类消费支出中，食品烟酒类为1593元、居住类为1333元、交通通信类为717元，分别比上年增长11.9%、9%、2%；衣着为307元、生活用品及服务为291元、教育文化娱乐为311元、医疗保健为735元、其他用品和服务支出为98元，比上年同期减少，其中教育文化娱乐类下降幅度最大，为44.6%，其他用品和服务类比上年同期下降10.1%，生活用品及服务类下降9.5%。

二 2020年农业农村经济发展的新亮点

（一）贫困县全部脱贫摘帽

2020年2月27日，陕西省人民政府发布公告：铜川市印台区等29个

[①] 杨萌：《2020年前三季度陕西居民人均可支配收入增长5.7%》，http://snzd.stats.gov.cn/index.aspx?menuid=4&type=articleinfo&lanmuid=18&infoid=3809&language=cn，2020年10月20日。

贫困县（区）正式退出贫困县序列。这是在2017年延长县等4个县（区）退出贫困县序列、2018年周至县等23个县脱贫退出贫困县序列后，陕西省脱贫攻坚取得的又一次决定性胜利。贫困人口也由2011年底的592万人减少到2019年底的18.34万人，贫困发生率由2011年的21.40%下降到2019年的0.75%。这标志着陕西56个贫困县（区）全部实现脱贫摘帽，区域性整体贫困基本解决。

（二）粮食继续保持高产稳产

2020年，新冠肺炎疫情在全球持续蔓延，加上灾害等极端天气，以及国际粮食贸易保护和出口限制等因素的影响，全球粮食安全面临严重的风险。根据联合国相关机构联合发布的《2020年世界粮食安全和营养状况》，全球年内或将新增1.3亿饥饿人口，2020年将有25个国家面临严重饥饿风险。在世界濒临至少50年来最严重的粮食安全危机的形势下，保障粮食安全更成为头等大事。

2020年陕西省克服了新冠肺炎疫情和农业气象年景总体偏差的影响，实现了粮食丰收，保持了粮食高产，有力地保障了粮食安全。认真落实粮食安全省长责任制，压实主体责任。年初全面落实《陕西省应对新型冠状病毒感染肺炎疫情工作领导小组关于印发贯彻落实当前春耕生产工作指南若干措施的通知》，全力稳定粮食播种面积和粮食产量。2020年陕西省粮食播种面积将达到4500万亩。大力推进农业主推技术推广应用，示范推广春玉米增密度提单产技术，利用集成技术来提高粮食单产。同时，加强粮食储备安全管理，优化地方储备区域布局和品种结构，推动形成政府储备与企业储备功能互补、协同高效的新格局。统筹抓好政策性收购和市场化收购，不断完善粮食产销合作机制。这些措施有力地促进了粮食稳产高产。

（三）果品出口全面增长

果品出口企业在新冠肺炎疫情的影响下，克服种种困难，实现了果品出口全面增长。西安海关的初步统计数据显示，2020年上半年，陕西省出口果品11.24万吨，货值8.43亿元，同比增长分别为86.49%和66.13%。①

鲜果出口稳步增长。上半年，全省鲜果出口量1.79万吨，货值1.36亿元，同比增长分别为14.92%和12.14%。其中鲜苹果出口1.28亿元，同比增长11.86%；鲜梨出口0.66亿元，同比增长112.22%；猕猴桃出口656万元，同比增长92.29%。鲜果出口目的地主要是泰国、缅甸、越南、孟加拉国和印度尼西亚，这五个国家的出口金额占全省鲜果出口总额的92.63%。

苹果汁出口增长突出。上半年，苹果汁出口量9.38万吨，出口金额6.95亿元，同比增长分别为112.08%和85.70%。美国、日本、南非、俄罗斯、澳大利亚是苹果汁出口的主要目的地，这几个国家出口金额占全省苹果汁出口总额的78.94%。

加工产品出口触底反弹。上半年，加工产品出口647.58吨，同比增长52.83%，出口量自2014年以来首次止跌回升；出口金额1254万元，同比增加3.64%。陕西省加工产品出口主要的国家和地区为德国、越南、泰国、拉脱维亚。

（四）数字乡村加快发展

近年来，农村电子商务发展迅速。2019年，陕西农村电商零售额、农产品电商销售额分别实现286.62亿元、115.58亿元，分别同比增长28.86%、24.17%。2020年，受疫情封闭措施影响，电商因网络优势成为必不可少的消费通道，农村电商加速发展。眉县猕猴桃电商交易额超百亿元，网络销售额达13.75亿元，眉县也因此被商务部评为2020年电子商务进农村综合示范县。

根据西部数字经济研究院发布的《2020陕西数字乡村发展报告》，从乡村数字基础设施、数字化发展环境、乡村数字化应用、乡村政府数字化治理

---

① 闫珅、高子昂：《2020年上半年陕西果品出口全面增长》，2020年8月4日。

四个维度进行综合考量，陕西省数字乡村发展指数排名全国第14。2020年8月发布的《陕西省加快数字乡村发展三年行动计划（2020～2022年）》，明确未来三年着力推进乡村信息基础设施提升行动、乡村数字经济提振行动、乡村信息惠民服务行动、乡村治理数字化建设行动、乡村振兴内生动力培育行动、绿色智美乡村建设行动等六大行动，数字乡村建设将取得重要进展。

（五）生猪产能持续恢复

2020年，陕西省坚持把生猪产能恢复作为农业农村发展的重点工作，精准施策，积极应对新冠肺炎疫情带来的不利影响。省农业农村厅会同省交通运输厅、省公安厅印发《关于确保"菜篮子"产品和农业生产资料正常流通秩序的紧急通知》，有序推动饲料、兽药、屠宰加工等企业复工复产，着力解决畜牧养殖饲料生产、屠宰加工企业的生产、物资采购等方面问题。

根据国家统计局陕西调查总队的调查数据，生猪存栏数量一季度比上年同期增长0.1%，截至上半年同比增长0.7%；能繁母猪存栏，一季度同比增长1.3%，截至上半年同比增长18.0%。截至9月，200个监测村和100个监测场的数据显示，生猪存栏39.49万头，同比增长5.14%；能繁母猪存栏6.37万头，同比增长5.70%；生猪产能实现持续恢复。

三 2020年陕西农业农村经济发展存在的主要问题

（一）年初疫情对农业农村经济发展影响较大

年初新冠肺炎疫情暴发，因疫情防控而实行严格的交通管制，对农业农村经济发展带来多方面的不利影响。一是农产品销售困难。由于严格的交通管制，农产品调运不畅，快递物流部分停运，影响了农副产品的销售，部分地区出现农产品滞销，价格也出现不同程度下跌。二是农业生产出现"用工难"。由于限制人员流动和聚集，正常农业生产所需劳动力难以到位，市场上出现用工难。三是生产中断。受疫情影响，生产资源物资无法按时到位，成品不能及时运出，导致部分企业、合作社生产经营面临困难。特别是休闲农业和乡村旅游业，生产经营处于停业状态。

（二）畜禽养殖业恢复面临困难

2020年上半年，猪出栏较上年同期下降18.8%，猪肉产量较上年同期下降15.7%；禽类出栏较上年同期下降7.7%，禽肉产量较上年同期下降4.2%。虽然畜禽存栏在逐渐恢复，但还面临多重困难。

1. 养殖利润下降

生猪价格在三四月份涨至高位，出现下跌，养殖利润有所下降。据调查，截至5月中旬，生猪市场价格环比下降13.4%，平均每头猪的盈利约1200元，环比下降22.8%。家禽价格持续低位徘徊，效益不容乐观。调查显示，6月鸡蛋集贸市场价格平均为6.2元/公斤，同比下降27.1%；活鸡价格11.2元/公斤，同比下降17%。价格持续走低，部分养殖户出现亏损。

2. 养殖成本上涨

饲料价格上涨。受新冠肺炎疫情影响，各个养殖场的饲料均出现短缺、价格上涨情况。截至5月底，全省玉米平均价格同比上涨10.2%，豆粕同比上涨4.73%。防疫和人工成本增加。在非洲猪瘟和新冠肺炎疫情的影响下，养殖场加大防疫和人工投入力度，与往年相比几乎增加了一倍。根据国家统计局陕西调查总队的调查，70.6%的畜禽养殖户反映当前生产中面临的最大困难就是养殖成本提高。

3. 养殖户面临资金短缺

在新冠肺炎疫情的冲击下，畜禽产品销售渠道变窄，养殖场、养殖户资金回笼困难。疫情等突发事件频发加大了养殖风险。风险加大，银行放贷也更为谨慎，增加了融资难度。此外，环保要求养殖企业使用圈舍环保设施，也加大了资金压力。

（三）主要果品价格下滑、生产投入减少

2020年受新冠肺炎疫情、水果供求失衡等因素的影响，主要果品销售

价格偏低,对果农生产积极性造成了一定程度的打击。同时,苹果盛花期遭遇霜冻,气候异常多变,对果业生产产生了不利影响,也在一定程度上抑制了果农的生产投入积极性。根据果业监测数据,苹果、梨、红枣等亩均直接投入都呈下降态势。苹果、梨、红枣亩均直接生产投入分别为1186.39元、780.23元、84.08元,分别下降5.2%、11.4%、5.8%。用于苹果、梨生产的农药费、雇工费、套袋费、水电费均下降,农药费的下降部分是化肥农药的零增长行动的结果,雇工费的下降与疫情期间劳动力流动受限有关。生产投入的减少或将对果品生产产生一定不利的影响。

(四)农业应急管理薄弱

疫情暴露了农业应急管理软肋。农业应急管理的基础支撑平台所必需的硬件设备严重不足,农业应急管理移动信息终端配备严重不足。农业应急物资保障存在短板。疫情暴露了猪肉、动植物疫疾防治药剂、农作物种子、农药化肥等应急物资储备不足,运输应急物资的交通不畅,分发效率不高。农业应急储备物资的调度还受冷链物流发展滞后的限制。疫情暴露了农业应急管理的科技和人才支撑不足。在重大突发事件发生时,需要既熟悉农业管理业务,又具备应急处置能力,能够迅速有效处理各种复杂情况的专职队伍和专业人才。但目前应急管理专业人才的缺口很大,同时具备农业管理业务的人才更稀缺。

四 2020年农业农村经济形势展望与预测

(一)粮食产量可能继续保持稳定

2020年,面对疫情的冲击,陕西省扎实做好"六稳"工作、全面落实"六保"任务,全面落实粮食安全省长责任制,稳住关中灌区、渭北旱地、陕南川道和陕北长城沿线的耕地面积。加快推进高标准农田建设,建设高标准农田220万亩、高效节水灌溉农田76万亩,提升耕地地力。大力实施

"优质粮食工程",积极发展粮食产业经济,加快推进粮食流通和储备能力现代化建设。这些措施将为2021年稳定粮食产量奠定基础。但是灾害性天气、病虫害等不确定性事件发生概率加大,以及一些人为因素对环境的破坏,将对粮食生产带来不利的影响。展望2021年,粮食产量将可能继续保持稳定。采用多元线性回归分析法,以粮食产量为因变量,以粮食播种面积、粮食生产价格、化肥施用量为变量,建立回归预测模型,对2021年陕西粮食产量进行预测。利用二阶自回归求取自变量的预测值。应用Eviews 6.0软件进行预测,预测结果显示2021年粮食产量将为1241.6万吨。

(二)畜禽产品产量可能继续恢复增长

2020年,陕西省积极推动生猪产能恢复。实施生猪恢复生产三年行动。鼓励陕南地区养殖企业进川上山,发展生态养殖,并在渭北、陕北地区打造生猪产业"新板块"。2020年,生猪、能繁母猪存栏持续恢复,将有利于2021年猪肉产品产量的增加。2020年,牛、羊、家禽的存栏也逐步恢复,这也将直接有利于2021年牛、羊、家禽肉产品的增长。但是,当前畜牧业发展仍面临着重大动物疫病风险概率增加、资源环境约束趋紧等不利于畜牧业恢复发展的新情况。采用多元线性回归分析法预测,以肉类生产价格、疫情发生概率为变量,以肉类总量为因变量,建立回归分析模型;并对肉类生产价格、疫情发生概率做二阶自回归。预计2021年猪、牛、羊等肉类总量将可能达到112.93万吨。

(三)水果产量可能继续增加

2020年水果总体销售渠道受阻,销售价格偏低,以及多因素导致果品生产投入减少,可能会对2021年水果生产造成一定不利影响。此外,冰雹、霜冻等异常气候现象趋于频发的态势,也将对水果生产产生负面影响。但是2020年,陕西水果网络零售表现突出,根据监测数据,2020年上半年陕西水果网络零售额为45.15亿元,同比增长57.03%,排名仅次于山东,位居全国第二。同时,果品出口也呈现较大增长,将对水果生产起到促进作用。

最重要的是陕西苹果、梨等水果产业的规模和基础,将保证2020年水果产量仍能保持在较高的水平。展望2021年,水果产量仍可能继续增加,灾害发生概率按上年计,预计2021年水果产量可达1785万吨。

(四)蔬菜产量可能保持稳定

2020年,陕西继续推进"3+X"工程,打造一批设施农业示范区。随着集成水肥一体化、病虫害绿色防控、多膜覆盖等一批先进实用技术的运用和推广,设施蔬菜综合效益不断提升。2020年,为应对新冠肺炎疫情对设施蔬菜、水果的不利影响,对2~5月正在生产或已经完成种苗栽植的蔬菜、食用菌、草莓等设施农业生产的企业、合作社和种植户进行补贴。这不仅有力地保障了蔬菜的稳产保供,而且对设施蔬菜的持续稳定发展起到了积极作用。陕西设施农业产业不断发展,总面积、总产量一直保持西北地区第一的优势。蔬菜生产的良好基础为2021年蔬菜产量保持稳定提供了坚实的基础。但受季节、供求的影响,蔬菜价格仍可能有较大的市场波动。预计2021年,陕西蔬菜面积可能达978.86万亩,蔬菜产量可能达2078.42万吨。

五 促进2021年农业农村经济发展的若干对策建议

(一)推进脱贫攻坚与乡村振兴有效衔接

习近平总书记强调"脱贫摘帽不是终点,而是新生活、新奋斗的起点"。

推动目标对接。推动脱贫攻坚"两不愁三保障"的短期目标,与乡村振兴实现农业农村现代化的长期目标对接;推动脱贫攻坚主要瞄准贫困人口和贫困地区的政策取向向以整个乡村地区和乡村人口为目标对象的乡村振兴转变。

推动政策对接。借鉴和继续推广在脱贫攻坚过程中形成和创造的有效政策措施,保持脱贫攻坚政策延续性,避免出现脱贫攻坚与乡村振兴的政策断层。根据实施乡村振兴战略的实际,调整脱贫攻坚政策的目标对象、政策内容及体制机制。退出脱贫攻坚时期实施的但与乡村振兴战略的目标任务不相适应的政策措施。

推进产业对接。推动产业扶贫与产业兴旺有效衔接。产业扶贫是脱贫攻坚五大工程的首位工程。产业发展是推动乡村发展的持久动力。要总结推广产业扶贫行之有效的做法和经验，因地制宜选准产业，构建有效的产业组织形式，构建多方认可的利益分配方式。推动产业发展由政府主导向市场决定转变。根据乡村振兴目标和任务，对扶贫产业进行升级再造。

继续激发广大农民群众的主动性、积极性、创造性，发挥农民在社会生活各个领域的主体性作用，确保乡村百姓分享实施乡村振兴战略的红利。

（二）牢牢抓住粮食生产"牛鼻子"

当前，世界正面临百年未有之大变局，为应对国际粮价波动和市场恐慌等复杂的国际政治经济形势，必须牢牢抓住粮食生产的"牛鼻子"，推进粮食产业高质量发展①。

落实粮食安全省长责任制。压实主体责任，按照省负总责、市县抓落实要求，陕西省将粮食播种任务分解到市、县区，并纳入目标责任考核体系。

构建粮食产业高质量发展的生产和经营体系。顺应居民消费转型升级需要，推动产业创新，推进优质粮食生产，更好地满足消费者日益丰富、多元的需求。

明确界定粮食安全与粮食产业发展的功能目标与管理边界，形成宏观调控与市场调节协同的作用机制，形成粮食基本需求有保障、粮食产品丰富多样、市场供求活跃的产业发展格局。

补齐粮食产业高质量发展的短板。鼓励能人种粮，鼓励支持农业院校学生、返乡能人、种植大户流转土地从事粮食生产。优化粮食生产经营组织方

---

① 国家粮食和物资储备局：《实施国家粮食安全战略 守住管好"天下粮仓"》，《人民日报》2020年4月27日。

式,采取土地股份合作、土地托管、代耕代种、代育代插等方式发展粮食生产适度规模经营,激活土地资源要素,提高土地生产力。

(三)加快推进畜牧业高质量发展

落实陕西省《关于加快推进全省畜牧业高质量发展的意见》,围绕加快构建现代养殖体系、动物防疫体系、加工流通体系以及推动畜牧业绿色循环发展等方面,推进畜牧业高质量发展。

进一步优化畜牧业产业布局。结合陕西畜禽养殖产业基础,着力推动陕南生猪、肉牛、家禽,关中奶山羊、奶牛、生猪、家禽,陕北山羊、肉牛、奶牛、生猪的基地县建设,推动生态养殖产业板块建设。

推动种养循环发展。按照种养结合循环发展理念,以就地消纳、能量循环、综合利用为主线,构建中小型养殖户微型、规模养殖场小型、养殖业与种植业区域中型、养殖业与种植业跨区域大型等不同层次的种养循环体系,因地制宜推广"畜禽—粪肥—果、蔬、作物、茶""猪—粪污—果、蔬、作物、茶""饲草—牛、羊—粪肥—饲草""特色作物—高端养殖—粪肥—作物""沼气工程、厌氧发酵—沼液—还田""污水处理—消毒回用、浇灌还田"等循环发展模式。

建立畜牧业绿色发展评价体系,推广绿色发展配套技术。严格执行饲料添加剂安全使用规范,依法加强饲料中超剂量使用铜、锌等问题监管。加强兽用抗菌药综合治理,实施动物源细菌耐药性监测、药物饲料添加剂退出和兽用抗菌药使用减量化行动。

(四)加快推进数字乡村建设

开展数字乡村试点示范工作。由县一级政府具体实施,以保障数字乡村建设不降级为数字村庄、数字农业建设;梯次开展数字乡村建设,农村电商及数字经济发展较好的县(区),要尽快总结数字经济发展的经验,其他地区则要因地制宜,加快数字乡村建设步伐,力争利用数字技术"换道超车"。

设立省、市、县三级乡村数字产业创新发展引导专项资金,省、市级引导专项资金着重鼓励和支持电信运营商、云计算企业、大数据企业、现代物流企业等面向乡村数字建设的相关研发和建设，县级引导专项资金着重对乡村企事业单位和社会团体使用乡村信息基础设施服务进行适当补贴，加快乡村信息基础设施服务的应用步伐。

强化数字乡村项目的招商引资。鼓励和引导工商资本进入数字乡村建设发展领域，促进数字乡村建设可持续发展。出台对乡村小微企业发展数字经济的支持政策，在资金、税收、房租、用工成本等方面给予优惠和减免措施。同时，对数字乡村项目减少和简化审批程序。推动数字乡村多元发展，积极支持淘宝村、村播、共享农业、众筹农业、定制农业、云农场等新产业新模式新业态在乡村不断发展。

（五）加强农业应急管理

在农业风险事件高频发生的背景下，要强化农业应急管理[①]。加强应急物资储备和调运。支持提升重要农产品储备能力，确保储备物资数量和质量有保障。对企业承储的应急物资，实行合理的动态补贴核算，当承储物资价格调整、贷款利率变动时，要适当调整补贴额度，以保障承储企业的利益和积极性、主动性。支持农业应急管理信息化建设，建立互联互通的信息网络，畅通应急物资交通运输、配送。着重支持提升冷链物流运输能力，提高果蔬、肉类、水产品等生鲜产品、易腐食品的冷藏运输率。

对受损经营主体给予补助。对因扑杀染疫畜禽、农业环境受到严重污染而造成损失的经营主体，给予必要的经济补偿和补助，并根据受损程度加大补偿支持力度。

加大农业应急管理专业人才培养力度。加强专业机构及培训基地建设，加强仪器设备建设，提高师资水平，使培训和教学内容符合应对农业应急管理实际工作的需要。

---

① 张红宇、胡凌啸等：《科学应对疫情对农业农村经济的影响》，《人民日报》2020年2月25日。

B.3
2020年陕西工业经济形势分析与2021年预测

陕西省社会科学院经济研究所课题组*

摘　要： 2020年陕西疫情防控和经济社会发展各项政策措施成效持续显现，全省工业经济保持增长势头，工业生产增速加快，高技术领域投资快速增长，企业效益持续改善。通过分析影响陕西工业经济运行的主要因素，进而通过定量建模方法预测陕西2021年工业经济运行趋势，从优化产业结构、支持重点项目、深化"放管服"改革和加强重点行业领域支持等方面提出相应的对策建议，提出从产业升级、打造工业"双循环"、区域协同、创新驱动、资金支持等方面构建工业经济稳增长的支撑体系。

关键词： 陕西　工业经济　产业升级

一　2020年陕西工业经济运行态势分析

2020年，受新冠肺炎疫情因素影响，第一季度全省工业经济出现明显下滑，但随着复工复产的不断加快，从第二季度开始，陕西工业经济呈现明

---

* 课题组负责人：裴成荣，陕西省社会科学院经济研究所所长，二级研究员，研究方向为区域经济；课题组成员：张馨，陕西省社会科学院经济研究所副研究员，研究方向为区域经济与可持续发展；周宾，陕西省社会科学院金融研究所副研究员，研究方向为能源经济与可持续金融；顾菁，陕西省社会科学院经济研究所助理研究员，研究方向为城市经济。执笔人：张馨、顾菁、周宾。

显的恢复性增长，尤其是装备制造业增势良好，主要工业产品保持增长，大中型企业增长平稳。陕西积极采取疫情防控和经济社会发展各项政策措施，工业生产的企稳回升态势逐步显现。

（一）工业生产恢复稳定增长

2020年1~9月，全省规模以上工业增加值同比增长1.2%，较上半年加快0.2个百分点，与全国增速持平，连续五个月保持正增长（见图1、图2）。规模以上工业增加值增速列全国第19位、西部第9位。从主要行业看，全省规上能源工业增加值同比增长4.2%，较上半年回落2.3个百分点；非能源工业增加值同比下降1.5%，较上半年降幅收窄2.6个百分点。全省高技术产业增加值同比增长17.2%，较上半年加快5.2个百分点，拉动规模以上工业增长1.7个百分点。

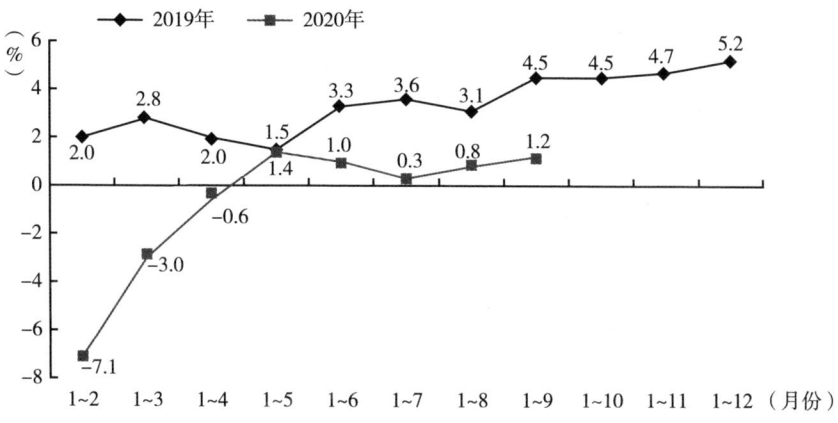

图1 2019~2020年陕西规模以上工业增加值累计增长情况

（二）电子产品制造业保持高速增长

2020年1~9月，陕西装备工业（不含汽车）增加值同比增长13.9%，高于2019年同期4.8个百分点；汽车工业同比增长4.9%，高于2019年同期2.9个百分点；原材料工业同比下降2.8%，低于2019年同期4.7个百分

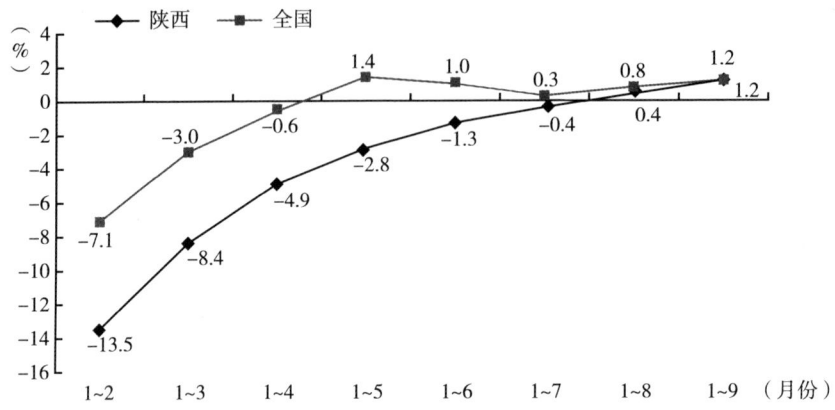

图 2　2020 年 1~9 月陕西和全国规模以上工业增加值累计增长情况

点；消费品工业同比下降 12.5%，低于 2019 年同期 19.1 个百分点；电子产品制造业同比增长 41.0%，高于 2019 年同期 23.9 个百分点（见图 3）。装备工业、汽车工业和电子产品制造业受疫情影响较小，尤其是电子产品制造业高速增长，成为陕西工业发展的一大亮点。

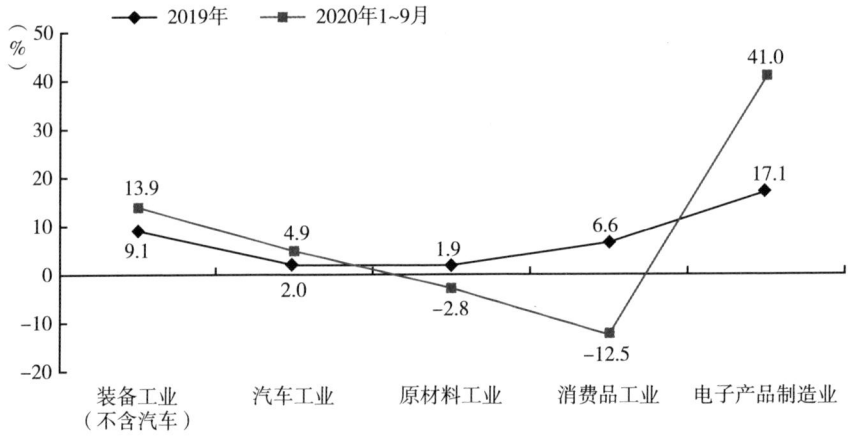

图 3　2019 年和 2020 年 1~9 月非能源五大产业工业增加值增长情况

（三）高技术领域投资快速增长

2020 年 1~9 月，全省工业投资增长 4.0%，虽较上半年放缓 2.1 个百分点,仍高于全国7.3个百分点,拉动全省投资增长1个百分点。制造业投资同比增长5.2%,高于全国11.7个百分点,其中计算机、通信和其他电子设备制造业投资增长52.5%,2020年以来保持高速增长;汽车制造业投资增长6.7%,一批新能源汽车及零部件基地项目加快建设;通用设备制造业投资增长7.6%;非金属矿物制品业投资增长16.3%。高技术产业投资同比增长26.5%,高于全国17.4个百分点。其中,高技术制造业投资增长31.5%,高技术服务业投资增长17.8%。

(四)工业企业效益持续改善

随着复工复产深入推进,2020年1~9月全省大中型企业产值同比下降2.0%,降幅较上半年收窄2.8个百分点。从全省产值前150家企业情况看,前三季度产值累计下降2.5%,降幅小于规上工业2.7个百分点。9月150家企业产值同比下降2.6%,其中76家企业产值同比增长,76家企业产值较上月增速加快或降幅收窄。

全省工业企业经营情况持续改善,企业营业收入由负转正。1~8月,全省规模以上工业企业营业收入同比下降6.4%,降幅较1~7月收窄1.0个百分点;利润总额同比下降21.4%,降幅收窄3.0个百分点。

分行业来看,1~8月,全省能源工业利润同比下降29.6%,降幅较1~7月收窄2.7个百分点;非能源工业利润同比下降10.8%,降幅收窄3.5个百分点。从三大门类看,1~8月,制造业利润同比下降9.4%,降幅较1~7月收窄3.9个百分点,延续回升态势;采矿业下降34.4%,降幅收窄3.2个百分点;电力、热力、燃气及水生产和供应业增长0.7%,增速回落4.7个百分点。

(五)部分市(区)工业下滑明显

2020年1~9月,陕西11个市(区)中,规模以上工业增加值增速高于全省平均水平的有4个,依次为榆林、宝鸡、西安、铜川,其增速分别为8.2%、5.5%、5.3%和5.3%。渭南、咸阳、延安、汉中、杨凌、安康、商洛则低于全省平均水平,其中,商洛、安康、杨凌列后三位,增速分别为

-22.0%、-19.6%和-4.4%。与2019年相比,宝鸡、铜川、榆林工业增速都有所上升,分别增长了8个百分点、2.3个百分点和3.7个百分点;其余市(区)工业增速同比下降,尤其是安康、商洛、延安、汉中下滑明显,分别下滑了32.9个百分点、30.2个百分点、12.6个百分点和12.2个百分点(见图4)。

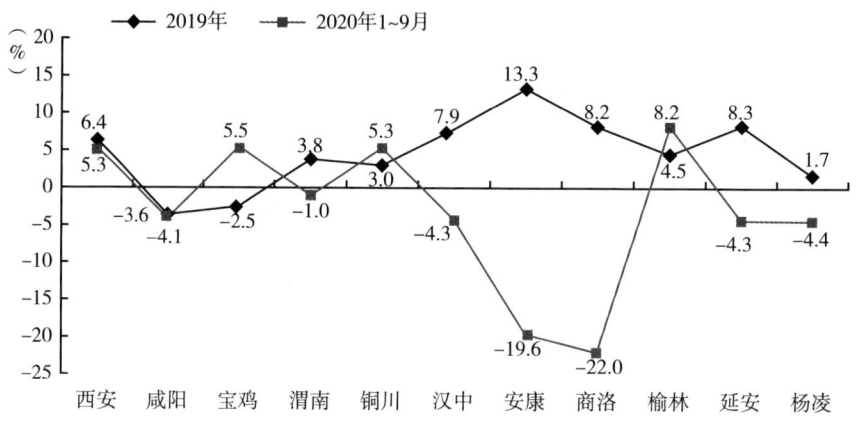

图4 2019年和2020年1~9月陕西各市(区)规模以上工业增速比较

二 陕西工业经济运行的影响因素

(一)宏观经济影响

2020年全球新冠肺炎疫情进一步加剧了世界经济下滑态势和中国经济增长的不确定性。由于疫情防控举措及时有力,中国经济在世界上率先逐步复苏,陕西经济和工业的发展情况整体好于全国平均水平。需要看到,在承上启下的关键之年,在抓好疫情防控的同时,通过采取复工复产各项措施,中国经济运行虽稳步复苏,但全球疫情得到有效控制的形势尚不明朗,发达国家制造业回流与中美贸易摩擦将加速全球产业分工格局变动等外部不确定性风险挑战和不可控因素影响明显增加。未来受国内外多种因素的叠加影响，中国经济下行风险的压力将进一步增加，经济的不可预测性依然较大，为有效缓解未来中美贸易摩擦的负面影响、协调疫情防控与复工复产等经济发展的不可控因素，中国将继续推动常态化疫情防控下经济转型动力变革的各项工作。"十三五"期间，陕西工业经济运行前期总体平稳、稳中趋缓，后期受市场需求减弱、新动能不足、安全生产和治污降霾等因素影响，增长放缓。受新冠肺炎疫情等因素影响，规模以上工业增加值增速在经历了前4个月的负增长之后，从5月开始实现由负转正，并且高于全国平均水平，全省工业呈现企稳回升态势。

（二）能源价格波动变化

陕西能源工业作为全省工业经济的支柱，与全省工业经济运行走势基本趋同。受供给侧结构性改革等宏观产业政策和安全环保等政策的影响，特别是伴随煤炭过剩产能逐步出清，煤价下行明显，从"十三五"开始，全省规上能源工业出现"先升后降"，特别是2016年5~12月陕西能源工业出现负增长。随着产业政策调整，2017~2018年能源工业呈现良好的增长态势，但2019年受下游能源（煤炭）消费市场需求下滑等因素影响，全省能源工业增速出现"十三五"的第二次回落，但随着工业稳增长促投资推动高质量发展等若干举措的陆续出台，能源工业再次恢复增长。在2020年疫情期间，全省能源工业基本保持了较高的增长态势，仍然是全省工业经济稳增长的重要基石。

能源工业的发展受能源价格因素影响较大，对"十三五"陕西能源工业增长与能源价格变化的趋势线进行比较后发现，全省的煤炭、原油的价格总体上呈现先上升后基本平稳并略有下降的态势，两者走势基本趋同，且与能源工业增长趋势相近（见图5）。特别是全省的煤炭价格走势与能源工业走势更加接近，反映了陕西能源工业对全省工业经济的发展具有举足轻重的作用，而煤炭工业又是全省能源工业发展的关键。鉴于原油价格受国际油价影响较大且行业内央企的比较优势明显，故紧盯下游市场的消费需求，根据稳定煤炭价格走势，加快推进全省煤炭工业转型升级和高质量发展，对全省工业稳增长具有重要的现实意义。

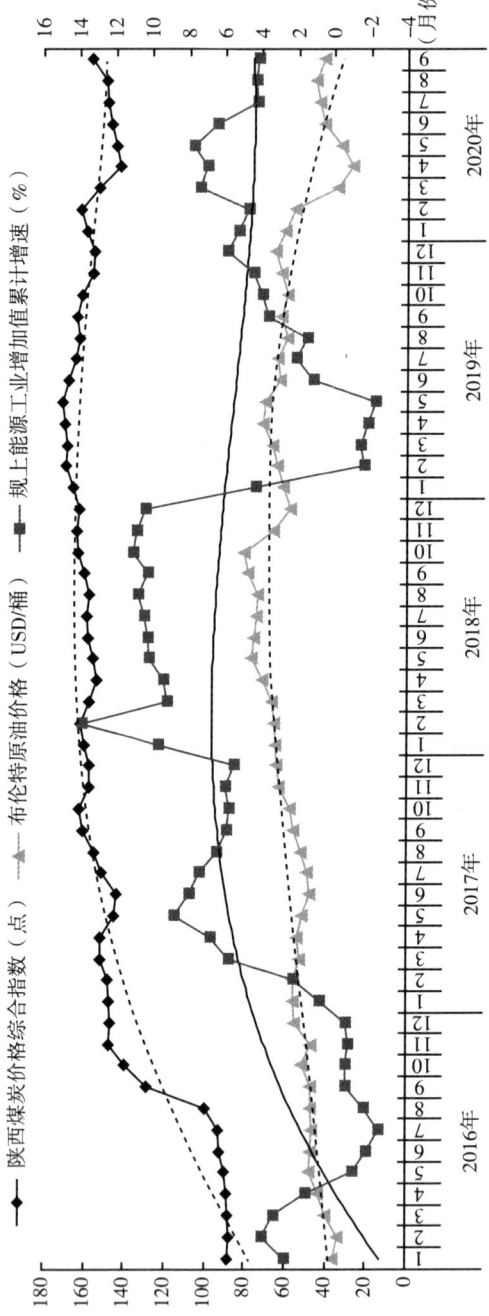

图 5 "十三五"陕西能源工业累计增速与能源(煤炭、原油)价格变化比较

注:相关各年1月数据均采取插值方法计算得出,三条趋势线是根据对应曲线的三阶多项式拟合而成。图中左侧纵坐标轴为能源(煤炭、原油)价格,右侧纵坐标轴为规上能源工业增加值累计增速。

（三）汽车工业潜力巨大

陕西汽车工业已初具规模，比亚迪、吉利、汉德、法士特等企业主要集中在西安、宝鸡等地，咸阳的汽车工业起步虽晚一些，但依托现有工业基础和"渭河汽车工业走廊"的区位优势，具备与西安、宝鸡在全省汽车工业发展方面分工协作的条件。但同时，陕西汽车工业在高端产品研发、系统集成等方面缺乏技术优势和龙头企业支撑；汽车关键零部件配套能力弱，现代汽车产业体系有待进一步完善；汽车产业综合服务水平不高且功能不够健全；高端汽车和新能源汽车在研发设计方面的自主创新能力不强、产业聚集度不高。此外，随着新能源汽车市场需求的不断扩大，相关的技术瓶颈有待突破，配套保障能力也有待提升。目前，与能源工业相比，陕西的汽车工业对全省工业经济的带动作用仍偏弱，但在制造业中是增长较快的领域之一。随着国内经济持续企稳向好，"十四五"时期陕西汽车工业对全省工业经济的支撑和拉动的空间较大。

三 2021年陕西工业经济运行趋势预测

基于2000~2019年陕西工业经济相关指标数据，运用一般多项式、灰色预测模型、时间序列模型等，对2021年以及"十四五"期间陕西工业总产值、工业增加值、工业增加值率、规上工业营业收入等指标进行预测，并分析陕西"十四五"工业运行的变化趋势。

（一）陕西规模以上工业总产值

运用GM（1，1）模型进行灰色预测，结果表明，2021~2025年陕西工业总产值的预测数据分别为28862.13亿元、30070.72亿元、31329.92亿元、32641.85亿元、33088.71亿元。"十四五"陕西工业总产值较2019年将增长34.908%，高于2016~2019年陕西工业总产值增长幅度12.89个百分点。2020年新冠肺炎疫情的出现对陕西工业发展带来了不容忽视的冲击，国内市场需求总体不足在未来将进一步导致"稳工业"压力不断加大。但是，疫情的影响是阶段性的、可控的，陕西工业经济规模不会改变持续向好的基本趋势。

（二）工业增加值

采用幂函数模型进行拟合，拟合公式为：

$$y = 320.01x^{1.1163}$$

经预测，2021~2025年陕西工业增加值分别可达到10085.79亿元、10598.89亿元、11114.59亿元、11632.79亿元及12153.41亿元。"十四五"陕西工业增加值较2019年将上升26.47%，较2016~2019年陕西工业增加值的增长幅度将下降0.0064个百分点。这表示，近年来受市场调整、关键技术能力不足和政策调整等影响，陕西工业经济生产中的中间消耗持续增加，转型升级步伐不足。

（三）工业增加值率

依据对工业增加值和工业总产值的预测，"十四五"陕西工业增加值率的均值仅为35.4%，低于2019年0.6个百分点，这说明陕西工业迫切需要进一步优化结构、提升生产效率，增加高附加值业务，才能在激烈的市场环境下增强竞争力、稳定工业经济增长。

（四）陕西规上工业营业收入

运用GM（1,1）模型进行灰色预测，结果显示，2021~2025年陕西工业规上营业收入分别为26798.44亿元、27859.96亿元、28963.54亿元、30110.83亿元、31303.56亿元，"十四五"陕西工业规上营业收入较2019年将增长27%，较2016~2019年陕西工业规上营业收入增长率将增加10.36个百分点，成为陕西工业经济稳步发展的基石。

四 推动陕西工业稳增长的对策措施

2020年前三季度，陕西工业经济保持增长态势，能源工业对于工业增长发挥着"稳定器"的作用，非能源工业发挥着稳增长"助推器"的作用。同时习近平总书记来陕考察时指出要把制造业做实做强做优，陕西制造业包含了31个行业，产值占比超过70%，提升传统制造业的同时加快先进制造业的发展，形成双轮驱动，从而维持工业发展的持续动力。2021年，陕西工业稳增长还需要从以下方面推进。

（1）以深化供给侧结构性改革为主线，以"两新一重"建设发展为重点，做好"两保、两链、三做、四新"。抓好能源化工和传统装备制造等领域的工业转型升级，加大技改投资和基础设施建设力度，使工业投资占固定资产投资比重稳定在1/3左右，技改投资占工业投资比重稳定在25%左右，并需要进一步提高工业投入产出的效率。

（2）统筹安排工业领域有关专项资金，重点支持高端装备制造、现代化工、电子信息、新材料和现代医药等重点领域开展智能化示范项目，并加快推动政策、产业、科技、资金、人才等要素资源的整合，在工业互联网、新基建、战略性新兴产业等领域，鼓励探索新技术、新模式、新业态和新产品，引导社会资源向这些领域聚集。

（3）通过继续深化"放管服"改革，为保市场主体提供可靠支撑。进一步降低准入门槛，深化"证照分离"改革，在生产许可、项目投资、证明办理等领域推行承诺制，并落实好财政资金直达机制，确保减税降费实效。同时，贯彻落实外商投资法及其相关政策法规，积极优化对外开放环境，使外商享受到政策优惠。

（4）通过抓好一批重点建设项目，带动区域工业经济恢复增长。通过抓住能源化工、现代制造等重点领域产业链的关键环节，更加突出三大区域经济板块的特色优势，促进联动互补，同时，通过完善农村地区和小城镇的

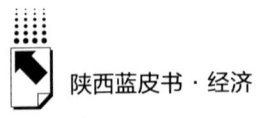

基础设施建设,加快推动关联产业集聚,提高生产配套服务能力,壮大全省县域工业经济实力。

五 构建工业经济稳增长的支撑体系

在协调好疫情常态化防控和经济社会发展背景下,2021年,陕西将重点从产业升级、打造工业"双循环"、区域协同、创新驱动、资金支持等方面加快推进和细化落实与稳定全省工业经济运行相关的各项措施,加快构建和完善具有陕西特色的现代产业体系,确保全省工业经济运行处于合理区间。

(一)推动产业升级

推动产业升级方面,将以产业基础再造和"工业强基工程"等为抓手,打破路径依赖,继续深化供给侧结构性改革;将围绕"两新一重"在内的建设项目和生产配套方面出台和细化相关政策措施,通过加快培育和打造先进制造业成为新支柱产业,加快全省传统能源化工产业的高水平"三个转化",推动生产性服务业和先进制造业融合发展,努力建成两个万亿元级产业集群。

(二)打造工业"双循环"

打造全省工业的"双循环",将不断增强陕西工业"补链、强链、延链"的功能,尤其是在地区传统支柱工业和战略性新兴产业等领域,应加快承接先进产能和持续淘汰过剩产能,进一步提升关键领域、重点行业和重大项目的全球招商引资质量,充分发挥陕西基础科研雄厚和产业体系较为健全的比较优势,积极弥补"产—学—研"准确对接效率不高、科技成果转化能力偏弱和科创融资保障不够等短板。

(三)促进区域协同

促进区域协同方面,将把先进制造业和现代服务业发展作为重点,引领大西安都市圈和关中平原城市群建设；以能源化工高端化转型升级为重点，扩大陕北在呼包鄂榆城市群中的影响力；以建设生态产业园区和打造绿色产品品牌为重点，推动陕南成为汉江生态经济带新的增长极。同时，将通过促进产城融合，加快形成一批特色城镇，强化县域园区的产业承载功能，不断完善发展链条。

（四）加快创新驱动

加快创新驱动方面，将依托和发挥省内自由贸易试验区及其协同创新区的带动作用，借助"一带一路"和中国（陕西）自由贸易区、创新型省份建设以及西安国家自主创新示范区、国家中心城市建设等机遇和平台，深化军民融合、部省融合、央地融合的协作优势，并以建设国家增材制造创新中心、西部科技创新港和中国科学院西安科学园等项目为载体，不断聚集高端创新资源，吸引培养急需创新人才，培育扶持科技型中小企业，推动全省工业的数字化、网络化和智能化发展。

（五）加强资金支持

加强资金支持方面，将做强做优做大地方类金融机构，支持其在企业园区开展知识产权投融资服务，将发展市场化股权投资基金，创新投贷联动模式和国有资本创投管理机制，吸引境内外金融机构在陕设立区域总部、功能性总部，建设丝绸之路国际金融中心，将支持开发区内企业上市融资的同时，探索国家高新区开发建设主体整体上市融资的模式，以提升陕西金融服务实体经济的能力。

参考文献

《2020年前三季度全省国民经济运行情况》，http://tjj.shaanxi.gov.cn/126/111/21132.html，2020年10月21日。

《前三季度全省规上工业发展情况分析》，http://tjj.shaanxi.gov.cn/126/111/21171.html，2020年11月5日。

张其仔：《"十四五"时期我国区域创新体系建设的重点任务和政策思路》，《经济管理》2020年第8期。

B.4
2020年陕西对外贸易发展形势分析及2021年预测*

刘晓惠**

摘　要： 2020年突如其来的新冠肺炎疫情对全球经济活动造成巨大冲击，世界经济形势急剧变化。面对如此局势，陕西积极强化"六稳"举措，落实"六保"任务，在进口拉动下，外贸发展整体呈现较好态势。2021年陕西要进一步落实习近平总书记来陕考察重要指示，深度融入共建"一带一路"大格局，在建设高质量高水平自贸试验区、构筑内陆地区国际贸易通道、培育外贸新业态新模式、多措并举稳外贸稳外资等方面发力，积极应对贸易摩擦和疫情带来的影响，打造内陆改革开放高地。

关键词： 陕西　对外贸易　自贸试验区

一　2020年陕西对外贸易发展形势分析

（一）陕西外贸经济发展总体分析

2020年1~9月，陕西外贸进出口总值实现2790.74亿元，同比增长7.2%，

---

* 该报告系陕西省社科界2020年度重大理论与现实问题研究项目（项目编号为2020Z083）的阶段性成果。本文中未注明的数据均来源于国家统计局网站、中华人民共和国海关总署网站、陕西省统计局网站和西安海关网站。
** 刘晓惠，陕西省社会科学院经济研究所助理研究员，研究方向为区域经济。

较上半年加快3.7个百分点,高于全国平均水平6.5个百分点。其中全省出口实现1403.13亿元,同比下降1.2%,较上半年收窄7.8个百分点,低于全国平均水平3个百分点;进口实现1387.61亿元,同比增长17.1%,高于全国17.7个百分点;前三季度陕西贸易顺差为15.52亿元,2020年以来首次实现顺差;外贸进出口依存度为14.94%,同比增长0.16个百分点,略低于第一、二季度。

从各月外贸进出口总额来看,8月全省进出口总额最多,为338.77亿元,其次为9月332.41亿元,均超过330亿元;3月进出口总额最少,为292.04亿元。从出口额来看,9月全省出口量最大,为180.81亿元,3月最少,只有140.14亿元;从进口额来看,4月全省进口量最多,为176.91亿元,6月最少,为145.47亿元;从各月贸易余额来看,9月贸易盈余为29.21亿元,为2020年以来最大值,4月贸易逆差最大,为31.43亿元(见表1)。

表1 2020年各月外贸发展情况比较

单位:亿元

外贸情况	3月	4月	5月	6月	7月	8月	9月
进出口额	292.04	322.39	311.76	298.85	323.45	338.77	332.41
出口额	140.14	145.48	166.28	153.37	164.30	176.81	180.81
进口额	152.80	176.91	145.48	145.47	159.14	161.97	151.60
贸易余额	-12.66	-31.43	20.80	7.90	5.16	14.84	29.21

注:由于疫情等原因,1月和2月外贸数据缺失。

2020年1~8月陕西新设外商投资企业164家,同比下降8.4%;合同利用外资16.95亿美元,同比下降36.0%,较上半年降幅扩大12.5个百分点;实际利用外资57.03亿美元,同比增长10.1%,较上半年提高1.5个百分点,如图1所示。

中欧班列长安号取得骄人成绩。截至2020年10月,中欧班列长安号常态化开行线路已达15条,构建了一条连接中亚、西亚、南亚,辐射欧洲腹地的国际物流大通道,已建成全国首个铁路自动化无人码头,长安号单一窗口订舱平台和综合服务平台等中欧班列信息平台也已上线运行。截至10月18日,中欧班列长安号共开行3004列,是2019年同期的1.8倍,运送货

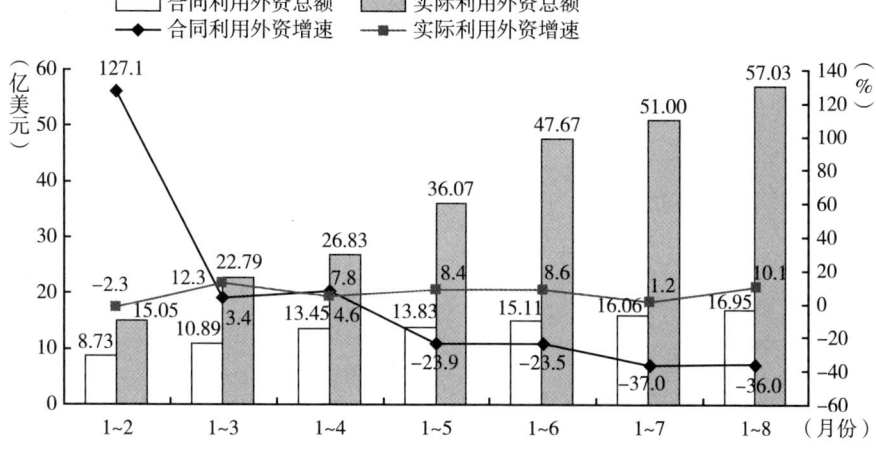

图 1　2020 年前 8 个月陕西利用外资情况

总重230.9万吨，是2019年同期的1.5倍，其中中亚方向开行828列（去程659列、回程169列），欧洲方向开行2176列（去程1296列、回程880列）。班列开行量、重箱率、货运量等核心指标位列全国第一，已连续11个月蝉联中欧班列质量评价指标全国第一。[1]

自贸试验区加强先行先试，实现更多制度创新。上半年，陕西省自贸区新设市场主体8194家，同比下降39.29%；其中新设企业5899家，同比下降9.29%；目前规模以上企业共有787家，同比增长34.53%。实现货物进出口总额1290.08亿元，同比增长3.63%，占全省进出口总额的71.83%。其中，货物进口687.38亿元，同比增长23.93%，占全省进口总额的75.13%；货物出口602.70亿元，同比下降12.69%，占全省出口总额的68.39%。形成61项制度创新案例，其中"国际保理美元融资新模式"等12个具有首创性的案例已上报国务院自由贸易试验区工作部际联席会议办公室，"创新第三方医学检验检测实验室共享模式""零工窗口共享服务平台""大型机场运行协调新机制"3项改革创新经验在全国复制推广。[2]

---

[1]《中欧班列长安号今年开行突破3000列》，西安市商务局网站。
[2]《陕西自贸试验区2020年二季度发展运行情况》，陕西省商务厅网站。

（二）陕西外贸发展的特点分析

1. 出口下降有效遏制，进口表现十分抢眼

2020年以来陕西外贸以负增长开局，但负增长仅维持了2个月，到了3月，外贸增幅就转负为正，并一直保持上升趋势，到9月，外贸增幅最大，为7.20%。但是出口从1月开始就一直呈现下降态势，到9月下降势头已经得到有效遏制，为-1.20%，全年最低。相反2020年进口表现十分抢眼，各月累计增幅保持在10%以上，其中4月和5月增幅甚至超过20%，消费需求进一步得到释放，如图2所示。

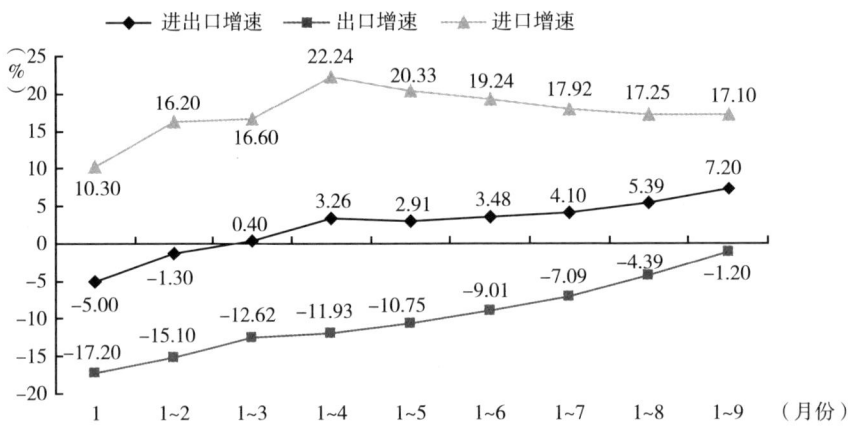

图2 2020年1~9月陕西对外贸易同比增速比较

2. 加工贸易比重下降，一般贸易快速增长

从贸易方式来看，来料加工装配贸易出口与进口均呈下降态势。前三季度，陕西省加工贸易进出口总值为1602.38亿元，同比增长2.20%，占同期全省进出口总值的57.42%，同比减少2.95个百分点。其中来料加工装配贸易同比下降4.46%；进料加工贸易保持快速增长，增幅为15.71%。而一般贸易进出口总值为701.39亿元，同比增长8.25%（见表2），占同期全省进出口总值的25.13%，同比提高0.17个百分点。

2020年陕西对外贸易发展形势分析及2021年预测

表2 2020年1~9月主要贸易方式对外贸易情况

单位：亿元，%

贸易方式	进出口		出口		进口	
	总值	同比增长	总值	同比增长	总值	同比增长
全省	2790.74	7.20	1403.13	-1.20	1387.61	17.10
一般贸易	701.39	8.25	379.10	2.18	322.29	16.40
来料加工装配贸易	1003.41	-4.46	518.98	-5.76	484.42	-3.04
进料加工贸易	598.97	15.71	322.17	14.62	276.80	17.01

3. 外资企业仍占主导，私营企业份额较大增长

从贸易企业类型来看，外资企业、私营企业、集体企业表现良好，国有企业贸易进出口额下滑明显。前三季度，陕西省外资企业进出口总值1829.29亿元，同比增长7.69%，占同期全省进出口总值的65.55%，同比提高0.15个百分点；其中，出口843.67亿元，同比微增0.95%，进口985.63亿元，同比增长14.20%，保持较快增长。私营企业进出口总值751.58亿元，同比增长13.48%，占同期全省进出口总值的26.93%，同比提高4.23个百分点。反之，国有企业出口和进口指标均呈下降趋势，尤其是出口，同比下降20.47%，下降幅度较大（见表3）。

表3 2020年1~9月不同类型企业对外贸易情况

单位：亿元，%

类型	进出口		出口		进口	
	总值	同比增长	总值	同比增长	总值	同比增长
全省	2790.74	7.20	1403.13	-1.20	1387.61	17.10
外资企业	1829.29	7.69	843.67	0.95	985.63	14.20
私营企业	751.58	13.48	456.74	0.33	294.84	42.39
国有企业	201.89	-14.08	101.64	-20.47	100.25	-6.46
集体企业	3.06	268.29	0.10	-59.89	2.95	417.55

4. 韩国仍是最大贸易伙伴，对香港、台湾地区贸易下降明显

从主要贸易国家或地区来看，韩国仍然是陕西最大的贸易伙伴；受中美贸易摩擦与中国香港、台湾局势的影响，在这三个地区，陕西外贸表现欠

佳。前三季度，陕西对韩国的进出口总值为 678.71 亿元，同比增长 32.16%，表现亮眼，占全省进出口总值的近 1/4；对日本的进出口总值为 170.88 亿元，同比增长 27.48%，继续保持快速增长。但是陕西对香港地区的进出口同比下降 28.41%，对台湾地区进出口同比下降 11.78%，对美国进出口下降 1.32%（见表 4）。

表 4　2020 年 1～9 月陕西对主要贸易国家或地区的贸易情况

单位：亿元，%

国家或地区	进出口		出口		进口	
	总值	同比增长	总值	同比增长	总值	同比增长
全省	2790.74	7.20	1403.13	-1.20	1387.61	17.10
中国台湾	542.93	-11.78	126.62	-23.37	416.31	-7.53
韩国	678.71	32.16	337.04	32.81	341.67	31.53
美国	205.11	-1.32	103.68	-20.06	101.43	29.74
中国香港	191.17	-28.41	190.96	-28.41	0.21	-29.62
日本	170.88	27.48	30.13	-7.25	140.75	38.60

二　陕西对外贸易发展的环境分析

（一）国际环境[①]

2020 年，突如其来的新冠肺炎疫情席卷全球，带来的冲击前所未有，世界经济陷入第二次世界大战以来的最严重的衰退，经济全球化遭遇逆流，保护主义、单边主义抬头，世界经济低迷，国际贸易和投资大幅萎缩，给世界经济发展带来前所未有的挑战和考验。

1. 美国

数据显示，2019 年全年美国经济增速按年率计算增长 2.3%，是近三

---

① 本节数据主要来源于新华社中国金融信息网。

年以来美国经济增长最慢的一次。2020年第一季度美国实现GDP18.97万亿美元，实际GDP年化季率修正值为-5.0%，创下2009年以来最大季度跌幅；第二季度国内生产总值年化萎缩31.4%，22个行业中有20个下滑，艺术、娱乐、休闲、住宿和餐饮服务业年化大跌91.5%，给GDP造成了大约6.6个百分点的拖累。5月制造业采购经理人指数（PMI）环比小幅上升至43.1，但仍低于荣枯线，18个制造业行业中有6个行业出现增长，包括非金属矿行业、家具相关行业、服装皮革行业、烟草行业等，但整体制造行业仍处于收缩状态；非制造业采购经理人指数环比上升至45.4，多数服务相关行业受新冠肺炎疫情影响继续萎缩。8月消费者信心指数为84.8，较上个月下跌6.9，大幅低于经济学家预测的93，这一趋势体现出美国经济复苏态势的疲软，以及人们对高失业率和前景不确定性的担忧。

为应对疫情冲击，美国国会出台总额达2.2万亿美元的经济纾困法案，为低收入美国民众发放现金支票，并为受疫情影响严重的中小企业增设贷款项目。同时，美联储将联邦基金利率目标区间下调至0~0.25%的超低水平，并开启无上限量化宽松。但是美国继续推行"美国优先"的单边主义、保护主义等贸易政策，尤其是中美贸易摩擦愈演愈烈，为疫情下的全球经济复苏发展蒙上厚厚的阴影。

2. 欧元区

欧元区第一季度季调后GDP季率下降3.8%，年率下降3.3%；3月失业率为7.4%；3月季调后贸易账户盈余179亿欧元；4月制造业PMI是2009年3月以来最低水平，服务业PMI以及综合PMI初值均创纪录新低；10月经济景气指数降至52.3，与9月比较降低21.6，经济衰退现象仍然十分严峻。

3. 英国

英国第二季度GDP年率终值为-21.5%，服务、生产和建筑产出都出现了创纪录的萎缩，6~8月失业率上升至4.5%，是自2017年4月以来的最高水平，在脱欧风险与新冠肺炎疫情猛烈反弹的共同打击下，本就疲弱的英国经济前景更是雪上加霜。9月24日英国政府采取了一系列新的财政支持措施,定名为"冬季经济计划",其核心为新的"就业支持方案",以帮助那些在疫情中收入受到严重影响的雇员。数据显示,英国政府已经发出超过390亿英镑的工资,成功挽救了大量工作岗位。

4. 德国

第一季度德国GDP环比下降2.2%,10月经济景气指数降至56.1,与9月比较降低21.3。9月22日,德国伊弗经济研究所预测,德国经济2020年将下滑5.2%,降幅小于此前预计的下降6.7%;并且预测2021年德国经济增速将为5.1%,此前预测为6.4%。

5. 日本

第一季度日本实际GDP按年率计算下降3.4%,其中内需下滑是拖累日本经济陷入负增长的主要原因,对经济增长的贡献为-0.7个百分点。第一季度出口环比下降6.0%,与此同时,进口环比下降4.9%,进出口相抵的净出口对经济增长的贡献为-0.2个百分点。

6. 金砖国家

中国经济发展活力正在逐步恢复,印度、俄罗斯、巴西、南非经济发展受疫情影响较大。其中,中国疫情防控成效显著,复工复产复商复市加快推进,第二季度国内生产总值同比增长3.2%,转负为正。印度第二季度经济增长同比萎缩23.9%,从6月开始印度已经大幅放开疫情封锁措施,目前除部分服务业仍受到限制外,经济活动基本已经全部放开,在此基础上,印度经济的活力在逐渐恢复;9月制造业PMI已经升至56.8,连续第二个月处于扩张区间。巴西第二季度GDP同比下跌5.9%,巴西央行预计2020年GDP增速为下降6.4%,8月巴西公共债务与国内生产总值之比升至86.5%,为2006年12月开始公布此项数据以来的最高值。俄罗斯上半年GDP同比下降3.4%,俄罗斯央行预测,2020年俄罗斯GDP将下降6%。南非第二季度新增失业人口220万人,多个行业出现大规模裁员,目前南非将近6000万人口中,只有1410万人有工作。

表5 2020年上半年部分国家/地区GDP增速和GDP比较

单位：%，万亿美元

国家/地区	上半年	GDP	国家/地区	上半年	GDP
美国	-4.3	10.147	法国	-12.3	1.198
中国	-1.6	6.493	韩国	-0.7	0.771
日本	-5.8	2.423	加拿大	-6.3	0.752
德国	-6.3	1.787	巴西	-5.9	0.712
英国	-12.6	1.279	俄罗斯	-3.4	0.701
印度	-10.1	1.234	澳大利亚	-2.6	0.630

资料来源：《2020年上半年全球GDP前20强榜单出炉》，腾讯网。

从全球贸易发展形势来看，2019年，受全球贸易紧张局势和经济增长放缓影响，全球货物贸易量下降0.1%，为国际金融危机以来的首次下跌；全球货物贸易额18.89万亿美元，下降3%。而年初的突发疫情让原本就已低迷的世界贸易雪上加霜，4月8日世界贸易组织（WTO）发布预测，2020年全球货物贸易将下跌13%~32%，萎缩幅度可能超过国际金融危机。从2020年第二季度的数据来看全球货物贸易实时趋势指数为87.6，为有记录以来最低值。因此，WTO认为，2020年基本上全球所有地区的贸易量都将出现两位数下降，北美和亚洲地区出口受损尤甚，全球电子产业、汽车制造产业和服务贸易受到的打击更为严重。[1]

（二）国内环境

面对突如其来的严重疫情，我国统筹疫情防控和经济社会发展，扎实做好"六稳"工作，全面落实"六保"任务，制定了一系列纾困惠企政策，全年新增减税降费约2.5万亿元，出台多项强化就业优先、促进投资消费、稳定外贸外资、稳定产业链供应链等措施，并着力构建以国内大循环为主体、国内国际双循环相互促进的新发展格局，市场活力动力逐步恢复和增强。前三季度，我国外贸进出口总值实现23.12万亿元，比2019年同期增

---

[1] 中华人民共和国商务部：《世界经济贸易形势》，2020。

长0.7%，增速年内首次由负转正；外贸进出口依存度为31.98%，比2019年同期下降0.85个百分点。其中，出口12.71万亿元，同比增长1.8%；进口10.40万亿元，同比微降0.6%；贸易顺差2.31万亿元，同比扩大12.68%。全国外贸发展呈现以下特点。

1. 一般贸易进出口比重持续上升

前三季度，我国一般贸易进出口实现13.92万亿元，同比增长2.1%，占我国进出口总值的60.21%，与2019年同期相比增加0.71个百分点，其中，一般贸易出口增长3.8%，出口额超过进口额1.22万亿元，贸易方式结构持续优化。

2. 东盟成为我国第一大贸易伙伴

前三季度，我国对东盟、欧盟、美国、日本、韩国进出口分别为3.38万亿元、3.23万亿元、2.82万亿元、1.61万亿元、1.45万亿元，同比分别增长7.7%、2.9%、2.0%、1.4%、1.1%，对五个国家或地区外贸合计占我国进出口总值的54.02%。

3. 与共建"一带一路"国家贸易保持稳定增长

前三季度，我国对共建"一带一路"国家进出口总值为6.75万亿元，同比增长1.5%，高于全国外贸进出口增速0.8个百分点，占比为29.20%。

4. 民营企业进出口比重进一步提高

前三季度，民营企业进出口实现10.66万亿元，同比增长10.2%，占我国进出口总值的46.1%，与2019年同期相比上升3.8个百分点，比外资企业比重高2.1个百分点。其中，出口增长10%，进口增长10.5%。

国家主席习近平在2020年中国国际服务贸易交易会上致辞中提到，"当今世界正在经历百年未有之大变局"，因此为应对全球复杂的经济形势，2020年我国出台了以下政策措施来稳外贸稳外资。

①5月6日《国务院关于同意在雄安新区等46个城市和地区设立跨境电子商务综合试验区的批复》发布，以推动产业转型升级，开展品牌建设，引导跨境电子商务全面发展，全力以赴稳住外贸外资基本盘，以推进贸易高质量发展为主；保障国家安全、网络安全、交易安全、国门生物安全、进出口

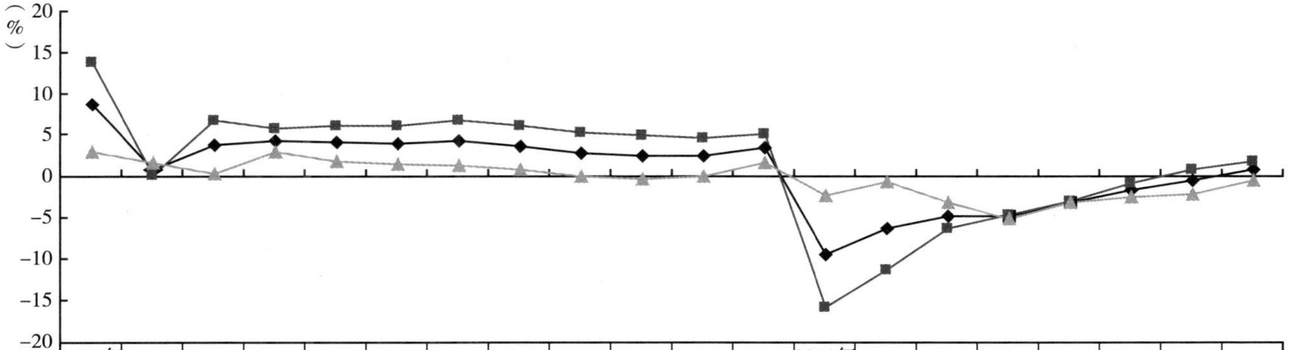

2020年陕西对外贸易发展形势分析及2021年预测

	2019年1月	2月	3月	4月	5月	6月	7月	8月	9月	10月	11月	12月	2020年2月	3月	4月	5月	6月	7月	8月	9月
进出口	8.7	0.7	3.7	4.3	4.1	3.9	4.2	3.6	2.8	2.4	2.4	3.4	-9.6	-6.4	-4.9	-4.9	-3.2	-1.7	-0.6	0.7
出口	13.9	0.1	6.7	5.7	6.1	6.1	6.7	6.1	5.2	4.9	4.5	5.0	-15.9	-11.4	-6.4	-4.7	-3	-0.9	0.8	1.8
进口	2.9	1.5	0.3	2.9	1.8	1.4	1.3	0.8	-0.1	-0.4	0	1.6	-2.4	-0.7	-3.2	-5.2	-3.3	-2.6	-2.3	-0.6

图 3 2020 年 1~9 月和 2019 年全国对外贸易累计值（人民币）同比增速比较

商品质量安全和有效防范交易风险。陕西延安在列。②5月17日，为加快形成西部大开发新格局，推动西部地区高质量发展，中共中央、国务院印发《关于新时代推进西部大开发形成新格局的指导意见》，提出要强化举措抓重点、补短板、强弱项，形成大保护、大开放、高质量发展的新格局，推动经济发展质量变革、效率变革、动力变革，促进西部地区经济发展与人口、资源、环境相协调，实现更高质量、更有效率、更加公平、更可持续发展。③6月1日，中共中央、国务院印发《海南自由贸易港建设总体方案》，支持海南逐步探索、稳步推进中国特色自由贸易港建设，分步骤、分阶段建立自由贸易港政策和制度体系；对标国际高水平经贸规则，解放思想、大胆创新，聚焦贸易投资自由化便利化，建立与高水平自由贸易港相适应的政策制度体系，建设具有国际竞争力和影响力的海关监管特殊区域，将海南自由贸易港打造成为引领我国新时代对外开放的鲜明旗帜和重要开放门户。④6月22日，《国务院办公厅关于支持出口产品转内销的实施意见》发布，支持出口产品转内销，帮助外贸企业纾困，确保产业链供应链畅通运转，稳住外贸外资基本盘；鼓励外贸企业拓展销售渠道，促进国内消费提质升级；因地制宜推动出口产品转内销工作，重点帮扶本地区重要产业链供应链外贸企业和中小微外贸企业。⑤7月27日，《国务院办公厅关于同意建立国务院推进贸易高质量发展部际联席会议制度的函》提到各成员单位要按照职责分工，深入研究推进贸易高质量发展工作有关问题，制定相关配套政策措施或提出政策建议，积极营造推进贸易高质量发展的政策环境，共同推进贸易高质量发展。⑥8月12日，《国务院办公厅关于进一步做好稳外贸稳外资工作的意见》发布，提出15项稳外贸稳外资政策措施，有利于稳住外贸主体，稳住产业链供应链。⑦9月21日，北京、湖南、安徽自贸试验区获批，我国自贸区数量增至21个。

三 2021年陕西省外贸形势预判

2020年10月，国际货币基金组织（IMF）发布的《世界经济展望》认为疫情对全球经济造成严重冲击,但继 4 月"大封锁"期间跌入衰退深渊之后,目前全球经济正在恢复。预计 2020 年全球经济将萎缩 4.4%,与 6 月的预测相比上调 0.8 个百分点,衰退程度有所缓和,预计 2021 年全球经济将增长 5.2%。

《世界经济展望》预测发达经济体经济 2020 年将衰退 5.8%、2021 年将增长 3.9%;新兴市场和发展中经济体经济 2020 年将衰退 3.3%、2021 年将增长 6.0%。其中美国经济 2020 年将衰退 4.3%、2021 年将增长 3.1%;欧元区经济 2020 年将衰退 8.3%、2021 年将增长 5.2%;日本经济 2020 年将衰退 5.3%、2021 年将增长 2.3%;中国经济 2020 年将增长 1.9%,是唯一正增长的主要经济体,2021 年将增长 8.2%;印度 2020 年将衰退 10.3%、2021 年将增长 8.8%(见表 6)。

国际货币基金组织首席经济学家吉塔·戈皮纳特表示:"由于放松封锁措施以及全球各政府和央行以前所未有的规模迅速出台支持政策,全球经济正从上半年崩溃深渊中有所回升,但危机远未结束。"全球经济复苏前景很可能是漫长、不均衡且高度不确定的。①

表 6　国际货币基金组织对世界经济增长预测比较

单位:%

国家/地区	2019 年增速	2020 年增速预测	2021 年增速预测
世界	2.8	-4.4	5.2
发达经济体	1.7	-5.8	3.9
美国	2.2	-4.3	3.1
欧元区	1.3	-8.3	5.2
德国	0.6	-6.0	4.2
法国	1.5	-9.8	6.0
日本	0.7	-5.3	2.3
英国	1.5	-9.8	5.9
加拿大	1.7	-7.1	5.2

① 《世界经济展望》,2020 年 10 月。

续表

国家/地区	2019年增速	2020年增速预测	2021年增速预测
新兴市场和发展中经济体	3.7	-3.3	6.0
中国	6.1	1.9	8.2
印度	4.2	-10.3	8.8
俄罗斯	1.3	-4.1	2.8
巴西	1.1	-5.8	2.8
南非	0.2	-8.0	3.0

资料来源：根据2020年10月《世界经济展望》整理。

从前三季度外贸各项指标来看，陕西外贸发展总体呈现稳中向好态势，但是出口增幅还未转正，外贸发展环境仍然较为严峻。因此，在应对全球疫情危机和贸易摩擦冲击时，陕西要在持续开放发展中补短板强弱项，深度融入共建"一带一路"大格局，充分发挥自贸试验区的先行示范作用，以开放促发展，实现更高质量发展。预计2021年陕西外贸继续保持快速增长态势。

四 促进陕西外贸发展的对策建议

2020年4月习近平总书记来陕考察重要讲话对陕西提出打造内陆改革开放高地的重要指示，为陕西开放发展带来了重大历史机遇。陕西要深度融入共建"一带一路"大格局，在多措并举稳外贸稳外资、打造高质量高水平自贸试验区、构筑内陆地区国际贸易通道、提高贸易通关便利化水平、培育外贸新业态新模式等方面发力，积极应对贸易摩擦和疫情带来的危机，建设好内陆改革开放高地。

（一）多措并举稳外贸稳外资

受疫情和中美贸易摩擦的影响，我国外贸发展形势较为严峻，相关部门要多措并举稳外贸稳外资，帮助企业渡过难关。一是建立重点外贸企业联系制度。支持企业利用网上平台与境外采购商进行"一对一"精准对接洽谈,稳住与共建"一带一路"国家和地区的经贸合作。二是促进各类外资项目落地。积极推动与陕西省签订投资框架协议外资项目尽快落地,加快收集国外重点企业、目标企业和商协会投资意向,做好产业链招商和定向招商。三是积极构建融资租赁平台,推动业务供需对接、融资对接、创新互动、法律服务,协调解决融资企业动产抵押登记、跨境转租赁等发展过程中存在的一系列问题,实现服务链的全覆盖。四是推动加工贸易企业转型升级。鼓励加工贸易企业提高自主研发设计能力,促使加工贸易企业向服务型制造企业转型,以"制造+服务"促进出口产业发展,在引进新技术、做大新产业的同时引导企业向高利润的各种服务领域进发,提高出口质量效益。

(二)打造高质量高水平自贸试验区

发挥好自由贸易试验区的先行示范作用,深度融入共建"一带一路"大格局。一是加快陕西自贸区的政策和制度创新步伐。自2020年9月北京、湖南、安徽自贸试验区获批后,我国自贸区的数量已经增至21个,自贸区的竞争越来越激烈,唯有加快自贸区在政策和制度方面的创新,以改革促开放,才能培育面向全球的竞争新优势。二是持续优化自贸区营商环境。加大"放管服"改革力度,深化"互联网+政务服务",按照能放尽放的原则,将市级管理事项向自贸试验区下放(委托)。推进水、电、气和电信服务等基础设施办理事项流程再优化,进一步压减申报材料、简化流程,压缩安装作业时间,实现各部门、各单位审批服务内容的信息共享。三是鼓励支持自贸区内金融创新。在自贸区范围内,扩大银税互联互认共享信息范围,推动向移动端发展,建立信用共享激励机制。探索赋予国际铁路运单物权凭证功能,将铁路运单作为信用证议付票据,创新中欧班列(长安号)贸易融资新模式。四是加快推动自贸区协同发展。大力实施与沿海沿边沿江自贸区协同开放战略,进一步强化协同改革、协同创新、协同发展思维,突出特色优势,协同培育区域开放合作新高地。

（三）构筑内陆地区国际贸易通道

发挥自由贸易试验区先行示范作用，构筑内陆地区效率高、成本低、服务优的国际贸易通道。一是加快物流枢纽建设。支持西安、宝鸡、延安补齐物流功能短板，规划建设国家物流枢纽，构建具有陕西特色的航空高端带动、公铁无缝衔接的多式联运体系；推进西安港"一带一路"海陆空中转枢纽和中铁联集"陆海联动、多点协同"智能骨干网两个国家示范工程建设；落实《西部陆海新通道总体规划》，构建与东南亚各国间的陆海多式联运新通道，拓展东盟市场。二是促进中欧班列长安号高质量发展。落实《支持中欧班列长安号高质量发展的若干措施》，支持西安国际港务区打造中欧班列（西安）集结中心，加快打造中欧班列东向贸易新通道建设，全力拓展班列运输网络和覆盖范围，争取将中欧班列（西安）集结中心纳入国家中欧班列发展战略。提升长安号运行效率，进一步深化与哈铁、俄铁等丝路沿线国家铁路部门合作，不断优化境外节点衔接和运行时效；推进与东部地区港口协同发展，重点推进与青岛港、宁波港等东部港口的协同发展。推动长安号策划推进"数字中欧班列"和"铁路运单物权认证、单证融资"等创新功能，探索中欧公交班列开行。

（四）提高贸易通关便利化水平

一是推进便利化大通关。与共建"一带一路"国家和地区海关建立国际合作机制，推进信息互换、监管互认、执法互助的海关合作，推动全国通关一体化，扩大海关间监管结果参考互认、商签海关合作协定等，推行中欧"经认证经营者"互认合作，提高通关效率；加强物流标准化、循环化建设，在全省普及应用货运技术标准；加强检验检疫区域一体化建设，建立班列沿线检验检疫机构间"出口直放、进口直通"制度，实现沿线"通报、通检、通放"，实施"进境口岸检疫、境内全程监控、出境直接核放"监管模式。二是创新运输服务模式。围绕物流链全流程，强化运输、仓储、配送、通关、结算等环节高效对接，提供一站式综合服务。调整运输结构，合理配置各类运输方式，鼓励公路、航空等运输方式与中欧班列和南向班列有效衔接，提高铁路运输比重，发展钟摆式、集团式物流模式，降低企业制度性交易成本。

（五）培育外贸新业态新模式

一是加快推进西安跨境电子商务综合试验区和外贸综合服务平台等建设。培育国家外贸转型升级基地、省级特色出口基地等各类外贸集聚区，积极创建国家级进口贸易促进创新示范区；加快建设进口商品展示交易分拨中心、跨境电商国际合作中心、加工贸易转移承接中心。在境外重点区域建立"海外仓"和陕西商品展示中心。二是创新"物流+贸易+产业"运行模式，持续推动"运贸结合"，通过物流枢纽带动贸易导入及产业聚集，形成供应链和产业链良性互动，打造汽车、粮油、肉类、跨境商品等贸易集散基地和商品分拨中心。三是利用重大展会开拓合作渠道。通过举办丝博会、欧亚经济论坛、杨凌农高会、"一带一路"（陕西）特色商品展览会等，和参加进口博览会和国（境）外重点展会，加大定向招商和务实招商力度，吸引和承接国内外产业转移。①

参考文献

中华人民共和国商务部：《世界经济贸易形势》，http//www.199it.com/archives/1069514.html，最后检索时间：2020年10月15日。

国际货币基金组织：《世界经济展望》，2020年10月，http://www.sohu.com/a/424971304-100176301，最后检索时间：2020年10月20日。

陕西省人民政府办公厅印发《陕西省"一带一路"建设2020年行动计划》（陕政办发〔2020〕6号），http：//www.shaanxi.gov.cn/zfxxgk/fdzdgknr/zcwj/szfbgtwj/szbf/202004/t2020040/_1667029.html，最后检索时间：2020年10月15日。

陕西省发改委等联合印发《支持中欧班列长安号高质量发展的若干措施》（陕发改贸服〔2020〕372号），http：//sndrc.shaanxi.gov.cn/zcfg/j6byba.htm，最后检索时间：2020年10月15日。

---

① 《陕西省"一带一路"建设2020年行动计划》，陕西省人民政府网站，2020。

"十四五"专题篇

The "14th Five-year" Special Reports

B.5 关于陕西省"十四五"规划十大战略问题的建议

曹 钢*

摘 要： "十四五"时期，是我国开启全面建设社会主义现代化、向第二个百年奋斗目标进军的起始期。同时，国内外动荡变革因素复杂，风险和挑战较多。为此，依据党中央和国务院的有关要求，我们应以一种勇于开"顶风船"，善于转危为机的务实态度和创新精神，做好陕西省"十四五"时期规划编制工作。本文围绕十个方面的战略，就规划编制工作提出一些理念性建议，以供省委省政府参考。

关键词： 陕西 "十四五"规划 发展战略

---

* 曹钢，经济学教授，博士生导师，中共陕西省委党校（陕西行政学院）原副院长，陕西省决策咨询委员会委员，陕西省经济学会副会长，终身享受国务院政府特殊津贴专家，陕西省有突出贡献专家。

关于陕西省"十四五"规划十大战略问题的建议

一　绿色优质战略

我国已进入高质量发展阶段,坚持绿色发展理念,创造优质化经济成果,理应作为全省"十四五"发展的目标要求。绿色发展一定要严格执行主体功能区定位。一是把确保生态优化放在规划布局的第一位,区别关中、陕南、陕北不同地理生态条件,把握发展方向,构建发展格局;二是把实施绿色化生产和生产绿色化产品,贯穿于工业、农业以及所有产业中,作为实现高质量发展的必备要求;三是把绿色生产与绿色消费结合起来,深化供给侧结构性改革,以生产保证消费,以消费倒逼生产,使生产和消费同步迈入绿色提升、高质量发展的轨道中;四是把谋求"绿色"与"现代"的统一作为推进现代化深入的基本思路,让"金山银山"真正建立在"绿水青山"之上,让"绿水青山"以合适的途径和方式,尽可能地转变为富民强省的"金山银山"。

二　创新引领战略

"创新"是实施新时代高质量发展的首要理念和动力源泉,是引领经济社会发展迈向全面现代化的主导战略。树立综合创新概念,并将其贯穿于经济与社会、发展和改革的各领域、全过程。要大力推进科技创新,在科技创新与产业提升的结合上取得突破,让创新成为提升产业水平的最强引擎,用数字化、网络化、智能化等尖端技术,抓紧关键环节和关键技术,改造、嫁接、优化制造业、能化工业、有色金属冶制、优势农产品生产等陕西省重点产业;要深入推进市场创新,在市场体系和机制完善上取得突破,强化市场调节功能,促进生产要素自由流动,推动"大众创业、万众创新"更好地展开;要积极推进制度创新,在制度改革和创新上取得突破,促进科技资源市场化配置,加快非公有经济更快发展;要不断推进治理创新,在治理体系和治理能力现代化上取得突破，促进投资环境优化，提升城市管理水平，实施农村振兴，加快城乡经济社会一体化发展。

三 重点突破战略

我国发展仍然处于战略机遇期，但机遇和挑战都有新的变化。从规划布局的重点上说，也由改革开放以来较长时期的普惠性高增长，逐步地变为整体上追求高质量、绿色化发展和常态化稳中求进，与定区域、分板块的功能性、目标性的差异性增长。依据国家的区域和类别要求定位，建议陕西实施三个发展重点：一是在以西安为中心的关中城市群框架体系内，集中布局现代制造业、新材料工业、现代农业，打造国际国内交通枢纽，形成全域性城乡一体化，创新优质协调发展；二是以榆林国家能源化工基地建设为带动，在榆延一体化的思路下，以实施产业链条深化开发为导向，打造具有国际先进水平的高端能化及以新材料生产为特色的优势产业聚集区；三是在陕南区域以汉中盆地、汉江流域、丹江河谷的城市和大镇为着力点，在保护好大面积生态财富的同时，开创小区块创新型突破及以点带面式的绿色化循环性有质量的发展。

四 整体布局战略

在三方面重点发展相配合及带动下，形成全省"三级冲动火箭模式"布局，即打造"一星、一台、三助推"的"陕西火箭"发展格局。"一星"即以高端能化产业和特色农业为龙头，榆林、延安一体化的上空卫星，此乃"陕西火箭"的前端箭体和第三级动力箱，用特色产业优势上的冲击力和竞争力，引发全省经济迅猛升起和持续跃进；"一台"是以西安为中心，东西南北连接咸阳、渭南、宝鸡、杨凌、铜川诸城市，形成"陕西火箭"的主体支架和发射平台，这是全省发展的主体动力源亦即第二级动力箱，依托几大国家级高新技术区、经济技术开发区等创新力，突出高新技术和现代制造业发展,打造庞大的经济体量,保证全省发展平稳上升和持久;"三助推"是以汉中、安康、商洛的重点板块发展为冲击点,形成三个助推器,加速全省发展的后推力和韧劲,亦即"陕西火箭"的一级动力箱。

五 产业提升战略

一个区域的快速健康发展,不能没有优势产业,亦即区域经济发展的骨干支撑。陕西的优势产业历史上多有变化。以现阶段而言,我们认为应着力打造六个产业。①现代装备制造业:本产业在陕西现实中的体量并不算大,七大类别合起来也不足工业总量的二成,尤其是占全国行业中的份额则更小,1995年以来的24年中,很少出现超过2%比重的水平,但鉴于本产业在国民经济发展中地位重要,陕西又有基础发展,也有条件发展好,故列为第一争取培植的优势产业。②高端能化工业:本产业在陕西有得天独厚的资源条件,现在的比重已占工业总量一半以上,同时列入国家支持的重点行列,事实上已成为陕西省发展的支柱,今后的目标是向国际高端水平迈进。③旅游文化创意产业:陕西旅游文化产业条件十分优越,伴随国内外本产业方兴未艾之发展态势,具有做大做强的可能。④国际物流运输业:随着丝路经济的发展,本产业在陕西突破既有需求又有可能,之前提出的"三个经济",在本产业发展上也颇有意义。⑤特色农业和农产品加工业:陕西的特色农业颇具优势,在"3+X"的带动下,尤其是对县域经济发展具有重大意义,值得加以重视。⑥有色金属冶制和新材料工业:新材料是国家创新发展的重点之一,陕西有色金属、塑料工业原材料都很突出,如若引入高新技术,即可提升为一大优势产业,并可与制造业的发展相匹配。

六 深化开放战略

"一带一路"是陕西和西安实施对外开放的重大机遇,内陆"新高地"是其推进改革开放的地位所在。国家布局中欧班列事关西、中、东三大通道,陕西长期以来只重视陆桥通道(即西向通道),这是一大缺失。应主动对接国家交通部门,抓紧包海线(包头至海南)省内段的改造建设,推进并构成与二连浩特的对接,使其成为纵向连接中、东两大通道的另一条新干线。第一,未来西南方向(包括东南亚)开往中、东线的中欧班列,自然会就近取道包海线,同时把榆林、延安、绥德打造为区域交通枢纽;第二,通过包海线运输的兴起,从战略上将陕西的经济板图,由原来的大西部移至中原板块并连接津京冀豫区域;第三,包西线大通道的建成,同时把西安由传统的东西单向性枢纽,变为东西、南北的交叉性枢纽,成为丝路经济带东、中、西三大铁路通道唯一的中心交会点城市;第四,在未来,中欧班列的开行模式必将由现在的分线路"城对城"开行,转变为东、中、西三通道的全线路一体化统一调控模式,届时,西安则最有可能建成全线路中最大的调控和集结中心。

这个"中心"一旦建成,必将带动陕西物流商贸产业的突破性发展,也会使西安国际化都市建设取得实质性进展。第一步,依托中欧班列交通枢纽,真正建成最大的全国性调控和集结中心;第二步,配套多种现代交通途径和工具的对接,即可打造国际性交通枢纽城市;第三步,通过国际交往的拓展,最终迈向真正的国际化大都市。这三步走和三级跳,是西安建成国际化城市的可行之路,也将从大局上改变陕西对外开放较弱的问题。

建议继续加强与江苏的结伴关系,逐步将原来的帮扶性交往转变为兄弟市之间在平等互惠基础之上的经济协作。开展产业联盟、市场对接、人才交流、互助共赢等活动,并以此为平台,着眼"长三角",加大招商引资力度与产业转移项目引进,做好陕西与发达地区间的市场对接,形成以国内循环为主、内外循环配合的双循环体制。

七 深化改革战略

改革是解放和发展社会生产力的关键,是推动国家发展的根本动力。现在全国已进入市场经济阶段，而陕西存在严重的"隐性市场经济畏惧症"，大大地制约发展潜力的释放。围绕改革短板，建议着力解决好以下问题：一是树立非公有经济成分也是"自家人"的理念，鼓励和支持民众创业，强化市场经济主体，加快民营经济发展；二是坚持用市场经济理念推动产业发展，加速制造业等竞争性产业做大做强，改善产业结构畸形状态；三是明确"一体化"重在"市场一体化"，而非"行政一体化"的理念，冲破用行政撤并取代"一体化"的困局，加快西咸一体、关中一体、榆延一体等格局的推进；四是深化科技体制改革，推进生产要素自由流动，强化科技资源市场化配置，提升科技成果转化和应用效率；五是推进行业管理廉政建设，破除"吃拿卡要"现象，打造最公平、最低成本、最便捷的创业环境，推动中小企业突破性发展；六是坚持城乡一体、区域一体的思路，破除"城市群＝城市＋城市"的认识误区，更有效发挥城市群在区域协调发展中的功能。

八　夯实基础战略

基础设施是经济发展的底面和支撑。从"十四五"起，基础设施建设即应由先前的"小康"型水平开始向全面现代化建设水平迈进。首先，应继续加强传统型基础设施的完善和升级。以交通设施为例，要突出快捷、舒适、方便、配套，打造远程航空、区间高铁（高速）、城区地铁、乡间公交、城市群连环套，长短衔接、空地组合、陆海配套的基本格局。要加快中欧班列西安集结点、南北铁路干线改造升级、关中城市群交通圈完善、多种现代交通融合、出省交通连接线等重大工程建设。其次，要使基础设施建设更好地体贴民需、体现共享。抓住弱点、补上短板，优先贫困地区人口需求保障，重视高标准基本农田建设、种养设施现代化升级、城乡老旧房改造和清洁供水等工程。加强生态优化建设和江河防洪系统化治理以及重点应急工程。鼓励共享型建设享用模式发展。最后，及早布局并加快推进新型基础设施建设。加快5G网站以及数字化、网络化、智能化等建设，重视新型基础设施应用化推广和体系化升级,为基础设施现代化、创新化、整体化换代创造条件。

九 协调发展战略

实现"协调",是新时代发展的重要理念标志,也是应对社会主要矛盾的基本对策。从战略上说,其重点应定位于主体功能、全省目标、增长潜力三大要求的基础上,形成绿色发展、创新发展、可持续发展的有机配合,切实做到科学发展的真正实现。在具体策略上说,就是要注意把握好发展中的"长"与"短"的关系。"长"是区域发展的优势和骨干支撑,是一种高质量的"多"、强竞争力的"长";一般情况下,对"长"应立足于"扬",着力提质增效;"扬"出创新力、突破力、带动力,树立起确保全省高质量发展的强硬支柱。"短"是缺陷,无关紧要的"短"可以躲,采取"避"的策略,不去管它;对于事关发展基础性根本性之"短",则不能躲,也躲不过,必须"补";"补短"要从实际出发,不搞"一刀切",重在"补"出基础性、公平性、稳定性,守住实现全省协调发展的最后底线。要加强发展的前瞻性思考、全局性谋划、战略性布局、整体性推进,实现发展规模、速度、质量、结构、效益、安全相统一。

十 民生提升战略

民生问题关系发展的目的性,核心是做好国民收入分配,一是公平共享,二是量力提高。在"共享"中体现分配的合理性,用不断"提高"显示社会的进步性。陕西民众收入水平历来较低,应力争获取较大提高。把就业作为第一民生大事,努力用民众创业带动就业,以拓展创业的广度和深度,扩大就业面,施展民生活力。要着力推进"六稳""六保"。下功夫破解教育、医疗等领域存在的社会痛点问题,改善城市交通拥挤、停车困难、休闲活动空间少等现代化引发的矛盾现象。加紧布局解决老年社会问题,因地制宜满足老年人的各种需求。创新有关政策,扶持民生服务事业,全面提高民生满意指数和幸福感。把民生事业的提高和民生服务的实际成效,作为高质量发展、全社会协调性建设、安全可持续发展的重要内容,以及评价政府工作的重要标准。

B.6 "十四五"时期陕西潜在经济增长率研究

陕西省发展和改革研究中心课题组[*]

摘 要: 宏观经济增长理论认为,实际增长率围绕潜在增长率上下波动,而潜在经济增长率意味着在资源实现最优配置时的最大产出能力,取决于劳动力、资本、资源和生产率等供给因素,其中任何一种因素的趋势性变化,都会引起经济发展的长期趋势出现变化。研究潜在经济增长率有助于判断经济长期的增长趋势,进而确定可接受的经济增长区间,将其与现阶段经济增长率相比较,并可据此有重点地制订经济发展规划,研究制定符合经济发展实际的政策,进而实现高质量发展。

关键词: 潜在增长率 "十四五" 陕西经济

一 研究背景及意义

(一)研究背景

改革开放以来,我国经济社会快速发展,经济在相当长的一段时期内保

---

[*] 课题组组长:薛健,陕西省发展和改革研究中心主任、研究员。课题组成员:钱进宝,陕西省发展和改革研究中心副主任、高级经济师;姚延婷,西北政法大学商学院营销系主任、副教授;关鸿亮,陕西省发展和改革研究中心副研究员;张鸽,陕西省发展和改革研究中心副研究员;叶姗姗,陕西省发展和改革研究中心副研究员;孔妍,陕西省发展和改革研究中心助理研究员;张玉,陕西省发展和改革研究中心助理研究员。

持了两位数的高速增长，创造了经济增长的中国奇迹。近年来，随着世界经济形势发展的不确定性及我国自身的经济结构转型，投资需求逐年降低，全球金融危机导致的外需拉动不足，国内消费一直未能成为主要力量，人口红利的消失，原材料、能源等要素成本的不断提升等给我国整体经济形势造成了较大的下行压力。

1. 我国外部发展环境面临的变化

从外部环境来看，科技与产业发展日新月异，世界政治格局变化趋势加快，同时中美贸易摩擦等问题导致中国外部发展环境越发严峻，对中华民族的全面复兴进程造成影响。

（1）全球经济增长不确定性增强

世界主要经济体增长周期不同步，发达国家货币政策负外溢性凸显，新兴经济体金融市场风险日益集聚，导致世界经济发展的不确定性逐步加大。

（2）国际产业发展和分工格局出现重大变革

目前发达国家采取"再工业化"和"再制造化"政策抢占高端制造业，打乱国际现有产业链布局。低收入国家凭借成本优势极力吸引劳动密集型产业转移，对我国传统产业形成竞争替代。我国实体经济面临高端和低端的双重挤压。

（3）国际经贸投资规则体系面临重塑

美国贸易保护主义抬头，对进口商品增加关税壁垒，管制高新技术出口，对以 WTO 为核心的多边贸易体制造成巨大冲击，全球投资贸易规则正在发生"冷战"结束以来最深刻的变化，给包括我国在内的发展中国家带来巨大压力。

2. 我国内部发展环境的三个改变

从内部环境来看，"十四五"时期我国主要矛盾已经从"人民日益增长的物质文化需要同落后的社会生产之间的矛盾"转变到"人民日益增长的美好生活需要和不平衡不充分的发展之间的矛盾"，民族发展面临新时代、新阶段、新矛盾、新问题，新机遇、新挑战，新目标、新任务等一系列新情况。"十四五"必将是国内经济、格局、发展重塑的五年，将有以下三方面的发展趋势。

(1) 产业结构在科技创新中不断调整优化

2018年我国三产比重分别为7.2∶40.7∶52.2，人均国内生产总值64644元，已经从以重化工业为主导的工业化中期阶段迈入以创新驱动为主导的工业化后期阶段，从制造业大国向制造业强国转变，经济发展从主要依靠要素投入向依靠效率提高转变，由成本优势向技术优势转变。随着供给侧结构性改革的不断深化，以科技创新和深化改革为驱动的产业结构优化将更为突出。

(2) 城市的竞争协同发展重塑城市格局

我国进入城镇化中后期阶段，大城市面临有机更新、城市迭代，大量乡村人口涌入城市，同时城市人群也出现反向"归田"的意愿，城市、城镇、乡村发展迎来新的机遇，叠加人口老龄化影响，增强人口吸引力将成为各地区在"十四五"期间的重要任务之一，鼓励人口增长、提高人口素质等将成为"十四五"期间各地区重点着眼的问题。同时各大城市群崛起、都市圈建设、中心城市辐射、户籍改革等将进一步塑造我国城市格局。

(3) 资源环境对经济发展的约束增大

长期以来，粗放型的经济发展造成了一系列的环境问题，自然生态平衡受到冲击和破坏，许多资源日益减少，并面临耗竭的危险，保护生态与发展经济矛盾十分突出。习近平总书记指出，总体上看，我国生态环境质量持续好转，出现了稳中向好趋势，但成效并不稳固。生态文明建设正处于压力叠加、负重前行的关键期，已进入提供更多优质生态产品以满足人民日益增长的优美生态环境需要的攻坚期，也到了有条件有能力解决生态环境突出问题的窗口期。

受国际国内大环境影响，陕西省经济下行压力不断加大，在这种情况下，需要迫切回答两个问题，一是未来经济增长速度是否会持续放缓，二是目前增长速度放缓的原因是什么，如何提升经济增长率。因此，结合国内外发展新趋势、新特点研究测算陕西省潜在经济增长率，就显得尤为重要。

（二）研究测算潜在经济增长率的意义

潜在经济增长率测算一直是宏观经济研究的核心问题，也是政策制定者关注的热点。准确测算潜在经济增长率既有利于分析经济供求平衡，评价通胀压力，也有利于制定更具针对性的政策措施来调控经济的短期波动，避免经济的大起大落。经济体总供给能力可以利用潜在经济增长率这一指标来衡量，从而能够有效分析就业和产出的非通货膨胀增长路径。在制定国家的经济规划和政策措施时，也必须以对潜在经济增长率的准确测算和对其趋势的正确判断为基础，这样才能保证一个地区经济发展的健康平稳、可持续。"十四五"时期是我国由全面建成小康社会迈向建设社会主义现代化的关键时期，也是陕西加快追赶超越和实现高质量发展的重要阶段。在全球经济复苏乏力、国内经济结构调整的大背景下，陕西从2012年后，随着我国整体经济形势的趋缓，同比增长速度逐年放缓，尤其是2019年前三季度，GDP增速仅为5.8%，较2018年下降2.5个百分点，低于全国平均水平0.2个百分点；规上工业增加值增速4.5%，较2018年下降4.7个百分点，低于GDP增速；固定资产投资增速1.0%，降到了改革开放以来的最低点，经济下行压力不断加大，因此，研究测算陕西未来5年经济增长率指标，对科学把握经济内在发展规律、制定经济增长指标和高质量编制"十四五"规划具有十分重要的现实意义。

二 潜在增长率的模型选取与指标测算

从国内众多学者对于潜在增长率的研究来看，估计潜在产出的方法主要分为统计分解趋势法、生产函数法及菲利普斯曲线法等。其中，生产函数法是目前国内学者应用较多，且被国际大型研究预测机构和国际货币基金组织所采用的方法。该方法从供给角度出发，全面考虑了要素投入对经济增长的贡献度，具有明确的经济理论支撑，能解释潜在经济增长的主要因素，但该方法对数据质量的要求较高，需要对实际生产总值和资本存量进行估算。

（一）模型构建与估算步骤

本文采用柯布－道格拉斯生产函数（C－D 生产函数），以陕西省 1978~2017 年为样本区间，预测陕西"十四五"时期潜在经济增长率。该生产函数形式如下。

$$Y_t = A_t K_t^\alpha L_t^\beta \tag{1}$$

其中，Y_t 为 t 时期地区生产总值，K_t 为 t 时期的资本存量，L_t 为 t 时期的劳动力投入，A 代表除物质资本和劳动力外所有对产出有影响的因素（即全要素生产率 TFP）。α 为资本投入的产出弹性，β 为劳动力投入的产出弹性，t 为时间变量。对模型（1）线性处理，两边取对数得：

$$\ln Y_t = \ln A_t + \alpha \ln K_t + \beta \ln L_t \tag{2}$$

通常假定规模报酬不变，即 $\alpha + \beta = 1$，则有：

$$\ln Y_t = \ln A_t + \alpha \ln K_t + (1-\alpha) \ln L_t \tag{3}$$

$$\text{或} \ln\left(\frac{Y_t}{L_t}\right) = \ln A_t + \alpha \ln\left(\frac{K_t}{L_t}\right) \tag{4}$$

将公式（2）两边同时微分得：

$$\frac{dY_t}{Y_t} = \frac{dA_t}{A_t} + \alpha \frac{dK_t}{K_t} + \beta \frac{dL_t}{L_t} \tag{5}$$

其中，$\frac{dY_t}{Y_t}$ 表示生产总值（GDP）增长率，$\frac{dA_t}{A_t}$ 表示技术增长率，$\frac{dK_t}{K_t}$ 表示资本投入增长率，$\frac{dL_t}{L_t}$ 表示劳动力投入增长率。由公式（5）可得技术增长率，即全要素增速为：

$$\frac{dA_t}{A_t} = \frac{dY_t}{Y_t} - \alpha \frac{dK_t}{K_t} - \beta \frac{dL_t}{L_t} \tag{6}$$

具体估算与预测步骤如下：首先，由柯布－道格拉斯生产函数方程进行回归可得资本投入产出弹性 α 和劳动力投入产出弹性 β。由生产总值增速、资本投入增速和劳动力投入增速以及产出弹性根据公式（6）可算出全要素生产率增长率。其次，使用 HP 滤波法计算劳动、全要素生产率的趋势增长率，根据（2）式以及 α 和 β 的估计值计算出 1978～2017 年潜在经济增长率。最后，采用灰色预测模型，通过回归估算出未来资本存量和劳动力投入，通过经验判断估算全要素生产率增速，并利用 α、β 参数，计算得出 2021～2025 年潜在经济增长率。

（二）指标选择与数据处理

本研究以 1978～2017 年为模型的样本区间，数据全部来自历年《陕西统计年鉴》及《1952～1995 中国国内生产总值历史资料》。

1. 实际产出的估算

本研究以 1978 年为基期，通过选取国内生产指数，根据 1978 年国内生产总值 81.07 亿元（当年价）及生产总值指数（不变价格），可以计算得到陕西省 1979～2017 年各年的实际产出，以 Y_t 表示。

计算公式为：第 t 年实际产出 = 1978 年实际产出 × 第 t 年国内生产总值指数（1978 年 = 100）。

2. 资本存量（K）的估算

由于我国没有进行过大规模的固定资产存量普查，一般采用估算方法获得资本存量。其中，被众多学者引用的是张军等用永续盘存法计算的中国大陆 30 个省区市 1952～2000 年各年末的物质资本存量。本研究以 1978 年为基期来测算资本存量，因此 1978 年的资本存量采用目前学术界比较认可的张军等的研究数据，将陕西 1978 年固定资本形成总额除以 10% 作为基期资本存量，即 203.5 亿元，根据资本存量的基本公式可推算出其余各年的资本存量。基本公式为：

$$K_t = \frac{I_t}{P_t} + (1-\delta)K_{t-1} \qquad (7)$$

其中，K_t 为第 t 期以基年不变价格计价的实际资本存量；I_t 是以当期价格计价的投资额；P_t 为 t 期定基固定资产投资价格指数，参数 δ 为固定资产折旧率。

这里需要说明的是，固定资产投资价格指数我国统计年鉴从 1991 年开始公布，1978~1990 年的数据需要估算。本文在具体测算陕西省固定资产投资价格指数过程中，对于 1991 年以后的数据直接采用国家统计局公布的固定资产投资价格指数，1978~1990 年的固定资产投资价格指数采用张军等与郭庆旺和贾俊雪的研究成果，以 1978 年为基期，通过折算得到年度固定资产投资平减指数，构造 1978~1990 年的固定资产投资价格指数。关于固定资产折旧率，目前学术界比较通用的固定资产折旧有 8% 和 9.6% 两个数据，本研究认为，1978 年至今科技创新和技术进步取得了长足发展，折旧率选取 8% 比较符合经济发展实际。

3. 劳动力投入（L）

就劳动力投入数量而言，国际上一般以劳动时间来衡量。但由于我国在此方面缺乏统计资料，国内大多专家学者用就业人员数代替劳动时间。故本研究采用年末从业人数作为劳动力投入指标。

三 陕西潜在增长率测算及影响因素的趋势分析

（一）潜在增长率测算

1. 资本、劳动产出弹性和全要素生产率增长率的估计

根据以上模型设计和指标、数据选取，首先对资本、劳动产出弹性和全要素生产率（TFP）增长率进行测算。对生产函数方程进行回归前，先对各时间序列指标进行 ADF 平稳性检验以及协整检验，结果显示各时间序列为多元协整，从而避免出现伪回归。根据公式（4），令 $Y_1 = \ln\left(\dfrac{Y_t}{L_t}\right) =$ ，$K_1 = \ln\left(\dfrac{K_t}{L_t}\right)$，回归前对 $\ln Y_1$、$\ln K_1$ 分别进行 ADF 单位根检验，结果显示均为二阶单整数列，如表 1 所示。

表 1　$\ln Y_1$、$\ln K_1$ 的 ADF 单位根检验结果

变量	ADF 检验值	1% 临界值	P 值	结论
$\ln Y_1$	-7.868297	-4.21913	0.0000	稳定
$\ln K_1$	-6.675938	-4.21913	0.0000	稳定

对方程进行回归得：

$\ln Y_1 = 0.650066 \times \ln K_1 + [ar(1) = 0.967877424934, ma(1) = 0.283102979608]$
(t, prob)　　(9.15, 0.000)　　(156.277, 0.000)　　(1.79, 0.081)
　　　　　　R2 = 0.999　　Adjusted R^2 = 0998　　DW = 2.14

回归结果表明，方程拟合较好且显著性较强。DW 值为 2.14，表明模型不存在自相关，以上结果表明模型具有较强的解释力。因此得出固定资本的产出弹性 α 为 0.65，则劳动力产出弹性 β 为 0.35。

在古典经济学中，全要素生产率增长是经济增长的直接源泉，衡量了经济的增长质量和增长方式；故而，对于分析经济增长而言，全要素生产率的动态增长远比静态增长更有意义。本研究采用索洛提出的残差法计算全要素生产率增长率，根据资本产出弹性和劳动力产出弹性，结合公式（6）可测算出全要素生产率增速。全要素生产率是扣除资本投入和劳动力投入以后所有的能够推进经济增长的因素贡献总和，包括技术进步、资源配置效率、生产组织与管理水平的提高、规模效益的变化、经济政治制度的改革等。

将实际 GDP 增长率、资本增长率和劳动力投入增长率以及 α 和 β 带入公式（6），即可算出全要素生产率增长率。将实际产出增长率、资本增长率、劳动力增长率和全要素生产率增长率表示在图中，可以看出实际增长率趋势居于资本与劳动力、全要素生产率之间，如图 1 所示。

长期以来，资本投资对拉动经济增长作用非常显著。1978~1990 年，由于我国改革开放之初，全国的经济结构都发生变化，陕西也基本和全国同步，实际产出增长率与其影响因素都有较大的波动。1991 年以后，陕西经济步入平稳发展阶段，投资对经济的拉动作用越来越明显，充分说明 20 世纪 90 年代及 21 世纪初，我国投资拉动型的经济增长模式，尤其是 2008 年

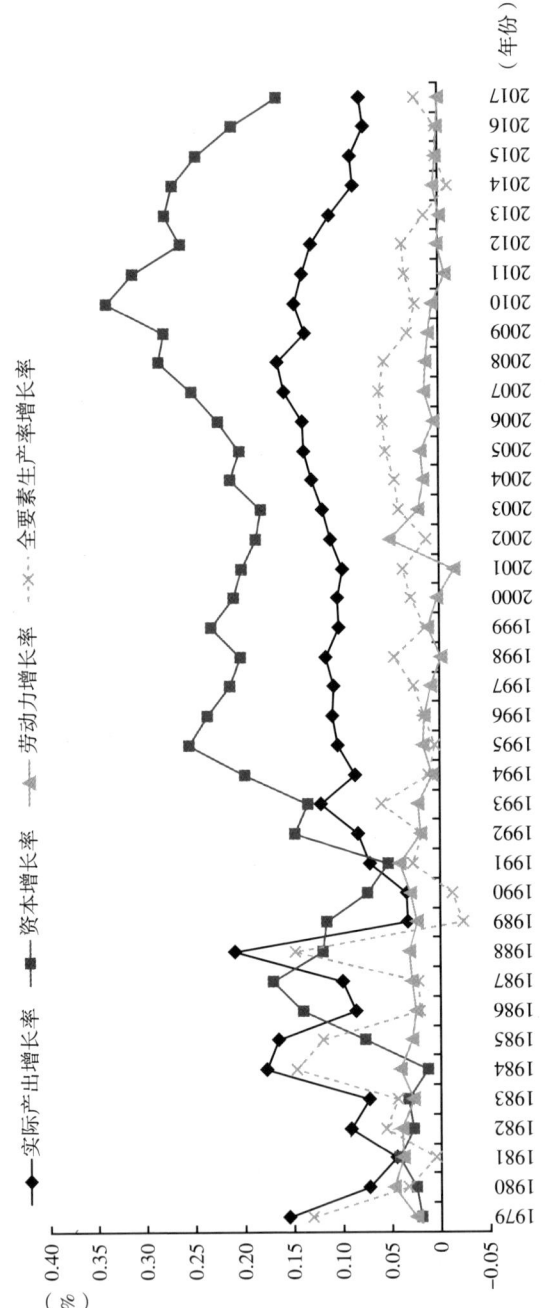

图1 1979~2017年陕西实际经济增长及要素影响

金融危机后，4 万亿元的投资拉动更使得投资增长率持续走高，到 2010 年达到顶点。进入"十二五"时期，资本投资的拉动作用逐渐减小，同期全要素生产率对经济增长拉动作用在小幅减小后开始逐年向上稳步攀升，这与全省经济结构转型密切相关，尤其是从"八大工业传统支柱产业"到"七大战略性新兴产业"的战略调整。目前来看，全要素生产率增长率呈现上升趋势，主要是因为技术进步、资源配置效率提高、生产组织与管理水平的提高、规模效益的变化、经济政治制度的改革等全要素生产率的比重不断提高。这充分说明了，"十三五"以来，陕西深入贯彻落实党中央、国务院关于经济社会平稳较快发展的各项政策方针，在提质增效、转型发展、创新改革等方面取得了一些成绩。

2. 潜在经济增长率的测算及对比分析

借鉴吴国培等观点，实际资本存量本来就代表了资本投入的潜在水平，因此本文只需要对劳动力投入增长率和 TFP 增长率利用 HP 滤波法进行估算，得出趋势劳动力投入增长率和 TFP 增长率。最后将结果代入公式（5）即得出潜在经济增长率。

结合陕西省 1978～2017 年资本存量增长率数值及 α 和 β 数值，得到 1979～2017 年陕西潜在经济增长率。

表 2　1978～2017 年陕西潜在经济增长率

单位：%

年份	1978	1979	1980	1981	1982	1983	1984	1985	1986	1987
潜在经济增长率	108.4	109.0	109.1	109.7	109.2	109.4	108.6	110.6	112.4	113.0
年份	1988	1989	1990	1991	1992	1993	1994	1995	1996	1997
潜在经济增长率	110.6	109.8	107.8	106.5	109.2	109.4	110.5	112.3	111.5	110.8
年份	1998	1999	2000	2001	2002	2003	2004	2005	2006	2007
潜在经济增长率	110.5	111.7	111.2	111.2	111.0	111.1	112.4	112.2	112.9	113.7
年份	2008	2009	2010	2011	2012	2013	2014	2015	2016	2017
潜在经济增长率	114.6	114.1	115.7	114.2	112.0	112.0	111.1	109.8	108.0	106.0

对比1979~2017年陕西潜在经济增长率与实际经济增长率，如图2所示。

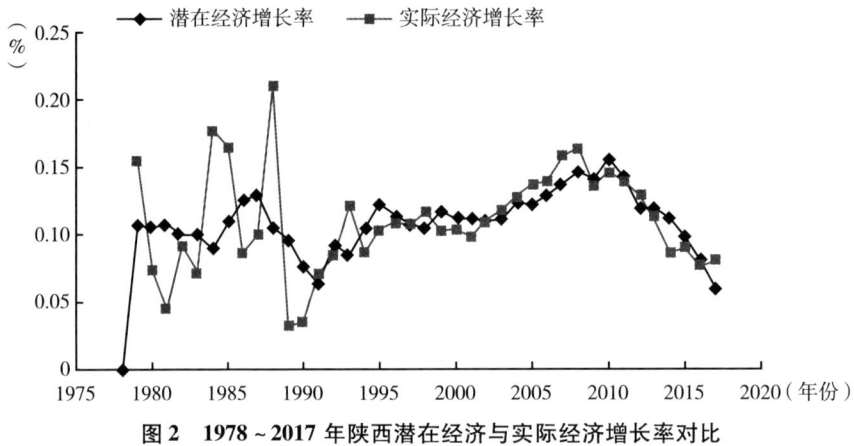

图2　1978~2017年陕西潜在经济与实际经济增长率对比

由图2可以看出，1978~1990年实际经济增长率与潜在经济增长率波动较大，基本上可以归结为改革开放和经济转型发展带来的巨大的变革。自1990年以来，尤其是2004~2008年，实际经济增长率一路上升，说明存在经济过热的现象，2008年底，我国推出大规模经济刺激计划，对于当时有效应对金融危机起到了积极作用，同时实际增长率不断提升。自2010年以来，跟随国家经济发展环境的变化，陕西的实际增长率持续降低，潜在增长率也呈现下降趋势，而且变化趋势基本相同，这也很好地解释了为何过去几年以总需求管理为主的经济刺激政策并没有取得良好的效果，因此2015年，国家提出供给侧结构性改革，在这种大背景下，虽然陕西潜在经济增长率和实际经济增长率都呈现下降趋势，但是，经济发展质量正在稳步提升。同时也受到了淘汰落后产能、环境约束等影响，实际增长率低于潜在增长率，经济增长动能不充分，未来仍有很大的发展空间。

（二）潜在经济增长率的影响因素分析

1. 资本存量分析

从以1978年为基期价格计算的资本存量变动可以看出，资本存量在2008~2010年达到顶点,之后呈现下降趋势。从需求侧看,长期高投资率导致拉动经济增长力量失衡,经济发展要依靠投资、消费、净出口"三驾马车"的共同驱动才能实现良性发展。"九五"至"十一五"期间,陕西投资率分别为44.1%、50.4%和63.5%,自2008年以来,为应对国际金融危机,投资率连续5年超过60%。而相应的消费率除了20世纪80年代末到90年代初出现的一轮"欠账性消费热潮"之外,总体呈波动下降的趋势,2012年仅有44.2%。长期高投资导率致大量社会资金集中于投资领域,抑制了居民消费活跃度,难以发挥消费对经济增长的基础作用,导致经济增长缺乏内生循环动力,不利于结构调整和经济增长方式的转变。十八大以来,对转变经济发展方式提出了更高要求,在投资方面,要引导投资向促进产业发展的领域转移,以增强经济活力,补充总体需求不足,传统的基础设施投资方向转向产业发展、民生保障等软性实力建设上来,从而导致资本存量的减少成为必然。但同时也应该看到,国家关于陕西要成为西部科学发展新引擎、内陆改革开放新高地、丝绸之路经济带重要支点、中国特色新型城镇化范例等一系列新要求以及黄河流域生态保护、陕川渝"西三角"、陕甘宁蒙能源"金三角"等重点区域一体化发展给陕西带来了新的机遇,陕西经济有条件、有能力继续保持投资较长时期的稳定增长。

2. 人力资本存量分析

我国的经验数据表明,二元结构转化、劳动力无限供给和跨部门转移是中国经济30多年来得以长期、高速增长的关键。当前中国经济增长面临前所未有的新特征,人口红利正在逐渐衰减,就业人员供给市场的综合素质与企业需求存在不匹配的情况也将影响整体失业率水平。

在陕西的具体表现是,劳动力对经济增长贡献率在1988~1992年和2001~2003年形成了两个"小高峰"(见图3),说明劳动力在过去发展过程中,的确有效推进了经济的正增长;但参考城镇登记失业率数据就会发现,在进入20世纪之后,城镇失业率有一次显著增长,并长期处于4%左右的水平。

1978~2017年,就业人口稳定增长,年均增长3.5%,考虑到经济高质

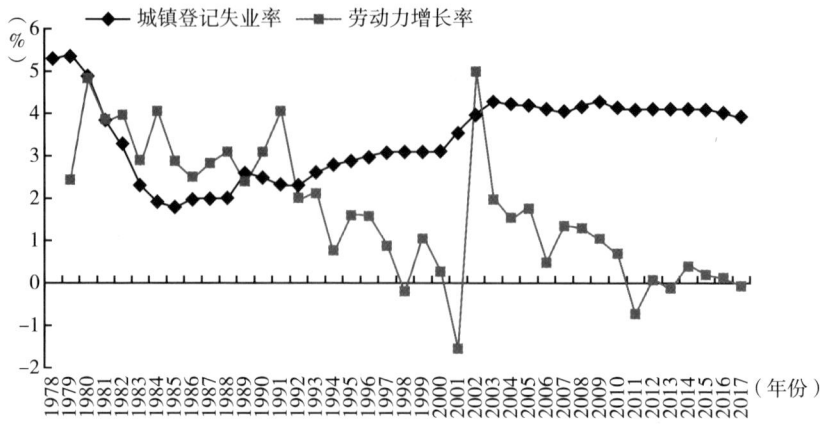

图3　1978～2017年陕西省城镇登记失业率和劳动力增长率对比

量发展的目标、人口红利的衰减、失业率稳定,以及二孩政策目前还不能直接影响到就业市场,因此,就业将保持相当时间的稳定,同时,陕西人口素质整体较高,科研院所和高校密集,在人口红利由数量型向质量型转变的过程中,国民受教育程度不断提高,大学和研究生毕业生、出国留学回国人员、海外中高端技术人才流入数量不断增加,人力资本规模迅速扩大,在保持就业稳定的同时,劳动力素质的提升也将对潜在的经济增长率起到积极的作用。

3.全要素生产率分析

20世纪90年代以来,陕西省全要素增长速度随着经济的发展不断增长,一直处于较慢较平稳的发展态势,对于经济增长的贡献率较低,全要素生产率未能在陕西经济增长中发挥重要作用。2008年以后,TFP增速总体呈现下降趋势,对经济增长的贡献也有所降低,从2012年开始,TFP增速出现转折,暂时遏制了持续下降势头,近年都呈现小幅回升态势,但总体水平依然偏低的格局还没有改变。历史经验表明,随着经济发展水平提高,TFP增速将出现规律性放缓。当人均GDP达到10000美元后,TFP会逐步从较高增速降至较低增速,与中速增长相适应的增速大致在2%左右,目前来看,陕西距离这个增速目标还有很大差距。但随着新时代的新要求,未来

5~10年，全要素的增长将对经济社会发展起到难以估量的重要作用。陕西是创新型省份建设试点省、全面创新改革实验区、国家自主创新示范区3个国家级的试点，伴随商务环境宽松、投资贸易便利和互联网信息平台催化融合，新技术、新产品、新模式、新业态、新产业将不断涌现，市场创新意识和技术创新能力都很强，不论是从资源配置的改善还是从技术进步的角度来讲，都为宏观经济持续增长提供了巨大的微观动力基础。因此，"十四五"期间，创新驱动与科技进步将前所未有地成为陕西发展的新动能。

四 "十四五"期间陕西潜在增长率预测及结果分析

为"十四五"时期陕西经济增长既能实现追赶超越目标，又能够保持在合理区间，本研究采用灰色预测法对"十四五"期间的潜在经济增长率进行预测，该预测是通过原始数据的处理和灰色模型的建立，发现、掌握系统发展规律，对系统的未来状态作出科学的定量预测。

通过软件预测2021~2025年陕西年均潜在经济增长率为7.2%左右，运行区间为6.9%~7.4%。本研究的观点如下。

第一，"十四五"将是陕西迈向高质量发展转型阶段，也是实现追赶超越目标的重要时期，结合目前全国经济发展形势和对其他兄弟省份的预判以及陕西发展实际，我们认为，"十四五"期间要保持经济运行在合理区间，年均潜在经济增长率应在7.2%左右，运行区间为6.9%~7.4%。

第二，"十三五"末陕西经济将结束高速增长态势，同时"十四五"期间潜在经济增长率呈下降趋势，比较符合当前提出的高质量发展要求，从而步入更有质量的中速发展阶段。因此，正确看待"十四五"乃至更长时期的中速潜在经济增长率，科学合理制定符合未来发展实际的各项政策措施就显得尤为重要。

第三，2016年，习近平总书记在《关于〈中共中央关于制定国民经济和社会发展第十三个五年规划的建议〉的说明》中提出"随着经济总量不断增大,增长速度会相应慢下来,这是一个基本规律"。从长期看,潜在经济增长率的降低既有经济发展的周期性原因,也有结构性调整带来的经济增长动能的改变,虽然陕西潜在经济增长率处于下降趋势,但处于平稳发展阶段。

目前来看,为使"十四五"期间实际增长率达到潜在增长率水平,陕西经济发展亟须加快工业转型升级的步伐,解决低端化问题。工业结构转型升级有两个层次:一方面,需要大力发展壮大战略性新兴产业及高端制造业,增大非能源工业的占比,以此降低能源工业的比重;另一方面,在能源化工领域,提高能源深加工、技术含量及附加值,即提高能源化工占比,降低能源占比。总之,要以工业结构的优化促进工业及经济总量增长。同时,在新旧动能转换的衔接期,投资还不能放松,既要增大投资总量,又要挤投资水分,强化有效投资,把优化投资结构作为当前稳增长的重要内容。

五 "十四五"期间陕西发展制约因素及意见建议

"十四五"期间,陕西经济社会发展既面临重大战略机遇,也面临诸多挑战,要保持潜在经济增长率在6.9%~7.4%仍然面临以下制约因素。

(一)制约因素

1. 旧的经济增长模式已经不适应新的经济发展阶段

从要素流动看,过去的劳动力多是由农村向城市的单向转移,随着乡村振兴战略的实施以及农业产业化发展,资本与劳动力的双向转移将成为新常态;从经济增长方式看,陕西经济增长由数量型扩张转向质量型提升,因此实现同样增速的难度要比数量型阶段更大,必须找到新的增长动力;从环境约束看,渭河、丹江等干支流污染依然严重,大气、水、土地污染问题突出,土地供需矛盾加剧,水资源瓶颈短期内难以缓解,项目推进难度持续加大;从增长环境看,"十四五"期间世界经济发展更趋复杂,各国经济复苏不平衡态势进一步凸显,全国经济进入新常态,区域竞争力度加大。

2. 劳动力的供给不足将成为经济发展的拖累

众多学者的已有研究表明，我国几十年经济持续快速增长"人口红利"的影响是一个至关重要的原因，也因此将人口红利与经济持续增长的前景联系在一起。随着"人口红利"的逐步减弱，劳动供给不足将导致劳动要素价格的不断提高，"十四五"期间，随着陕西经济发展进入中高收入阶段，国民经济运行成本相应上升，要素的规模驱动力减弱，人口老龄化趋势明显，低要素成本竞争优势将逐渐丧失，低成本的劳动密集型产业尤其是传统制造业将面临更大的挑战。

3. 资本投入对经济增长的贡献逐渐减弱

长期以来，资本投入在促进经济增长中发挥着重要作用，从资本存量的变化可以看出，陕西经济增长的主要依赖要素是资本投入。自2012年以来，陕西资本存量的增长率呈现下降趋势，主要是由于过度投资和近年来的产能过剩，资本生产率持续下降，资本投入对经济增长的贡献能力也在逐渐减弱，因此，未来相当一段时间内，科学合理地提高资本使用效率就显得尤为重要。

4. 科技创新动力匮乏日益成为经济高质量增长的瓶颈

陕西为科教资源大省，2018年，全省共有高等学校108所，招收普通本专科学生30.35万人，在校学生105.48万人；研究生招生4.36万人，在学研究生12.54万人。但陕西科技创新强度与教育大省地位极不匹配，2017年开展创新活动的企业5805家，开展创新活动的企业比重为38.7%，比全国平均水平低1.1个百分点，成功实现创新的企业5541家，所占比重为36.9%，比全国平均水平低0.2个百分点。陕西科教优势大而不强，科技创新动力匮乏日益成为经济高质量增长的瓶颈。

（二）相关建议

在当前经济增速呈现阶段性下降的趋势下，要实现追赶超越和高质量发展目标，本研究认为，"十四五"期间，须进一步夯实发展基础，积极推进供给侧改革，强化增长动力，加快产业结构转型升级，推进人口集聚，扩大有效投资,全面提升全要素生产率,要重点做好以下五个方面的工作。

1. 不断优化产业结构,构建特色现代产业体系

一国或地区的经济以何种方式增长实际上是由该地区的产业结构主导的,产业结构的变化会引起经济增长方式的转变。就陕西而言,应进一步抓好现代煤化工重点项目发展,进一步释放先进能源产能,打造陕西现代能源化工全产业链优势,推进新能源的绿色、集约式发展。大力培育战略性新兴产业,加强技术创新、产业创新和管理创新,不断完善新兴产业配套支撑体系,积极推进新兴产业重点项目建设,打造在全国具有较强竞争力和影响力的战略性新兴产业发展基地。推动制造业与生产性服务业深度融合。重点围绕航空航天、石油装备、数控机床、汽车制造、电子信息、新材料等制造业集群构建区域服务体系,补齐产业链短板,提升产业链水平,加强产业配套。瞄准制造业数字化、网络化、智能化发展方向,建设工业互联网平台,拓展"智能+",发展网络化协同研发制造、大规模个性化定制、云制造等新业态、新模式。

2. 促进有效消费和投资需求的稳步增长

主动对接新时代西部大开发新格局、"一带一路"建设等国家政策,落实保持基础设施领域补短板力度实施意见。积极有序推进政府和社会资本合作,落实民间投资追赶超越发展行动计划和相关投资支持政策,深化投融资体制改革,充分调动陕西民间资本。实施居民消费升级计划,充分利用陕西丰富的历史文化、教育科技、医疗养护等资源优势,不断壮大医疗、教育、餐饮、养老、旅游、文化等服务性消费产业。不断完善信息消费基础设施,提高信息消费供给水平,不断培育新的消费增长点。进一步提高居民收入水平,激发技能人才、科研人员、小微创业者等重点人群活力,扩大中等收入群体,促进城乡居民增收。

3. 持续推进供给侧结构性改革,加快新旧动能转换

巩固提升能源化工产业,扩大天然气产能,扩大推进煤油气资源综合转化,发展高质量高载能产业。严格执行产能退出标准,淘汰落后产能。落实更大规模降税更明显降费政策,推进物流降本增效。加强产业园区集聚,强

化物流、基础设施等配套建设,降低全产业链成本。进一步优化营商环境,打造高质量发展的良好环境,打造符合国家要求、具有陕西特色、国际化法治化便利化的营商环境。

4. 构建全面开放新格局

加强多式联运综合交通体系建设。大力发展"三个经济",支持西安国际枢纽城市建设,做强枢纽,完善省级高速联络线和通县高速公路提升等工程,完善支线机场和通用机场布局,拓展国际客货运航线,加强西安、宝鸡、延安国家级物流枢纽建设。扩大"门户"的辐射作用。打造"一带一路"交通物流、科技创新、产业合作、文化旅游和金融合作五个中心,加快推进西安"一带一路"综合试验区、自由贸易区建设,切实发挥向西开放、向东集散、辐射全国的门户作用。进一步促进要素自由流动,加强与共建"一带一路"国家合作交流,破除要素流动壁垒,加速人才、货物、信息、资金流动,切实提高要素配置质量和经济发展效益。大力发展现代物流,畅通能源供给通道,提升金融服务水平,加快发展基于互联网的医疗、健康、养老、教育等新兴服务业。

5. 坚持科技创新发展战略

加快培育科技创新主体,进一步增强企业自主创新能力,建立企业成长加速机制,促进传统企业抓住机遇转型升级。加大人才引进和培养力度,用好现有人才,稳定关键人才,培养青年人才,引进稀缺人才,集聚高端人才,强化特殊人才支持计划和人才创新创业激励。加快实施"1155工程",加强众创孵化载体建设。培育一批产学研合作示范企业,打造创新高地,优化创新环境,深化技术、管理和体制机制创新,加强自主知识产权、自主品牌和自主创新能力建设,推进原始创新、集成创新和引进消化吸收再创新,提升产业核心竞争力。发挥优势,积极推进"军民融合、部省融合、央地融合"。完善军民协同创新体系,加强军工企业与地方企业、科研院所之间的合作。推动社会资本和科研院所参与军企协作配套研发和生产,建立军民融合、资源共享的新机制,实现技术、能力、产业双向交流与合作共赢。

参考文献

张军、吴桂英、张吉鹏:《中国省际物质资本存量估算:1952~2000》,《经济研究》2004年第10期。

张军、章元:《对中国资本存量K的再估计》,《经济研究》2003年第10期。

郭庆旺、贾俊雪:《中国全要素生产率的估算:1979~2004》,《经济研究》2005年第6期。

吴国培、王伟斌、张习宁:《新常态下的中国经济增长潜力分析》,《金融研究》2015年第8期。

B.7
"十四五"陕西发展数字经济对策研究[*]

张 鸿 侯光文 苏锦旗 杨佩卿 张 媛[**]

摘 要： 数字经济促进信息技术与经济发展的深度融合，为推动经济高质量发展培育了新动能，已成为引领经济发展的重要驱动力。陕西省虽然起步稍晚，但顶层设计与规划日趋完善，数字基础设施不断夯实，地方发展特色凸显，产业生态优化，数字产业化和产业数字化取得重点突破。面对现阶段统筹协调不够，数字经济发展不平衡，龙头企业较少，支持力度不强，数字人才支撑缺乏等一系列问题，建议以建设数字经济发展强省为目标，通过打造示范平台，构建产业链条，强化要素支撑，引育数字人才等措施，构建具有鲜明陕西特色的数字经济产业体系。

关键词： 陕西 数字经济 高质量发展

数字经济蓬勃发展，已成为推动各国经济增长的重要力量。经过近年来的快速发展，我国已成为名副其实的数字经济大国，陕西也进入建设网络强省、数字陕西、智慧社会的重要阶段。目前正值"十四五"规

---

[*] 本文系陕西省决策咨询委员会和陕西省委研究室课题部分内容。
[**] 张鸿，二级教授，陕西省决策咨询委员会委员，西安邮电大学校学术委员会副主任，西部数字经济研究院院长，研究方向为数字经济、产业经济学、农村电子商务；侯光文，西部数字经济研究院副院长；苏锦旗，西安邮电大学经管学院副院长；杨佩卿，西部数字经济研究院副秘书长；张媛，西部数字经济研究院副秘书长。

划制定的关键时期,把握数字经济战略机遇,抢占数字经济发展的制高点,不仅有利于进一步促进陕西经济高质量发展,更有利于推动陕西经济转型升级,谱写新时代追赶超越新篇章。

一 发展数字经济的时代背景

(一)数字经济为高质量发展注入新动能

在新一轮信息革命的推动下,云计算、物联网、移动互联网、大数据、人工智能(AI)、区块链、AR/VR等新一代信息技术不断涌现,下一代网络基础设施加速布局,传统产业数字化改造步伐加快。新一轮信息革命不仅极大地推动了人类社会经济、政治、文化领域变革,而且触发了人类生活方式和思维方式改变,使人类社会迈向更高的发展境界。随着信息革命的深化发展,人类由工业社会进入信息社会。信息社会到来的时代也被称为"数字经济"时代。

从全球范围看,数字经济和实体经济深度融合的趋势越来越明显,线上线下空间的有机互动、融合发展不断深化,数字经济已成为引领全球经济发展的重要驱动力。《中国新经济发展报告2020》[①]指出,数字经济成为我国国民经济高质量发展的新动能,数字经济增加值规模由2005年的2.6万亿元增加到2019年的35.8万亿元。与此同时,数字经济在GDP中所占的比重逐年提升,由2005年的14.2%提升至2019年的36.2%。数字经济对经济增长的贡献不断增加。2014~2019年,数字经济对于经济增长的贡献率均在50%以上,其中2019年数字经济对经济增长的贡献率为67.7%。在给首届中国国际智能产业博览会的贺信中,习近平总书记指出,"促进数字经济和实体经济融合发展,加快新旧发展动能接续转换,打造新产业新业态,是各国面临的共

---

① 中国科学院大学动善时新经济研究中心:《中国新经济发展报告2020》,电子工业出版社,2020。

同任务"。数字经济将云计算和互联网、物联网等结合在一起,极大地促进了信息技术与经济发展的深度融合,为推动经济高质量发展培育了新动能。

(二)数字经济为新产业发展格局激发创新驱动内生动力

数字经济是世界经济发展的大势所趋。数字经济的快速创新能力,以及刺激经济增长的能力逐渐显现,尤其是在提升劳动生产率、加速市场创新、创造经济新增长点,以及实现可持续增长等方面发挥着重要作用。当前国际复杂形势倒逼形成以国内循环为主体、国内国际双循环相互促进的新发展格局。而数字经济发展模式凭借其高端供给能力,可以进一步拓展市场总需求,顺利实现经济发展阶段转变和新旧动能接续转换。

数字经济提升了社会有效供给能力,减少了市场中不必要的低端供给。同时,数字经济的创新能力实现了传统产业与互联网技术及现代生产技术的融合,新的商业模式、智慧发展模式不断产生,大幅度提升我国传统产业的组织能力和生产效率,加速了传统产业的变革与转型。第一,数字技术可以与制造业、物流产业及农业等传统产业深度融合,根据市场需求减少无效供给,推动产业组织及商业模式再创新,提升传统产业经营和组织效率。第二,互联网技术可拓展需求市场边界,技术与产业的融合可拓展传统产业的长尾市场及消费空间。技术创新可对业态模式进行创新,提升服务质量,提升客户黏性,进而达到挖掘传统消费、发展新消费模式的目的。第三,数字经济使传统市场的供需关系朝向更高质量的供需平衡发展。在新技术的推动下,个性化服务、定制化服务可更好地满足消费者多样化需求,也促使消费者需求由生存型提升到品质型,进而实现高质量的市场供需均衡发展。

(三)数字经济有效促进政府数字化转型,打造数字政府治理新格局

数字技术的研发和应用不仅会给社会经济发展带来显著正向影响,同时也带动政府的治理能力进行深刻变革,以更加高效的管理能力切实提升社会

福祉。数字技术对政府治理的影响体现在三方面：第一，数字技术使政府的管理更加开放，表现在管理手段和方法更加多元；第二，数字技术使政府管理更加包容，可以利用更多的移动社交渠道加强政府和人民之间的沟通；第三，数字技术使政府管理更加科学，尤其是大数据和云计算技术的应用可以准确了解人民诉求。

数据的共享共用，打破了"信息孤岛"，构建了信息资源共享体系。深化政务数据挖掘和社会大数据、经济大数据等关联分析，有效推动政务数据、公共数据、社会数据汇聚融合，形成数据产业链和价值链，支撑政府科学决策，提升了政府治理能力。应用新一代信息技术推进政府工作和政务事项办理流程再造，则实现传统工作模式的数字化转型，推动实现"一号申请、一窗受理、一网通办"，深化政府自身改革，真正实现利企便民。数字技术的应用进一步推进"放管服"改革向纵深发展，以"不见面、马上办"改革为牵引，打造整体协同、高效运行的"数字政府"，推进政府治理体系和治理能力现代化进程。通过"城市大脑"建设工作，建立覆盖城市管理、社会管理、社会服务、行政服务、应急处置的大闭环指挥体系和智能服务平台，实现感知模式、管理方式、服务模式的数字化转型，能全面打造城市治理的数字化引擎。

二 陕西数字经济发展现状

大力发展数字经济是党中央、国务院确定的重大决策部署，也是陕西加快追赶超越、实现高质量发展的必由路径。在"互联网+""人工智能"等一系列国家战略推动下，各省市均将发展数字经济提上日程。陕西紧紧跟随新一轮科技变革、产业转型和数字经济发展的浪潮，以互联网助力创新驱动，大力推动经济高质量发展，重点关注"数字经济"这一领域，虽然由于发展起步较晚、发展基础薄弱等暂时在全国居于中等发展水平（2019年，数字经济增加值规模7000亿元，全国排名第17位，发展指数处于全国第14位左右），但数字经济发展势头良好，在西部地区排名第二，具备区域优势。

尤其是2020年,陕西克服疫情影响,多措并举推进数字经济发展,使数字经济成为支撑全省经济社会平稳健康发展的重要推力。2020年上半年,陕西计算机、通信和其他电子设备制造业增长37.1%;全省限额以上企业(单位)通过公共网络实现商品销售303.99亿元,同比增长22.2%,占限额以上消费品零售额的15.9%,较上年同期提高5个百分点。当前,陕西数字经济发展总体表现出五大特点。

(一)顶层设计与规划日趋完善

按照中央部署,陕西省委、省政府将数字经济纳入全省经济社会发展的总体战略加以推进,早在2016年就印发了《关于加快网络经济发展的意见》,作为推动全省数字经济发展的指导性文件。省委网信办充分发挥统筹协调职能,连续4年报请省委网信委印发全省数字经济工作要点,对全省数字经济发展进行了整体部署,2020年印发的《陕西省2020年数字经济工作要点》,安排部署了年度46项重点工作,借力重点工作加快培育发展数字产业新业态,推动经济社会各领域数字化转型步伐,推进数字丝绸之路建设,不断完善数字经济支撑体系。2020年初,陕西省政府又把《陕西省"十四五"数字经济发展规划》列入全省重点专项规划编制任务,省委网信办全面启动编制工作,力争年底前完成规划编制任务。陕西积极创建国家数字经济创新发展试验区,分级分层推进省内数字经济示范区、示范园、示范平台建设,截至2020年6月底,各地市已认定数字经济示范区12个、数字经济示范园34个、数字经济示范平台90个。在产业发展和金融支持方面,省委网信办编制印发了数字经济产业发展引导目录,指导全省做好数字经济工作,并联合中国银行等金融机构设置了200亿元专项信贷资金,加快推进网信投融资体系建设,全省达成授信合作意向单位379家,授信流动资金金额50.24亿元。2020年6月,陕西省委网信委会议再次强调,要加大力度发展数字经济,促进数字技术与经济社会深度融合,推动网络强省建设迈上新台阶。

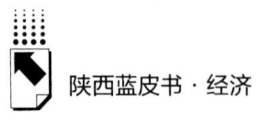

（二）地方发展生态不断优化

目前，陕西数字经济呈现加速推进、蓬勃发展、生态优化的良好态势，后发优势日益彰显。2016~2019年陕西数字经济发展连续4年保持较快增速，占生产总值比重已近30%。2019年11月，中央网信办组织召开国家数字经济创新发展试验区工作座谈会，陕西省已被列为第二梯队。陕西省内铜川、西安、商洛、宝鸡、延安、渭南、杨凌等地的发展方向明晰，积极采取措施，以优质营商环境吸引龙头网信企业落户、孵化互联网小微企业，争相打造数字经济聚集区，加大力度推进数字经济发展。例如，铜川成立了数字经济发展领导小组，组建了工作专班全力推进数字经济工作，培育建设了商业航天城、商业卫星测控网、京东数字经济产业园等一批数字经济项目，建成铜川新区数字经济飞地，得到了省委省政府高度肯定。杨凌示范区出台包括公共服务、物流补贴等在内的"四免三奖两扶持"九条优惠政策和促进电商等数字经济产业发展12条意见等优惠政策，以务实举措推动5G产业、信息服务业、数字农业等加快发展。延安深化数字经济对外交流合作，持续推进招才引智、苏陕合作、承接东部产业转移等对外协作和经济合作工作，促成上海、江苏等多个数字经济项目落地。渭南以"数字治理"和"数字赋能"建设为重要抓手，同步推进工业、农业、文化、传统产业数字化改造和政府服务数字化转型。商洛采取"四个一"措施推进数字经济重点项目建设。韩城等市也将数字经济作为推动经济转型升级的重要抓手，制定了加快数字经济发展的相关政策文件，出台了一系列引导扶持举措。此外，西安、宝鸡、安康、榆林等市组建了专门机构，专职推动数字经济发展。

（三）数字基础设施不断夯实

陕西加快推进通信基础设施建设，通信光缆线路长度累计达128万公里，全省互联网宽带接入端口数达到2283.6万个，三大运营商互联网宽带接入端口数达到2279.4万个，西安市骨干直联点网间带宽扩容由490G提升至610G。陕西前三批电信普遍服务试点项目全部实施完成，所有行政村实现了光纤全覆盖，农村地区光纤宽带平均接入速率达到93.2Mbps，与城市同网同速，全省固定宽带平均可用下载速率由2016年的8.95Mbit/s稳步提升至2019年的35.34Mbit/s。全省4G基站数达17.5万个，城区、重点区域及公共场所4G覆盖率基本达到100%，全省98%以上的行政村实现4G网络覆盖，4G用户规模达到3794.9万户，4G用户普及率达到95.9%，居全国第8位；截至2020年6月底，全省改造5G配套站址5436处，累计开通5G基站7621个。物联网建设应用稳步推进，2019年全省物联网终端规模同比增速高达118%，居全国第5位，物联网基站数量超过2万个，用户突破1900万户。全省共有数据中心22个，各市（区）12个，省信息化中心1个，各电信运营商9个，国家卫健委、林草局、统计局、气象局等11个部委和四大运营商数据中心落户西咸新区，数字基础设施应用领域持续扩大。陕西省电子政务2.0投入运行，2018年1月至2020年11月，业务系统不断扩大，形成大数据、区块链、人工智能等新技术融合发展的一体化云服务体系，按照国家电子政务综合试点工作要求，已构建成集全省信息化基础资源调配中心、全省信息资源开发利用数据中心、全省统一安全监控中心、全省基础网络汇聚中心、全省信息资源灾备中心以及全省统一运维服务中心等于一体的云服务平台。加快推进IPv6规模部署，全省固定宽带网络端到端、骨干网、西安国家级互联网骨干直联点、省级电子政务云平台、重点互联网数据中心、省级电子政务外网IPv6改造任务已全部完成。

（四）数字产业化和产业数字化取得重点突破

陕西的电子商务、共享经济、数字金融、数字消费等新经济、新业态、新模式不断涌现，初步形成了一批各具特色的网信服务、软件服务、智能制造、卫星导航、数字文化等数字企业群体。全省电子信息制造、软件和信息服务等数字经济核心产业发展明显加速，三星芯片二期、华天集成电路封装测试、中兴智能终端二期、鲲鹏产业基地等重点项目建成投产。西安、宝鸡等地新一代人工智能技术创新和产业发展加快推进，获批国家新一代人工智能创新发展试验区。大数据产业加快集聚发展,秦云工程建设持续加速。"互联网+"现代农业行动计划持续推进,工业互联网发展行动计划启动实施,能源互联网和智慧能源平台加快建设。大力实施"互联网+文化惠民"工程,建成数字博物馆、数字文化馆群,数字内容、网络直播等新业态发展迅猛。北斗大规模应用加速,规模化、产业化和国际化进程加快,国家跨境电商综合试验区建设成效显著。从企业规模数量看,陕西省聚集中电20所、631所等122家产值过亿元的网信企业,其中,华为、中兴、IBM、中软国际、软通动力、英雄互娱等规模超过千人的企业有12家;新三板挂牌的网信企业达到50家,主板上市的网信企业2家,分别是广电网络和烽火电子;全省网信企业总数超过4300家,行业从业人数超过30万人;百度、阿里巴巴、腾讯、华为、京东等网信龙头企业陆续在陕落地,一批具有创新活力的本土数字经济产业加速成长。从细分行业产值看,陕西省拥有陕西广电网络传媒、陕西传媒网等网信服务业企业320家,年产值约500亿元;以华为西安研究所、中软国际等为代表的软件服务业企业有2200家,年产值约2800亿元;以陕鼓集团、航天云网、宝鸡机床等为代表的具有典型智能制造特征的企业有300余家,年产值约2000亿元;以中电20所、航天771所等为代表的卫星导航企业有250家,年产值约800亿元;以英雄互娱、秦汉文化等为代表的数字文化产业企业有200余家,年产值约200亿元。为加快传统产业转型升级,省内诸多重点企业正不断加大数字化转型的科技投入,深化数字技术在生产、运营、管理和营销等方面的融合应用,并取得明显成效。陕鼓集团的服务型制造业、陕煤集团"西煤电商"平台和"煤亮子"平台、延长石油集团的"智能油库"、陕西汽车控股集团的大数据分析和可视化平台、法士特集团"三朵云"(研发云、制造云和管理云)以及陕西省信息化工程研究院为企业打造的百余项数字化转型解决方案,为陕西传统产业数字化转型发挥了重要引领作用。

(五)地市特色发展凸显

宝鸡建成大数据产业园、智能制造产业园、渭滨互联网产业园等数字经济园区8个，实现年产值超百亿元，逐步形成了"一区多园"的集群化产业发展格局。铜川积极推进国际海外仓数字园区、京东数字经济产业示范园、铜川大数据学院等一批项目，数字经济产业生态雏形显现。延安建成并开始运营华为云计算数据中心、红色筑梦孵化器等平台，吸引了200余家新经济企业落户。汉中建成京东云仓、TDC城市仓，助力农特产品上行。在产业数字化改造方面，西安上线运行"西安工业云平台"，加快实体经济数字化转型；咸阳紧抓国家智慧城市试点发展机遇，把数据资源作为支撑新动能发展的战略性资源来培育；榆林重点推进工业化和信息化融合，北元化工、中盐榆林等能源化工企业通过了国家两化融合管理体系认证；渭南加大旅游智能化建设投入，推动建设数字化旅游城市和智慧旅游景区；杨凌建成农业云平台，智慧农业项目成效显著；韩城大力发展"互联网+旅游"，加快推动司马迁祠、党家村等历史文化遗产和文化旅游资源数字化发展进程。

三 当前陕西数字经济发展面临的主要问题

陕西数字经济虽然起步较晚，但发展速度较快，发展势头强劲，数字经济规模及增速已处于西部前列，且各地市发展亮点纷呈，发展难点突破有力，但依然存在一些不容忽视的问题。例如，数字基础设施建设滞后，融合创新活力不足，数字经济规模偏小，区域发展不平衡，政策体系不够明晰，等等。与此同时，陕西还面临着兄弟省（市）的竞争压力。总结归纳有五大突出问题。

（一）统筹协调不够，数字资源优势尚未充分发挥作用

陕西参与数字经济的政府部门和社团组织已有十几个，但尚未形成整体合力，缺乏长远的规划，数字经济发展重点方向和路径仍不明确，仅由网信部门统筹协调全省数字经济发展的力度不够。从发挥资源优势来看，陕西科研院所较多，开展数字经济具有得天独厚的基础和条件，但除了少数大专院

校外，主动参与数字经济的并不多。此外，相关国有企业在网络基础设施、产业链配套、服务保障等方面的建设力度也不够。

（二）数字经济发展不平衡，应用普及率不高

陕西数字经济占GDP的比重和发展速度低于全国平均水平。2019年全国数字经济总量达到35.8万亿元，占GDP的比重为36.2%，而陕西占比仅为27.0%，低于全国近10个百分点，低于东部、东北、中部平均水平；全国数字经济名义增速15.6%，而陕西省数字经济增速12.5%，低于贵州、福建超过20%的增速，也低于重庆、河北等超过15%的增速；2019年数字经济总量7000亿元，全国排名第17，落后于GDP排名（第14位），远低于广东、浙江、福建等地区。数字治理能力和数据要素供给存在短板，根据《省级政府和重点城市网上政务服务能力调查评估报告（2019）》，陕西省级政府网上政务服务能力综合得分排名第23，在西北区域内低于宁夏；2019年陕西省省级政务服务平台汇聚事项仅为6.4万条，居全国第20位，与广东省（30.2万条）、河南省（28.2万条）等地存在巨大差距；2019年陕西省电子证照入库数量仅为2357.3万个，居全国第17位，远低于全国平均水平（9337.6万个）。同时，陕西省各地市数字经济发展极为不平衡，作为陕西省会城市，西安数字经济发展水平相对较高，在全省排名第一，其数字经济规模达到3000多亿元，占全省的一半，其他地市数字经济产业资源相对缺乏，数字技术与产业的应用融合相对滞后。

（三）本土数字经济龙头企业较少，产业数字化转型缓慢

陕西虽有众多的互联网、软件开发等本土数字经济核心企业，但规模均相对较小，"独角兽"企业不足，骨干龙头企业不足，更多的企业仍处于创业成长期，而且骨干企业和产业园区的支撑带动作用明显不足。陕西两化融合发展水平较低，2019年信息化与工业化融合发展水平居全国第21位，与先进地区存在较大差距；2019年两化融合贯标企业数量仅为173家，与广

东（3558家）、福建（3280家）、江苏（3018家）等地存在巨大差距。陕西数字化生产推进缓慢，2018年陕西省服务业、工业、农业中数字经济占行业增加值的比重分别为27%、13%和4.92%，均低于全国平均水平。其中，工业生产数字化程度最低。2019年生产设备数字化率仅为41.5%，居全国第22位，与江苏、浙江等先进地区存在较大差距；2019年智能制造就绪率仅为4.7%，居全国第23位，远低于全国平均水平；2019年关键工序数控化率为64%，居全国第17位，相较于上海（85.4%）、江苏（83.7%）等地区，仍有较大提升空间。柔性制造、个性化定制等新模式应用场景较少。部分市、县对智能化应用的重视和投入程度不够，还未形成数字经济产业与行业应用深度融合发展的格局。因传统产业数字技术应用需要较大的改造成本，且周期长、见效慢，一些企业数字化改造提升的积极性不高，目前，陕西数字化研发工具普及率仅为60.2%，一些效益较好的国有大型企业的数字化投入水平仅占销售收入的0.1%～0.2%，低于国内先进企业0.5%的水平；数字化转型服务支撑能力不足，信息工程服务和系统解决方案供应商还不能满足各行业中小企业量大面广的数字化转型需求。与此同时，大数据产业的支撑能力还不够强，数据资源的挖掘与利用程度还不够深，应用潜力和开发价值有待进一步释放。

（四）数字经济发展的支持力度有待进一步加大

首先，对发展数字经济的重要性认识不够。浙江等地将发展数字经济作为"一号工程"，福建正强力推进"数字福建"进程，贵州已经打造出数字经济的"贵州样本"，相对而言，陕西无论从重视程度上讲，还是从发展力度上讲都明显不足。其次，缺乏统一规划，宏观引领不够。自2018年以来国务院、国家有关部委陆续下发了关于数字经济发展的一系列指导性文件，全国大部分省区制定了关于数字经济的发展规划和发展方案。截至目前，陕西未能形成统领全省数字经济发展的规划，缺乏宏观谋划数字经济发展的战略布局。再次，政策配套不足，落实不够。陕西先后下发相关文件推动数字经济发展，但在配套政策规划广度、出台政策实施进度、地方响应程度等方面，陕西与贵州、福建等数字经济发展势头强劲的省份仍存在一定差距，特别是一些已出台的政策未能落地实施。最后，资金支持不够。数字经济的发展需要一定周期，充足的资金支持在产业成长初期至关重要。贵州、吉林、山西等省纷纷通过专项资金或种子基金等支持当地数字产业发展，而陕西在资金支持方面仍存在差距。

（五）数字人才支撑不足

数字经济是新兴经济形态，需要专业的技术人员来支撑。数字经济的迅猛发展，产生了巨大的数字人才缺口。数据分析师、数据设计师、人机交互工程师等专业数字人才不足的问题已经影响到陕西省产业数字化转型进程。企业中熟悉数字经济的人才少，能够承担数字经济和实体经济深度融合工作的人才更少，且人才来源渠道较窄。陕西数字经济市场主体的管理团队专业技术水平难以满足数字经济发展的需求，数字经济人才短缺问题较为突出。一些经营主体，虽然积极推进数字产业化、产业数字化运营，但由于专业水平低，运营能力不强，运营效果并不佳。另外，虽有多个部门通过政府购买服务等方式展开数字经济专业知识培训，但针对性和实用性不强，培训效果不理想。此外，数字人才群体创业意识不强，创新动力不足，生力军作用尚未发挥出来，也是制约陕西数字经济发展的重要因素。

四 "十四五"陕西发展数字经济的几点建议

陕西区位优势明显，科教资源丰富，科研实力雄厚，传统产业链条完整，发展数字经济的基础好、潜力大。为深入贯彻落实习近平总书记来陕考察重要讲话精神，按照陕西省委、省政府关于大力发展数字经济的决策部署，推进数字产业化、产业数字化和治理数字化进程，提高数字经济发展质量，着力构建具有鲜明陕西特色的数字经济产业体系，提出如下对策建议。

（一）抓项目，强支撑，创机制，建设数字经济发展强省

一是充分发挥省委网信办的统筹协调职能，建议省政府成立发展数字经济协调小组，把发展数字经济作为头号工程来抓，统筹谋划，明确分工，协调行动，齐抓共推，研究制定推动全省数字经济发展的政策措施，建设数字经济强省。同时，组织实施数字经济发展系列行动计划，建立考核、督导、评估机制，推动重大工程、重点项目落地，建设数字经济发展强省。

二是加强支撑体系建设。整合电信、移动、联通和广电四大运营商网络资源，尽快完善网络基础设施，提速降费；发挥三星、富士通、华为等世界500强企业高端研发承载地辐射带动作用和陕数集团、陕西电子信息集团有限公司等本地龙头企业的资源优势，为陕西数字经济发展助力。

三是充分挖掘陕西省科教优势资源潜力。组织设置有计算机、大数据、人工智能等数字经济相关专业学科的高校，对接各地市结成帮扶对子，实行"一市一策"，以发展数字经济为抓手，促进经济社会的高质量发展。鼓励高校在人才培养、科技传授、软件开发、科研成果转化等方面为发展数字经济服务；运用"互联网＋"、云计算、大数据等数字技术整合上下游产业资源，拓展产业数字化、数字产业化和治理数字化等领域的新模式、新应用，催生新产品、新服务和新业态；鼓励数字经济领域专家学者到地方政府和企业巡诊，组织科研院所工作人员到企业和地方挂职锻炼，努力将陕西科教优势转化为产业发展、社会繁荣的动能。

四是依托西部数字经济研究院等科研院所，开展重大课题前瞻研究和重大项目评估咨询，筹备组建陕西数字经济统计与监测平台，解决统计滞后、底子不清等问题，开展符合数字陕西特点的数字经济统计监测和评估评价体系研究，探索数字经济统计监测方法，定期发布数字经济运行监测分析及对经济社会发展贡献评估报告，为数字经济发展提供智力支持。

（二）抓示范，建平台，创业态，实现数字经济突破性发展

一是打造对内对外交流合作示范平台，高水平办好数字陕西高峰论坛、

西部数字经济博览会，打造具有全国、全球影响力的数字经济展示、交流、合作平台；积极融入"数字丝绸之路经济带"建设，深化国际国内合作，创建数字经济合作区，加强与北京、广东、浙江等数字经济发达省（市）及知名企业的战略合作，大力吸引跨国公司区域总部、研发中心、外包服务等企业，培育一批中小型数据应用商、数据生产者。

二是从省级层面，深入落实数字经济试点示范和典型案例工作，建设一批资源集聚能力强、专业服务水平高的数字经济发展典型和标杆。加快推进数字产业化、产业数字化和治理数字化进程是当务之急，针对困惑地方政府和企业"如何发展数字经济"的关键问题，由省网信办、发改委、工信厅等部门牵头深入调研和政策学习，吃透政策精神，理出科学的数字经济发展路径和要点；数字经济主管部门组织专家、企业家座谈论证，提出措施和办法，把资金、政策等的支持花在完善数字经济发展保障体系、提高数字经济发展规模水平、促进高质量发展急需项目上；通过加大指导、检查、督促力度，加强对试点示范实施的组织和协调，开展试点示范施情况动态监测和评估工作，把监测评估结果作为改进各地各部门工作和绩效考核的重要依据，保障数字经济示范区、示范园、示范平台按申报承诺建设，推进区域数字经济突破性发展。

三是对各市县而言，抓好已确定的示范园和示范平台，推动其加快发展，提升水平，尤其要在基础性数字经济、融合型数字经济和数字化治理方面规划布局，确定重点，把软件和信息服务企业、传统企业的数字化改造，智慧城市建设作为发展基础，为建立产业园区创造条件。

四是要推进城乡一体化及数字乡村建设，打造普惠高效的城乡治理模式规划，安排把数字经济向各种文化旅游、生活服务等领域延伸和扩展，为地方经济发展拓宽领域和渠道。

五是统筹布局试点示范，推动区域协同，打造跨越物理边界的虚拟产业园和产业集群，构建特色鲜明、产业互补、区域协同的发展格局；推动企业"上云上平台赋智"，树立一批具有行业代表性的数字化转型标杆企业。

（三）引数企，独角兽，抓特色，构建数字经济产业链条

一是鼓励各地制定服务企业的政策措施，支持省内数字经济优势企业参与智慧城市、电子政务等项目建设，打造一批数字经济的领军型企业；完善创业孵化和中小微企业创新服务体系，培育一批数字经济中小微企业。

二是省、市、县三级政府从资源配置、产业链生成、项目审批、政策配套等方面全方位扶持，改变当下财政资金支持重点不突出的现状，加大资金扶持力度，重点支持建设陕数集团等基础好、成长快、有后劲的骨干企业成长为国家级数字经济示范企业，尽快将其培育成能代表陕西数字经济发展水平，并在全国有一定影响的骨干企业；各市县要集中力量，至少确定一个企业作为骨干扶持培育，发挥其示范引领作用。

三是实施"一企一策"，做大做强骨干企业，大力培育"小巨人""隐形冠军""单项冠军""独角兽"企业，推动数字经济中小企业"专精特新"发展，形成多层次、递进式的企业梯队。

四是将西安高新区数字经济产业园、延安新区新经济产业园、铜川市大数据产业园等园区培育打造成为国家级数字经济示范园区，使其充分发挥立足一地、带动一方，龙头骨干支撑、中小企业聚集，示范引领、辐射扩散的作用。

五是借鉴陕西工业、农业、文化旅游数字技术应用融合的成功经验，依托产业互联网进行传统产业的数字化改造，着力构建与陕西优势产业结合紧密的数字经济平台，吸引更多的中小企业参与数字化改造升级。

六是坚持引进知名数字企业来陕经营，发挥其流量大、知名度高等优势，深化合作，营造公平竞争的氛围，对其收取的平台建设费由领导小组会同有关专家评审鉴定，当地相关部门明确要求其责权利。同时，从政策、资金、技术等方面扶持当地企业在关中、陕北、陕南自建有规模、有影响力的数字化平台，发挥其本地化、专门服务地方经济的优势，为地方经济社会高质量发展助力。

（四）优环境，设基金，用外脑，构建数字经济支撑发展体系

一是完善和落实有关政策。对省上已经出台的支持数字经济发展的政策执行情况由各有关单位进行一次自查，使支持政策在数据管理、数据应用、项目建设和应用示范等方面的效能得以发挥；探索开展数据权益保护、个人信息和隐私保护、数据安全等地方立法工作，梳理并修订阻碍数字经济发展的法律、法规，逐步建立与数字经济发展相适应的法治体系。

二是加大资金支持力度。建议借鉴兄弟省市先进经验，由省财政设立数字经济发展专项基金，用于扶持数字经济重点项目的研发、推广、示范和应用，为企业数字化转型提供有力支持。

三是完善数字经济的法律保障。加快出台《陕西省数字经济发展应用促进条例》等地方法规，完善有关数字经济的配套政策和法律体系，对数据开放共享、数据权属、数据交易和数据安全等方面作出明确规定，让数字经济在法律的规范下更好地发展。

四是充分发挥西部数字经济研究院等数字经济智库和数字经济专家库在数字经济方案制定、技术联合攻关、项目前瞻性研究等方面的作用，促进陕西省数字经济高质量发展。

（五）建数库，育人才，重考核，创建数字经济示范省

瞄准陕西数字经济重点领域未来方向，以创建数字经济示范省为目标，建立数字人才需求目录和数据库。省委组织部牵头，实施数字经济行业人才协同发展计划，优化人才服务保障，对入选省级人才项目的数字经济人才发放"三秦优才卡"，在住房、科研经费、个人所得税等方面给予支持，在居留与出入境、子女入学、医疗保险等方面做好服务。省人社厅要依托省级专业技术人员继续教育基地，持续对数字经济方面专业技术人才进行年度继续教育培训。省网信办要加大对高层次数字经济人才的培养力度，每年举办2~3期数字经济人才高级研修班，将数字经济人才纳入全省系列招聘引才计划。省科协要加大数字信息科普力度，开展网络素养主题教育活动，打造科

学传播数字化产品的生产和集散中心。鼓励陕西各大高等院校开设数字经济相关专业，培育数字经济人才，健全高等院校、中等职业学校学科专业动态调整机制。探索多元化校企联合培养模式，组织各类创新创业大赛，培养大数据、人工智能、网络技术、虚拟现实等领域紧缺人才。数字经济主管部门应支持数字经济领域专家、陕西各大高等院校建立"陕西数字经济学会"等行业组织，组织专家学者开展数字经济学术讨论会，一同攻坚数字经济领域难题或数字经济人才培养问题，并制定数字经济人才培养考核标准。由行业协会牵头，加强数字经济人才教育师资力量培养培训，推动基础教育、职业教育、高等教育普遍开展数字知识和技能教育，逐步建立多层次、多类型数字经济人才培养体系。对培养出通过考核标准的数字经济人才的各大高校、研究机构、数字经济企业给予一定教育补贴或资金鼓励。

B.8 "十四五"陕西对外贸易高质量发展研究[*]

薛伟贤 杨文瀚 程爱联 秦东方[**]

摘 要： 在全球贸易格局调整和我国对外贸易战略调整的窗口期，对外贸易高质量发展成为各地区实现新一轮对外开放实践的核心。面对"一带一路"倡议、"升级版"西部大开发、数字贸易等机遇，以及中美贸易摩擦、产业转移与新冠肺炎疫情的挑战，陕西应该以"五大发展理念"和"三个经济"为指导思想，以"供给侧结构性改革为主线，坚持开放合作、包容互惠、共享共赢"为基本原则，坚持"创新驱动、质量第一、平台开放"策略，完成"培育贸易新业态和陕西自贸试验区创新案例、调整贸易和产业结构、减少外贸企业污染排放、扩大企业对外开放水平"的主要任务，最终实现陕西对外贸易高质量发展。

关键词： 对外贸易 陕西省 高质量发展

十九大明确指出中国经济由高速发展阶段转向高质量发展阶段，对外贸易高质量发展也迎来了新的机遇与挑战。《关于推进贸易高质量发展的指导

---

[*] 本文是陕西省社科界重大理论与现实问题研究项目、"十四五"陕西商务发展重大课题"陕西对外贸易高质量发展研究"（2020SW003）的阶段性成果。

[**] 薛伟贤，西安理工大学科技处副处长、经济与管理学院教授、博士生导师，研究方向为国际贸易理论与政策、数字经济；杨文瀚、程爱联，西安理工大学经济与管理学院硕士研究生；秦东方，西安理工大学经济与管理学院博士研究生。

意见》进一步提出,强化科技创新、制度创新、模式创新和业态创新,以共建"一带一路"为重点,大力优化贸易结构,实现对外贸易高质量发展。在全球贸易格局调整和我国对外贸易战略调整的窗口期,研究陕西对外贸易高质量发展不仅有利于陕西开辟更多海外市场,而且有助于陕西外贸产业转型升级,实现对外贸易可持续发展。

2016~2019年,陕西的对外贸易规模仅占全国的1%,外贸依存度不足0.2,外贸规模和对外开放水平亟待提升。在外贸商品结构中,陕西工业制成品占比95%左右。其中,机电产品占比80%以上;农产品占比不足2%,低于全国平均水平;高新技术产品占比下降趋势显著。可见陕西存在贸易结构不合理和外贸商品生产能耗高的问题。贸易地理结构方面,陕西贸易市场集中于中国台湾、韩国、中国香港、美国、日本,贸易额合计占比60%以上,而与共建"一带一路"国家的贸易额偏小,仅占11%左右,外贸市场抗风险能力低。贸易方式方面,陕西以加工贸易为主,利润空间狭小,其跨境电商规模在2019年达到132亿元,约是广东的1/10,贸易新业态发展缓慢。贸易主体方面,陕西以外资企业为主,占比超过60%,而民营企业占比不足30%,企业创新缺乏活力①。由此可见,陕西对外贸易迫切需要从高速度发展向高质量发展转型。

一 "十四五"陕西对外贸易高质量发展的机遇与挑战

(一)"十四五"陕西外贸高质量发展面临的机遇

1. "一带一路"倡议为陕西外贸高质量发展开拓市场空间

"一带一路"倡议有利于推动我国经济重心西移,为陕西外贸高质量发展开拓市场空间。第一,"一带一路"倡议包含了陕西在内的众多西部省区

---

① 数据根据陕西省商务厅、2017~2019年陕西省统计年鉴、西安海关整理计算所得。

市，陕西处于中心位置，可以积极承接东部产业转移，逐渐向西带动产业发展，这为陕西开拓西部外贸市场创造了空间；第二，"一带一路"倡议涵盖欧亚非各大洲国家，由于各国发展水平、要素禀赋不同，陕西与沿线国家的贸易合作空间巨大。陕西可以借势"一带一路"倡议，以更快的速度融入全球贸易，积极打造与沿线国家的合作关系，从而打开欧亚非各大洲国家的外贸市场。

2."升级版"西部大开发为陕西外贸高质量发展提供新动力

"升级版"西部大开发致力于促进陕西社会经济全面发展，为陕西外贸高质量发展提供新动力。第一，"升级版"西部大开发鼓励陕西发挥丝绸之路经济带重要的通道和节点作用，为陕西积极打造内陆开放交通枢纽提供了新动力；第二，"升级版"西部大开发支持陕西积极发掘历史文化优势，为陕西加强文化软实力、建设成为历史名城创造了新动力；第三，"升级版"西部大开发鼓励西安等城市建设国际门户交通枢纽城市，加强与西北地区与西南地区的合作互动，促进成渝、关中平原城市群协同发展，成为陕西引领西部地区开放发展的核心引擎。

3.数字贸易为陕西外贸高质量发展带来新变革

信息技术网络化和经济全球化催生了以跨境电商为代表的数字贸易，为陕西外贸高质量发展带来了颠覆式变革。第一，随着数字贸易的发展，人口红利已经由工业经济中的劳动力转变为以计算机、人工智能、编程工程师等为主导的高级生产要素，传统的以线下门店消费者为基础的商业模式开始向数字化模式转移，这为陕西外贸高质量发展带来了新的商业变革；第二，在数字时代，传统行业将迎来更高频的创新来应对愈加残酷的市场环境。基于技术的高频创新，现代商业的竞争加剧，企业必须通过不断颠覆式的自我革新，创造式地满足消费者需求，才能应对数字经济时代的指数型增长，这为陕西外贸企业技术和产品创新带来新的变革。

4.自贸试验区为陕西外贸高质量发展提供新活力

设立自贸试验区是中国推动各地区形成新一轮全面开放格局的重要举措，为陕西外贸高质量发展创造新活力。第一，陕西自贸试验区自设立起推广了一系列制度创新案例,从投资、贸易、金融、政府职能等领域进行了开放和变革,其更好的营商环境和政府职能的转变为企业生产制造提供了新活力;第二,制度创新中的简化审批手续等案例简化了政府审批过程,降低了企业间信息交易成本,使交换过程中信息搜寻、谈判、合同起草及合同实施中的成本最小化,提高了企业参与经济活动的交换效率。

(二)"十四五"陕西外贸高质量发展面临的挑战

1. 中美贸易摩擦与贸易保护主义

美国采取多项贸易保护政策引起中美经济局势的紧张,陕西外贸高质量发展受到一定挑战。第一,陕西出口产品竞争力下降,美国对出口产品采取的贸易救济措施以及中国采取的反制措施使得原材料成本增加,进而影响了陕西出口产品的整体竞争力;第二,陕西产品出口受到冲击,陕西出口的重点行业如集成电路、橡胶轮胎、固态硬盘等包含在美国对中国产品加征关税的清单内,致使陕西产品出口受到严重冲击。

2. 产业转移与要素成本上涨

在全球经济格局大调整时期,国际产业转移呈现高端制造业回流和要素成本上涨的趋势,为陕西外贸发展带来更大挑战。第一,由于劳动力和资源成本提高,在一些劳动密集型和资源密集型产业中,陕西没有成本优势;第二,陕西的外贸产业很多处于价值链较低位置,随着要素成本上涨,陕西出口优势可能会被动摇。

3. 新型冠状病毒肺炎疫情与外需疲软

新型冠状病毒肺炎疫情的暴发,使得外需疲软,陕西外贸高质量发展也面临更多不确定性。第一,在疫情影响下,国际市场需求大幅下降,陕西很多中小制造企业因为没有订单被迫停产,特别是本小利薄的中小制造企业,若不能及时履约,将可能面临承担巨大经济责任的困境;第二,疫情增加了陕西出口企业的成本,企业停工和交通运输停摆将在短期内增加出口企业的交易成本和生产时间。

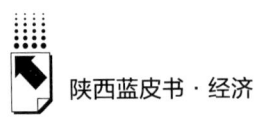

二 "十四五"陕西对外贸易高质量发展的总体思路

(一)指导思想

1. 习近平新时代中国特色社会主义思想

陕西外贸高质量发展要以习近平新时代中国特色社会主义思想为指导,将"五大发展理念"融入对外贸易的发展过程中。在"五大发展理念"中,创新解决外贸高质量发展的动力问题,协调解决不平衡问题,绿色解决外贸发展与自然和谐问题,开放解决发展内外联动问题,共享解决公平公正问题。

2. "三个经济"

加快发展"三个经济"是陕西"十四五"外贸高质量发展的基础。枢纽经济形成产业生产的集聚,实现外贸产业竞争优势扩大。门户经济对外部产生吸引力,促进区外腹地的外贸发展。流动经济对内部产生辐射力,带动区内相关产业发展。"三个经济"体现了新时代要求,是贯彻落实十九大精神的重要工具,也是破解陕西不平衡不充分的外贸发展难题的需求。

(二)基本原则

1. 以供给侧结构性改革为主线

坚持以供给侧结构性改革为主线,通过调整对外贸易的商品结构、方式结构、市场结构、企业结构等来提升陕西外贸的数量和质量。对外贸易供给侧结构性改革,就是从提高外贸人才、对外资本、对外开放制度、技术等要素的供给质量出发,用改革的方法矫正扭曲的要素配置,增加外贸有效供给,提高对外贸易的全要素生产率,在更好满足陕西人民需要的同时促进对外贸易健康发展。

2. 坚持开放合作

坚持开放合作,构建以国内大循环为主体、国内国际双循环相互促进的新发展格局。一方面，加强陕西与国内其他省份的产业合作，以国内经济循环为主体，充分释放我国巨大的内需潜力；另一方面，继续扩大开放，将开拓"一带一路"市场作为陕西对外贸易的重点任务，通过发展外向型技术、多元文化和人才交流等来参与国际分工和国际竞争，实现更高水平的外贸发展。

3. 坚持包容互惠

坚持包容互惠，通过优化陕西产业参与国际贸易的合理秩序，实现陕西对外贸易、多元文化以及自然环境三者的和谐共生。陕西对外贸易的高质量发展不仅需要超越不同文明的冲突、倡导多文化宽容，更要求陕西尊重自然环境和合理利用自然资源，从而实现外贸发展、多元文化、自然环境的和平共处、求同存异、共生共荣。

4. 坚持共享共赢

坚持共享共赢，通过兼顾陕西对外贸易各方的利益、集合各方智慧和创意探寻第三选择，以充分发挥陕西对外贸易的产业优势和贸易潜力。这就要求陕西积极与世界各国进行互惠合作，共同应对贸易保护主义、产业转移、新冠肺炎疫情等威胁和挑战，共同分享"一带一路"倡议、数字经济等机遇，进而实现各国与地区之间的互利共赢发展。

（三）目标规划

2021年目标：加快创新驱动，以提高贸易质量为先锋，夯实贸易发展的产业基础，提高外贸产品质量和品牌实力，实现陕西对外贸易由高速向高质量发展转型。

2025年目标：以优化产业和贸易结构、提高贸易发展质量为重点，优化国际市场布局，推动创新成果顺畅转化，使陕西贸易效益显著提升，贸易实力进一步增强。

2035年目标：培育新业态，提升贸易数字化水平，以高水平开放构建双循环发展格局，实现陕西对外贸易跨越式发展。

（四）发展策略

1. 创新驱动策略，培育贸易产业新优势

陕西对外贸易高质量发展，需要基于五大发展理念促进贸易和产业互动，注重对贸易新业态的塑造，提升陕西对外贸易的国际竞争力。陕西可以通过推动重点产业发展，引导外贸产业转型升级，建立现代外贸产业体系，从而推进外贸产业的国际化，实现贸易与产业的良性互动，夯实外贸高质量发展的基础。陕西可以通过应用陕西自贸试验区制度创新的成果，打造有利于陕西外贸新业态发展的环境，同时复制推广其他省市的跨境电商发展模式，积极推出市场采购贸易试点政策，促进陕西贸易新业态的发展。

2. 质量第一策略，提高贸易质量和效益

陕西贸易商品结构优化，在于提升产品竞争力，提高陕西外贸出口产品的国际价值链地位。数量扩张型的外贸策略难以可持续发展，陕西必须提高产品的加工度、提升产品附加值，转向注重质量和经济效益的外贸增长。企业应该大力发展绿色技术，减少污染排放，生产绿色产品，使得出口产品在国际市场上处于有利地位，增加出口效益；同时，陕西应大力培育发展高质量、高技术、高附加值产品和品牌地产品，参与更深层次的国际分工，提升产品在价值链中的地位，从而使得贸易发展质量提高、贸易效益提升。

3. 平台开放策略，营造贸易高质量发展环境

陕西要实现对外贸易高质量发展，需要开展更大范围的贸易合作，同时加快贸易平台管理制度创新，营造高水平开放环境。陕西应该在市场开拓上加大力度，发展多元化的国际市场，尤其要把握"一带一路"倡议机遇，发挥陕西的地缘优势，扩大与共建"一带一路"国家的贸易往来，为陕西外贸发展提供更广阔的发展空间；陕西也要加快培育各类贸易聚集区，形成外贸发展产业载体、开放平台，从而营造有助于外贸高质量发展的环境。

（五）主要任务

1. 培育贸易新业态和陕西自贸试验区创新案例

培育贸易新业态和陕西自贸试验区创新案例，充分发挥跨境电商和自贸试验区的带动作用。第一，完善跨境电商出口业务的资金结算。可以通过企业为客户跨境代垫仓储物流等方面的费用，将费用与出口货款轧差结算、通过外汇账户办理外汇结算等方式来优化外汇结算模式。第二，打造跨境电子商务集聚区。通过制定相关跨境电子商务的优惠政策，推动外贸企业与跨境电子商务平台积极对接，在物流配送上发挥电子商务平台的作用，提高货物的周转率。第三，建立事后性绩效激励机制，促进陕西自贸试验区制度创新。通过建立减免税收和降低贸易成本的事后性绩效激励机制，优化创新结构性框架。第四，简化企业入驻自贸试验区机制。通过扩大服务业开放，实行备案制、"负面清单"模式、一口受理和先照后证机制、企业信用信息制度、年度报告公示制度等，为企业入驻自贸区提供更大便利，促使更多潜在主体参与贸易、提供贸易航运、缩短贸易的运作周期。

2. 调整贸易和产业结构

调整陕西贸易和产业结构，以高质量产品生产为导向。第一，进口节能环保中间品。进口产品要结合陕西经济社会发展需要，以科技含量较高的节能环保中间品为主，严防污染型和资源消耗型产品的进口。第二，加大特色农产品出口。出口方面要加大陕西特色农产品如猕猴桃、葡萄等的出口扶持力度，引导农产品企业延长农产品产业链和价值链，调整农产品外贸经营结构走向高端。第三，提高工业品的附加值。工业品出口方面要坚持科技兴贸，以高新技术推动资源节约型和节能环保型产业向产业链高端转移，提高产品的附加值。第四，优先发展重点产业。要优先促进加工贸易中的技术密集型产业与战略性新兴产业重点发展，同时适度发展劳动力密集型产业，以加工贸易缓解陕西资源方面的压力。第五，突出服务贸易优势。陕西要制定并实施好服务贸易战略，重点发展文化旅游、信息技术、信息咨询等服务产业，同时凭借高校优势加快训练服务贸易专业人才，健全服务贸易相关政策,促进服务贸易的可持续发展。

3. 减少外贸企业污染排放

鼓励陕西外贸企业开展循环经济和低碳经济实践。第一,按照循环经济3R的原则,将国际环境标准和安全标准贯穿于陕西外贸产品监管过程,实现外贸产品原材料消耗的减量化、排放物的最小化甚至零排放。第二,顺应低碳经济发展潮流,开展绿色营销、绿色产品设计、绿色供应链等市场引导,要强调资源的有效利用和废弃物的及时处理。第三,依据"环境有偿使用"的原则,将环境成本内部化,扩大清洁生产技术的比较优势,在提高企业产品技术含量的同时应对国际贸易隐性壁垒。

4. 提高企业对外开放水平

制定合理的外贸政策,提高陕西企业对外开放水平。第一,制定合理的外贸政策和环境政策。陕西政府要制定切实合理的外贸政策和环境政策,调整外贸发展战略、外贸产业结构和商品结构。第二,创造良好的外部环境。从完善基础设施、税收优惠、资金融通等方面来扩大企业对外开放。第三,开通融资新通道。利用会展经济的辐射作用,陕西可为外贸企业融资开通新通道,构建外贸企业客户信息平台,将企业推向国际金融市场,助推企业商品结构调整和客户资源扩大,增强陕西外贸产品的国际竞争力。

5. 促进贸易便利化

充分利用互联网、金融等工具,促进贸易便利化。第一,有效利用互联网络与跨境电子商务平台。陕西结合自身的全产业链特色,构建一套贸易便利化体系,并在自贸试验区内先行使用,随后在全省范围内逐步推广。第二,"单一窗口"的推广应用。陕西在单一窗口可实现铁路、机场、港口等物流信息节点,与跨境电商、货物运输等企业的信息系统对接,为外贸企事业单位提供便捷、高效服务。第三,打造国际航空物流枢纽。陕西可依托航空城实验区,加快建设国际航线网络、临空经济示范区,设立陕西民营航空公司。第四,推进丝绸之路经济带陕西金融合作试验区建设。陕西应支持外贸关键企业及处于上下游的核心企业拓展境外金融业务,在省内的融资租赁产业区进行商业保理试点工作，突出金融产业对"一带一路"外贸合作的推动作用。

三 "十四五"陕西对外贸易高质量发展的实现路径

（一）培育跨境电商"两模式"和西部外贸"两基地"

陕西贸易新业态发展比较滞后，需要成熟的配套服务和发展模式以促进新业态的发展。具体路径如下：第一，借鉴推广跨境电商"六体系两平台"发展模式。创新监管服务模式，利用云计算等技术，统一信息标准规范，建立信息共享、智慧物流、金融服务、电商信用、风险防控、统计检测六大体系，同时叠加税务、工商、外汇等功能，建设"单一窗口"平台和线下"综合园区"平台。第二，借鉴推广龙头企业+跨境电商+海外仓发展模式。鼓励龙头企业增强内外合作，合作共建海外仓，组织省内外贸基地和企业与公共海外仓对接，完善即时退税、线上收汇、分散退货等业务。第三，推进市场采购贸易方式试点建设。优化港口、物流等基础配套措施，加快推进西部外贸出口集散基地和国际贸易业态创新基地建设。

（二）做大战略性新兴产业，做强服务型贸易产业，做优外贸支持产业

陕西对外贸易的结构问题，归根结底是陕西产业发展与贸易发展不协调导致的，需要对外贸产业进行重点布局和升级。具体路径如下。第一，做大先进装备制造产业。陕西的先进制造业应该加快与国际市场接轨，对于航空航天等发展基础较好的产业要加强自身创新能力，提高产品的国际竞争力。第二，做强文化旅游产业。陕西应充分利用自身丰富的文化旅游资源，积极打造特色旅游品牌，培育文化旅游产业优势，促进文化旅游服务贸易出口。第三，做优商贸物流产业。陕西应加快西安国际航空枢纽建

设以及场外配套交通设施建设,积极争取共建"一带一路"国家航权自由化试点,探索建立第五航权协调和宣传推介机制,支持西安、咸阳共建临空经济示范区。

(三)鼓励外贸企业发展绿色技术、绿色供应链和绿色认证

陕西外贸企业绿色产品竞争力不强,需要提高企业技术水平、优化生产环节和推进产品绿色认证来解决产品生产与出口的问题。具体路径如下。第一,强化企业绿色技术创新意识。企业要深化价值理念和生产模式的绿色转型,增强对市场需求变化的识别把握能力,注重在生产、营销环节的绿色管理与创新。第二,加强企业绿色供应链管理。政府要以省内龙头企业为依托,加快形成绿色集约化生产方式,在上下游企业和国际合作伙伴中推行绿色发展理念。第三,加强政府引导,推进产品绿色认证。政府应加快推动绿色产品认证制度实施,支持相关认证机构对出口产品的质量标准、技术标准和产品标准进行绿色认证。

(四)打造"三高一地"商品

陕西出口产品价值链地位较低,需要加快企业技术创新、打造特色品牌来促进高质量、高技术、高附加值以及品牌地产品出口。具体路径如下。第一,企业应努力提高技术创新能力,培育高质量、高技术、高附加值产品。陕西应该发挥自身的科技优势,加快推动企业产品升级换代,加快智能制造发展,逐步从加工制造环节向研发设计、营销服务等环节攀升,稳步提高出口附加值,同时提高知识密集型、技术密集型产品的出口规模。第二,政府要调整促进和鼓励的重点,政策向高效、高附加值的出口产品倾斜。陕西要发挥政府在生产要素分配和技术培育中的引导作用,加大政策资金扶持力度,通过差异化的出口退税、信贷政策,对高技术等行业给予针对性激励,逐步减少低附加值产品的出口。第三,大力培育区域性、行业性特色品牌。陕西应利用特色产品优势,政府要在品牌设计、品牌定位、品牌交流方面提供支持和指导,鼓励企业创立品牌、收购品牌。

（五）培育各类贸易集聚平台

陕西外贸集聚区发展较缓慢，对贸易支持作用有限，需要完善外贸集聚平台的功能，促进陕西在更高层次开放。具体路径如下。第一，推进国家外贸转型升级基地建设。陕西可以在健康发展现有基地的基础上，培育创建新的产业优势明显、区域特色突出的外贸转型升级基地。第二，合理规划西咸新区、西安经济技术开发区、西安高新技术产业开发区的功能定位，促进外贸高质量发展。第三，优化海关特殊监管区服务。推进海关特殊监管区整合优化，更多引进研发、结算等功能性机构，嫁接外贸新业态，主动建设外贸公共服务平台，主动地复制推广自贸试验区改革试点经验。

（六）重点开拓"一带一路"和新兴国家市场

陕西贸易市场空间比较狭窄，需要抓住"一带一路"倡议机遇发展多元化市场，扩大对外开放。具体路径如下。第一，巩固传统市场，积极开拓新兴市场。针对主要传统出口市场，要以提高产品质量和档次为重点，大力发展品牌产品或互补性产品；选择性地开拓非洲、东盟等新兴市场，深入研究新兴市场的特点和潜力。第二，深化与共建"一带一路"国家的贸易合作。现阶段陕西可以选择便利化水平最高的东欧与西亚国家作为"一带一路"外贸主要市场。第三，推进数字丝绸之路建设。陕西可以响应国家"新基建"号召，积极同共建"一带一路"国家在数字经济技术领域开展合作，积极发展"丝路电商"。

四 "十四五"陕西对外贸易高质量发展的保障措施

（一）强化组织领导，统筹外贸发展

完善全省外贸发展工作顶层设计，加强对全省外贸高质量发展工作统一领导和组织协调。建立推进外贸高质量发展重大事项定期协调决策机制，统

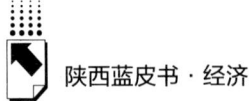

筹协调工作,及时解决各部门冲突问题。在外贸高质量发展的政策措施实施过程中,要加强组织领导,确保落实到位。

(二)注重督导考核,关注工作进度

建立引导性强的目标考核指标体系和考核办法,将外贸高质量发展纳入对各市政府、开发区、海关特殊监管区、外贸基地和相关部门督导考核内容,赋予一定权重,层层传导压力,强化激励约束,严格兑现奖惩。

(三)制定政策规划,构建发展体系

在财政政策方面要落实促进外贸发展专项资金,用于支持外贸领域技术创新、国际认证、境外商标注册、国际专利申请、品牌建设、新业态新模式发展、国际市场开拓、涉外法律援助、人才培训等项目。同时政府要制定出台针对性强、含金量高、符合新业态新模式发展规律的专项政策,形成导向明确、支持给力、兑现便利的政策支撑体系。

(四)构建创新机制,培育创新企业

政府应构建有利于创新的驱动机制,在创新培育方面要积极提高企业技术创新能力,推动企业与高校进行技术研发合作,提高科技成果转化能力。在创新激励方面,政府要实施相应的激励政策,在源头上激发创新,并且要实施合理的收益分配制度,激发企业长期的创新动力。

(五)完善制度体系,保障外贸发展

相关部门要全面梳理对外贸易领域法律、法规、部门规章以及地方性法规规章,适时修订对外贸易领域法规条例,建立国内法与国际法协调互动的新型对外贸易法律体系。加强对外贸易与投资安全保障制度建设,健全贸易摩擦应对预案,统筹制订货物贸易与服务贸易相配合的方案。

(六)加大金融支持,完善金融服务

政府要加大资金的支持,为外贸的发展提供必要的金融服务。发挥财政

资金对贸易发展的促进作用，利用外贸发展省级促进政策资金支持外贸中小企业的发展。金融机构可以推出更多有针对性的外贸金融服务，在企业收汇、融资方面提供更多保障。

（七）强化人才支撑，提供人才保障

开展线上线下外贸政策、业务免费培训，增加外贸高质量发展专题。将外贸高质量发展纳入领导干部在职轮训、任职培训课程。以基层外贸部门和企业有关人员为对象，邀请创新型企业家、高等院校和研究机构专家举办高峰论坛和对接交流活动。

（八）加强风险防范，减少贸易冲突

有关部门应积极与贸易伙伴进行沟通，继续敦促相关国家放宽出口管制。健全产业损害预警体系，减缓产业发展波动，降低市场风险。妥善应对贸易摩擦，提升运用贸易救济规则能力和水平。研究设立贸易调整援助制度，加强风险监测分析预警，及时识别可能的贸易风险，避免不必要的损失。

（九）完善中介组织，提供有利辅助

加强与国际组织、各国各地区相关机构和工商业界交流合作，充分发挥行业组织、贸促机构在贸易促进、信息交流、标准体系建设、应对摩擦等方面的作用，同时设立贸易高质量发展专家咨询委员会，解决外贸高质量发展过程中的问题。

B.9
"双循环"新格局下,陕西"十四五"城乡居民消费提升路径及对策

王张明 郝渊晓*

摘 要: 基于陕西居民的消费能力提升缓慢、消费差距拉大、消费规模偏低及消费地位下降等问题,从劳动要素分配失衡、工资财产性收入占比偏低、居民消费意愿不强和大宗开支的挤出效应等视角分析其原因后,在提高劳动要素报酬、构建增收长效机制、提升居民消费意愿和产品供给侧改革等方面提出陕西"十四五"居民消费的提升对策。

关键词: 城乡居民 居民消费 陕西

自2020年5月14日以来,习近平总书记多次提出"双循环"一词,即要加快形成以国内大循环为主体、国内国际双循环相互促进的新发展格局。"双循环"战略将成为"十四五"期间我国经济发展规划的核心政策导向。对于陕西省而言,"十四五"期间如何拉动消费以刺激内需进而形成国内大循环,成为需要关注的重大问题。因此,关注陕西城乡居民消费,厘清影响消费提升的关键因素,研究居民消费的提升路径就显得尤为重要。

---

* 王张明,西安石油大学经济管理学院经济学博士、副教授,中国消费经济学学会理事,研究方向为农村消费、营销管理;郝渊晓,西安交通大学经济与金融学院教授、西安外事学院商学院特聘教授,研究方向为物流产业及营销管理。

一 陕西城乡居民消费现状及存在的问题分析

截至2019年末,陕西常住人口规模达到3876万人,其中,乡村人口1573万人,城镇常住人口2303万人,城镇化率为59.43%。我们从消费能力、消费水平、消费规模和消费结构四个方面对陕西居民的消费现状和存在的问题展开分析,具体如下。

(一)消费能力提升较慢且城乡区域差距显著

2018年陕西居民人均可支配收入22528元,"十三五"期间居民消费能力有所提升,自2015年以来年均增幅为9.8%。2018年全国居民人均收入为28228元,陕西仅达到全国均值的80%,差距明显。需要指出的是,2015年陕西居民人均可支配收入为17395元,占当年全国人均可支配收入20167元的86%。不难发现,"十三五"期间,陕西居民的消费能力增速低于全国平均水平,两者差距在不断拉大(见表1)。

表1 2015年和2018年陕西与全国居民的消费能力比较

单位:元,%

年份	陕西居民人均可支配收入	全国居民人均可支配收入	陕西占全国比例
2015	17395	20167	86
2018	28228	28228	80

资料来源:陕西数据来自《陕西统计年鉴2019》,全国数据来自《中国统计年鉴2019》。后续图表数据来源同上,不再单独说明。

另外,陕西居民消费能力的城乡、区域差异显著。2018年陕西城镇居民人均可支配收入33319元,农村居民人均可支配收入11213元,城乡居民人均可支配收入比为2.97:1。与2015年陕西城乡居民3.04的比例比较,城乡居民的消费能力差距有所缩小。就不同城市而言,铜川市的城乡居民收入差距最大,城乡收入比高达3.23:1;宝鸡市的城乡居民收入差距较小,仅为2.66:1。由表2不难得知,不同城市间的居民收入差距明显,如商洛市城镇居民人均可支配收入仅达到西安市的61%，安康市农村居民人均可支配收入仅为西安市的70%。整体而言，关中与陕北的居民人均可支配收入较高，而陕南地区则整体偏低。

表2 陕西不同城市的城乡居民消费能力比较（2018年）

城市	西安	杨凌	咸阳	延安	宝鸡	榆林	渭南	汉中	铜川	安康	商洛
城镇居民人均可支配收入(元)	38729	35193	33364	32226	31802	31317	31133	30380	29996	24977	23491
农村居民人均可支配收入(元)	13286	12392	10893	10786	11936	12034	11655	10088	9289	9504	9112
城乡收入比	2.92	2.84	3.06	2.99	2.66	2.60	2.67	3.01	3.23	2.63	2.58

（二）消费水平稳步增长但与全国差距拉大

2018年，陕西居民人均生活消费为16160元，与2015年的13088元相比，增长了23.5%，年均增速为7.8%。其中，城镇居民人均生活消费21966元，农村居民人均生活消费10071元。通过图1不难得知，与2005年和2010年相比，陕西城乡居民生活消费水平均大幅提高，但在"十三五"期间居民消费水平并未显著提升。就城乡居民消费水平差距而言，从2005年3.51∶1降到2015年的2.34∶1进而降到2018年的2.18∶1，陕西城乡居民的消费差距稳步缩小。此外，就陕西居民的生活消费与全国居民比较而言，2015年陕西相当于全国平均水平（15712元）的83%，到了2018年，这一比例降为81%。这意味着在"十三五"期间陕西与全国居民的消费差距还在拉大。

（三）消费规模偏低，消费地位亟须提升

2018年，陕西居民生活消费总规模为6244亿元，占全国居民生活消费规模的1.8%，明显低于陕西人口在全国2.8%的占比。通过居民消费占GDP的比例不难发现，陕西为25.6%，明显低于全国38.8%的占比。此外，

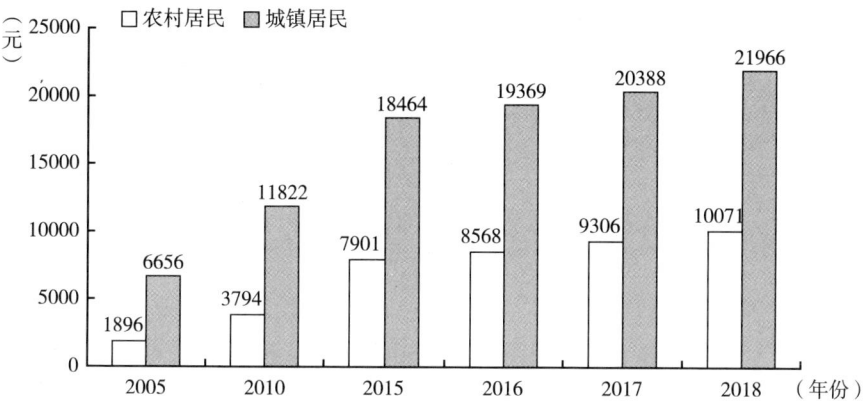

图 1 陕西城乡居民人均生活消费比较（2005~2018 年）

陕西消费品零售总额占全国的比例仅为 2.3%，显著低于 2.7% 的 GDP 占比。另外，2018 年陕西社会消费品零售总额 8938.27 亿元，与 2010 年的 3257.54 亿元相比，增长了 174%。"十二五"以来消费零售额增幅显著。需要指出的是，陕西城镇消费额 7866 亿元，乡村消费额 1072 亿元，城乡比例为 88∶12，城乡消费差距明显。由表 3 得知，与人口及 GDP 在全国的地位相比，陕西居民在全国的消费地位不高。

表 3 陕西居民消费在全国的地位比较（2018 年）

项目	人口（万人）	GDP（亿元）	消费品零售额（亿元）	居民消费规模（亿元）	居民消费/GDP（%）
陕西	3864	24438	8938	6244	25.6
全国	139538	900309	380987	348915	38.8
占比（%）	2.8	2.7	2.3	1.8	

资料来源：陕西居民消费规模使用人口总数乘以其人均生活消费而得，中国居民消费规模使用人口总数乘以人均生活消费而得。

（四）消费结构有所优化但城乡倒挂显著

2018 年，陕西居民人均生活消费 16160 元，其消费结构与 2015 年没有太大改变。其中，食品烟酒 4293 元，占比 26.6%，位居首位。居住消费3388元，占比21.0%，位列第二。教育文化、交通用品均占12%左右。与陕西居民消费结构排序相同，中国居民消费结构前几项开支依次为食品烟酒、居住、交通用品和教育文化。由表4得知，陕西居民消费的恩格尔系数低于全国均值，两者分别为33.7%和34.8%。在具体开支方面，食品烟酒和居住消费占比均显著低于全国均值，而医疗保健开支占比大于全国均值。

表4 2018年陕西与全国居民消费结构比较

单位：%

项目	食品烟酒	衣着	居住	生活用品	交通用品	教育文化	医疗保健	其他
陕西居民	26.6	7.1	21.0	7.4	12.4	12.4	10.8	2.3
全国居民	28.3	6.5	23.4	6.2	13.5	11.2	8.5	2.4

另外，就陕西城乡居民而言，其消费结构也存在较为显著的城乡差异。2018年，陕西城镇居民生活消费21966元，农村居民消费10071元。城镇居民的主要开支为食品烟酒、居住、交通用品和教育文化及医疗保健；农村居民的主要开支为食品烟酒、居住、教育文化、医疗保健和交通用品。通过表5不难发现，陕西城镇居民食品烟酒及衣着开支占比为34.9%，而农村居民仅为30.8%，相差4.1个百分点。但农村居民生活消费水平还不到城镇居民的50%，这就出现了明显的"恩格尔系数悖论"，这种现象值得我们思索。此外，农村居民居住开支占比明显高于城镇居民，再加上医疗保健开支，这两项开支有可能对农村居民的食品烟酒及衣着开支产生了较为明显的挤出效应。

表5 陕西城乡居民消费结构比较（2018年）

单位：元，%

项目		生活消费	食品烟酒	衣着	居住	生活用品	交通用品	教育文化	医疗保健	其他
城镇居民	消费	21966	5929	1728	4301	1741	2753	2730	2233	551
	占比	100	27	7.9	19.6	7.9	12.5	12.4	10.2	2.5
农村居民	消费	10071	2577	526	2431	635	1223	1253	1242	184
	占比	100	25.6	5.2	24.1	6.3	12.1	12.4	12.3	2.0

二 影响陕西城乡居民消费提升的因素探析

(一)劳动在收入分配中的地位不高

劳动、资本、技术与管理构成了当今社会生产的主要生产要素,分别对应的居民、企业与政府共同分享国家社会发展的结果。陕西与我国在国民收入分配中都存在"重资本、重管理、轻劳动"的分配倾向。自改革开放以来,陕西省收入分配呈现"重资本、轻劳动"的特征,劳动报酬长期处于一个较低水平。我国在一定程度形成了"按资分配"的国民收入分配原则,在该原则下,居民工资水平与其劳动价值严重偏离。由于陕西省市场经济发展的不完善,在由计划经济向市场经济过渡的过程中,绝大多数企业仅支付劳动者的简单再生产报酬,而未考虑劳动者用于住房、教育、医疗、养老和子女抚养等相关费用。而政府由于财力有限等因素,也无法为劳动者提供完善的社会保障,因此,劳动报酬偏低在陕西省成为一种长期现象。事实上,"十三五"期间,陕西省居民人均可支配收入增速低于全国平均水平,与全国居民人均可支配收入的差距依然在拉大,这个应该引起我们决策部门的高度重视。

(二)工资性与财产性收入占比偏低

收入水平毫无疑问是影响居民消费提升的首要因素。2015年,陕西城镇居民人均可支配收入为26420元,到2018年增长到33319元,年均增速9%;该年度农村居民人均纯收入由2015年的8689元增长到2018年的11213元,年均增速9.7%。与此相比较,2018年陕西GDP相对于2015年而言,年均增幅达到11.9%。不难发现,居民收入增速显著低于GDP增速,这在很大程度上制约了陕西城乡居民消费能力的提升。而且通过表6得知,与全国居民的收入来源结构比较,陕西居民除了转移性收入比重明显较高外,其他三项收入来源均低于全国平均水平。而与全国居民收入水平最高的浙江省相比，也表现出相同特征。转移性收入的稳定性和增长性较差，而这对于陕西居民消费倾向有着重要影响。

表6 陕西居民收入来源结构比较（2018年）

单位：元，%

项目		可支配收入	工资收入	经营收入	财产收入	转移收入
陕西居民	收入	22528	12161	3034	1351	5982
	占比		54	13	6	27
全国居民平均水平	收入	28228	15829	4852	2379	5168
	占比		56	17	8	18
浙江居民	收入	45840	26242	7752	5244	6602
	占比		57	17	11	14

另外，我们也可以分别比较陕西与浙江的城乡居民收入来源差异。就城镇居民而言，陕西城镇居民的经营性收入和财产性收入显著低于浙江，而转移性收入占比明显偏高。就农村居民而言，陕西农村居民工资性收入比重比浙江低20.7个百分点。因此，对于城镇居民提升经营性收入和财产性收入，对于农村居民提高工资性收入有可能是提升陕西居民消费能力的关键环节（见表7）。

表7 2018年陕西与浙江城乡居民的收入来源结构比较

单位：%

项目	陕西城镇居民	浙江城镇居民	陕西农村居民	浙江农村居民
工资性收入	58.7	56.0	41.2	61.9
经营性收入	7.7	15.0	31.3	24.5
财产性收入	7.4	13.7	1.8	2.9
转移性收入	26.2	15.3	25.7	10.7

（三）三大消费主体的消费意愿不足

对于陕西居民消费而言，真正的消费主体可以分为三大部分，分别是城镇居民、农村居民和农民工。城乡居民容易理解，按目前陕西统计年鉴口径直接分析即可。但农民工分为两部分，当地（本乡）就业农民工被划为农村居民，进城（县城以上）务工农民工则被统计为城镇居民。事实上，这三大消费主体当前的消费倾向都比较低，原因如下。

首先，对于城镇居民而言，近三年持续上涨的房价已将其划分为两大部分。一部分有房的，即已经购买房子的城市居民；另一部分则是无房的，即尚未购买房子的城市居民。对于前者而言，还首付、付按揭、子女上学等势必使其生活消费的整体倾向偏低。对于后者，房价上涨带来的租金同步上涨会使其房屋居住开支进一步增加，而且需为将来买房储蓄首付款，一般而言，无房的消费倾向会显著低于有房的。

其次，农村居民传统的消费观念、较强的储蓄动机和薄弱的社会保障都会使其消费意愿不强。与城市相比，农村地区信息相对闭塞，农村居民接受新鲜事物的机会也较少，因此传统的消费理念会使其增加储蓄、远离信贷消费和排斥网上消费。再加上当前陕西农村地区的医疗、养老保障制度的不完善和不健全，农村居民要从消费支出中拿出一部分用于医疗和养老等保障性开支，这必然抑制农村居民的当下消费能力，降低其消费倾向。

最后，农民工作为我国城乡社会二元结构弥合的产物，其户籍身份为农村居民，而多数又在城市工作生活，因而其消费就同时受到城市和农村的影响。2019年，陕西农民工人数总量达到766.7万人，占全省人口3876万的19.8%[①]。由于农民工人数规模的庞大和快速增长的收入水平，很多学者将其视为消费市场的"第三极"，但农民工"进城务工，返乡消费"的消费模式最终势必造成其消费的城乡分割，再加上工作的不稳定和未来生活预期的不可测，最终都会使农民工群体的消费倾向不足。

（四）大宗开支影响居民消费结构升级

就陕西城镇居民而言，除食品烟酒开支外，居住开支占比高达19%，

---

① 国家统计局陕西调查总队：《2019年陕西农民工监测报告》，2020。

而教育文化开支占比12.4%。毫无疑问，无论是省会城市西安，还是地方城市，高房价带来的一系列支出已经严重影响到城市居民的消费结构优化。尤其是自2017年城市房价大幅上涨以来，买房首付及后续的按揭还款都会极大地抑制城市居民在其他项目的消费欲望。此外，子女的教育开支也成为城乡居民家庭的一大重要消费支出项目。笔者的调查研究数据显示①，就西部农村居民消费结构而言，子女教育已成为西部居民消费的首要开支，占到户均消费的24.6%。就陕西农村居民家庭而言，子女教育开支占比19.0%，房屋家电占比16.2%，人情开支占比13.7%。这说明除了农村居民家庭子女教育付费较高外，农村居民传统的"有钱盖房"的消费观念影响依然明显；而人情开支位居前列也说明农村居民对于社交生活、人际关系的重视。通过上述分析不难得知，房屋居住开支、子女教育及人情开支已对陕西城乡居民的消费产生显著的挤出效应（见表8）。

表8 2018年陕西与西部农村居民消费结构比较

单位：%

项目	宁夏	青海	甘肃	新疆	内蒙古	西藏	重庆	陕西	四川
食物衣服	24.7	22.7	21.7	17.4	19.0	23.0	25.8	18.1	20.9
房屋家电	9.1	7.4	11.4	6.8	13.7	7.7	12.4	16.2	8.3
交通通信	10.4	10.6	9.2	4.8	7.2	5.9	7.2	9.1	9.2
子女教育	19.7	20.5	25.3	27.6	31.5	28.4	27.2	19.0	22.4
红白喜事	14.0	6.3	7.0	19.9	12.1	16.9	8.5	6.5	12.4
人情开支	7.7	11.7	6.9	10.4	4.4	6.3	6.1	13.7	11.8
医疗支出	10.1	18.2	16.1	8.7	10.2	9.2	8.1	10.9	9.0
旅游娱乐	3.5	2.5	2.4	4.4	1.9	2.7	4.8	6.6	6.1

资料来源：根据"西部农村居民消费潜能释放研究"课题组调研数据统计整理分析。

---

① "西部农村居民消费潜能释放研究"属于国家社科基金项目（项目编号：14BSH067），2018年，课题组先后在陕西、宁夏、四川、内蒙古等西部省区展开调研，主要围绕西部地区农村居民的消费水平、消费规模、消费结构以及影响因素展开。调查发放问卷1200份，收回1162份，其中，空白问卷25份，无效问卷59份，经过计算审查、经验判断和抽样检验，确认有效问卷为1078份，有效率为92.77%。

三 陕西"十四五"提升城乡居民消费的对策建议

居民消费的提升取决于三大因素,一是居民的消费能力,二是居民的消费倾向,三是可供选择的合适产品。由于陕西居民消费存在显著城乡差异与区域差异,因此,建立基于区域差异的居民消费提升对策体系就显得很有必要。具体消费提升路径及对策如下。

(一)践行"以人为本"发展理念,提升劳动要素报酬

陕西省正处于工业化的中后期阶段,应修正过去二元经济结构下的"城市-工业偏好"习惯,正视现阶段陕西与全国劳动报酬差距拉大的严重事实。政府应推进要素市场的发育,即改变城市偏向政策和制度,从而缩小城乡差距;应减少农产品定价和流通干预,贸易保护、扭曲汇率以及偏向于工业部门的财政与金融政策等政策歧视。此外,还需通过稳定农产品价格、健全粮食储备调节制度、加大农业投入力度、改善农业生产条件等措施建立新型平等交换的工农业关系,构建以政府行为规范为主体的差距平抑机制。最后,应推动政府政绩评价指标的转型,即从过去的GDP至上到居民收入考评指标的转型,着眼于构建国内大循环,必须在居民收入的目标取向、发展思路、制度创新、职能转变等方面调整政府行为,努力提升居民的劳动报酬。

(二)探索增收长效机制,提升居民消费能力

增加居民可支配收入进而提升其消费能力,是提高陕西居民消费的关键举措。改革开放40年来,虽然陕西居民的消费能力大幅增强,但收入的不确定性依然存在,故而应探索增长居民收入的长效机制。我们建议从以下几个方面建立居民收入增长的长效机制,稳步提升其消费能力。

首先,应立足于资源禀赋差异,推动陕西特色产业发展。关中、陕北与陕南资源禀赋差异极大,陕北的能源化工、关中的制造业与农业、陕南的水

资源和特色农业等，都为陕西的城乡居民增收提供了充足的发展空间。对于城镇居民而言，要努力跟上时代发展，与时俱进，在提升自己职业层级的同时，尽量进入新兴产业发展。对于农村居民，应充分利用县域的地理位置、特有资源、人文环境与历史渊源，真正发展出具有竞争力的特色农业。

其次，要大力优化收入来源，提高收入的稳定性。对于城镇居民，在稳步提高工资性收入的同时，更应努力提升财产性收入，优化自身的家庭收入来源结构。对于农村居民，则应在大力发展非农产业的同时，提升其未来的收入预期。更重要的是，农村居民需要努力提高其工资性收入比重，因此，需要鼓励农村剩余劳动力进城务工，同时鼓励城市务工成熟群体返乡创业。只有这样，才能实现农村人才要素的自由流动，真正提升其收入的稳定性。

最后，针对城乡居民差异，细化增收政策体系。对于城镇居民，政府要践行中央要求的"房住不炒"精神，将城市房价涨幅控制在居民可以承受的范围之内。同时还要深化教育改革，均衡城市的优质教育资源，打破名校教育依赖路径，真正使子女教育开支不成为城市居民家庭的生活负担。对于农村居民，必须减轻其家庭支出负担，增加农村居民的现金持有量，真正让腰包鼓起来。对于陕西省多数农村地区而言，降低子女上学开支在家庭消费的比重是当务之急。各区县政府应使农村家庭减少子女上学开支的同时，使其享受最基本的教育机会。

（三）提升居民消费意愿，释放居民消费潜能

对于陕西城乡居民而言，消费的提升除了受到消费能力的制约外，居民个人消费意愿的提升更为关键。收入水平的提高固然重要，但消费倾向的改善更是消费潜能释放的核心环节。居民消费意愿的提升，首先跟其享受到社会保障完善程度密切相关。对于城镇居民而言，降低参保费用、使流动人口异地受理保险、提高医疗保险的效率等都值得深入研究。相对于城镇居民，陕西农村居民享受到的保障服务无疑更低。因此需要在增加农村社保资金、提高保险给付水平和提高社保参保率上做更多工作。此外，推进陕西农村信

贷消费工作，提高农村金融服务效率对于居民消费行为的转型也有着重要影响。最后，随着近年来计算机在农村的快速普及和互联网上网费用的快速下降，陕西农村居民，尤其是"80后""90后"农村居民的网上购物比重明显提升。因此，完善物流快递服务、改善退换货流程、提高企业为农村居民的服务质量、引导农村居民增加风险意识，学会甄别网上诈骗，科学、理性地展开网上购物。

（四）以766万农民工为载体，弥合陕西城乡消费差异

农民工进城务工后，除了会增加农村居民家庭工资性收入外，更重要的是，新生代进城务工人员比例日益增加，对城市居民消费的耳濡目染，其原先固有的农村传统消费习惯开始发生潜移默化的改变。再加之智能手机的普及、网上消费、手机消费、电视广告、报纸期刊等一系列媒介的普及，都使农民工的消费模式更趋城镇化。当他们每年返乡时，其消费习惯、消费行为以及消费品位，对于家人有着较强的示范效应。因此，长期以来，困扰国内学界的农村居民消费观念转变的难题有望得到解决，城乡居民的消费示范效应通过"城镇居民—农民工—农村居民"得以实现，最终有助于弥合陕西的城乡居民消费差异。

（五）进行产品供给侧改革，助推居民消费提升

对于陕西城乡居民而言，除了提升其消费能力和改善消费倾向外，让城乡居民有货可买，而不是持币待购也至关重要。城市居民与农村居民的消费需求差异较大，消费模式与消费环境也是迥然不同。相对较为成熟的城市消费市场，农村消费市场无论是消费环境，还是可供选择的消费产品，都有很大的提升空间。因此，需要明确陕西不同农村地区的基础设施建设顺序，公路交通、互联网服务、公共卫生成为陕西农村消费环境亟须改善的主要内容。此外，还需结合城乡居民的迥异消费需求，引导企业逐步分层开发城乡市场，为陕西居民提供满足其需求特征的合适产品。只有这样，才能使产品供给侧改革真正成为陕西居民消费提升的突破口。

参考文献

范剑平、向书坚:《我国城乡人口二元社会结构对居民消费率的影响》,《管理世界》1999 年第 5 期。

臧旭恒、裴春霞:《转轨时期中国城乡居民消费行为比较研究》,《数量经济技术经济研究》2007 年第 1 期。

朱信凯:《关于启动农村消费市场政策展望》,《农业展望》2009 年第 1 期。

余芳东:《扩大我国居民消费潜力的国际比较研究》,《统计研究》2010 年第 6 期。

方福前、张艳丽:《城乡居民不同收入的边际消费倾向及变动趋势分析》,《财贸经济》2011 年第 4 期。

孔祥利、王张明:《我国城乡居民消费差异及对策分析》,《经济管理》2013 年第 5 期。

臧旭恒、贺洋:《初次分配格局调整与消费潜力释放》,《经济学动态》2015 年第 1 期。

秦晓娟、孔祥利:《省域内农村居民消费潜能模型构建与实证研究》,《统计与信息论坛》2015 年第 11 期。

刘振中、吕欣:《挖掘消费潜能需要分群体施策》,《中国发展观察》2016 年第 16 期。

王蕴:《新形势下如何进一步促进消费潜力释放》,《人民论坛·学术前沿》2019 年第 2 期。

综合篇
Comprehensive Reports

B.10 新时代陕西深化改革开放，加快追赶超越步伐研究*

陕西省社会科学院经济研究所课题组**

摘 要： 习近平总书记来陕视察重要讲话中指出，开放不足是陕西发展的突出短板。当前，陕西全面深化改革已进入攻坚期、深水区，要继续通过深化改革开放来破难题、解新题。本报告分析了新时代陕西实现追赶超越面临的突出问题，立足新时代陕西全面深化改革开放的主要目标，从加快推进基础性、根本性和全局性重大改革；加强改革系统集成协同高效；深度融入共建"一带一路"大格局；以创新驱动供给侧结

---

* 本报告系2019年国家社科基金项目"新亚欧大陆桥经济走廊区域协同发展新机制研究"（立项号：19XJL009）、2020年度陕西省社会科学院重大研究项目（立项号：20SXZD05）阶段性成果。

** 课题组组长：裴成荣，陕西省社会科学院学术委员会副主任、经济研究所所长、二级研究员，研究方向为城市与区域经济。主要成员：顾菁，陕西省社会科学院经济研究所助理研究员、博士，研究方向为城市经济；曹林，陕西省社会科学院经济研究所副研究员，研究方向为产业发展；张馨，陕西省社会科学院经济研究所副研究员，研究方向为区域经济发展。执笔人：顾菁。

构性改革；以共建共治共享拓展社会治理新局面；优化空间布局推动区域协调发展；把生态效益转化为经济效益和社会效益等层面提出陕西深化改革开放、实现追赶超越的发展策略。

关键词： 深化改革　追赶超越　陕西省

2020年4月，习近平总书记来陕视察重要讲话指出，开放不足是制约陕西发展的突出短板。同年8月在经济社会领域专家座谈会上，习近平总书记再次指出，国际经济联通和交往仍是世界经济发展的客观要求，强调要以高水平对外开放打造国际合作和竞争新优势。"十三五"以来，陕西全面建成小康社会取得重大进展，经济社会的发展质量再上新台阶。然而，陕西发展不平衡不充分问题仍然突出，发展的内部条件和外部环境正在发生深刻复杂的变化，结构性、体制性、周期性问题相互交织所带来的困难和挑战不断显现。陕西要保持战略定力，勇于开顶风船，着力推进深化改革开放，全面提高对外开放水平，建设更高水平开放型经济新体制，这样才能激发新动能、保持新活力、形成国际合作和竞争新优势。

一　新时代陕西实现追赶超越面临的突出问题

近年来，陕西坚持以"追赶超越、转型发展"为主线，认真落实"创新驱动、绿色惠民、协同共享、开放融合"战略，取得了明显成效，经济持续健康发展，制度改革富有成效，人民生活水平持续改善，开放力度不断加大，生态治理纵深推进，各项工作有了新气象新变化，但在具体的发展过程中仍然面临许多问题。

（一）陕西改革开放追赶超越进程中的亮点

1. 制度创新成果初现

陕西充分发挥自贸试验区的制度创新先行先试的优势，对标先进，打破常规，成果显著。在优化营商环境方面，围绕行政管理体制进行改革，构建"审批、服务、监管、信用、效能监察"五位一体的创新型政务服务体系，通过"最多跑一次"改革打造高效的营商环境；通过"互联网＋政务服务"推进数据的整体协同高效运行。在金融服务制度创新方面，围绕金融领域市场化放权、金融开放、多层次资本市场、金融产品和服务模式推进制度创新，成为全国第6个试点地区，同时也是西北五省唯一的试点。在投资制度创新方面，联合海关推行"全天候、无假日"预约通关制度，开展关税保证保险改革试点，推进国内首单海关关税保证保险业务。在国际合作制度创新方面，开拓"自贸＋服贸"特色发展路径，构建"一园两地"交流合作新模式，创新构建国际高层次人才"一站式"服务平台、"一带一路"沿线国家文物数字化交流合作平台、"一带一路"语言服务标准体系及大数据平台、全国首个"互联网＋文物教育"平台等一系列交流合作和服务平台等。

目前，"三级四同"和"一网通办""双随机、一公开"监管模式已实现全省覆盖，600多项省级事项实现"掌上可办"，"最多跑一次"改革打造出"高效"的营商环境。新型贸易监管制度体系在陕初步形成，2个综合保税区、2个出口加工区、1个保税物流中心等区域功能的不断完善，政策优势的支持和便利的通关功能，使保税监管场所和海关特殊监管区域在陕西异军突起。市场活力大大激发，各类市场主体达394.66万户，100多家世界500强企业在陕落户。

2. 重点领域改革全方位展开

国资国企改革扎实推进，围绕优化省属企业结构布局和专业化经营目标，探索建立了"1＋N"制度体系。2019年陕西省属企业资产总额达2.96万亿元，位居全国第7；营业收入达12523.8亿元，在全国排第5位；利润总额达414亿元，在全国排第7位。陕西省国资委整合组建陕西铁路集团，陕西省外经贸集团重组陕西海外投资公司，陕旅重组陕西体育集团、重组陕西物流集团并托管物产集团；榆林能源和秦风气体2家企业顺利移交；陕西健康医疗集团整合省属企业医疗机构、陕煤集团并购江苏恒神股份等64个内外部专业化整合项目基本完成。经过处置"僵尸企业"，重组出清，134户实现扭亏，累计减亏63.8亿元，主业不明、过度多元的局面加快扭转。

农村改革成效较为明显，脱贫攻坚取得决定性胜利。陕西贫困人口由2011年底的592万人减少到2019年底的18.34万人，贫困发生率下降到0.75%，56个贫困县（区）全部实现脱贫摘帽，区域性整体贫困基本解决。陕西作为第二批全国农村集体产权制度改革12个整省试点省份之一，通过不断探索集体经济实现形式，加强集体资金资产资源监督管理；通过推动农村集体资产管理规范化、制度化、信息化，建立健全资产管理体系；通过推进经营性资产股份合作制改革，保障农民集体资产股权，把收益分配权落到实处；通过保护和发展农民作为农村集体经济组织成员的合法权益，推动了农村资源要素的顺畅流转。截至2019年底，农村集体产权制度改革清产核资工作已基本完成，共计清查乡村组集体单位14.4万个，1.6万个村完成产权制度改革，1.7万个村完成成员界定，1.6万个村完成股份量化，1.3万个村集体经济得到发展，为陕西乡村振兴赋予了强大而持续的新动能。

3. 开放型经济加快发展

复杂的内外部环境迫使陕西外贸进出口承压前行，但仍然保持稳定增长，2019年，陕西进出口总额达3515.75亿元，是2015年的1.79倍，对外贸易依存度较2015年上升了2.7个百分点。利用外资质量和水平逐步提高，2019年实际利用外资同比增长12.87%，高于全国7个百分点。

区域经贸合作持续推进，陕西已与200多个国家和地区建立了贸易伙伴关系，形成了以外资企业为主导，以制造业为支撑，53个国家和地区广泛参与的外商投资体系；与45家企业在资源、能源、租赁、商务服务、批发和零售等领域与世界多个国家开展投资合作，并进行跨国经营。

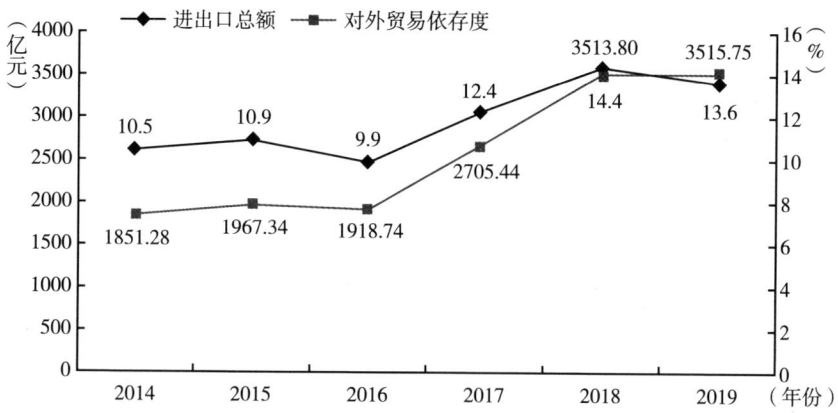

图 1　2014~2019 年陕西进出口总额和对外贸易依存度

资料来源：《陕西统计年鉴（2019）》；《2019年陕西省国民经济和社会发展统计公报》，http：//snzd.stats.gov.cn/index.aspx?menuid = 6&type = articleinfo&lanmuid = 20&infoid = 3490&language = cn。

4. 国际影响力逐步攀升

新时代西部大开发战略的深化促进了陕西与周边地区经济要素的有序自由流动，推动西部地区实现经济政策协调，开展更大范围、更高水平、更深层次的区域合作。陕西作为向西开放的前沿和门户，充分发挥了区位优势，国际影响力不断攀升。2019 年西安咸阳机场开通了首条第五航权客运航线，货邮吞吐量增速全国第一，客流吞吐量全国第七，机场准点率位居全国第一，国际航空枢纽的建设纵深推进。中欧班列"长安号"重载率、货运量和实际开行量稳居全国第一，连续数年蝉联中欧班列高质量发展综合评价全国第一，向西、向北常态化开行了西安至亚洲、欧洲主要枢纽城市的 15 条干线通道，已实现欧亚大陆全覆盖，打通了国内货源地的集结通道。

陕西还举办了"一带一路"国际研讨会、"丝博会"、上合组织经贸部长会议、陕粤港澳经济合作周等一系列大型商贸会展活动。对外经济合作的快速发展加快推动陕西由内陆封闭型经济向开放型经济的转型，对优化资源配置和产业结构、缓解就业压力、促进经济增长发挥了重要作用。

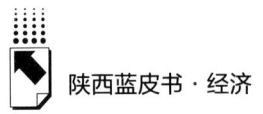

（二）新时代陕西实现追赶超越存在的主要问题

1. 对外开放度不足，缺乏国际竞争力

陕西对外开放的底子薄，开放型经济的增速虽快，但是开放度不足、外贸规模较小、外贸结构性问题依然存在，亟须将对外开放的政策红利转化为追赶超越的发展实效。2019年陕西实现进出口总值居全国第19位，增速低于全国3.3个百分点。陕西外贸经营主体发展不均衡，对重点外资的依赖性过大，虽然对外承包工程的增速高于全国水平，但是本地企业"走不出去"的问题仍然严重。

共建"一带一路"倡议、新时代推进西部大开发形成新格局、黄河流域生态保护和高质量发展的战略部署从根本上改变了西部开放的格局，使陕西由内陆腹地逐渐转变为面向泛欧泛亚的开放前沿。建设更高水平开放型经济新体制，意味着陕西要在更广阔的空间范围、更深层次的社会领域和更高水平的战略布局上推动对外开放合作，推动要素有序自由流动、资源高效配置、市场深度融合、产业集聚发展，提升开放的质量、效率和效益。陕西要通过培育以技术、标准、品牌、质量、服务为核心的竞争新优势，促进经济的提质增效；通过打造内陆改革开放新高地，开启对外贸易新格局；通过创造国际产能合作新模式，提升陕西在国际国内合作和竞争中的影响力。

2. 创新转化缺乏支撑，产业创新动能不足

陕西创新投入与创新能力持续提高，但创新效益不理想。2019年陕西共投入研究与试验发展经费584.58亿元，比上年增长9.8%，却低于全国2.7个百分点，尤其是应用研究经费105.40亿元，同比下降12.7%，经济效益转化率不足。此外，陕西大部分企业还是传统的生产型企业而不是创新型企业，人才激励机制、分配机制、科技成果转化机制、技术引进消化吸收机制等系列创新机制还不完善。

面对国内国际双循环开放新格局带来的竞争压力，陕西需要通过建设开放式创新生态系统，从根本上破解制约创新要素流通的障碍，加快融入区域创新链条，增创经济合作新优势；通过企业、政府、市场、社会等多方协作

推进技术交流与共享，打破技术壁垒，优化创新链，打造强力驱动创新的制度机制保障，赢得经济效率与效益。同时，以"陕西还要双创"为纽带，打造专业化众创平台，推动科技新成果和新技术的转移、转化和产业化发展，激发产业发展的新技术、新产业、新业态、新模式，全面推动产业升级转型，实现产业的高端化产品生产、高市场占有率、高附加值和高产业链韧性，为区域经济发展培育新动能。

3. 制度创新力度不够，现代化治理水平亟待提升

陕西市场发育还不够充分，政府和市场的关系有待优化，在加大简政放权、加强创新管理、优化公共服务等方面仍存在许多不合理的情况，社会治理缺乏进一步整合推进的机制和策略。首先，营商环境与东部等发达地区存在明显差距，市场化配置资源的能力较低，尤其是平台经济发展缓慢，体量较小，总部型平台经济规模不足。其次，陕西虽然初步建立了基本公共服务的制度框架，但仍然很难满足居民日益增长的需求，城乡基本公共服务发展不充分、不平衡等问题依然存在。再次，城市群协同发展面临较大的体制机制制约，城市间发展存在争夺项目、政策及用地等资源的利益保护冲突情况，多元主体参与建设机制不完善。最后，乡村治理的社会自治、法治和德治资源匮乏，严重制约了乡村社会治理绩效。

为了实现追赶超越，陕西需要在破解制约发展的深层次矛盾和体制性障碍上下更大功夫，完善现代化治理体系建设，提升资源聚集辐射能力。加强软环境建设，加快涉外经济管理体制改革，优化公共服务和管理，促进陕西从一般的政策性开放走向全面的制度性开放。要对标国际先进水平，建立持续优化营商环境的工作机制和评价体系，营造长期稳定可预期的制度环境，再创治理和发展新优势。通过拓展深化经济调节、市场监管、公共服务、社会治理、环境保护、政府运行等领域数字化应用，建设高标准市场体系，完善公平竞争制度，强化基础性支撑，加快形成智能监管的新型治理形态，充分激发市场活力。

4. 公共基础设施短缺，城乡公共服务差距较大

公共服务供给跟不上人民群众日益增长的幸福生活的需求，是目前陕西

发展不足的主要表现。2019年陕西公共基础设施依旧短缺，公路密度、铁路密度、互联网普及率与全国平均水平都有差距；城镇化率59.43%，不及我国城镇化率平均水平（60.6%）；医疗、教育、公共交通等基本公共服务的城乡差距较大，不充分不平衡的问题依然严峻；城镇登记失业率3.23%，居民可支配收入实际增速总体呈回落态势，就业质量和人民收入水平仍有待提升。

为了解决人民日益增长的美好生活需要和不平衡不充分发展之间的矛盾，陕西需要加强保障和改善民生，维护社会和谐稳定，进一步满足人民群众在民主、法治、公平、正义、安全、环境等方面日益增长的具体需求。扎实做好"六稳"工作，全面落实"六保"任务，巩固稳中向好、长期向好的基本趋势。坚持供给侧结构性改革主攻方向，瞄准突出问题精准施策，因地制宜发展区域特色产业、多措并举巩固脱贫成果、多渠道促进就业创业、推进多领域投资力度、补齐农村基础设施和公共服务短板、加强和创新社会治理、坚持和完善新时代"枫桥经验"、深化扫黑除恶专项斗争，推动新时代追赶超越行稳致远。

二 新时代陕西推进全面深化改革开放的主要目标

陕西在新时期全面深化改革开放实现追赶超越的过程中，要坚持以习近平新时代中国特色社会主义思想为指导，全面贯彻党的十九大和十九届三中、四中、五中全会精神，聚焦"追赶超越"和"五个扎实"的要求，坚持和加强党的全面领导，坚持新发展理念，坚持以供给侧结构性改革为主线，坚持全面深化改革，坚持全面扩大开放，坚持以人民为中心，践行高质量发展要求。深度理解和把握习近平总书记对"推动更深层次改革，实行更高水平开放"的具体要求，深入推进制度创新和治理能力建设，破除发展面临的体制机制障碍，切实把制度优势更好地转化为治理效能。深度融入共建"一带一路"大格局，全面提升枢纽经济、门户经济和流动经济的规模质量。创建效率高、成本低、服务优的内陆地区国际贸易通道，建成内畅外通、联通世界的对外开放新格局。把陕西打造成走在全国前列的创新型省份，构建具有陕西特色、竞争力强的现代产业体系。区域发展更加协调，城乡融合发展走在西部前列，绿色发展理念深入人心。陕西全面实现追赶超越，成为我国内陆开放创新示范区、新时代我国向西开放的新引擎、"一带一路"的核心区。

（一）全面深化体制机制改革

突出制度改革创新，因地制宜抓好深化"放管服"、国资国企、农村、社会治理等重点领域的改革，确保在重点领域和关键环节改革上取得决定性成果，形成一整套更加完善的制度体系。一是深化"放管服"改革。加大放权赋能力度，优化政务服务环境，简化审批事项，提升办事效率。二是持续深化国资国企改革。出台国资监管机构职能转变方案，推进重点领域省属国有资本的重组整合，深化国有资本授权经营体制改革，提升国有经济发展质量和效益。三是稳妥推进财税金融和市场体制改革，启动地方金融监管体制改革，推行市场准入负面清单制度，加快资源要素价格市场化改革，健全以公平为核心原则的产权保护制度，建立产权保护长效机制。四是打造协调发展的区域格局，推动区域经济合作、城乡协同发展与城市群建设等领域的体制突破创新。五是以"三治融合"引领基层社会共建共治共享的治理模式，建设"综治中心+网格化+信息化"社会治安防控体系，提升群众安全感和满意度；完善公共文化服务体系，发挥文化涵养功能，推动形成良好社会风尚。六是以制度协同服务为抓手，引领环境治理体制机制创新。强调在生态治理中行政手段、市场手段、社会化手段等方面的制度协同。

（二）推动形成全面开放新格局

借鉴国内外较为成熟的市场经济制度经验，促进市场深层次改革，推动形成全面开放新格局。一是建立体现公平与效率的市场主体竞争机制，实现深层次市场化改革的新突破。规范和创新监管执法，打造"审批项目最少、收费标准最低、办事效率最高、服务水平最优"的陕西营商环境品牌,创建国际一流营商环境。二是围绕实现经济高质量发展与贸易投资便利化,优化金融资源配置,拓宽融资渠道,推动跨境投融资创新,推进人民币跨境使用,提升金融服务效能,为深化金融改革打下基础。三是深度参与全球价值链分工,紧盯国际化发展前沿,提高国际产能合作的水平和质量。构建配套化发展的产业组织形式,提升产业链水平,带动陕西产品与服务转型升级。四是全面发展"三个经济",通过加强经贸人文交流,加快人流、物流、能量流、资金流、信息流聚集辐射,既要提升利用外资质量水平,也要支持企业开拓海外市场,打造境外产业园区,推动出口市场多元化。

(三)构筑内陆开放多样化平台

将构建新发展格局同实施国家区域协调发展战略、建设自由贸易试验区等衔接起来,立足国内国际双循环相互促进的新发展格局,建立重要产业聚集区、人文交流基地、商贸物流枢纽、国际金融中心、国际创新中心。一是坚持共商共建共享原则,以"一带一路"建设为重点,陆空内外联动、东西双向互济,推进物流强省、金融强省、贸易强省、文旅强省建设。二是将自贸区打造为对外开放重要门户,提高自贸区制度创新的系统集成度,特别是在投资、贸易、金融、科技等领域先行先试,实现自贸区外向型产业集聚新突破。三是强化对外综合交通基础设施的支撑和引领能力,发展多式联运,织密航空客货运网络,打造"空中丝绸之路",加速建设中欧班列(西安)集结中心,构筑内陆地区国际贸易通道。四是利用外贸多元业态竞相发展、业态增多的形势,引导市场采购、保税贸易、跨境电商、外综平台等外贸新业态、新模式发展,帮助企业扩展各类服务贸易网络新空间。

(四)建设开放高效的现代化经济体系

陕西要加快整合创新资源,构建创新生态圈,增强经济创新力和竞争力。深化落实供给侧结构性改革,布局关键技术领域的基础研究、创新载体和多层次重大科技基础设施,做强实体经济,做优数字经济,将战略性新兴产业打造为新型支柱产业,建设具有陕西特色的现代化产业体系。发挥企业在技术创新中的主体作用,进一步推动军民融合、部省融合、央地融合,构建协同创新、优势叠加、产学研用一体的融合创新机制,抓好原始创新、产业创新及高新技术创新,提升创新效益。建设科技成果转移转化示范区等创新载体,围绕创新链布局产业链,实现科技优势的就地转化,提升产业链水平,维护产业链安全。建设高效、市场化的技术转移服务体系,打造完善的产业政策法规环境,营造充满活力的技术市场。培养和引进国际一流人才和科研团队,调动科研人员的积极性,加强国际科技交流合作,提高科技产出效率。

(五)打造区域协作发展新范式

陕西要抢抓国家区域发展重大机遇,发挥比较优势,突出功能定位,把改革开放作为推动新时代追赶超越的重要途径,优化区域产业布局,加强与西南、东部地区的合作,促进成渝、关中平原城市群协同发展;提升城乡融合发展水平,形成关中、陕北、陕南区域协调发展新格局,打造引领西部地区开放开发的核心引擎。

在区域协同方面,关中城市群协作发展机制更健全,通过各个城市协同发展、错位发展、抱团发展,形成圈内资源共享、产业共兴、竞合有序、共同发展的新格局。关中平原城市群对西部的辐射带动作用大幅提高,国际影响力更大,西安国家中心城市功能更加完备,现代化大西安都市圈全面形成。

在关中、陕北、陕南区域协同方面,陕北以高端能源化工基地建设为基础持续转型,陕南以绿色循环产业为基础实现产业生态化和生态产业化,陕北陕南全面对接关中创新资源,形成一批跨市域的区域协作产业链。在城乡协同发展方面,以乡村振兴战略为核心,在加快美丽宜居乡村建设的同时建立健全城乡一体的公共服务体系,推动城乡生产要素自由流动、平等交换和公共资源合理配置。

在生态协同发展方面,深度参与黄河流域生态保护和高质量发展国家战略,秦岭、黄河等重要生态系统保护修复取得更大成效。推动与黄河沿线地区的生态治理合作,全面构筑生态屏障,美丽陕西建设不断迈上新台阶。

三 陕西推进全面深化改革开放的策略

陕西要紧扣落实"新时代西部大开发""黄河流域生态保护和高质量发展""乡村振兴"等国家战略,深度参与"一带一路"建设,充分利用自贸试验区和高新区等创新"实验田",吸收各项改革经验,通过扩大开放来消除制约发展的体制机制障碍,推动经济、社会、文化、生态等领域全面深化改革,构建对外开放新格局,谱写陕西"追赶超越"新篇章。

(一)加快推进基础性、根本性和全局性重大改革

全面落实《党的十九届四中全会重要改革举措实施规划(2020—2021年)》①,突出制度创新和治理能力建设,抓好重点领域和关键环节改革,积极稳妥推进各领域法规的立改废释,加快推进制度优势向治理效能转化,不断激发社会创新创造活力。

1. 深化"放管服"改革

发挥好自由贸易试验区的先行示范作用,深化西咸新区开放型经济新体制试点试验和服务贸易创新发展试点工作。以云计算和大数据为基础,推动"智慧政务"工程全面升级,全面推行清单管理制度,破除各种准入障碍,推动"一网通办"迈向"一网办好",实现全省"一网统管"。加快建设数字化信用评级模式,推进信用信息互联共享,构建以信用为基础的新型监管机制。加快创新公共资源配置方式,深化要素市场化改革。健全优化营商环境制度体系,持续落实好减税降费措施,降低企业融资、用能、人工、物流等生产成本,营造市场化、法治化、国际化营商环境,并建立持续优化营商

---

① 《习近平主持召开中央全面深化改革委员会第十三次会议强调 深化改革健全制度完善治理体系 善于运用制度优势应对风险挑战冲击》,《人民日报》2020年4月28日第1版。

环境的工作机制和评价体系。

2. 探索国有企业战略性改革

探索公有制多种实现形式,深化国有企业改革,推进政企分开、政资分开,改革和完善国资监管体制,建立市场化激励约束机制,加快建立现代企业制度。健全支持民营经济、外商投资企业发展的法治环境,制定实施民营企业发展促进条例,增强非公经济的影响力、创新力和抗风险能力,培育一流企业集群。

3. 深化农业农村改革

稳妥做好第二轮土地承包到期后再延长30年试点工作,探索赋予集体经营性建设用地出让、租赁、入股等权能,促进农村土地经营权流转交易、集体经营性建设用地入市、宅基地改革和管理,深化乡村全域土地综合整治与生态修复,完善新型合作经济发展机制。支持多种形式发展农村集体经济,扎实做好农村集体产权制度改革整省试点。

4. 深化开发区体制机制改革创新

根据开发区的发展定位与发展阶段,实施与之相适应的管理体制,推进西安高新区财力雄厚、规模较大、承担城市中心功能的开发区,由托管模式向新型行政区模式转变,探索建设社会主义现代化先行区。加快开发区整合重组,优化全省开发区布局,重点加快对西安七大国家开发区和十余个省市级开发区进行整合,通过托管、飞地等方式,协议分享税收、土地等收益,加快实现开发区的有效整合,形成产业联合、发展合力。

(二)加强改革系统集成协同高效

厘清各项改革的逻辑关系,抓好重大改革统筹衔接,提升改革整体效能。完善改革配套文件和实施细则,形成包括主体改革、配套改革、关联改革在内的完整"图谱",增强系统性、整体性和协同性,实现改革举措有机衔接、融会贯通。

紧扣高质量发展,加快形成推动高质量发展的指标体系、政策体系、标准体系、统计体系、绩效评价和政绩考核。抓好系统集成改革试点,破解改革中存在的体制机制性障碍，实现目标集成、政策集成、效果集成，及时总结提炼系统集成改革试点经验、基层创新举措，在全省范围推广。健全抓落实的工作机制，形成上下联动、条块结合的工作格局，实现改革方案协同、落实协同、效果协同，不断提升改革的整体效应。加强改革质量效果督察评估，对需要调整完善的改革方案及时分析研究、补齐短板，对于推动改革不到位的，陕西省委将进行约谈，推动形成一级抓一级、层层抓落实的良好氛围，把制度优势更好转化为治理效能。聚焦高质量发展、高效能治理，推动改革更好地服务全省中心大局。从更宽范围研究和推进营商环境建设，整合各类开发区（园区）和产业集聚区，推进"多规合一"等改革，促进各类生产要素自由流动并向优势地区集中，打造若干带动高质量发展的新动力源。完善数字治理、智慧治理应用体系，推广治理共同体模式，在更广领域实现"最多跑一地"。

（三）深度融入共建"一带一路"大格局

坚持以开放促改革、促发展、促创新，以更高目标、更有力举措推动发展高水平开放型经济，加快形成陆空内外联动、东西双向互济的全面开放新格局。

1. 大力发展枢纽经济、门户经济、流动经济

建设中欧班列（西安）集结中心，构筑国际贸易通道，加强国际产能合作，推动与重点区域产业联动发展，建设"一带一路"科创、文化、金融等合作平台。深化对外高速公路大通道建设，形成公路、地铁等交通无缝衔接的现代化交通网络，密织五大洲航线高端运输服务网络，打造西安国际性综合交通枢纽，加快国家临空经济示范区建设，开展空铁、公铁联运试点示范。打造"一带一路"五大中心，强化多元国际化开放平台建设。支持西安建设"一带一路"综合试验区、国际商事法律服务示范区和国际门户枢纽城市。推进海关特殊监管区域建设和优化整合。发挥陕西优势产业和优秀文化吸引力，提升丝博会、欧亚经济论坛、杨凌农高会等展会影响力，建设陕西全域智慧文旅大数据运营平台，打造全球性会展经济。加速资源要素

高效流动，创新"物流+贸易+产业"发展模式，提高能源供给效率，深化金融改革，推动各类资源要素合理流动、高效聚集。

2. 推动外贸外资优化升级

大力发展一般贸易，创新发展加工贸易，加快发展服务贸易。培育特色产业外贸基地，构建境外营销体系。打造西安、延安跨境电子商务综合试验区，设立国（境）外分支机构、建立营销网点、开展并购重组，鼓励跨境电商企业建立"海外仓"。强化外贸、外资、外经"三外"联动发展，发挥外资、外经对外贸的促进作用，鼓励境外工程承包和投资，带动陕西产品"走出去"。同时积极利用外资，落实好外商投资准入前国民待遇加负面清单管理制度，建设外商投资公共信息服务平台，加大国际招商力度，促进外商投资稳定增长。

3. 全方位扩大交流合作

深化国际产能合作。积极开发共建"一带一路"国家和非洲、中东欧、南美等新兴市场，构建跨境产业链。通过哈萨克斯坦纺织工业园、吉尔吉斯斯坦石油炼化园、中美农业科技产业园等境外合作园区建设，打造"一带一路"示范项目。加快推进杨凌农科城的"上合组织农业技术交流培训示范基地"项目，建成一批现代农业研究中心、国际联合实验室、农业技术推广应用平台。通过整合陕西自贸片区、海关特殊监管区资源要素，推动建设高水平陕西自由贸易港。

鼓励高校、科研机构、企业与国外机构加强科技创新合作、深化人文交流。创新举办丝绸之路国际艺术节、电影节、旅博会等节会，全面立体展现陕西对外新形象。深化省际区域合作，强化与晋陕豫黄河金三角区域、陕甘宁蒙晋交界地区、陕甘川渝毗邻区域等地区的协作。推行"生产基地+工业园区"建设模式，支持国家级开发区建立飞地园区，推进东西部开发区联合共建。

（四）以创新驱动供给侧结构性改革

以创新型省份建设为主要目标，全面推动创新资源开放共享，实现创新驱动的发展模式。

1. 加强科技创新能力建设

抓好基础研究和应用研究，强化"卡脖子"关键核心技术攻关，提升原始创新力。加快推进西安高新区国家自主创新示范区建设。推进创新型城市和创新型园区联动建设，统筹推进大学科技园、科技产业园、科技创业园、留学回国人员创新创业园、科技企业孵化器（加速器）、创业特别社区等创新创业载体建设。加快创建西安国家军民融合创新示范区。构建以国家级高新区、开发区为重点，以中国西部科技创新港、中国科学院西安科学园、西北工业大学翱翔小镇等高校科研机构产学研一体化平台为核心，以省级创新型县（市、区）为补充的区域产业创新体系。

2. 推进产业技术创新

从要素驱动转向创新驱动，更加依靠科技创新"引擎"，增强战略性新兴产业和现代服务业的支撑作用，实现经济增长方式的新跨越。围绕产业链部署创新链，积极承接飞机制造、电子信息、集成电路等重大科技项目落地，聚焦能源化工、装备制造、新材料、生物医药、现代农业等领域，实施一批科技重大专项和重点产业创新链，支撑重点产业转型升级和创新发展。推动院校联合，院企携手，更大力度地引导创新要素的集聚、培育高技术特色产业，形成创新发展新优势。扶持一批规模大、科技含量高、创新能力强、产业层次高的龙头企业，产生技术外溢效应，形成新的经济增长点，将创新驱动战略落到实处。

3. 优化创新环境

优化西安国家自主创新空间布局，打造关中高新技术产业带，发挥好引领辐射示范作用。全面落实创新驱动引领高质量发展若干政策措施、促进科技成果转化"陕九条"等创新政策。构建"众创空间+孵化器+加速器+园区"的全链条创新服务体系，打造"双创"升级版。加强知识产权保护。持续推广"一院一所一校"模式。深入实施创新人才战略，统筹抓好创新人才队伍建设。

（五）以共建共治共享拓展社会治理新局面

1. 完善多层次社会保障体系

健全城乡居民基本医保、大病保险、医疗救助制度，减少和消除社会保障的空白点和盲点。稳步提高财政补贴标准，健全失业保险金标准与物价上涨挂钩联动机制，适度提高失业保险待遇水平。健全农村留守儿童和妇女、老年人关爱服务体系。加强退役军人工作体系建设和服务保障，加大住房保障力度，探索失业保险权益跨地区转移，确实使农民工群体获得失业经济保障和支持，织密织牢社会保障网。

2. 提升公共卫生和医疗服务水平

健全疾病预防控制体系。推进城乡环境卫生整治和卫生城镇创建，开展健康知识普及，推广文明健康生活习惯。完善公共卫生医疗救治体系。做实基本医疗保险市级统筹，稳步推进省级统筹，探索建立大病补充医疗保险制度和独立险种的长期护理保险制度，加快建设居家社区机构相协调、医养康养相结合的养老服务体系。深化医疗、医保、医药"三医联动"改革，大力发展"互联网+医疗健康"，加强和改进城乡居民个性化全周期健康管理服务，构建优质高效的整合型医疗卫生服务体系。

3. 深化公共服务领域供给侧结构性改革

推进生活性服务业精细化、高品质化，大力发展文化服务、体育服务、健康服务、养老服务四大社会服务业，共享普惠经济；提升发展旅游服务、家政服务、房地产服务三大居民服务业，共享幸福经济。完善文艺精品创作引导和扶持机制，推动基本公共文化服务标准化、均等化，促进文化产业高质量发展，完善文化和旅游融合发展体制机制，完善夜间公共文化服务体系，强化全民健身公共服务。

（六）优化空间布局推动区域协调发展

1. 加快大西安都市圈建设

以西安国家中心城市建设为龙头，优化关中平原城市群规模等级和结构，促进关中平原城市群形成优势互补、竞合有序、协同发展新格局。推动咸阳深度融入大西安都市圈，加快构建特色突出、集约发展、梯度发展、优势互补的区域产业格局。围绕西安国际化大都市进行产业布局，建设世界一流高端芯片产业基地，打造大数据应用产业体系。加快西安工业云、大数据服务平台、西安软件园云计算中心等项目的建设。积极联动"黄河几字湾"区域在装备制造、航空航天、医药健康、新材料、新能源、现代农业等方面开放合作。

2. 构建区域协作长效机制

推进陕北转型持续发展。建设世界一流的绿色、智能、高端能源化工基地。积极发展黄河文化旅游、红色旅游、特色农业等特色产业。推进陕南绿色循环发展。推动陕南三市一体化发展，联手打造汉江生态经济带。统筹推进南水北调水源区、主体功能区、生态文明示范区建设。以循环经济园区为载体，走集聚化、绿色化、创新发展的新型工业之路。以生态优美小镇建设为载体，以产城融合为方式，走城乡统筹发展之路。促进苏陕扶贫协作向多层次、多形式、宽领域、全方位拓展，迈向提质增效的新阶段。

3. 大力实施乡村振兴战略

一是构建现代农业产业体系。构筑特色农产品产业体系，优化粮食结构，打造苹果和猕猴桃两大世界级拳头产品；加快发展现代畜牧业，打造千亿羊乳产业；壮大菜茶产业，积极发展设施蔬菜；高位推动中药产业，推进优质种植、医药生产、中药商贸协同发展。加强农产品地理标志保护，建设无公害、绿色和有机食品生产基地。培育壮大更多农村新产业新业态，推动乡村产业振兴。

二是有序分类推进美丽乡村建设。坚持因地制宜原则，突出"三生"空间与优化融合，依托农产品基地建设，从实施乡村信息化工程建设入手，以农产品加工、农业旅游和农业社会化服务领域为重点，鼓励引导工商资本、新型农业经营主体开展农业产业化经营，大力推进农村"三变"改革。

三是巩固提升脱贫攻坚成果。探索乡村振兴与脱贫攻坚政策衔接推广机制，在乡村振兴政策、项目、资金上优先支持退出村和脱贫人口，打造一批三产融合发展与脱贫振兴一体推进的样板村。建立完善稳定脱贫跟踪监测、动态管理和分类施策机制，确保贫困不反弹，脱贫群众不返贫。

（七）把生态效益转化为经济效益和社会效益

处理好经济发展同生态环境保护的关系，切实把绿色发展理念融入经济社会发展各方面，推进形成绿色发展方式和生活方式，协同推进人民富裕、国家富强、环境美丽。

1. 推动传统优势产业绿色化发展

创新和开发绿色技术，集中力量突破一批支撑绿色产业发展的关键共性技术，通过科技驱动和市场手段促进经济绿色增长转型。建立健全绿色科技创新评估和激励机制，扩大绿色科技的应用范围。制定大力支持再生资源产业发展的相关财政、税收政策及配套政策。设立再生资源产业发展引导基金，扶持培育龙头企业。

2. 构建全域绿色发展体制机制

建立"三线一单"生态空间管制制度，完善生态文明建设目标评价考核机制，将生态文明全面融入经济体系，坚持在发展中保护、在保护中发展，实现经济社会发展与人口、资源、环境相协调。充分发挥环境税收、绿色信贷、绿色债券、排污权交易、自愿减排等制度的作用，加强制度间的优势互补。发展现代农业、生态旅游和林下经济等，实现生态资源资产的保值增值。全面建设绿色陕西，为可持续发展生产力提供生长点，把生态效益转化为经济效益和社会效益。

参考文献

胡和平：《奋力谱写新时代追赶超越新篇章》，《现代企业》2020 年第 7 期。
任继球：《"十四五"产业高质量发展：阶段性判断、风险与战略任务》，《中国发展观察》2019年第10期。

许宪春、张钟文、关会娟：《中国新经济：作用、特征与挑战》，《财贸经济》2020年第1期。

《习近平：着眼长远把握大势开门问策集思广益研究新情况作出新规划》（附讲话全文），《经济管理文摘》2020年第17期。

B.11
鼓励大众创业万众创新,进一步稳定扩大就业问题研究[*]

陕西省社会科学院经济研究所课题组[**]

摘　要： "大众创业、万众创新"提出以来,已成为经济发展新引擎。尤其在常态化疫情防控下,大力推动"双创"对于稳定市场主体、缓解就业压力、保障经济持续健康发展起到关键作用。本研究通过对陕西当前就业形势及"双创"带动就业措施效果的调研,借鉴陕西"双创"带动创业就业的模式及典型案例的经验,最后从四个方面提出了通过"双创"稳定扩大就业的对策建议：发挥多元主体带动作用,增强创业就业活力；打造创业就业重要载体,提升"双创"带动就业能力；加强创新创业金融支持,着力破解融资难题；优化创新创业生态环境,强化"双创"服务保障；帮扶创业就业弱势群体,全面提升就业水平。

关键词： 就业形势　创业就业　创新创业　陕西

"大众创业、万众创新"是2014年9月李克强总理在达沃斯论坛讲话

---

[*] 课题来源：陕西省社会科学基金重大项目（项目编号：2020ZDWT05）阶段性成果。
[**] 课题组组长：裴成荣,陕西省社会科学院经济研究所所长、二级研究员,研究方向为区域经济。
课题组成员：张馨、顾菁、屈晓东、曹林、陈光；执笔：张馨,陕西省社会科学院经济研究所副研究员,研究方向为区域经济与可持续发展；顾菁,陕西省社会科学院经济研究所助理研究员,研究方向为城市经济；屈晓东,陕西省社会科学院经济研究所副研究员,研究方向为公共管理。

中提出来的，在当时中国经济步入新常态，处于"三期叠加"的特定阶段，这一提法能够有效激发民族的创业精神和创新基因，为市场主体释放更大空间，让经济发展获得新动能。之后在国际和国内重大会议上，李克强总理多次提到这一关键词，尤其是在2015年政府工作报告中提出要推动"大众创业、万众创新"，其目标是扩大就业、增加居民收入，并且让人们在创造财富的过程中，更好地实现精神追求和自身价值。"大众创业、万众创新"提出以来，已成为经济发展新引擎。当前我国经济已由高速增长阶段转向高质量发展阶段，要在变局中开新局，必须持续激发内生动力和创新活力。尤其是在常态化疫情防控下，大力推动"双创"对于稳定市场主体、缓解就业压力、保障经济持续健康发展起到关键作用。

新冠肺炎疫情对陕西就业市场带来巨大冲击。2020年7月国务院办公厅出台了《关于提升大众创业万众创新示范基地带动作用，进一步促改革稳就业强动能的实施意见》。为了更好地落实中央有关文件精神，摸清疫情背景下陕西就业现状、"大众创业、万众创新"带动就业的措施效果和存在问题，以及为政府出台稳就业促就业政策提供支撑，受省委省政府委托，陕西省社会科学院经济研究所课题组围绕"鼓励大众创业万众创新，进一步稳定扩大就业问题"进行研究。2020年9~11月，课题组深入西安创业咖啡街区嘉会坊、瞪羚谷创业社区、西安古都放心早餐工程有限公司、西安电子科技大学国家双创示范基地、西安光机所中科创星双创平台等进行实地调研，并组织政府部门和专家进行座谈，在此基础上，形成以下调研报告。

一 陕西就业形势分析

（一）总体就业情况

2020年，受疫情影响，就业形势面临巨大压力，陕西省委省政府统筹推进疫情防控和稳就业保就业各项任务落实。就业作为"六稳""六保"之首，受到各级政府的高度重视，各级政府及相关部门出台多项措施稳定企业发展，促进劳动力市场稳定,增加就业岗位。新冠肺炎疫情发生以来,陕西省政府相继出台了《坚决打赢疫情防控阻击战 促进经济平稳健康发展22条措施》《支持小微企业稳定健康发展12条举措》《实施农民工返岗复工帮扶计划5条措施》《关于对返城复工务工人员提供便利化服务保障的通知》《关于应对新冠肺炎疫情影响强化稳就业举措的通知》等一系列政策,鼓励和支持农民工、高校毕业生和退役军人等重点人群人员返乡入乡创业,以创业带动就业,促进经济发展。为促进高校毕业生就业,陕西省政府出台了《关于实施促进高校毕业生就业创业十大行动的通知》,主要由国有企业就业引领行动、支持民营企业就业行动、基层岗位专项招募行动、事业单位招聘高校毕业生行动、创业促进就业行动等组成。同时,陕西加大"放管服"力度,设立"六保"咨询窗口,开辟绿色通道对接企业需求。多项政策持续发力,力促人民就业。

截至2020年9月底,全省城镇新增就业31.2万人,完成年度目标任务(38万人)的82.11%,城镇新增就业向好趋势凸显。第三季度,陕西劳动参与率和就业人口比分别为64.5%和61.8%,环比分别持平和下降0.1个百分点,同比分别下降1.0个和1.4个百分点。从城镇样本情况看,劳动参与率和就业人口比分别为59.9%和56.7%,环比分别下降0.5个和0.6个百分点,同比分别下降2.5个和7.6个百分点;从农村样本情况看,劳动参与率和就业人口比分别为75.3%和73.7%,环比分别上升1.2个和0.9个百分点,同比分别上升2.5个和2.2百分点。

从三次产业来看,第三季度从事批发零售、交通运输及住宿餐饮等第三产业的就业人口占总就业人口的比重为49.2%;从事制造业、建筑业等第二产业就业人口占22.4%;从事农林牧渔业等第一产业就业人口占28.4%,就业人口产业结构分布呈现"三一二"的排序,第三产业是吸纳就业的主力军。疫情期间,居家网络办公、互联网销售、网络教学、网络配送等依附互联网的新型就业形式展现出巨大优势,成为就业亮点。

(二)高校毕业生就业情况

截至2020年9月,高校毕业生已就业257881人,就业率为77.87%,

较2019届下降11.21个百分点。其中,研究生就业率为87.70%,同比下降2.47个百分点;本科生为75.3%,同比下降15.33个百分点;专科(高职)生为78.56%,同比下降8.45个百分点。通过各项政策性岗位的推进落实,全省高校毕业生就业率可提升约4个百分点。从就业地域分布看,22.09%的毕业生在东部地区就业,同比上升1.59个百分点;70.78%的毕业生在西部地区就业,同比下降2.33个百分点;7.13%的毕业生在中部地区就业,同比上升0.75个百分点。从城乡生源就业率看,城镇生源毕业生就业率为74.20%,农村生源毕业生就业率为78.18%,城镇生源毕业生比农村生源毕业生就业率低3.98个百分点。从男女生就业率来看,男生毕业生就业率为79.53%,比总体就业率高1.66个百分点;女生毕业生就业率为76.26%,比总体就业率低1.61个百分点,两者相差3.27个百分点。

(三)贫困劳动力就业情况

根据扶贫开发信息系统监测,截至2020年8月底,全省已外出务工202.97万人,比上年增加13.75%。其中,省外务工46.41万人,比上年增加11.11%;省内县外务工56.60万人,比上年增加5.52%;县内务工99.97万人,比上年增加20.43%。外出返乡人数累计7473人,其中省外务工返乡3292人,省内县外返乡2055人,县内务工返乡2126人。已再就业7187人,剩余在家286人。截至8月底,全省县级以上各类扶贫龙头企业2794家,带动贫困劳动力47.9万人。目前已开工复工2791家,复工率为99.89%,吸纳劳动力就业15.66万人,其中贫困劳动力5.48万人;共有扶贫车间1653家,开复工1642家,开工率为99.33%,吸纳就业人口5.29万人,其中贫困劳动力1.7万人。

二 疫情背景下,通过"双创"带动就业的措施

面对疫情对就业带来的影响,陕西深入推进"大众创业、万众创新",

通过一系列措施引导鼓励以高校毕业生、农民工、退役军人等为重点的各类青年群体创业创新，从而带动就业。

（一）持续扩大创业服务平台建设规模

鼓励企业、高校建设市场化创业孵化基地。现已累计建成创业孵化基地518个，认定省级创业孵化示范基地（园区）115个，创建国家级创业孵化示范基地5个。实施百县千镇标准化创业中心创建行动，目前已建成县镇两级标准化创业中心732个（县级114个、镇级618个）。

（二）加大资金支持力度

支持科技型中小微企业发展。出台减轻中小微企业负担、优先拨付科研经费、开展网上办理便利化服务等10条"硬核"措施，鼓励各高新区、创新园区基地减免企业税费，减轻企业用水用电等负担，减少入驻企业因抗击疫情延迟复工带来的经济损失，使各类创新创业平台第一时间复工复产。全省超过260家孵化载体制定了针对在孵企业房租减免政策，科技厅给予减免租金补贴556万元。同时，对孵化载体与在孵小微企业运用科技创新券进行扶持，共有79家孵化载体、311家企业获得奖励补贴，累计金额358.43万元。

加大融资贷款支持力度。通过完善贷款政策，搭建线上服务平台，组织开展创贷政策宣传月活动等一系列措施，从"降低企业申请门槛、提高创业担保贷款申请额度、合理分担利息、降低反担保要求、健全奖励补助机制"等5个方面持续加大支持力度。

（三）努力营造浓厚创业氛围

以创业专项活动为引领，营造想创业、敢创业、能创业的社会氛围。组织开展各类创新创业大赛，如第九届中国创新创业大赛（陕西赛区）暨第七届陕西省科技创新创业大赛、中国创新创业大赛军民融合专业赛（陕西）、中国创新挑战赛（陕西）、第四届"中国创翼"创业创新大赛陕西省选拔赛暨第二届陕西"丝路创星"创业创新大赛等，通过大赛项目路演、高新技术展示、政策宣讲等活动，进一步促进人才、技术、资金等与企业深度对接。持续举办"挑战杯""创青春"等青创品牌赛事，激发青年创业热情，以创业促就业。

（四）强化就业服务保障措施

实施陕西省职业技能提升行动（2019~2021年），大规模开展职业技能培训，不断提升就业能力。疫情期间调整培训方式，全面实施"互联网+职业技能培训计划"，开展农民工百日免费线上技能培训行动，将技能培训全面转向线上，补贴标准提高30%。针对妇女群体，各级妇联利用网络和新媒体平台积极推进"农村妇女素质提升计划"，广泛动员妇女参与"居家防疫·网上学技"等活动，开设适合贫困妇女就业的种植养殖、手工编织、家政服务、农家乐旅游、电商营销等技能培训课程，帮助贫困妇女在居家防疫期间通过网络平台学知识、强技能。积极开展线下培训，组织专家、讲师送课送技下乡，举办各类巾帼脱贫妇女技能培训班。实施"三秦巾帼脱贫行动""创业创新巾帼行动"，通过发展手工艺品特色产业帮扶城乡妇女创业就业。

岗位开发推动灵活就业。运用就业资金、财政专项扶贫资金、光伏发电收益等，开发设立公益专岗，如人居环境整治、生态护林、设施管护、看摊护院等岗位，安置无法离家、无合适产业的贫困劳动力上岗就业。村级光伏扶贫电站收益的80%用于公益岗位和支付贫困劳动力劳务费等政策措施，在促进贫困劳动力就业方面发挥了重要作用。大量扶贫公益岗位的开发，在贫困劳动力就业上发挥了托底作用，有效保障了不能及时外出务工、不能离家、暂时没有合适产业的贫困户收入稳定。

加强以高校毕业生为主的青年就业服务工作。实施"陕西省青年见习三年计划"，将见习对象扩展为16~24岁失业青年，见习期限放宽为3~12个月。同时，大力推进"陕西省青年就业启航计划"。搭载"就业援助月""春风行动"等活动平台，开展失业青年就业、创业、培训意愿摸底调查，并给予就业创业服务，拓宽青年就业困难群体就业渠道。

三 稳就业促就业政策落实及成效

(一)加强规划政策引导,夯实稳就业基础

陕西省发展改革委员会牵头出台《关于发展数字经济稳定并扩大就业的实施意见》《关于推动创新创业高质量发展打造"双创"升级版的实施意见》,充分发挥数字经济等新业态和"双创"在扩就业中的重要作用。贯彻国家返乡入乡创业工作部署,从深化"放管服"改革、加大财税政策支持力度、创新金融服务等7个方面研究提出23条工作举措。

(二)顶格落实国家"稳就业""保居民就业"政策措施

陕西省人力资源和社会保障厅积极聚焦各类企业和农民工、高校毕业生、失业人员、退役军人、灵活就业人员等重点群体,细化实施43项"稳就业"政策措施。强化"减、免、缓、返、补"政策到企到人,截至2020年9月底,全省已减免企业社保费179.36亿元。其中,养老保险减免165.4亿元,失业保险减免7.23亿元,工伤保险减免6.73亿元;中小企业为主要受益者,共减免147.62亿元,占82.3%。全省稳岗返还支出39.45亿元,惠及企业3.51万家职工186.01万人。已兑现"点对点"运输转移就业交通补贴2066万元。

(三)多举措做好高校毕业生就业帮扶工作

陕西省教育厅加大在线招聘力度,利用省级就业平台并联合6家专业招聘平台,举办师范类、医学类等专业类网络招聘会。举办各类网络招聘8941场,参加单位7万余家,提供岗位信息342万余个,线上面试100余万人次;全面启动线下招聘,开展百日千万网络招聘、民营企业招聘月、中大城市联合招聘高校毕业生专场活动等,累计举办招聘活动370场,提供岗位91.5万余个,达成就业意向23万余人次。征集就业见习岗位47456个,组织见习人员上岗14242人。

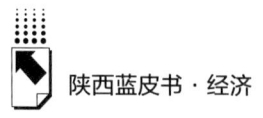

（四）加快重点项目建设吸纳就业

一是抓续建项目开复工。陕西省发展和改革委出台支持重点项目开复工的政策文件，制订复工计划，新开工省级重点项目基本做到了"应开尽开"。二是抓重点项目资金保障。截至2020年8月，累计有79个项目获得贷款1856亿元，基本做到"应放尽放"。三是抓重点项目问题协调。省级多部门共同解决用工缺口问题，基本做到"应保尽保"。

四 当前稳定扩大就业存在的问题

（一）企业吸纳就业能力下降

受疫情影响，市场需求萎缩，多数企业产能减小，无法吸纳更多从业人员，对劳动力市场造成较大影响。疫情对小微企业冲击的影响较大，第三产业的诸多领域仍未恢复到正常水平，制造企业用工规模呈缩减趋势。许多单位继续缩减招聘计划，招聘要求也明显提高，导致毕业生就业难度进一步增大。

（二）人才供需结构性矛盾突出

陕西企业总数和规模增速放缓，高端技术型人才缺口更大，毕业生总量居高不下，并且毕业生留陕就业意愿较为强烈，因此，就业需求很大，而所提供的岗位数量和类型与就业人员不匹配，一些企业提供的劳动条件和薪酬待遇与毕业生就业期望不匹配，导致不就业、慢就业现象增多。

（三）就业信息精准化匹配度不高

目前，陕西省就业平台信息化建设滞后，导致信息渠道传递不对称、人岗匹配度不精准、专业化结构性矛盾进一步突出。亟须具有专业化、市场化、品牌化的大数据就业平台提供专业化的服务和支撑，化解就业信息匹配度不高的问题。

（四）市场化的结合力度不够

利用社会就业平台进行资源整合较为缺乏，借助市场资源扩大宣传就业创业政策较为薄弱，提供专业化水准的人才供需服务有待进一步加强。引导大学生和青年农民工转变思维，改变就业模式，就近就地就业创业，进一步引导青年实现多渠道就业，都需要重点加强。

（五）创业平台缺乏统一管理

陕西众创空间归属管理部门较多，多头管理造成政策落实不到位，众创空间的整体情况不明晰，应设立专门部门统一管理。一些企业运营的众创空间对创业者收取的租金相较于政府主导的众创空间过高，增加了创业成本，由于运营商自身利益所在，一些优惠政策和补贴不能切实为创业者所用。

五 "双创"带动创业就业的模式

（一）传统平台

1. 地摊

在疫情影响下，"地摊经济"已成为经济复苏的新动力，一方面拉动就业人数上升，另一方面带动消费。2020年5月，陕西省政府发布了《陕西省人民政府办公厅关于印发促进市场消费积极应对新冠肺炎疫情影响若干措施的通知》。其中，第18条明确指出"疫情期间，城市管理坚持柔性执法，在不影响人行通道、确保安全的情况下，允许城区临街店铺出店经营，允许大型商场适度占道促销，允许在居民居住集中区开辟临时摊点摊区，允许流动商贩在一定时间和区域占道经营"。这为陕西活跃经济、创造就业提供了保障。

2. 电商

农村电商的快速发展，催生了农村经济的新模式新业态，带动了贫困群众脱贫,已成为推动农村农业发展的新引擎、促进农民创业增收的新亮点。陕西以电子商务进农村综合示范项目为承载,推进电子商务在贫困地区的应用发展,不断引导电商服务资源向贫困地区聚集,促进政府和龙头企业共同发力,加大区域特色产品的整合和品牌的共推共享,扩大农产品网销规模,提高知名度,助力贫困地区农产品上网销售,推动农业产业化发展。精准聚焦贫困村和贫困户,促成了千余名贫困人口通过电商创业、数百家电商企业带动大批贫困户增加收入。

(二)高端平台

1. 众创载体

(1)众创载体特点

众创载体主要有众创空间和孵化器两种模式。众创空间是旨在满足互联网时代创业者需求,降低创业成本,汇聚创业资源,专业服务小微创业项目的预孵化基地。众创空间引入"咖啡馆创业"概念,除提供办公空间外,还配备"face-to-face"咖啡交流区、会议空间等,同时引进众多投资机构和其他科技中介服务机构,通过网络和线下各种活动,促使创业项目和资金、市场、人才等要素实现密切对接。打造创业者和众多科技中介服务机构资源对接的科技创业交流服务平台,促进创业项目和科技中介机构实现双赢。孵化器是指通过一个集中的空间,能够在企业创办初期举步维艰时,提供资金、管理等多种便利,进而降低创业者的创业风险和创业成本,提高创业成功率,促进科技成果转化。对高新技术成果、科技型企业和创业企业进行孵化,以推动合作和交流,使企业"做大"。众创载体的目的是建立以创业者为中心,在众多要素如政策、金融、中介、科研、教育、基础设施等的复杂交互作用下,彼此依存、相互影响、共同发展的生态系统。

(2)众创空间运营商类型

众创空间运营商类型可分为三类。一是知名企业合作,运营企业为知名品牌企业,由当地相关人员组成,合作方式是政府提供免费场地,并支付一定的运营费或以购买知名企业某种产品或服务的形式支出,运营企业对入驻企业收取一定的管理费，政府仅要求企业完成诸如路演、入驻企业数等指标。如浐灞、高新、莲湖颐高集团运营的众创空间基地，京东直属企业运营的莲湖众创基地。二是房地产商转型，运营商通过这种模式出租空置的空间，合作方式是政府提供一定的运营费用和一定的发展资金，运营企业对入驻企业收取一定的管理费或房租，政府仅要求企业完成诸如路演、入驻企业数等指标。如西安倍格硅巷、蔚蓝丝路众创空间。三是培训机构转型，运营商租赁空间，通过扩大规模吸引企业入驻。

（3）典型案例

西安创业咖啡街区聚集了各类创新创业要素，形成了以咖啡元素为载体，聚合智能硬件、"互联网+"、生物医健、文化创意四大产业，整合政务、科技金融、专业服务等各类资源，建立了一站式创业公共服务平台，为初创团队和创业者提供投融资、导师、品牌策划、产业链、市场推广等多种形式的创业服务。

西安创业咖啡街区形成了以下特色。

一是双创环境提升。"硬环境"和"软环境"建设双管齐下，不断拉长西安高新区创新资源长度。通过楼宇和旧厂房改造、自持物业功能更改、新载体建设等方式，开放了立体停车楼、多功能会演中心等一批高标准高规格的创新创业载体；借助各类双创载体资源及自建的一站式创业公共服务平台，为团队提供个性化免费办公空间，举办创业分享、路演、培训、沙龙等丰富活动。坚持开放包容的生态，不断吸引全球双创资源和创业人才，持续举办各类国际化活动，营造国际一流营商环境，打造国际化城市品质。

二是双创生态建设。在国家"双创"政策和"一带一路"倡议下，西安高新区积极响应国家创新创业政策导向，完善街区创新创业服务的顶层设计，在街区内构建政府、"双创"服务机构和创业者良性互动的创业生态系统，加快与沿线国家和城市合作，引进中美青年创客中心等平台，集聚链接一批"双创"要素资源。同时，在新一轮产业革命趋势下，街区重点围绕新技术、新产业、新业态、新模式的"四新"经济构建现代经济体系，创业经济、数字经济发展强劲，为"双创"生态高质量发展提供了新动能。

三是政策服务保障。西安高新区为支持西安创业咖啡街区发展，制定了全体系全链条覆盖的优惠政策，从吸引国内外知名孵化器公司入驻、拓展创新创业空间、促进孵化能力提升、完善创业投融资服务体系、支持公共技术服务平台建设与运营、支持龙头企业引领创新创业、提供高层次人才生活补贴、支持创新创业活动、"特殊"贡献以"一企一策"的方式等九个方面对西安创新咖啡街区产业招商出台专项政策。更新服务模式，设立了西安高新区综合服务大厅·创业咖啡街区服务站，为创业者就近办理工商、税务以及社保等政务事项提供一站式服务。

2. 高校

（1）推动"双创"举措

高校是我国创新人才最为聚集、创新氛围最为浓郁、创新力量最为雄厚的场所，开展"双创"工作可从三个方面推进。一是深化创新创业教育改革。2015年5月，国务院下发了《国务院办公厅关于深化高等学校创新创业教育改革的实施意见》，将高校创新创业教育改革的总体目标分为三个阶段，明确了高校创新创业教育改革的9项任务和措施，包括完善人才培养质量标准、创新人才培养机制、健全创新创业教育课程体系等。通过设置创新创业教育课程、设立创新创业奖学金、配齐配强创新创业教育专职教师，为大学生"双创"储备知识技能、指引方向。二是建设创新创业基地。学校提供创新创业服务平台，解决创业的资金、手续、场地、顾问等重要问题，通过实践来培养学生的创新精神和创业能力，学生的创意得以实现，创业成功可以创造效益、带动母校学子就业。三是参与双创大赛共享经验。以创新创业大赛为代表的一系列"双创"活动，能够搭建大学生创新创业项目与投资机构和企业对接平台，展示高校创新创业教育成果，激发学生创新创业热情，培养创新创业意识，推动创新成果转化。如中国"互联网+"大学生创新创业大赛、"挑战杯"大学生创业计划竞赛、"创青春"全国大学生创业大赛等全国性双创大赛，以创新引领创业、创业带动就业，推动高校毕业生更高质量创业就业。

(2) 典型案例

西安电子科技大学国家双创示范基地是 2017 年由国务院认定的第二批国家双创示范基地，是电子信息领域唯一入选高校，同时也是西北地区唯一入选高校。基地紧扣创新人才培养和科技成果转化，发挥学校的信息技术学科优势和军工信息科技特色，积极构建"全面教育、全链条科研、全要素评价、全程服务"的双创"四全模式"机制，形成创新创业人才培养和科技成果转化的新机制和新制度。

在"双创"教育方面，将创新创业教育融入人才培养全过程，打造了创新创业课程体系和优质资源；推进教育教学方法改革、考核评价方式改革。西电在国内率先系统性地开展了电子信息类大学生"技术创新者"的创业教育理论研究，首创了"六要素三结合一循环"的创新创业教育新模式。开办创新实验班和创业种子班，开启创新创业人才特色培养模式。通过以"星火杯"为龙头的大学生创新创业竞赛平台，实现了专业教育与创新创业教育的有机结合，推动创新创业教育对大学生学业生涯的"全融入、全覆盖"。实施科教融合联合培养政策，构建"一带一路"国际化双创教育联盟，建立双创信息资源共享机制。

在"双创"平台建设方面，搭建创新创业实践训练和活动平台，营造校园创新创业文化，营造产学研用育人氛围。建设校园三级众创空间，以大学生活动中心"创业苗圃"为主阵地，形成"1+N"的创新创业共同体。打造陕西省高等学校创新创业研究与培训基地，邀请校外创新创业导师、企业家、投资人、"互联网+"大赛评委等专家开办创新创业师资培训班。建立"创新创业智能化管理平台"，将学校场地资源、资金资源、导师资源和社会资源面向全校师生开放共享。学校给创新创业提供强力保障，打造"全程服务"举措，解决创业条件、资金、市场等问题。通过"创意—创新—预孵化—孵化—创业"全链条指导服务体系，针对有创业意向和正在创业的教师和学生，实行全方位帮扶、全程指导，构建创业公共服务平台。通过"建机制、搭平台、促转化、育人才"，打造创新创业生态链，把学校的人才、科技优势转化为产业、经济优势，助力国家创新驱动战略和经济转型升级。完善供需互促的军民融合协同创新机制,建立双创示范基地协同机制。

疫情期间,西安电子科技大学全面利用"云"服务,减弱疫情对毕业生就业造成的影响,搭建并完善了调研统计、线上招聘、指导咨询三个平台,推进用人单位和毕业生精准对接、线上招聘、线上就业指导服务和困难群体毕业生就业帮扶等四项重点工作。积极开展"云双创"教育和实践,持续推进"双创"项目。创业导师走上云课堂,和学生深度交流,打造在线协作平台、AI双创平台,助力创业项目研发和实践,推出创业项目"云路演",搭建创业指导"新桥梁"。

3. 科研院所

(1) 科技创新模式

通过协同创新链集成,有效调动"政产研学用金介"各个创新主体,优化技术、人才、资本、信息等创新资源配置,推动科技研发、科技转化、科技产业化环节顺利衔接,实现了科技成果的成功转化。以技术为核心,建立"孵化器",构建创业生态培育企业,成熟后"择机退出",形成院所与培育企业产权松散联系的组织模式。

产学研一体化协同创新:以所企共建和产业反哺推动学科体系建设,以产业集群化推动企业发展壮大,促进完成系统内纵向科研任务与服务地方经济的有机统一。树立科研成果能够产业化才是科研成果转化成功的真正标志,通过院所引导资金培育创业企业以及技术入股、市场融资、金融贷款等多种形式,拓宽融资渠道,为企业发展积聚力量。

人才管理与企业文化塑造:创新科技人才评价管理体系,先试先行容错试错,塑造新型院所文化。以求才机制吸引高端人才,以育才、识才、用才、奖才机制培养急需人才,以科技人员持股等形式,激发人才创新主动性。

科技成果收益分配制度改革:探索科技成果处置与收益、利益分配的新机制。将无形资产分配给技术人员的体制机制创新,在使国有资产保值增值的同时又破解了"资本金"先天不足的难题,兼顾"国家、集体、个人"三者利益关系。

(2) 典型案例

西安中科创星科技孵化器有限公司（简称"中科创星"）是由中国科学院西安光学精密机械研究所通过西安中科光机投资控股有限公司发起设立的国内首个专注于硬科技创业投资与孵化的专业平台。

中科创星作为全链条孵化载体，为硬科技创业者提供专业、深度、全面的投资、孵化及融资解决方案，助力科技成果产业化，推动科学与社会深度融合。中科创星科技孵化器主要通过三类服务模式帮助创业企业孵化成长。一是基金服务，依托光机所的创新优势，吸纳其他社会资本共同发起设立了硬科技基金，总规模达53亿元，专注于硬科技领域中具有高成长潜力项目的投资孵化，通过发掘和培养科技创业领军人才，孵化科技创业企业，推动科技成果产业化。二是投资业务，中科创星围绕光电芯片及光学领域、人工智能及新一代信息技术、生物医疗、先进制造、商业航天等重点投资领域，主要投向具有成长潜力、拥有自主创新能力的初创期、早期科技型中小企业，通过发掘和培养科技创业领军人才，孵化科技创业企业，使高新技术从"实验室"走出来，使科研成果得到市场的验证，实现科研院所科技资源优势与社会资本的深度结合。三是孵化服务，旨在为科技型初创企业提供有价值、有温度、被认可的孵化服务，从财务咨询、人力资源、创业培训、品牌宣传、管理咨询、政策咨询等方面着手，为企业解决在创业过程中遇到的各种经营管理问题，以中小科技企业需求为导向，了解"科学家"的产业化转型需求，通过综合服务提升初创型科技企业竞争力，为引导"科学家"跨界为"企业家"赋能。

六 政策建议

（一）发挥多元主体带动作用，增强创业就业活力

1. 充分发挥各级政府的引导作用

明确双创"主攻部队"。顺应新时代新经济新业态特征，针对不同群体

出台促就业政策，组织专场招聘会，持续壮大科研人员、海外归来人才、大学生、返乡农民等"新四军"。明晰双创"主攻方向"。准确把握新一轮科技革命和产业变革的发展趋势，以硬科技产业为方向，积极引导各方力量聚焦，形成创业良好环境氛围，带动高科技人才集聚。加快落实前期系列任务部署和政策措施，实施动态包容审慎监管，持续推进商事制度、市场准入制度改革，拓宽创业投资退出渠道。推动在科研院所、高校、企业开发科研助理岗位，缓解毕业生就业压力。

2. 提升高校学生创新创业能力

完善高校创新创业教育体系，提高创业教育的实效性。支持高校开设创新创业教育优质课程，让创新创业课程成为高校大学生必修课程，加强大学生创新创业意识启蒙。通过多种方式和途径增强创新创业师资力量，引进或培养专业知识与创业经验兼具的创业导师，推动高校示范基地和企业示范基地深度合作，建立创业导师共享机制。加强创业就业问题的课题研究，设立专项课题，将创业创新相关理论问题列入社科联项目、软科学或者省社科基金等专项指南中，全面开展创新创业研究专项课题的立项工作，推进创新创业理论研究，从理论层面进行就业指导，支撑学校创新创业工作。建立大学生创新创业服务中心，营造创新创业实践环境。为大学生创新创业提供政策和法律咨询，组织学生参与各类创新创业大赛，积极搭建大学生创新创业项目与社会资源对接的平台，形成创业良好氛围。高校通过搭建校友经济平台，持续推动校友企业家帮扶大学生创业和就业。

3. 加大返乡入乡创业人员支持力度

完善支持返乡入乡创业的引人育人留人政策，给予创业补贴、创业担保贷款贴息和培训补贴。加大对乡村创业就业人员的培训力度，通过线上培训和线下培训双通道，强化创业技能，培育一批能工巧匠型创业带头人。发挥互联网平台企业带动作用，引导社会资本和大学生创客、返乡能人等入乡开展"互联网+乡村旅游"、农村电商等创业项目。在产业培育、中小微企业发展、"三农"服务上加大扶持力度，在税费减免、子女就学等方面出台积极政策，鼓励外出务工农民返乡创业就业，促进农村剩余劳动力就地创业就业。同时，对有意创业的返乡农民，实行"一站式"服务办证，简化创业审批程序，为其提供便捷、优质的服务。对返乡创业失败后就业和生活遇到困难的人员，及时提供就业服务、就业援助和社会救助。

4. 发挥大企业创业就业带动作用

支持大企业与地方政府、高校共建创业孵化园区，鼓励有条件的双创示范基地开展产教融合型企业建设试点。加强高校和企业合作，依托企业共建人才培养基地、实习实践基地，充分释放岗位需求，支持将具备持续创新能力和发展潜力的高校毕业生创业团队纳入企业示范基地人才储备和合作计划，通过职业微展示、创业合伙人招募等新方式，拓宽创业带动就业的渠道。发展"互联网平台＋创业单元""大企业＋创业单元"等模式，发挥大企业专业能力强、终端客户多、网络渠道健全等优势，为创业机构和服务人员提供专业技术支撑，降低创业门槛，加速规范化发展。

（二）打造创业就业重要载体，提升"双创"带动就业能力

1. 做大科技创新平台

鼓励以光机所、有色院为代表的科研院所平台化发展，建立科技创新联盟、开放实验室、科技资源共享服务平台，在创新创业集中领域建设大中小企业协同发展创新创业支撑平台，加快建设网络化服务平台等新型协同创新平台。搭建成果转化平台，畅通渠道，健全科技资源开放共享机制，鼓励科研人员开展技术开发、技术咨询、技术培训等，实现科技创新与企业创新创业深度融合。

2. 做强创业孵化平台

以陕西省内 4 家国家双创示范基地为引领，各类专业孵化器、众创空间差异化协同发展。随着越来越多的孵化载体聚集、活跃在平台上，越来越多的创新创业资源和要素不断聚集，企业频繁地交流和合作，需要构建具有资源整合优势的孵化网络体系，促进孵化器资源流动共享，大幅提升服务的层次、效率等。政府部门成立专门的众创空间管理机构，打造创新创业平台体

系，统一进行孵化资源配置和高效利用，形成海内外人才加速汇聚的"虹吸效应"。提高扶持政策落实的实效性，加强扶持资金对入孵企业的精准支持，以便使入孵企业快速发展壮大，真正起到领头羊的作用，更好地实现创业带动就业，提高就业质量。

3. 做优公共服务平台

构建深度聚焦的产业资源平台，从创新链、产业链、资本链三个维度为创业项目提供创新需求、技术指导、资本支撑，用"以大带小"的产业化创新模式全方位帮助创新创业企业。政府开放数据共享，构建"互联网+创新创业公共服务平台"，集聚创新创业资源，为初创企业及中小微企业提供创业培训、研发众包、市场营销、会计财务、法律顾问、现代物流、检测检验等专业化优质服务。大力支持大学生、青年的科技成果转化和创新创业，组织开展创业指导进校园、进社区活动。组织技能人才专场招聘会，打造以省内重点高校为主的大型招聘平台，深入精准对接就业资源。强化打造公共实训服务平台，提升就业人员技能素质。

（三）加强创新创业金融支持，着力破解融资难题

1. 拓宽融资渠道

探索建立统一的创新创业发展专项资金，将创业资金列入地方各级政府年度财政预算，用于支持孵化基地、创业基地、人员培训等支出。建立金融部门协调联动机制，打造金融信息交流平台，加强部间的信息共享，探索投贷联动体系，为处于不同成长阶段的创业企业提供差异化投融资服务。建立和完善创业投资引导基金，通过市场化招募合作基金管理公司和优质社会资金，以子基金股权投资方式投向种子期、成长期等早中期的创业企业和成长型中小创业企业，推动各类创业主体加快发展。

2. 优化政府创业扶持资金

完善财政资金补贴创业的方式手段，更好地发挥政府引导资金的示范和撬动作用。对于创新创业评估为优秀的小微企业，财政进行二次贷款全额贴息。对于能吸纳大学生就业的科技型小微企业，应加大金融支持力度，也可

以按照吸纳就业毕业生的人数来决定贷款贴息额度。对入驻众创空间的初创企业，符合条件的按规定给予租金补贴。

（四）优化创新创业生态环境，强化"双创"服务保障

1. 优化政务服务环境

对现有行政职能再梳理、再精简、再转变，最大限度地降低创业门槛。优化创新创业营商环境，为创业企业开通绿色通道，推进政务服务"秒批"清单，实现企业开办全程"零见面"、0.5天办结。深入推进"减费降税"，实行差别化税收优惠政策。建设"创业苗圃＋孵化器＋加速器"的全链条式孵化体系，提供一站式特色孵化、金融服务，降低创新创业者的成本和风险。成立相应工作领导小组，制定责任清单，推动财税金融支持"双创"优惠政策切实落地。

2. 优化知识产权环境

建设有利于科技成果实现商业价值的知识产权保护和转化环境，探索知识产权综合行政管理机制，构建国际化的知识产权服务体系。建立知识产权互联网和移动互联网联网查询平台，加快知识产权向服务市场化、社会化和专业化发展，使创新者的合法权益得到有力保护。完善以增加知识价值为导向的分配政策，深化薪酬制度、科技奖励制度等改革，通过无形资产入股和量化分配的体制机制创新，激励科技、产业和管理人员的创造力。

3. 优化文化服务环境

积极推行众创社区建设，建立社区型众创空间，聚集并实现人才、平台、成果、技术等优势资源"落地"，形成规模效应。建设创新创业展览展示空间、创新展示载体，拓宽创新交流展示空间。举办各级各类双创比赛、培训、论坛等活动，加强典型宣传和舆论引导，利用各类媒体宣传创新文化和典型人物、成功事例，为"大众创业、万众创新"营造优良的社会文化环境。

（五）帮扶创业就业弱势群体，全面提升就业水平

1. 加强政策宣传推广

以电视、广播、网络、宣传册（栏）等为载体，大力宣传促进妇女创业就业的新政策，帮助农村留守妇女树立追求理想、服务社会、实现自我价值的新观念，努力营造"妇女创业"的良好氛围。成立农村留守妇女互助组织，互助农活，互学养殖，互带就业，增强自立自强、创业致富的信心。鼓励农村留守妇女参加农村经济专业合作组织，鼓励女能手牵头组建专业经济合作组织，推进农业产业化经营，带动农业发展，实现富民强村。

2. 提升就业培训服务质量

一是培训内容突出"实"。一方面，以农村妇女之家为依托，充分整合教育、农业、劳动、人事等部门的教育资源，形成文化教育、实用技术、职称评定三个梯次的农村妇女教育培训体系，为广大农村妇女提供方便适用的学习机会。另一方面，在创业就业项目上，要因地制宜发展符合女性特点的副业生产，如畜牧养殖、瓜果蔬菜种植、手工编织等。二是培训方式突出"新"。采用"妇联+合作组织+留守妇女"的模式，在宣传和引导下，鼓励留守妇女报名参与培训，妇联负责组织协调，通过专业合作社带动，留守妇女在培训中掌握技能并根据市场需求生产产品，合作社或专业经济组织负责后期销售。三是后期服务突出"优"。实施培训与创业就业跟踪服务管理，启动培训与提供小额贷款相配套的激励措施，建立留守妇女劳动力创业就业信息网络，形成"市场引导培训，培训促进创业，创业带动就业"的管理服务机制。

3. 搭建创业就业服务平台

一是加强对口部门扶持合力，设立留守妇女创业就业管理服务平台，在创业培训、小额担保贷款、巾帼创业、心理辅导、健康指导、家庭教育等方面为留守妇女提供服务。司法部门提供法律援助服务，维护留守妇女创业就业过程中的合法权益。二是从扶贫政策中寻求留守妇女创业就业的契合点。结合本地实际着力培育打造特色产业基地，农村留守妇女可依托这些基地，

积极主动对接项目，进行创业就业。三是成立留守妇女创业就业示范基地。依托农村留守妇女定向小额扶持资金协会等载体，建设农村留守妇女创业就业基地；以陕西省女企业家协会为平台，引导女企业家与留守妇女开展结对帮扶等活动，对亟须帮扶的留守妇女给予项目、技术或资金扶持。

参考文献

瞿晓理：《"大众创业、万众创新"时代背景下我国创新创业人才政策分析》，《科技管理研究》2016年第17期。

邱灵、韩祺、姜江：《我国创新创业发展形势及建议》，《宏观经济管理》2018年第5期。

熊小刚：《政策工具视角下中国"双创"政策内容分析及优化建议》，《软科学》2018年第12期。

范云鹏：《创新政策对大众创业万众创新影响的实证分析——以山西省为例》，《经济问题》2016年第9期。

温美荣：《政府推进大众创业万众创新的政策效果评估与提升对策——基于H省的调研分析》，《理论探讨》2018年第4期。

B.12
关于加强陕西省企业家队伍建设的调研报告

薛健 张贵凯 叶珊珊 董青峰 关鸿亮*

摘　要： 加强企业家队伍建设已成为新形势下我国经济转型、实现高质量发展的重要途径，也是实现陕西"追赶超越"目标、落实"五新"战略部署的重要途径。但陕西省企业家队伍还存在队伍结构不合理、创新创业活力不足、企业家外流现象严重、企业家社会地位有待提高等问题。本文在调研的基础上提出，可以采取加强企业家权益保护、优化企业家健康成长环境、发挥优秀企业家作用、营造有利于企业家健康成长的社会氛围、做好对企业家的服务、加快培育壮大企业家队伍等途径，营造企业家健康成长环境，壮大陕西省企业家队伍。

关键词： 企业家　健康成长环境　陕西

2017年9月8日，中央印发了《关于营造企业家健康成长环境弘扬优秀企业家精神更好发挥企业家作用的意见》，首次以文件形式明确企业家地位和作用，为企业家融入实现中国梦的伟大进程指明了方向。十九大报告进一步指出："激发和保护企业家精神，鼓励更多社会主体投身创新创业。"

---

* 薛健，陕西省发展和改革研究中心主任、研究员；张贵凯，陕西省公共资源交易中心综合处处长、研究员；叶珊珊，陕西省发展和改革研究中心副研究员；董青峰，陕西省发展和改革研究中心副主任；关鸿亮，陕西省发展和改革研究中心副研究员。

壮大企业家队伍，弘扬优秀企业家精神，发挥企业家作用已成为新形势下我国经济转型、实现高质量发展的重要途径，也是实现陕西"追赶超越"目标、落实"五新"战略部署的重要途径。

一 陕西企业家队伍建设存在问题分析

历史上秦商曾居显赫地位。秦汉时期，秦商以独立自由商人姿态登上经济舞台；唐代，秦商以"帝国商人"的身份傲视天下；明清时期，秦商团体形成了名震全国的商业资本集团，被尊为"西秦大贾"，同时也造就了厚道、诚实、耿直的秦商精神。改革开放以来，陕西企业家队伍得到快速发展，但与发达地区相比仍相对落后。经过调研，我们总结出陕西企业家队伍和成长环境存在以下特征及问题。

（一）企业家队伍的现状和存在问题

1. 企业家队伍不断壮大，但著名企业家较少

改革开放以来，陕西省企业家队伍不断壮大，为支持陕西省经济增长、加快经济结构调整、转变经济增长方式、做大做强优势产业打下了良好的基础。2017年陕西省企业法人单位为33.37万家，比2008年增加24.57万家，增长179.2%。但突出的问题是大企业不多，市场竞争中迅速成长的优秀企业家太少，2017年全国500强企业，陕西仅有7家，且排名也靠后（见表1）。以工业企业为例，2017年陕西省规模以上工业企业数为6208家，其中大型企业172家，中型企业699家，占比只有2.8%和11.3%。民营企业更是以小微企业为主，市场竞争力强、辐射面广、带动性强的大型企业较少。2018年陕西省进入中国民营企业500强的民企也只有5家，不仅与发达省份浙江（93家）、江苏（86家）存在相当大差距，甚至与内蒙古（7家）、四川（8家）、重庆（14家）也存在一定差距。5家入围企业排名分别为第35、44、235、420、473名，除隆基绿能新进入外，其余四家分别比上年后退7、6、2、84位。

表1 "2017年中国企业500强"陕西企业榜单

单位：万元

名次	企业名称	营业收入
64	陕西延长石油(集团)有限责任公司	23529219
74	陕西煤业化工集团有限责任公司	21209513
128	陕西有色金属控股集团有限责任公司	12412110
161	东岭集团股份有限公司	9640568
190	西安迈科金属国际集团有限公司	7917063
197	陕西建工集团有限公司	7610219
387	陕西汽车控股集团有限公司	3681227

2. 企业核心竞争力不足，企业家队伍结构不合理

从国民经济行业分布来看，2016年陕西省二、三产业企业法人单位主要集中于批发零售业，共有企业9.78万家，占全部企业法人单位的34.1%；其次是制造业4.1万家，占全部企业法人单位的14.3%，其中重化工企业占了半壁江山，陕西省企业家队伍中缺少高学历、科创型的企业家。陕西具有核心技术和竞争力的企业较少，与全国科教强省的地位极不匹配。虽然新生代企业家队伍在不断成长，但仍然不是企业家队伍的主体。我国大力实施"双创"战略以来，激发了许多科技人才创新热情，创造了大量的科技专利和知识产权等成果，但陕西省科技成果的本地转化率偏低，甚至出现过70%的科研技术被外省买走的现象，而本土产生的科技型企业家非常少。

3. 受"城墙思维"限制，企业家精神彰显不足

受悠久历史和厚重文化的影响，历史上的秦商形成了忠厚、诚实、不尚空言的品格。但近现代以来，随着经济社会的发展，深处西部内陆的陕西民众习惯小富即安、墨守成规的生活，思想观念相对保守，这也造成了久居"城墙之内"的陕西企业家思想不够解放，不太善于宣传，受制于"城墙思维"的局限而缺乏"敢为天下先"的闯劲、勇于创新的锐气和争创一流的气魄。企业在发展过程中，存在缺少战略格局、品牌意识不强、法人治理结构不完善、团队素质较差等现象。

4. 创新创业活力不足，市场融资等新方式应用不广泛

陕西企业家经营方式仍较传统，涉足生产性服务业、互联网经济等新型业态比重不高，全省几乎没有一家在全国有知名度、有影响力的网络营销平台。全省2016年企业研发投入占全社会R&D经费比重低于全国31.8个百分点，主板和新三板上市公司占全国比重均为1.5%左右，资产证券化低于全国平均水平35个百分点，国有资产证券化不足20%，混合所有制改革相对缓慢。截至2017年8月，全省共有上市公司46家，仅占全国的1.38%，排全国第18位，低于重庆、天津，甚至新疆，仅为四川的40%多一点。

5. 专注品质的工匠精神不足，品牌知名度较低

20世纪80年代，陕西省曾出现了"黄河"彩电、"蝴蝶"手表、"华山"照相机、"骆驼"搪瓷、"标准"缝纫机、"太阳"锅巴等全国知名品牌，随着市场经济浪潮的涌起，这些曾经红极一时的品牌也基本消亡。如今，陕西省企业知名品牌非常少，"2017中国品牌100强"陕西无一家上榜，我国第一批434个"中华老字号"品牌名录中，陕西只有8个。很多陕西品牌产品长期以来只是"墙内开花墙内香"，例如，"银桥"乳品和"西凤酒"在本地享有不错的市场占有率，但外地市场基本难寻踪迹。

（二）企业家成长环境现状及存在的问题

1. 全社会营商环境亟须优化，企业家外流现象严重

近年来，陕西省不断采取措施改善企业发展环境，取得一定成效，但依然存在企业家创业发展环境不优、对企业家服务不到位等问题。对照世界银行营商环境报告确立的核心评价指标，陕西省在开办企业、办理施工许可、接入水电气暖、办理不动产登记、跨境贸易和投资便利化、降成本等方面依然与发达地区存在较大差距。营商环境问题不但导致陕西省企业不能做大做强、企业家不能健康成长，也会对陕西省民营经济发展产生消极负面的影响。一部分企业家在带领企业发展壮大后就离开陕西去其他地方发展，从而

导致企业家和资本外流的问题越发严重。

2. 尊商重商社会氛围不足，企业家社会地位有待提高

企业家是经济活动的重要主体，是市场经济中的特殊人才，但企业家的地位和全社会认可度依然偏低，企业家创造的财富和收获的尊重依然失衡。目前陕西省"官本位"思想依旧普遍存在，多数企业家认为全社会还未形成尊重企业家、爱护企业家的社会氛围，企业家的财产权、创新权、自主经营权等合法权益的保护也不尽如人意，企业家的诉求难以得到支持和有效解决。营造尊商重商的社会氛围，像尊重科学家一样尊重企业家，切实提高企业家的认可度和社会地位，在陕西省显得尤其重要。

二 营造企业家健康成长环境，加强陕西企业家队伍建设的路径

（一）要着力加强企业家的权益保护

1. 依法保护企业家财产权

全面落实《中共中央、国务院关于完善产权保护制度依法保护产权的意见》，依法妥善解决历史遗留问题，及时甄别纠正社会反映强烈的产权、知识产权纠纷申诉案件。对于因政府规划调整、政策变化造成企业家合法权益受损的，依法依规给予公平合理补偿。

2. 依法保护企业家创新权益

推进知识产权交易运营平台建设。引导专业技术服务机构和技术中介组织依法开展专利运营和技术转移转化服务。进一步完善科技大市场，支持各类技术成果发布信息、推介展示，打造专业化、市场化、规范化、规模化的技术成果交易市场。支持企业家利用专利、商标、版权、商业秘密等知识产权形式保护创新成果，加大对知识产权侵权等行为的惩治力度，强化行政执法。

3. 依法保护企业家自主经营权

企业家依法进行自主经营活动,各级政府、部门及其工作人员不得随意干预。依法清理和规范企业办理各类行政许可事项中须由中介机构出具的要件,加强对中介机构提供行政许可要件的规范管理和评价考核。各部门尽快出台涉企收费清单和监督检查清单,不在清单范围的收费、检查一律不合法,一经举报将查处追究责任人的责任。规范出台达标评比活动清单,依法保障企业自主加入和退出行业协会商会的权利。

(二)进一步优化企业家健康成长的良好环境

1. 切实改善企业家融资环境

探索建立创业保险、担保和风险分担制度,为企业家创业创新提供资金支持。加大财政对小微企业创业创新基地、企业孵化器的支持力度。以企业和企业家信用为抓手,扩展银企互动途径,为企业获得资金提供支持。开展纳税信用评价结果的增值运用,推进"银税互动",促进小微企业融资的可获得性。出台支持奖励政策,鼓励企业通过市场直接融资,及早着手清理,防范化解金融风险,加快资金流转速度,降低企业融资成本。

2. 努力提高市场监管能力和水平

落实监管清单制度,进一步明确和规范监管的事项、依据、主体、权限、内容、方法、程序和处罚措施,提高监管的公平性、规范性和简约性。全面实施"双随机、一公开"监管,推进综合监管,重点在食品药品安全、工商质监、公共卫生、安全生产、文化旅游、资源环境等领域推进综合执法,消除多头执法,提高综合执法效率,减轻企业负担。

(三)注重发挥好优秀企业家作用

1. 激发企业家创新创造活力

陕西省科研机构多、大专院校多,但要清醒认识到企业才是创新的主体,无论是产品创新、技术创新、管理创新还是制度创新和商业模式创新,创新的主体都应该是企业,特别是企业家。以市场为导向,以企业为主体,鼓励企业家持续推进产品创新、技术创新、管理创新、制度创新和商业模式创新。建立健全创业辅导制度，支持发展创客学院，培养青年企业家。支持和鼓励事业单位专业技术人员，带着科研项目和成果离岗创办科技型企业或到企业开展创新工作。

2. 强化质量意识、"工匠"精神

强化企业家"以质取胜"的战略意识，加强企业质量管理，立志于"百年老店"持久经营与传承，把产品和服务做精做细。推广具有核心竞争力的企业品牌，扶持具有优秀品牌的骨干企业做强做优，树立具有一流质量标准和品牌价值的样板企业。

3. 鼓励企业家干事担当

引导企业家为防范化解金融风险、精准脱贫、防污治霾贡献力量。引导企业家积极投身供给侧结构性改革，在落实"五新"战略、补齐发展短板中发挥积极作用。引导企业家积极投身"一带一路"建设、军民深度融合、乡村振兴等重大战略。

4. 弘扬遵纪守法奉献社会的精神

科学界定企业家的社会责任。激发企业家致富思源的情怀，引导企业家为家乡脱贫攻坚贡献力量，鼓励企业家在家乡创办经济实体，实现先富带动后富。增强企业家履行社会责任的荣誉感和使命感，引导和支持企业家奉献爱心，参与光彩事业、公益慈善事业、"万企帮万村"精准扶贫行动、应急救灾等。对于在促进就业方面有特殊贡献的企业家，在优秀企业家评选时予以倾斜。

（四）营造有利于企业家健康成长的社会氛围

1. 营造全社会尊商重商氛围

正确把握舆论导向，强化"商本位"观念，提倡创富意识，营造重商环境，让尊重和弘扬企业家精神成为社会共识。增加各级"两代表一委员"中企业家的比例，增加"五一劳动奖章"、"五四"青年奖章和"三八"红旗手中的优秀企业家比例。开展优秀企业家评选活动，加强对优秀企业家先进事迹和突出贡献的宣传报道，展示优秀企业家精神，营造尊重企业家价值、鼓励企业家创新、发挥企业家作用的舆论氛围。

2. 加强完善社会信用体系

深化政务、商务、社会、司法等各领域诚信建设，政府部门在与企业合作过程中，带头做到诚实守信，严格履行合同规定的各项义务。鼓励企业家坚守契约精神，建立企业家个人信用记录和诚信档案，健全守信联合激励和失信联合惩戒机制。加强企业家信用宣传，政府和社会要督促企业家依法合规经营、依法维权。

（五）务实高效地做好对企业家的服务

1. 认真贯彻好《陕西省优化营商环境条例》

大力优化全省营商环境，深入推进"放管服"改革，持续提升工商登记、税务缴纳、社保缴纳和报销便利化程度，创新"互联网＋政务服务"手段，健全"一站式"办公模式，着力降低企业的制度性交易成本。

2. 加强政府和企业家的沟通

以政府与企业、商会沟通协商的制度化平台、领导干部挂钩联系服务企业制度为基础，加强党政干部与企业经常性的沟通交流。

3. 开展针对企业家的各项活动

积极开展"双创周"活动，相关部门宣讲政策，邀请企业家讲创业历程、讲创业理念、讲成功经验。加大专家会客室的宣传应用，鼓励部门负责人、企业家在线解答企业的问题。设立政府部门领导与企业家见面日，确定主题，回答和解决企业家关注的问题。

（六）加快培育壮大企业家队伍

1. 实施企业家人才培养计划

企业家人才培养计划重点在"一带一路"建设、创新驱动发展、军民融合、自贸区建设等领域，培养一批具有全球战略眼光、市场开拓精神、管理创新能力和社会责任感的优秀企业家。加快建立健全企业家培训体系，依托党校、高等院校、科研院所、行业协会商会加大对企业家培训力度,着重围绕新发展理念、现代科技、现代金融、现代管理等方面开展精准化培训。组织企业家到国内外发达地区、世界500强企业、政府职能部门对标学习、交流挂职。

2. 完善企业家引进扶持政策

聚焦关中平原城市群、自贸区、大西安建设等布局,精准引进一批引领创新创业、具有全球战略眼光和社会责任感的优秀企业家。加快从海内外引进一批科技创新创业企业家。对带项目、带技术、带成果来陕创业的产业领军人才和团队,在基金支持、土地保障、平台建设、科研项目等方面给予重点支持。对能创造重大经济效益和社会效益的省外总部迁移企业家,以及带动重大创新平台落户的创新创业团队,给予重奖。引进一批企业高级经营管理人才,推行国有企业职业经理人制度。

B.13
构建中欧班列集结中心，高质量建设内陆改革开放高地[*]

单英骥 王园 顾菁 陈光[**]

摘　要： 中欧班列作为国家推动"一带一路"倡议的重要载体和平台，是"一带一路"的贸易之列、经济之列，中欧班列集结中心可以为地方经济社会发展装上"新引擎"。本文系统梳理了中欧班列开运以来的整体情况及五个集结中心的发展现状和主要特点，就中欧班列集结中心面临的机遇与挑战，有针对性地全方位提出了高质量建设中欧班列集结中心的五大类建议。

关键词： 中欧班列　集结中心　陕西经济

一　前言

习近平总书记来陕考察时强调，要打造内陆改革开放高地，深度融入共建"一带一路"大格局，加快形成面向中亚南亚西亚国家的通道、商贸物流枢纽、重要产业和人文交流基地，构筑内陆地区效率高、成本低、服务优

---

[*] 本文系2019年国家社科基金项目"新亚欧大陆桥经济走廊区域协同发展新机制研究"（立项号：19XJL009）的阶段性研究成果。

[**] 单英骥，中国（陕西）自由贸易试验区西安管委会智库专家，研究生导师，主要研究方向为"一带一路"战略发展与可持续建设、离岸金融中心与新兴资本市场、现代服务业与产业经济；王园，陕西智库科学技术研究院助理研究员，主要研究方向为产业经济；顾菁，陕西省社会科学院经济研究所助理研究员，主要研究方向为区域经济；陈光，陕西省社会科学院经济研究所经济师，主要研究方向为劳动经济。

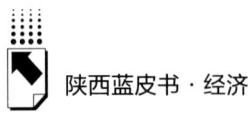

的国际贸易通道。

中欧班列是"一带一路"的贸易之列、经济之列,而建设集结中心可以为地方经济社会发展装上"新引擎"。集结中心建设是中欧班列高质量发展必要且可行的举措,中欧班列始发车站均为铁路运输枢纽车站,自带辐射效应,建设集结中心,无疑为中欧班列打造了稳固的"大本营"。通过深度挖掘国内市场需求,在运输组织、货源组织、金融和信息服务等方面先行先试;依托集结中心,拓展海铁联运线路,完善公铁联运体系;建设集结中心有助于增强班列专业化、精细化、国际化运营水平,做优做强中欧班列枢纽节点,强化"一带一路"国际合作,推动形成设施完善、便捷高效、安全畅通的中欧班列综合物流体系。良好的经济社会环境又为中欧班列奠定了稳固的货源基础,为进一步畅通中国沟通境内外、连接东中西的新丝绸之路注入新动力,从而形成资源整合、利益共享、相互促进的良性循环。

二 中欧班列集结中心示范工程建设的重要性

(一)引导高质量发展方向

此次承载中欧班列集结中心示范工程建设的 5 个城市,不仅在综合交通运输体系和一定范围的区域市场中具有较强的区位发展优势,更重要的是其班列开行在货物实载率、双向均衡性、计划兑现率等质量指标考核中具有较为突出的表现,且在推动区域经济发展、探索模式业态创新等方面积累了较多的经验和发展潜力。因此,中央专项资金的支持,不仅体现了这些城市作为集结中心的基础优势条件,推动运输资源向运行质量较好的线路倾斜,更重要的是明确了以这些城市为示范带动,引导其他相关城市更好地推动中欧班列高质量发展。

(二)体现高质量发展原则

"政府引导、市场主导、企业主体"是中欧班列高质量发展的重要原则之一。此次用于专项支持集结中心示范工程建设的中央预算内资金额度为2亿元,从资金体量来看,本身就体现了其政府引导的性质,当然,考虑到2020年中央预算内资金应对疫情等特殊困难情形下的重点投向,这一体量已属难能可贵。更多的资金需求需要以企业为主体通过市场化的融资手段来实现。而当前班列开行的市场集中度,既为集结中心建设创造了可行条件,同时也会在集结中心的建设和发展过程中进一步得到优化提升,进而倒逼相关主体更加注重探索创新市场化运营机制,促进中欧班列市场形成良性的竞合局面。

(三)鼓励高质量发展模式

此次开展示范工程建设的城市,在设施建设发展上已具备较好的基础。因此,以专项资金作为引导的各类资金的投向,除了少部分用于补齐必要的硬件设施短板外,更多的应会集中在新型技术装备标准化、信息化数字化平台建设、运贸一体化、运单物权化等与组织管理模式和经营业态创新相关的领域。而这些领域,正是积累和释放班列发展潜力的重点,对于今后以集结中心为重要载体,着力打造枢纽经济,提升枢纽所在地区的综合竞争优势和规模效益,进而探索内陆地区开放发展的新路径,具有重要意义。换言之,以专项资金的重点投向为新起点,加快形成一批可复制可推广的高质量发展模式。

三 中欧班列集结中心面临的机遇和挑战

(一)中欧班列集结中心面临的机遇

1. 带动西部城市的产业升级

中欧班列让中国的商品能够快速"走出去",世界商品也能够快速进入中国。而区位优势的开拓,一定会将西部大开发和粤港澳大湾区完美结合起来。而这其中所带来的经济效益是产业发展重点关注的。中欧班列在成都、重庆、西安最多,这三个全是西部城市,这三个城市也是西部大开发的核心,因此也会带动西部城市的产业升级,因此,在建设中欧班列集结中心的同时也会带动西部大开发的相关城市和产业的投资。

2. 增强国际认可度

通过中欧班列,周边沿线国家增加了对中国的认可,因此人民币国际化的趋势就会愈加明显,而这种趋势会使人民币流动更加畅通,未来很可能成为世界结算货币。其实不论人民币是否会成为世界结算货币,随着中欧班列的发展,人民币的使用量一定会增加,因此,长期来看,人民币会有小幅升值的,虽然这中间肯定会有波动,但是长期来看还是看涨的。这就增强了中欧班列跨境相关国家对经贸往来使用人民币结算的信心。

3. 抓住产业外延升级的机遇

在"一带一路"框架下,中国产业捕捉到沿线国家当前迫切发展经济的需求,通过中欧班列"走出去"发展多边经济合作。通过输出我国的航天、能源、建材、化工、机械、电子产品等先进产业产品,起到带动家电、钢铁、水泥等富余产品走向共建"一带一路"国家的机会。从投资角度看,相关投资机会将分散在各个关键行业中,除了国际承包工程外,食品饮料、纺织服装、通信、汽车、家用设备等多个消费升级产业都存在"走出去"的投资机会。中国通过自身供给能力和他国发展需求的有效对接,为沿线国家注入优势产能,并用技术和标准为共建"一带一路"国家发展带来动力。

4. 带来基建和文化产业的发展

首先,从发展思路上,通过中欧班列结合当地文化与经济发展实际,结合当地接收现代商业文化的过程与可能,结合经济发展的本质与规律,分步长期实施。例如,中国在"一带一路"相关国家建设了不少工业园区,为动员当地劳动力资源,在园区中可能还需要整合国内高校,设立商业培训机构,来加速当地商业文化能力的形成。其次,通过中欧班列加大与相关国家经济合作的深度,从而推动和带动当地的经济产出和繁荣。从中国资源需求和对方的资源能力角度,从中国能力优势角度,包括充分考虑当地消费者需求的激发和满足角度，还可以构建一个依托当地经济基础、发挥已经建设的基础设施能力、能够整合当地经济资源的产业发展体系。因此，通过中欧班列对接合作共商，地方强势企业参与共建，通过融合与持续发展去实现共享的模式，是更符合"一带一路"建立人类命运共同体的战略机遇。

（二）中欧班列集结中心面临的挑战

要充分发挥中欧班列的作用，使班列不仅作为"一带一路"的物流平台，而真正促进中国与共建"一带一路"国家国际贸易的发展，亟须解决中欧班列的市场化问题，在制度创新方面做细致的工作。当前机遇与挑战共存，中欧班列在经历从无到有、由小变大的过程中，势必面临车体调度、货物装卸、运输组织等方面的问题，只有不断采取具有针对性和实效性的措施，打通运输和营销中间环节的"梗阻"，才能形成"干支结合、枢纽集散"的高效集疏运体系。

1. 货运不足、返程空车的尴尬

返程货源不足，致使中欧班列"有去无回"现象突出，这是中欧班列目前运营中一个普遍问题，也是导致中欧班列运行成本高的重要因素之一。返程货源不足既有欧洲对中欧班列这种相对较新的运输方式不太了解，尚未认可和习惯使用的原因，也有中欧贸易结构等方面的原因。从宏观视角来看，在中欧贸易中，中国与许多国家存在大量贸易顺差，即使海运，返程货柜亦经常出现空箱。

2. 成本目前偏高，依赖政府补贴

目前，中欧班列运行时间偏长，运行成本还比较高。原因主要有两个方面，一是由于国内各地开通的中欧班列，有些尚未常态化运营，而且各自对外谈判，造成境外段运价较高。而且，境外的换轨和转关也增加了一定的物流成本。二是自然因素的原因，中欧班列在低温季节，经过严寒的俄罗斯、哈萨克斯坦等国时，需要对红酒等特殊商品添加保温设施，这也增加了运行成本。各地为保证中欧班列的常态化运营，大多采取财政补贴的方式进行扶持，完全的市场行为还没有形成。

3. 运行效率偏低

中欧班列途经国家较多，通关需要多国协调，沿线各国通关要求、程序手续不一样，如果一趟车过去都要将货物卸下来通关查验再装上去，费时费力。并且任何通过地区的政治不稳定都会导致班列的通行受阻。各个国家的铁轨标准不一致，中欧班列在驶向欧洲的时候至少需要换轨两次，降低了通行效率。

4. 中欧部分铁路段重叠，产生恶性竞争

从资源配置视角看，中国西部城市在中欧铁路桥发展上的部分铁路段重叠，内陆多个城市纷纷开行"X新欧"，多线争跑的局面导致争抢货源，运力浪费。一些内陆城市为争夺中欧铁路通道起点，对内不计成本，由政府大量补贴运费抢货源，对外概不议价，任由沿线国家抬高运价，价差都由当地政府下属的企业补贴消化。这种分散货源、多口对外的无序竞争，导致铁路资源的浪费。

四 中欧班列集结中心基本概况

（一）中欧班列基本情况

作为深入推动中欧班列安全稳定高质量发展的一项重点工作，集结中心及其示范工程的建设，旨在通过支持一批基础条件较好、发展潜力较大的班列枢纽节点先行先试、做优做强，探索创新"综合协同、联动融合"的发展路径，加快形成"干支结合、枢纽集散"的班列组织方式，对于充分发挥班列运输规模经济效应，提升班列发展的服务质量、综合效益及国际竞争力，具有重要意义。目前中欧班列铺划有西、中、东3条通道：西部通道由我国中西部经阿拉山口（霍尔果斯）出境，中部通道由我国华北地区经二连浩特出境，东部通道由我国东南部沿海地区经满洲里（或绥芬河）出境。

（二）中欧班列集结中心航线情况

表1　五个集结中心既有铁路直达班列线

序号	国内发(到)城市	边境口岸	境外到(发)城市	方向
1	重庆	阿拉山口（霍尔果斯）	杜伊斯堡（德国）等	双向
2		满洲里	切尔克斯克（俄罗斯）等	去程
3	郑州	阿拉山口（霍尔果斯）	汉堡（德国）等	双向
4		二连浩特	汉堡（德国）等	双向
5	成都	阿拉山口（霍尔果斯）	罗兹（波兰）	双向
6	乌鲁木齐	阿拉山口（霍尔果斯）	阿拉木图（哈萨克斯坦）等	去程
7	西安	阿拉山口（霍尔果斯）	阿拉木图（哈萨克斯坦）等	双向

表2　2017~2019年五个集结中心历年开行数据

单位：列

年份	2017	2018	2019
郑州	501	752	1000
成都	1020	1587	1551
重庆	663	1442	1500
乌鲁木齐	710	1002	1100
西安	194	1235	2133

（三）中欧班列五个集结中心概况

2020年7月6日，国家发展改革委发布消息称，将下达中央预算内投资2亿元，支持成都、郑州、重庆、西安、乌鲁木齐5个中欧班列枢纽节点城市开展中欧班列集结中心示范工程建设。

2020年上半年，国内中欧班列共开行了5122列，而被国家发展改革委列为集结中心的5座城市——郑州、重庆、成都、西安、乌鲁木齐，其开行量总计达到4003列，占比为78.15%，其中西安稳居第一。

对于地方经济的发展而言，中欧班列是外贸经济复苏的一大推动力。先期示范的5个集结中心，在我国铁路运输网络中具有重要的枢纽作用，在综合交通运输体系中具备良好的区位优势,在开行规模、开行频次、运营平台成熟度等多方面具有较为扎实的基础,并各自积累了较多的发展经验。

1. 郑州概况

东联西进、融通亚欧。中欧班列（郑州）开行七年来,从最初的每月1班到如今平均每周去程14班、回程10班的多线路程开行。截至2020年6月底,郑州中欧班列开行量为439列。对于地方经济的发展而言,中欧班列是外贸经济复苏的一大推动力。2020年7月16日,据郑州海关发布的数据,2020年上半年河南省外贸进出口总值2280.4亿元,较2019年同期增长7.7%,高于全国总体增速10.9个百分点,增速居全国第6位。

（1）郑州特色

郑州中欧班列开行以来,最大特点是往返均衡,高频次对开。在重箱率、往返均衡率、计划兑现率、市场运价等质量安全综合指标评价中名列前茅。虽然班列开行量不是最多,但欧洲回程班列最多的,去程占回程班列的比重提升至80%以上,去回程的满载率达100%。在全国63家开行班列中,已形成了诸多竞争优势：辐射范围广,构建了覆盖欧洲、中亚、东盟和亚太地区的国际多式联运物流网络枢纽；持续创新"一单制""门到门"全链条服务,打造了"数字班列""冷链班列""运贸一体"等特色品牌。郑州中欧班列在功能方面也有很多特色,郑州国际陆港多式联运监管中心,是全国继青岛、西安之后第3家,也是中部地区目前唯一多式联运监管中心。

（2）郑州将在以下几方面加快建设步伐

①大力推进示范工程建设,完善基础保障设施、做强市场主体,促进班列开行由"点对点"向"枢纽对枢纽"功能转变,进一步巩固提升河南开放通道优势,带动郑州枢纽经济的发展。

②郑州市作为重要的交通、通信枢纽,具有完备的铁路、公路、海运、空运物流网络,能提供国内外"门到门"式提货、配送、运输、仓储、分拨、报关报检等一体化物流服务,有京广铁路、陇海铁路在其境内交会,可对华东、华北、华中形成有效辐射和带动。

③在欧洲建立更加完善的集疏线路，丰富欧洲、中亚、东盟和亚太的物流网络，在国内华北、华东、华南城市建成更加完备的货物集疏专线，更好地提升自主配置和运营能力。

④郑州国际陆港多式联运监管中心，一期已封关运营，海关、检验检疫部门对中心进出口货物实施"一次申报、一次查验、一次放行"，能够将各种运输方式的货物进行换装、仓储、中转、集拼、配送等一体化作业。

⑤郑州国际陆港联检中心，通过全面铺开"运贸一体化"战略，郑州中欧班列"以运带贸、以贸促运"的良性产业结构催生了"郑欧班列 跨境电商"的独特联运模式，促进更多进口货源搭乘班列运输，推动了郑欧班列的进一步持续加密开行。

2. 乌鲁木齐概况

乌鲁木齐既是新疆最大的商贸服务业和工业制造中心，也是向西开放极具战略地位的进出口商贸集散地，是对外开放的前沿阵地。截至2020年6月，乌鲁木齐国际陆港区开行的中欧（中亚）班列路线增至21条，通达亚欧19个国家26个城市。中欧班列乌鲁木齐集结中心上半年开行中欧（中亚）班列410列，其中6月达到106列，环比增长8.2%，增长态势明显。

（1）乌鲁木齐特色

自2016年5月中欧班列乌鲁木齐集结中心建成投运以来，至2020年3月已累计开行3000余趟列车，开行线路达21条，覆盖23个国家和地区。当前，乌鲁木齐铁路局与全国各地物流企业寻求合作，已经形成了中欧班列相互补充、零散货物集结开行的经营模式。运输货物品类由最初的日用百货、服装产品拓展至机械设备、水暖建材等200多个品类。

从"东联西出"到"西联东出"，乌鲁木齐集结中心持续推进物流通道建设，实现了"丝绸之路经济带"和"21世纪海上丝绸之路"大贯通，构建了东西双向铁海联运运输新格局。按照"大平台、全链条、新业态"的思路，并坚持"市场运作、政府引导"的原则，做好中欧班列集结中心建设，壮大中欧班列品牌，带动中国制造大规模入欧具有重大意义。

(2) 乌鲁木齐将在以下几方面加快建设步伐

①加强班列运营平台企业及地方开放平台的建设，推进班列提货提质，提升集货能力，提高运营平台企业经营能力，完善口岸功能，推动产业集聚，以推进丝绸之路经济带核心区交通枢纽中心建设为重点，打造技术领先、管理高效、运转协调的中欧班列国际货运综合服务平台。

②推进园区建设提速，强化与其他运输方式的衔接，完善境内外物流网络，精准对接供应链发展需求，提供高质量的全程运输服务，提升物流效率。

③加快产业集聚提效，尝试"集结枢纽""班列"等新型服务模式，在"运贸一体化""运单物权化"等领域加快探索和发展，加强与制造业、商贸、金融等领域的联动融合，挖掘班列服务开放型经济发展的新型业态。

3.成都概况

截至2020年1月，中欧班列（成都）累计开行已超4600列，拉动进出口贸易额超200亿元。目前成都国际铁路港已联接境外30个城市、境内15个城市，打造7条国际铁路通道和5条国际铁海联运通道，开行量连续四年领跑全国。成都国际铁路港发布了上半年成都国际班列开行数据，2020年1月至7月成都开行中欧班列近1200列，同比增长58.6%，南向班列开行近500列，同比增长70.9%。中欧班列（成都）累计向海外发运防疫物资7891.7吨，服务全球疫情防控。

(1) 成都特色

成都位于"一带一路"建设和长江经济带交会点和联动点，是两大战略互动的重要战略支撑点，是国家中心城市、国际性综合交通枢纽、"成渝地区双城经济圈"的极核，是新一轮西部大开发的国际门户枢纽城市，建设中欧班列集结中心示范工程有其优势。

(2) 成都将在以下几方面加快建设步伐

①与国内枢纽共同参与物流集散，加快拓展以中线为主、以北线和南线为辅的中欧班列（成都）网络，利用欧洲铁路网络和多式联运的资源，实现货物经欧洲境内分拨点的多点直达，建立覆盖欧洲主要枢纽及贸易城市的

线路网络，形成国内枢纽集散和欧洲境内分拨"双驱动"。

②成都国际铁路班列有限公司在境内外都建立了通过铁路支线延伸拓展到货源腹地的组织方式。在境内，通过铁路线延伸至云南、广西、广东、福建、上海、浙江等地，并通过与这些地方的物流企业合作，加强对去回程的货源组织。

③在优化提升国际陆港枢纽能级方面，成都将提升陆港集散能力、增强多式联运能力，开展运载单元化、运载工具标准化、多式联运信息平台建设，提升物流仓配效率，加快产业聚集，深度融入国际产业分工体系。

④着力打造国际开放合作平台，强化国际通道干支联动，力争三年内实现西部"蓉欧+"货物集散基地达20个，西部地区占中欧班列、国际班列货源比例达到75%。

4. 重庆概况

渝新欧班列是我国开行最早、开行数量最多、运行最稳定的中欧班列。2019年，中欧班列（渝新欧）全年开行重箱折算列超1500班；货值超过500亿元，重箱率达到94%，增幅24%。2020年1~6月，中欧班列（渝新欧）开行914列，货值预计超370亿元，同比增长超50%。

（1）渝新欧特色

渝新欧（重庆）物流有限公司作为专营亚欧国际铁路联运大通道的平台公司，是目前唯一由中国、哈萨克斯坦、俄罗斯、德国四国铁路部门和重庆交运控股的有限公司，以"四国五方"共同合资组建的铁路物流企业，依托合资企业资本纽带优势，实施全程自主运营。

渝新欧国际铁路联运采取"1+N"线路开行模式，以"重庆—阿拉山口—德国杜伊斯堡"为运行主线，以"重庆—多斯特克（拟开霍尔果斯—阿腾克里）—阿拉木图"转运至中亚五国主要城市、俄罗斯主要城市为"N"条辅线，不断助推线路开枝散叶。这种"以存量设施整合提升为主、增量设施补短板为辅"的"1+N"体系建设，优化空间布局，提高了运营效益，提升了班列开行由"点对点"向"枢纽对枢纽"功能转变，以及"干支结合、枢纽集散"的高效集疏运能力。

(2)重庆将在以下几方面加快建设步伐

①不断拓展开放通道,夯实基础设施保障能力,全方位推进出海、出境通道建设,形成互联互通新格局,为全面提升对外贸易水平奠定基础。

②优化空间布局、完善基础设施、提高运营效益,提升"干支结合、枢纽集散"高效集疏运体系能力,延连西部周边城市,利用周边城市比如汉中、安康等地的资源优势以及丰富的劳动力进行制造业等的集成加工,打造中欧班列西部物流集散中心,为西部地区经济转型、共建"一带一路"提供有力支撑。

③要着力提升物流标准化、网络化、智慧化水平,推动物流、制造、商贸等联动发展,大力发展单元化物流和多式联运,建设高效便捷、绿色安全的现代物流服务体系。

④打造特色鲜明的枢纽经济,大力推进集结中心、开放口岸与枢纽产业、枢纽城市融合发展,积极拓展整车、汽车零部件、医疗器械等高品质项目,促进通道与商贸、产业融合发展。

⑤完善保障体系,服务本地企业,深化成渝合作,加强品牌建设,探索市场化经营管理模式,打造优势互补的利益共同体,提升物流一体化组织效率,推动中欧班列高质量发展。

5. 西安概况

西安初步形成了承东启西、联通南北、贯通欧亚的重要商贸物流大通道和全网物流体系。截至2020年10月18日,中欧班列"长安号"共开行3004列,是2019年同期的1.8倍,运送货物总重230.9万吨,是上年同期的1.5倍,班列开行量、重箱率、货运量等核心指标位于全国前列,连续11个月蝉联中欧班列质量评价指标全国第一。未来,中欧班列"长安号"将持续发挥战略通道作用,吸引更多欧亚城市加入"一带一路"朋友圈,为打造中欧班列(西安)集结中心,构筑内陆地区效率高、成本低、服务优的国际贸易通道贡献力量。

(1)西安特色

西安地处中国大陆的几何中心,向东向南面向整个中国最核心的经济腹地，东面是华北平原，东南通过江汉平原沟通华中与华东，南部是四川盆地。向西，则通过狭窄的河西走廊联结新疆与中亚，通向大陆彼端的欧洲腹地。无论是郑新欧、汉新欧，包括兰渝铁路开通前的渝新欧，都必须经由安康北上到达西安以后，再沿陇海线一路向西。这正是西安着力打造中欧班列（西安）集结中心的地缘优势所在。

自 2013 年以来，中欧班列"长安号"陆续开通了至哈萨克斯坦、比利时、德国、波兰等 14 国 45 个城市的班列，开行线路达 15 条，实现欧亚大陆全覆盖；向东与青岛、宁波、连云港等沿海港口广泛合作，无缝对接全球航运体系；向南开通西安—加德满都、伊斯兰堡南亚班列，西安港面向中亚南亚西亚的国际物流通道已全面打通。

（2）西安将在以下几方面加快建设步伐

①广泛与其他城市合作，积极构建"＋西欧"集结体系，推动中欧班列（西安）集结中心织线成网。同时加强与共建"一带一路"国家交流合作，挖掘对方国家的运输潜力，依托陆港型国家物流枢纽建设，积极构筑以西安为中心的国内国际双循环亚欧陆海新通道。

②进一步加快物流服务平台建设，发挥协同作用，持续强化枢纽功能。构建好全网物流体系，加强西安及西安港与各内陆省份、沿海港口、沿边口岸及各大企业的合作，更好地发挥企业主体和政府引导作用，凝聚和落实好高质量建设国际物流大通道的发展共识，率先在全国实现高质量、市场化发展，真正建好对外开放大通道，为大西安主动融入"一带一路"建设、共建共享开放成果贡献"陆港力量"。

③主动融入"一带一路"建设、西部大开发和西部陆海新通道建设等国家战略，以"三个经济"发展为切入点，以"通道＋枢纽＋网络＋产业"现代化产业体系建设和"新枢纽、新通道、新生态、新模式、新产业"高质量产业发展为路径，支撑和引领西安建设世界级内陆国际物流门户枢纽城市。

④充分利用西安国际港务区已经形成的铁路、公路、空运多式联运资源，积极织密干线、支线运输网络，做强做大"一带一路"国际多式联运

网。利用好中欧班列（西安）集结中心建设重大机遇，培育现代商贸流通业，加大服务贸易建设，扩大商贸聚集和规模发展，打造国际性商贸物流枢纽，将西安培育成为西部地区经济高质量发展新引擎。依托西安良好的先进制造业基础，以综合物流低成本辐射、国家地理中心高效率通达为优势，加快融入全球产业链布局。

五 中欧班列集结中心发展建议

（一）积极增加货源，增强运力及运量，发展新业态

利用国家战略支撑，加快基础设施建设，可以通过线路优化不断降低成本，加大宣传力度，增加集货点，吸引更多货源。在铁路沿线设立中转站，吸引更多货源，增强运力和运量。针对多层次差异化的物流需求，持续创新物流组织新模式，通过开行定制化班列，完善拼箱、包舱等多种服务方式，提供针对性强的供应链物流方案，同时延伸邮包、冷链、商品预包装、运贸一体化等增值业务功能，提升附加价值。结合中欧班列运输物流和商品交易的特点，尝试"集结枢纽""班列"的新型服务模式，在"运贸一体化""运单物权化"等领域加快探索和发展，积极探索运单提单化、物权化，进一步加强在商品交割、贸易结算、融资担保、运输保险等方面的服务创新。加强与制造业、商贸、金融等领域的联动融合，挖掘班列服务开放型经济发展的新型业态。形成新型产业园或特色物流小镇，带动周边地区调整产业结构，增加就业岗位，推动"经济通道"变"通道经济"。

（二）丰富中欧班列功能，开通快件业务和旅游班列

一方面突破制度瓶颈，积极开展进出口铁路快件业务。在中欧班列沿线的重要节点城市建立"海外仓"，与跨境电商融合发展，为国际快件提供仓储、运输全程服务，也为培育和发展进口市场做贡献。另一方面，中欧班列

不仅可以运货，也可以运"人"，探索开通中欧旅游班列。要加强旅游合作，扩大旅游规模，联合打造具有丝绸之路特色的国际精品旅游线路和旅游产品，提高沿线各国游客签证便利化水平。班列沿线城市旅游资源丰富，加之中国旅游消费需求增加，特别是对休闲游、健康游、购物游等方面的需求，二者结合，深度开发，重点打造，潜力巨大。未来要加快协商谈判，简化双边签证手续审批，以更大的开放勇气推动中欧双边人员和经贸往来，也为中欧旅游班列创造条件。

（三）整合线路资源，统一协调，减少内耗

随着国内各大城市踊跃开行中欧班列，有关部门也进行了有力协调，实现了"六统一"，即统一品牌标志、统一运输组织、统一全程价格、统一服务标准、统一经营团队、统一协调平台。按照适度超前原则，高起点规划建设中欧班列枢纽设施，着力补齐基础设施短板。推进货运站场、铁路物流基地等设施规划建设，加强新技术、新装备创新应用，推动物流枢纽资源集中，提升设施有效供给能力。经过沿线铁路部门之间的协调，确立了中欧班列为"一带一路"沿线班列都要避让的最高等级班列，制订了"五定"班列的运行方式，即"定点（装车地点）、定线（固定运行线）、定车次、定时（固定到发时间）、定价（运输价格）"，平均运价也由过去的1美元/大箱公里降到0.5美元/大箱公里，减少了内耗。完善国际贸易通道，加强物流枢纽设施建设、加大资源整合力度、提升运输服务能力、建立完善价格机制、构建信息服务平台、推进通关便利化。进一步加强全方位多层次沟通和宣传，加快建立中欧班列的协调机制，对国内"X新欧"进行整合并统一对外谈判，从地方层面提升中欧班列的综合效应并逐步建立补贴退出机制。

（四）基于中欧班列发展多式联运，提升物流效率

结合多种运输方式，扩大集货范围，减少资源浪费。构筑全链条，强化与其他运输方式的衔接，完善境内外物流网络，精准对接供应链、产业链发展需求，整合运输物流链，提供高质量的全程运输服务，提升物流效率，大

力发展多式联运，充分发挥铁路、公路、民航、水运等运输方式的比较优势，打通前后一公里，建立运输、仓储、包装、流通加工、配送等环节战略合作伙伴关系，完善境内外服务网络，提升全程运输物流服务质量，优化要素供应商、产品制造商、商品经销商、物流集成商的供应链生态系统。通过政策沟通促进沿线海关"信息互换、监管互认、执法互助"，大幅减少一些不必要的重复查验，大幅提高贸易便利化程度，提升物流效率。

（五）搭建大平台，提高整体竞争力

加强班列运营平台企业及地方开放平台的建设，提高运营平台企业经营能力，完善口岸功能，协调整合各类相关对外开放政策性载体。加快对内协作平台建设，探索创新区域间、行业间协同共建体制机制，做好规划及政策衔接协调。完善行业管理及公共服务平台，深入推进"放管服"，健全产权及要素保障等基础性制度，营造良好的营商环境。强化运营组织平台建设，逐步拓展服务功能，不断提高运营主体一站式服务水平和一体化组织能力。充分利用新一代信息技术手段，深入推动信息标准化建设和信息共享，提升各类平台信息化数字化水平。继续提高通关效率和加强国际协调，强化中欧班列高效、准时的核心竞争力。

参考文献

张宁：《"一带一路"倡议下的中欧班列问题与前景》，《俄罗斯学刊》2018年第2期。

殷杰、郑向敏、董斌彬：《21世纪海上丝绸之路沿线国家旅游贸易：潜力、效率及其影响因素》，《东南亚纵横》2015年第11期。

《推进"一带一路"建设工作领导小组办公室印发〈中欧班列建设发展规划（2016～2020年）〉》，《城市规划通讯》2016年第21期。

朱晞颜：《"一带一路"战略与加快内陆开放高地建设》，《重庆行政（公共论坛）》2015年第3期。

李耀华：《中欧班列的运行现状与发展对策》，《对外经贸实务》2015年第2期。

许英明:《"一带一路"倡议视角下中欧班列发展路径探讨》,《西南金融》2014年第12期。

陈伟、霍倩倩、林川:《"渝新欧"国际班列回程货源困境及解决模式研究》,《物流科技》2016年第7期。

吴刚、陈兰芳、郭茜等:《"一带一路"战略下中欧班列可持续发展对策研究》,《交通运输工程与信息学报》2017年第4期。

卢春房、盛黎明、刘延宏:《基于共建共赢的中欧班列高质量发展战略研究》,《中国工程科学》2020年第3期。

《中欧班列建设发展规划(2016~2020年)》,"中国一带一路"官方网站https://www.yidaiyilu.gov.cn/。

林俊:《"一带一路"战略下国际物流与国际贸易的协同发展研究》,《改革与战略》2017年第7期。

刘晶、卢春霞:《波罗的海干散货运价指数预测模型分析》,《航海技术》2008年第5期。

陈新、杨成玉:《中国与波罗的海沿线国家国际产能合作》,《欧亚经济》2017年第6期。

B.14 陕西区域性资本市场发展研究*

赵守国**

摘　要： 本文在系统总结陕西资本市场发展取得的主要成效和存在的突出问题基础上，分析了陕西资本市场发展的主要战略机遇，提出了陕西资本市场发展的战略思路与推进路径，包括大力推进企业挂牌上市、持续扩大直接融资规模、着力提高上市公司质量、加大企业整合重组力度、大力发展股权投资基金、规范发展区域股权市场和积极促进本土券商发展，并提出了促进陕西资本市场发展的保障措施。

关键词： 资本市场　上市公司　陕西

一　陕西资本市场发展取得的主要成效

大力发展资本市场，优化资本市场结构，多渠道提高直接融资比重是党中央、国务院的重要战略决策，也是陕西省贯彻新发展理念和高质量发展的必然要求，是促进陕西省新时代追赶超越、建设西部金融强省的重要推动力。

改革开放40多年来，陕西省资本市场按照"扩大增量，改善存量，提

---

* 本文是陕西省社科界重大理论与现实问题研究2019年度项目"陕西区域性资本市场发展研究"（项目编号：2019GZL015）的阶段性研究成果。
** 赵守国，西北大学教授，博士生导师，兼任陕西省决策咨询委员会委员，主要研究方向为金融投资与资本市场、区域经济发展战略。

高质量"的总体思路，上市公司数量、质量不断提升，直接融资规模日益扩大，证券业快速发展，为全省经济社会发展注入强劲动能，取得了明显成效。

（一）上市公司数量不断增加

上市公司数量能反映一个区域的市场经济活力、营商环境情况，也往往能代表一个区域的创新能力和资金实力。

1993年，陕西首家上市公司——"陕解放"（即现在的国际医学）正式在深圳证券交易所挂牌上市交易，成为陕西第一家主板上市公司。

2019年，陕西新增A股上市公司5家，追平了历史第二好成绩（2010年上市6家，1997年5家），IPO数量与重庆并列西部第一。截至2019年末，陕西A股上市公司数量为53家，其中上交所主板22家、深交所主板11家、中小板7家、创业板10家、科创板3家。在2019年全国合计上市的100家科创板公司中，陕西实现科创板上市的为3家，居中西部首位。

从上市公司实际控制人性质来看，地方国资持有24家、央企持有9家、民营持有19家、中外合资1家（三达膜），国有控股占比超过60%。

从行业分布来看，陕西上市公司全面覆盖了申万17类一级行业，以国防军工、机械设备和医药生物为主。其中，国防军工8家，占比15.1%；机械设备7家，占比13.2%；医药生物5家，占比9.4%。

从地域分布来看，西安A股上市公司占比为69.8%，达到37家；宝鸡为5家；咸阳市4家；延安市2家；渭南市（韩城市）、汉中市、商洛市、榆林市、杨凌区各1家，目前陕西仅剩安康没有上市公司。

截至2020年8月底，全国A股上市公司总数已达3975家。其中，11个省区市达到100家以上，广东省、浙江省、江苏省、北京市、上海市上市公司总数均超过300家，分列前五位，陕西以56家排名第17。2020年前8月，A股合计新上市企业228家，陕西以8家排名第15。

截至2020年9月5日，A股还有820家企业正在证监会或交易所排队，从分布上看，陕西以11家排名第13。

自2019年以来，随着科创板设立及创业板改革，陕西正迎来新一轮上市热潮。2019年至2020年8月一共有10家企业通过上市审核，科创板、创业板分别贡献了4家和3家。连续扩容之后，陕西上市公司数量达到59家，目前新疆上市公司为58家（57家上市，1家审核通过尚未发行），陕西上市公司数量为西北地区最多。

通过创业板注册制下首家过会陕企的美畅新材，既是陕西第57家上市公司，也是继三角防务、西部超导、三人行和瑞联新材之后，陕西诞生的第5家新三板转板上市企业。中天火箭成为陕西第58家上市公司，体现了陕西军民融合的优势。2020年8月7日，陕西北元化工集团股份有限公司（简称"北元化工"）顺利过会，结束了榆林"零"上市公司的局面，也是陕西第59家上市公司。陕西新三板公司达到136家，西安高新区诞生了全国首批、全省首家"新三板"精选层企业——中航富士达。

（二）直接融资规模不断扩大

1. 股权直接融资

截至2019年末，陕西上市公司累计直接融资3515.45亿元。其中，2019年，陕西A股IPO融资额38.03亿元，排名全国第14，位列西部第二。

2010~2019年，在各省市A股IPO总募集资金排名中，陕西以302亿元排名第14，占比1.6%。

Wind数据统计，截至2020年第三季度末，陕西股权融资总额221.21亿元，排在各省区市的第12位；IPO募资56.14亿元，排在各省区市的第14位。从IPO规模来看，陕西2020年以来的募资金额排在西部第二。1~9月，陕西地区5笔IPO募资分别来自派瑞股份、三人行、美畅股份、瑞联新材和中天火箭在A股首发上市。除此之外，黄河矿业在6月上市了7亿元可交换债，隆基绿能在9月上市了50亿元可转债。

2. 债券直接融资

按照"企业主导、增强服务，市场推动、机构参与，务实合作、服务实体"的思路，陕西省积极推进企业债券融资工作，债券融资实现快速增长。自 2006 年 9 月西安电力机械制造公司在银行间市场发行陕西省首笔短期融资券以来，截至 2019 年 6 月末，全省非金融企业共发行债务融资工具548 期，累计融资 8817.4 亿元，近 10 年发行规模年均增长超 40%。

为加大对重点领域和薄弱环节的支持力度，陕西省充分发挥政府债券稳投资、扩内需、补短板的作用，服务陕西省高质量发展。2019 年，陕西省共发行政府债券 1403.5 亿元，其中再融资 600.9 亿元，新增债券 802.6 亿元。在原有棚户区改造、政府收费公路、土地储备等专项债券的基础上，2020 年首次发行公立医院、"一带一路"经济带、水利建设和轨道交通等专项债券。首次发行 15 年长期和 30 年超长期债券 282.6 亿元，优化了债务期限结构，降低了债务风险。

（三）上市公司质量不断提高

2019 年，陕西上市公司合计实现营业 3181.5 亿元，同比增长 11.33%。53 家 A 股上市公司中，有 42 家实现盈利。2019 年营收超过百亿元的陕西上市公司有 5 家：陕西煤业、中航飞机、隆基股份、航发动力和中国西电。

2019 年，陕西 53 家上市公司一共盈利 249.78 亿元，陕西煤业以116.43 亿元，贡献 46.6%，连续四年成为陕西赚钱能力最强的上市公司。

截至 2020 年 4 月 30 日，披露年报的陕西 119 家新三板公司中，2019 年营收超过 10 亿元的共有 6 家：同力股份、高铁电气、英雄互娱、德林荣泽、美畅新材和中交通力。泰嘉电子、陕西旅游、宝塔山漆、红旗民爆、骏途网、小六汤包、小白兔等 46 家公司营收超过 1 亿元。其中 90 家陕西新三板企业实现盈利，占总数的 75.63%；美畅新材、同力股份、陕西旅游、高铁电气等 4 家净利润过亿元；净利润超过 1000 万元的有富士达、陕通股份、中交通力、宝塔山漆、小白兔等 35 家公司。

在 2020 年中国上市公司市值 500 强中，陕西四家企业入榜。隆基股份以总市值 1536.34 亿元排名第 106，陕西煤业、航发动力和中航飞机分别以 721 亿元、528.26 亿元和 491.16 亿元排名第 254、第 346 和第 373 位。

（四）并购重组整合日趋活跃

并购重组既能注入优质标的，又能出清不良资产，兼有"入口"和"出口"双重功能，是优化资源配置、实现价值发现的重要渠道，也是陕西上市公司改善资产质量、提升盈利能力、增强核心竞争力的有效途径。

陕西省国资为实现资本市场布局，纷纷推进上市公司的并购重组。以德威新材为例，德威集团所持德威新材99.997%的股份已被质押，也有反向混改、引入国有资本、优化治理结构的需求。于是，德威新材控股股东、实控人与陕西煤业化工集团签署框架协议，拟将公司不少于2.51亿股转让给陕西煤业化工集团，转让完成后陕西煤业化工集团持有德威新材的比例不低于25%，公司实控人将变更为陕西省国资委。又如，曲江新区管委会通过西安曲江文化产业投资（集团）有限公司（简称"曲江文化"或"曲文投"）和"曲江金控"，先后收购华仁药业（300110）、*ST人乐（002336）和世纪金花（00162.hk），加上已有的曲江文旅（600706）及划转的西安旅游（000610）和西安饮食（000721），实际控制的上市公司已达6家，还同时拥有港股和A股上市平台，成为拥有文化旅游、餐饮服务、商业零售、医药健康等多个业务板块的资本体系。

（五）证券期货实力不断增强

近年来，陕西证券期货机构稳步发展。2019年，陕西省共有法人证券公司3家，资产总额729.89亿元。证券分公司49家，证券营业部258家。共有期货公司3家，期货分支机构38家。

（六）股权投资基金不断壮大

近年来，陕西省各类政府投资基金快速发展，截至2018年底，全省共有政府投资基金25只，拟募资规模1241亿元。由于资管新规等国家政策及不断变化的市场环境，实际到位资金84亿元，其中省级政府出资47.1亿元。目前累计完成投资62.5亿元，投资项目180余项，在支持陕西省产业发展、科技创新和中小企业发展方面发挥了重要作用。从投资方向来看，陕西省政府引导基金投向涵盖战略性新兴产业、科技成果转化、创新创业、中小企业发展、传统产业转型升级等各个领域。从规模来看，陕西省政府引导基金规模分布在3亿~300亿元，其中大部分引导基金规模分布在3亿~15亿元，少数几只规模较大的引导基金，如陕西政府投资引导基金、大西安产业基金和榆林市煤炭转化引导基金规模都达到百亿级。

中基协统计显示，目前陕西冠以"投资管理""基金管理""资产管理"等字样的基金企业已超过8000家，在互联网、高端装备制造、新材料、医药生物等产业升级及新经济代表等领域，已成为目前私募股权与创业投资基金的布局重点。以西高投、中科创星等为代表的一批本土私募基金管理人已经在实现价值投资和提高综合服务方面积极探索，以专业化、市场化的投资能力，为所投项目在财务、法务、人力资源、融资等方面提供全面服务和帮助。

2018年9月，中国证监会核准在西安设立朱雀基金管理有限公司，实现了陕西省公募基金管理公司零的突破，填补了陕西省地方法人金融牌照的又一空白。

（七）区域性股权市场规范发展

陕西省区域性股权市场探索开辟新机制，通过创新和完善发行交易功能，一方面，为种子期、初创期中小微科创企业私募股权融资开辟渠道；另一方面，为实现市场化发掘和培育上市公司搭建平台。

陕西股权交易中心（以下简称"陕股交"）在创新的机制和模式下，打通了金融活水流向小微企业的"最后一公里"。截至2019年7月，陕股交共为148家企业实现各类融资92.7亿元。陆续在韩城、铜川、榆林、延安、咸阳、安康等地设立了9个孵化基地，结合当地特色产业为当地企业提供了挂牌、上市培育、投融资对接等服务。目前，陕股交设置了4个层次的挂牌服务体系，截至2019年7月，陕股交挂牌展示及托管企业累计达到1803家，总股本644.73亿股。2019年8月，陕股交设立了科技创新专板，陕西省成为全国第4个设立科创专板的地区。截至2019年11月末，陕股交各板块新增挂牌企业221家，挂牌总股本60.52亿股，为企业融资23.59亿元，其中私募可转债发行15.65亿元。

（八）地方政策支持力度加大

通过陕西省推进企业上市三年行动计划①和西安推进企业上市的"龙门计划"等政策支持，陕西省鼓励各地根据国家资本市场改革发展新形势，结合本地区实际，完善上市挂牌奖补政策、有效发挥财政资金的激励和引导作用，推动满足条件的企业抢抓机遇加快上市挂牌。目前全省13个地市均已出台奖补政策，上市奖补标准，省级统一标准为300万元，市县各不相同。单一企业获省市县三级奖补合计最高可达3114万元。

二 陕西资本市场存在的突出问题

（一）上市融资发展依然滞后

截至2020年5月18日，A股共有上市公司3843家，其中西部地区12个省区市有499家，占全国的12.98%。截至2019年底，陕西本地上市公司数量为53家，全国排第17位。

从西部10省区市上市公司对比看，截至2019年12月，陕西上市公司总市值落后于四川和贵州，排名第3；上市公司数量落后于四川、新疆和重庆，排名第4；上市公司平均估值落后于贵州和四川，排名第3。从中西部10省区市证券化率对比看，截至2019年12月，陕西上市公司市值占GDP比重仅高于云南、重庆和甘肃，排名第7。

截至2019年末，陕西53家A股上市公司总市值为6773.14亿元，相当于同年陕西GDP（25793.2亿元）的1/4多。其中，100亿元以下中小市值

---

① 陕西省人民政府办公厅：《推进企业上市三年行动计划（2019~2021年）》（陕规〔2019〕13号），2019年8月14日。

公司有37家，占陕西上市公司的69.8%。

截至2020年5月18日，全国上市公司融资规模累计达14.98万亿元，西部地区融资规模累计仅1.81万亿元，占全国12.08%。陕西GDP占全国的比例约2.7%，而从1993年陕西首家公司上市以来，截至2018年末，陕西上市公司在A股市场利用IPO、增发、配股等各种方式融资总额仅占全国的1.7%。2019年上半年，陕西上市公司融资总额为71.58亿元，仅占全国总融资额6102.11的1.17%。

（二）结构分布仍然不尽合理

全省上市公司分布的地区差异非常明显，过度集中于关中地区，陕南和陕北上市公司数量极少。目前陕西53家已上市企业中，50家来自关中地区，陕北和陕南合计3家。在关中，西安绝对是全省的"领头羊"，有上市公司38家。上市公司在"三秦"地区的分布畸形，反映出资本市场对陕西区域经济助推作用的覆盖面不足，不利于区域经济协调发展。

在陕西省上市公司中，传统行业占比较高，新兴产业依旧较少，科技创新等地方优势体现不充分。上市公司的行业分布与产业结构匹配度不高，一些支柱产业和优势产业缺乏龙头上市公司，对引领带动地区产业结构升级的作用有限。

（三）上市公司总体质量不高

陕西上市公司经营状况两极分化明显，仅仅几个头部企业表现良好，大部分企业经营平平。2019年，陕西上市公司亏损家数一共有11家，创出历史新高。其中，炼石航空、供销大集、国际医学、标准股份、广电网络、航天动力、西安饮食、中环装备、西安旅游等9家公司是由盈转亏。此前连续9年盈利过亿元的广电网络由盈转亏，宝德股份和*ST秦机则是连续两年出现亏损。炼石航空亏损数额在陕西上市公司中最大。

在披露年报的陕西119家新三板公司中，2019年出现亏损的有29家，其中汇龙科技、科润智能、合成药业、通海绒业、泰嘉电子、楼市通网、好看传媒、维真视界等8家企业亏损超过1000万元。此外，成明节能、合成药业、岳达生物、阿房宫等17家公司净利润降幅超过100%。创锐装备2019年由盈转亏，净利润同比下降1959.49%。

（四）本土券商不大不强

陕西省三家证券公司均为中小券商，在资本规模、业绩表现、融资服务和国内外影响力等方面，和国内外龙头券商相比还有很大的差距。目前，陕西省没有A类券商，西部证券由2018年的BB级降为2019年的B级。开源证券资本不足，其净资本仅64.63亿元，在国内131家券商中排名第69，与业务排名背离较大，制约了公司业务增长。

（五）投资基金质效不高

政府性股权投资基金定位不清晰，引导作用不突出。一些基金盲目设立，多头管理，投资领域交叉重复，各市区之间或省内基金存在严重的同质化竞争。一些基金总规模虽然很大，但实际资金到位率，尤其是社会资本到位率偏低，基金放大规模有限。部分基金运作不规范，基金管理人水平有待提升，个别产业基金存在明股实债、兜底补足等的运行风险。

相比发达地区，陕西省创业投资、天使投资、私募股权投资发展仍不充分，投贷联动等融资模式尚处于探索阶段。截至2019年5月末，中基协披露的全国私募基金管理规模已达13.31万亿元，与之相比，陕西1002亿元的管理规模仅占0.75%，甚至排到西藏（2672亿元）、新疆（1312亿元）、贵州（1267亿元）之后。

三 陕西资本市场发展的主要战略机遇

（一）新时代推进西部大开发形成新格局

《中共中央、国务院关于新时代推进西部大开发形成新格局的指导意见》重点提出"提高西部地区直接融资比例，支持符合条件的企业在境内外发行上市融资、再融资，通过发行公司信用类债券、资产证券化产品融资。西部贫困地区企业首次公开发行上市、新三板挂牌、发行债券、并购重组等适用绿色通道政策"。这些政策的实施，有利于陕西省利用IPO绿色通道，进一步扩大上市融资规模。

（二）深化金融供给侧结构性改革

深化金融供给侧结构性改革将按照打造规范、透明、开放、有活力、有韧性资本市场的要求，提高直接融资比重，构建风险投资、债券市场、股票市场等全方位、多层次资本市场支持服务体系，不断提升资本市场的广度、深度、流动性、稳定性。深化金融供给侧结构性改革将有利于解决陕西省直接融资占比较低且发展不充分等突出问题，更好发挥资本市场在促进陕西省追赶超越、实现经济高质量发展的"助推器"作用。

（三）深化国资国企改革

深入推进国资国企改革，为陕西省推进混合所有制改革、实现国有企业战略重组、加快国有资本做强做优做大提供了巨大政策机遇。

陕西省国资改革三年行动方案提出，坚持存量调结构、增量优结构，攻坚企业上市，积极培育上市后备资源，创新上市融资模式，鼓励集团整体改制上市或核心业务资产分板块上市。增强上市公司主业与陕西优势产业的黏合度，通过新兴产业培育、优质资产注入、关联资产配置等方式，做强做优做大上市公司。

（四）设立"科创板"并试点注册制

科创板坚持面向世界科技前沿、面向经济主战场、面向国家重大需求，优先支持符合国家战略，拥有关键核心技术，科技创新能力突出，主要依靠核心技术开展生产经营，具有稳定的商业模式，市场认可度高，社会形象良好，具有较强成长性的科技创新企业。

设立科创板并试点注册制将促进陕西省发挥"硬科技"优势,发挥好资本市场对科技创新的极大推动作用,培育更多科技创新企业,助力经济转型升级。

(五)支持区域股权市场发展

2019年7月,证监会发布《关于规范发展区域性股权市场的指导意见》(简称《指导意见》),在规范发展区域性股权市场(简称"四板"市场)方面有了很多体制机制性突破和创新。《指导意见》的出台,有利于陕西省聚集地方金融要素,搭建以股权融资为核心的综合金融服务平台,通过"先挂牌后上市",促进"四板"与主板、中小板、创业板、科创板、新三板的联动发展。

2019年1月,国务院办公厅《关于推广第二批支持创新相关改革举措的通知》,决定在西安等8个区域性股权市场推出"科技创新板",有利于陕西省借助科技创新专板直接提供资本市场服务,培育孵化上市公司。

四 陕西资本市场发展的战略思路与推进路径

(一)指导思想

牢固树立和贯彻落实新发展理念和高质量发展要求,以深化金融供给侧结构性改革为主线,紧扣新时代追赶超越总体目标和"五项要求",着力提升上市公司质量,扩大直接融资规模,增强证券机构实力,不断优化资源配置,进一步提高服务创新型省份建设和具有陕西特色现代经济体系能力,努力将陕西省建设成为特色鲜明、竞争力强、有活力、有韧性的资本市场强省。

(二)发展目标

到2025年,全省多层次资本市场上市挂牌企业数量持续增长,境内外上市公司总量达到 120 家以上，进入重点上市后备企业资源库的辅导企业数量超 300 家，证券化率超过 50%。债券融资规模在 2019 年的基础上翻一番，直接融资占比力争超 50%。形成以上市公司为龙头的现代产业集群，力争培育 2~3 家市值 1000 亿元以上、5~10 家市值 300 亿元以上、20 家市值 100 亿元以上的上市公司梯队。

各市区资本市场竞争力得到较大提升，其中榆林市、安康市加快推动上市公司"清零"行动，各至少新增 2 家；宝鸡市、咸阳市、铜川市、延安市、渭南市（含韩城市）、汉中市、商洛市、杨凌示范区、西咸新区各至少新增 1 家上市公司。

（三）推进路径

1. 大力推进企业挂牌上市

依托具有陕西特色的现代产业体系，采取境内与境外并举，IPO 与"借壳"上市并重，主板、中小板、创业板、科创板齐跑，"新三板""陕股交""双创板"挂牌并行策略，通过与沪深证券交易所、全国股转系统及香港联交所等开展战略合作，全方位推进陕西省企业在境内外多层次资本市场挂牌上市步伐，打造资本市场的"陕西军团"。

鼓励符合国家产业政策、发展前景好、盈利能力强的骨干龙头企业在境内外主板上市，重点推动华通新能源等在上交所主板上市。支持"新技术、新产业、新业态、新模式"的"四新"企业在中小板、创业板、科创板上市，重点推动美能清洁能源等在深交所中小板上市，红星美羚乳业、万隆制药等在深交所创业板上市，炬光科技等在科创板上市，加快陕旅股份、天元瑞信、华通新能源、桂花能源等 IPO 进程。推动发展潜力好、规模较小的企业在新三板、省市股权交易中心挂牌，并支持已挂牌公司向科创板等转板。促进符合条件的国有企业实现整体上市或核心业务资产上市，鼓励满足相关条件的国有企业并购重组境内外上市公司并迁入陕西省。支持经营战略多元的上市公司，借助分拆在境内外上市，实现业务聚焦。

抢抓我国资本市场"设立'科创板'并试点注册制"机遇，发挥陕西省"硬科技"实力,大力推动企业"科创板"上市,加快形成具有影响力的"陕西科创军团",确保陕西省科创板上市公司数量在西部领先。

以国家支持国家级开发区建设主体IPO为契机,积极推动开发区城投公司上市,扩大城投公司融资渠道。主动利用国家为贫困地区公司IPO开辟绿色通道的政策机遇,推动陕西省贫困地区企业IPO上市或引进上市公司资源较多的地区,将拟上市公司迁入陕西省贫困地区。

按照多源征集、公开遴选、滚动入库、分类指导的原则,分类完善重点上市后备企业资源库,形成"发行一批、在审一批、辅导一批、准备一批"各层级后备企业梯次结构布局。加快推进"个转企、小升规、规改股、股上市",鼓励省内各市区增加规模以上企业的数量和质量,打造支柱产业和特色优势产业集群。完善重点企业的培育和成长机制,在规模以上企业中挖掘和培育上市公司的后备资源。按照加快"精选层"上市、提高"优质层"质量、扩大"培育层"规模的工作思路,不断夯实上市后备企业资源库。

鼓励企业加强核心技术攻关,提升核心竞争力、建立完善技术创新体系、建设企业核心人才团队,围绕产业链、部署创新链、完善资金链,加快科创板上市公司培育。

深化与沪、深交易所和港交所的战略合作,依托深交所陕西资本市场服务基地暨西部企业路演服务中心,形成省级企业融资项目常态化路演、省级重点拟上市后备企业系列培训和深交所专家驻陕办公、接待企业的主场地,为包括陕西在内的西部省份的企业路演融资提供全方位、多层次、专业化的资本市场服务。

2. 持续扩大直接融资规模

大幅提高直接融资比重,提升陕西省经济证券化水平。大力推动债券产品创新,支持国有平台、上市公司、大型企业发行短期融资融券、中期票据、企业债、公司债等各种债务融资工具。鼓励全省符合条件的企业发行专项债、基金债、创新创业债、绿色债、中小企业集合债等创新债券品种。扩大优质企业债券发行规模,实施好民营企业债券融资支持工具,适时启动股权融资支持工具。加大对创新创业及民营、小微企业的支持,争取发行

"双创"中票、"双创"金融债券，支持城商行、农商行发行小微金融债券、绿色金融债券。

大力支持开展应收账款证券化、房地产资产证券化、保单质押贷款资产证券化、PPP项目资产证券化、知识产权证券化等资产证券化业务，支持汽车金融有限公司发行汽车金融信贷资产支持证券，推动资产证券化成为重要融资渠道。

鼓励企业通过境外发债、银行间市场"债券通"等多渠道，在境外交易场所发行美元债、欧元债、日元债等境外债券，积极争取开展企业发行外债规模切块管理改革试点，在年度发债总额度内，自主选择发债时间和发债额度。聚焦关键领域和薄弱环节，用好新增政府债券。

鼓励境内外信用评级机构在陕西省设立机构，鼓励第三方担保公司等机构为拟发债企业提供增信服务。搭建全省重点拟发债企业与信用评级机构、债券承销、法律等金融中介机构的对接平台，建立信用评级机构与全省重点拟发债企业的"一对一"对接机制。

3. 着力提高上市公司质量

引导上市公司稳健经营，突出主业，增强创新能力和核心竞争力，持续优化投资者回报机制，使上市公司质量有较大提升。强化信息披露，完善公司治理结构和内部控制机制，督促大股东、董监高等"关键少数"诚信守法、履职尽责，通过持续监管、精准监管，给投资者一个真实、透明、合规的上市公司。

完善上市公司高管薪酬制度，加大股份、期权激励力度，以先进的体制机制保障上市公司高质量发展。推动财政、券商、本地银行共同出资设立民营企业纾困资管计划，成立民营上市公司纾困基金，建立民营上市公司纾困风险补偿机制，支持民营上市公司稳健发展。

4. 加大企业整合重组力度

以财政厅履行国有资本出资人职能为契机，构建省市财金投资管理有限责任公司等金融股权投资及管理、政府投资引导基金管理等国有金融投融资平台，加大省属、市属国有企业的整合重组力度，促进国有资本向重要行业、关键领域集中，进一步增强国有经济的引领、支撑和骨干作用，使能源化工、装备制造等领域内具有比较优势的企业加快成为国内外的行业领先企业。

坚持以横向整合、纵向联合、吸收合并等方式，使相关产业的企业在内生发展的基础上，能够通过外生动力，在短期内积累资源、人才、技术、产品、渠道等优势，实现协同效应，提高产业集中度，提升核心竞争力。通过对相关国企中相同、相近业务和资源的有效整合，使企业经营范围和业务聚焦能更专注、专长于核心领域，促进企业做大做强做优主业、提升盈利能力、促进国有资产保值增值。

稳步促进企业战略性重组，推动产业链向上下游延伸，实现产业链、价值链由低层次向高层次的转型升级。推进不同企业间的资源专业化整合，减少无序和恶性竞争，提高行业集中度，促进规模化、集约化经营。

资本市场是企业整合重组的重要平台，在并购重组、盘活存量上发挥着重要作用。上市公司并购重组是企业做大做强的有效途径，有利于提高整体资源运转效率，促进上市公司市值提升。上市公司"腾笼换鸟"的并购重组，有利于加快淘汰低效、无效上市公司，鼓励盘活壳资源、增加壳供给，支持高质量企业以买壳、并购等多种方式从低质量企业手中获得上市资源。同时，将倒逼存量上市公司常怀忧患意识，有压力提高公司治理和盈利水平，进而提升上市公司的整体质量。

推动企业整合重组要以提升企业技术水平、市场影响力和运营效率等综合实力为目的，充分尊重市场规律。应基于产业的发展逻辑，避免单纯为扩大企业规模而整合重组，避免"拉郎配"等无效的整合重组。

5. 大力发展股权投资基金

按照"拨款变投资、资金变基金、分散变集中、直接变间接、无偿变有偿、低效变高效"的总体思路，积极转变财政支持产业发展方式。充分发挥政府引导基金的引导功能，更多地通过投资市场化子基金的方式来参与实体经济，并通过子基金来吸引被投企业到当地落户，以高效发挥引导基金的"资本招商"功能。

政府引导基金的设立与发展，要与区域经济发展规划相衔接，围绕全省支柱产业、主导产业、特色产业，设立完善特色产业发展基金，引导资金流向创新创业、基础设施等重点领域，避免"撒胡椒面式"的面面俱到。

引导产业投资基金回归本源，尊重市场规律，以产业创新发展为目标，强化产业引导功能。注重政府边界，明确政府在产业投资基金中的引导而非主导的定位，政府不能过度干预产业投资基金的"募投管退"，要通过现代公司治理结构而非行政力量来影响甚至决定产业投资基金的实际运行。

倡导让专业的人做专业的事，政府应当将引导基金委托给专业的管理团队，让拥有充分市场认知和投资专业能力的管理人参与基金架构设计、开展投资工作、深度管理基金，从而把政策、资金优势和市场专业优势结合起来。

发挥省市引导基金功能，联合国内外知名基金管理机构、有实力的金融机构，围绕基础设施建设、重点产业等方向，发起设立一批母基金、子基金，促进私募投资基金行业快速发展，撬动社会资本支持实体经济发展。

大力发展天使投资、风险投资、私募股权投资等股权投资基金以及文化、能源等产业基金。培育打造5家排名位居全国前列的本土股权投资机构，努力培养出类似深创投等一批兼具政府引导功能、规模化及市场化的头部机构。

鼓励有条件的大型、成熟企业以自有资金设立企业风险投资基金（Corporate Venture Capital，CVC），围绕上下游产业链或新兴产业开展风险投资。促进欧亚地区主权财富基金、养老基金等长期投资机构进驻陕西发展，引导国内外大型母基金（FOF）投资陕西股权投资基金。

借鉴国际成熟经验，发展基础设施不动产投资信托基金（Real Estate Investment Trusts，REITs）这一资本市场工具，通过促成各类投资者盘活存量资产来提高资产的流动性，切实破解基础设施补短板需要巨额资金作为项目资本金出资之困局。

6. 规范发展区域股权市场

尽快完成陕西股权交易中心增资扩股，充分发挥省市股权交易中心聚集地方金融要素，以股权融资为核心的综合金融服务平台功能，把股权发行融资、股权交易转让真正作为四板的核心业务和功能予以全力开发，为非上市公司特别是中小微企业提供"一揽子服务"。

充分发挥四板作为主要服务于所在省级行政区域内中小微企业的私募股权市场和地方性证券交易场所的功能和优势，把"创投"等私募股权融资引入四板市场，有重点地将场外优质企业的 A 轮、B 轮、C 轮等私募股权融资引导至四板规范进行。

鼓励省市上市后备企业到区域性股权市场挂牌和规范培育，鼓励符合条件的区域性股权市场挂牌公司到新三板挂牌上市。通过"先挂牌后上市"，促进四板与主板、中小板等联动发展。通过科技创新专板，为科技型中小微企业提供差异化服务，实现同科创板的功能互补和错位发展，同时规范治理初创期科技企业，进一步为创业板和科创板市场孵化培育企业。

大力支持有条件的企业申请设立能源环境、知识产权、文化产权、农村产权、大数据等权益类交易场所，培育一批具有较强资源配置能力的权益类交易市场。联合国内外知名商品交易所，建设介于现货与期货的大宗商品交易市场，开展农粮、能源、金属等大宗商品实物、仓单以及非标准化的场外衍生品交易。积极争取国内外期货交易所在陕西省设立大宗商品交割库。

深度开发大宗农产品期货品种，不断将优势向矿产资源、能源、冶金、有色、化工、建材等工业品、运力等服务产品、指数等金融衍生品等新型期货品种领域扩展，突出特色，系列开发，主要期货品种实现期权工具上市。大力扶持本土期货公司做大做强，利用自贸区优势，积极吸引国际国内期货经营机构设立总部，鼓励龙头期货公司综合性发展，并构建期货产业链生态体系。大力促进国内外各类商品交易所在陕西设立分支机构，开展异地交易所的分时段金融交易。

7. 积极促进本土机构发展

为了摆脱与银行的同质化竞争和传统业务模式本身的惯性，要推动陕西券商商业模式转变，将业务重心转移至财富管理业务。同时借助金融科技力量,通过互联网平台为大众客户提供相对优质的财富管理服务。

支持中邮证券、西部证券向多元化的综合型券商发展。抓住财富管理行业的蓝海机遇,通过构建专业的、优秀的研究团队,打造财富管理综合服务平台,扩大财富管理业务规模,以客户需求为中心打造全新的财富管理服务体系。支持开源证券树立"大投行+大资管"思维,进行证券、基金、期货、私募股权投资等控股布局,努力成为全国性、全牌照、综合性、创新型券商,并力争2~3年完成上市,冲击"百亿券商",争取在"十四五"末实现市值1000亿元的目标。

推动陕西省期货公司进入"传统业务+创新业务+金融科技"的3.0模式,形成以大宗商品为资产端,以期货、期权和场外基差交易为风险管理端,以期货经营机构为服务端,以金融机构为资金提供端,以仓储物流为保障端,金融科技赋能,解决企业痛点的3.0模式。

五 促进陕西资本市场发展的保障措施

(一)加强组织领导

成立省推进区域性资本市场发展工作领导小组,省政府分管领导任组长,各地、各部门有关负责同志为成员,负责统筹规划、组织协调和考评督导。每年召开全省推进资本市场发展工作会议,每半年召开一次专题会议。各市区比照建立本地区推进资本市场发展工作领导机制,细化制定相关发展规划和行动计划。加强目标考核,每年向各市区下达资本市场发展工作任务,并将完成情况列入市区高质量发展综合考评和金融工作考评中进行考核。

(二)优化服务环境

对陕西省重点挂牌上市企业的重大项目建设在土地、规划、资金、技术研发等方面给予政策倾斜。加大上市公司新技术装备、新材料、新研发技术

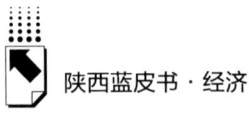

在全省的推广和应用，支持上市公司积极参与政府招标采购和重点项目招标采购。

按照"一企一策""一事一议"原则，对企业在改制挂牌上市过程中所涉及的房产土地、安评、环评以及开具无违法违规证明等事项，各地各有关部门要在依法依规的前提下，开辟政务服务绿色通道，特事特办、急事急办、加快办理，主动协调解决困难，努力为企业挂牌上市营造良好的政策环境。加强辅导备案企业的全链条式培育辅导，帮助企业科学选择上市地点和申报板块，增强企业利用资本市场加快自身发展的能力。

对企业的重组整合，地方政府要在提供财税便利、简化审批流程、畅通信息渠道、落实社会保障等方面完善有关政策法规。进一步转变施政理念，打破"条块分割"桎梏，进一步破除市场分割和地区封锁。

进一步深化与沪深证券交易所、全国中小企业股份转让系统的合作，建立企业上市挂牌辅导合作机制，通过举办领导干部讲坛、资本市场知识培训、组建企业上市挂牌专家服务团队、点对点开展上市挂牌帮扶等方式，帮助企业提升对接资本市场的意识和能力。

（三）强化人才支撑

会同金融监管部门、金融机构，梳理各层次金融人才的短缺情况，面向海内外招引金融人才，引进各类熟悉金融市场、金融业管理、金融创新技术、资本运作等方面的高层次人才。落实和完善金融人才待遇政策，为人才提供必要条件，确保人才引得进、留得住、用得好。同时，实施金融人才培训工程。建立高校院所、培训机构、金融行业协会和政府共建共享的多层次金融人才培养体系，有计划地开展金融人才培训。依托省内拥有金融学博士点高校，成立有针对性的金融研究院、金融智库，加强金融研究和人才培养。

（四）加强市场监管

牢牢守住不发生系统性风险的底线，坚决打好防范化解重大风险攻坚战，全力维护区域资本市场稳定运行。加强薄弱环节监管制度建设，建立完善"穿透式"监管机制，继续加大对违法违规行为的打击力度，做好区域性股权市场、地方各类交易场所等领域的风险防控工作。依法全面从严监管，更加充分保护投资者合法权益。完善多元化纠纷调解和市场化赔偿救济方式，把保护投资者合法权益真正落到实处。

B.15
陕西省深化科技体制机制改革研究[*]

李思雨 李香菊[**]

摘 要: 新时期陕西贯彻落实创新驱动战略引领经济高质量发展,必须贯彻新发展理念,推进科技体制机制变革,以合理的制度供给激发创新活力,实现经济发展的动力变革。本文在总结改革开放以来陕西科技体制机制改革历程的前提下,立足高质量发展视角,从创新、协调、绿色、开放、共享五个方面分析陕西科技体制机制改革的成效,认为陕西科技体制机制改革有效激发了科技创新活力,在陕西经济高质量发展过程中发挥着重要作用,但仍然面临着研发投入不足、企业主体作用不显、科技成果转化不畅、科技资源融合不够等现实问题,需要进一步深化科技投入体制改革、健全高新技术企业培育机制、疏通科技成果转化机制、完善科技资源统筹体制机制,充分释放科技创新潜力,推动经济高质量发展。

关键词: 科技体制机制 科技创新 新发展理念

---

[*] 本文为深化科技体制机制改革对促进陕西省科技创新及经济高质量发展研究课题"陕西省深化科技体制机制改革研究——基于高质量发展视角"(编号为2019KRZ003)的研究成果。
[**] 李思雨,西安交通大学经济与金融学院硕士研究生,研究方向为财税理论与政策;李香菊,西安交通大学经济与金融学院教授、博士生导师,主要从事财税理论与政策研究。

受疫情冲击，2020 年前三季度陕西地区生产总值同比增长 1.2%[①]，与 6.5%左右的预期增长目标相比存在较大差距[②]。习近平总书记来陕考察时指出要围绕产业链部署创新链、围绕创新链布局产业链，推动经济高质量发展迈出更大步伐。破解陕西经济发展难题、实现经济高质量发展，就是要贯彻新发展理念，破除科技体制机制藩篱，以体制改革激发创新活力，以创新驱动引领经济发展。本文在总结改革开放以来陕西省科技体制机制改革历程的前提下，立足经济高质量发展视角，深入分析陕西科技体制机制改革的成效，厘清并破除陕西省科技体制机制藩篱，激发陕西省科技创新活力，对全面贯彻落实创新驱动发展战略、加快建设创新型陕西等都具有重要意义。

一 陕西省深化科技体制改革的历程

改革开放以来，随着科技体制机制改革的不断深化，陕西科技事业迅速发展，大致经历了四个主要发展阶段，如表 1 所示。

表 1 陕西科技体制机制改革历程

历程	年份	措施
恢复发展阶段	1978~1988 年	（1）通过出台系列政策恢复正常科研秩序 （2）恢复各级科技管理机构，落实科技人才政策
科技兴陕 战略阶段	1988~1999 年	（1）出台《科技兴陕纲要》并实施"51251"工程 （2）建立高新技术产业开发区 （3）大力发展民营科技企业 （4）实施"1851"科技经济一体化计划
科教兴陕 战略阶段	1999~2006 年	（1）推动科研院所转制 （2）实施"一线两带"战略，实现关中率先跨越发展
建设创新型 陕西战略阶段	2006 年至今	（1）"13115"科技创新工程 （2）统筹科技资源改革，建设科技基础条件平台 （3）重点实施"四工程一计划"，构建陕西特色创新体系

---

① 数据来源于《2020 年前三季度全省国民经济运行情况》，http://tjj.shaanxi.gov.cn/126/111/21132.html。
② 数据来源于《陕西省 2020 年政府工作报告》，http://new.shaanxi.gov.cn/info/iList.jsp?tm_id=416&cat_id=17581&info_id=160690。

（一）恢复发展阶段（1978～1988年）

1978年4月，陕西科技大会的召开拉开了科技体制机制改革的序幕，这一阶段的主题是恢复与发展。首先，恢复科研秩序，鼓励科技创新。通过发布《关于加强科学技术工作若干问题的决定》《关于依靠科学技术振兴陕西经济的决定》《陕西省科学技术研究成果奖励办法》等一系列政策，建立了具体科研工作秩序；以《陕西省1978～1985年科学技术发展规划》为核心全面布局科技事业，确定了8个重点领域、61个重点项目，有计划、有步骤地组织各个方面的力量进行攻关①。其次，重整科技力量，增强科技实力。恢复了各级科技管理机构并建立了陕西省社会科学院等13个省级研究所；积极落实《关于改革科技人才管理制度，充分发挥科技人员作用的若干规定》等相关科技人才政策，充分调动科技人员积极性。截至1987年，全省全民所有制自然科技人员达到33.48万人，比1978年增长95.1%，平均每万人口中拥有自然科技人员108.4人，比上年增加2.6人，远高于全国每万人口自然科技人员82.5人的平均水平②。

（二）科技兴陕战略阶段（1988～1999年）

1988年，陕西省委、省政府确立了"教育奠基、科技兴陕"的发展战略，积极探索并促进科技与经济的融合发展。在这一阶段，陕西省委、省政府主要采取了以下四个主要措施推动了科技经济一体化发展。一是出台《科技兴陕纲要》并落实"51251"工程计划，充分发挥陕西科技资源优势，使陕西的经济增长和社会发展建立在科技进步的基础上。二是大力推进高新区建设，依托关中地区丰富的科教资源建成西安、宝鸡、杨凌3个国家级高新技术产业开发区和咸阳、渭南2个省级高新技术产业开发区，加速高新技术的研究、开发、市场化和产业化。三是推动民营科技企业发展，制定并实

---

① 《陕西科技60年历程》，http://www.most.gov.cn/ztzl/kjzg60/dfkj60/shanx/hhlc/200909/t20090914_72853.htm。最后搜索时间：2020年12月10日。
② 《陕西统计年鉴》。

施《关于深化科技体制改革 大力发展民营科技型企业的意见》《陕西省民营科技企业条例》等政策措施,促使民营科技企业成为陕西省科技创新主体中较为活跃的一极。四是实行《"1851"科技经济一体化计划》,建设关中高新技术产业开发带,培育八大新兴产业,开发50个"三高"拳头产品,形成10个科技先导型企业集团,使"科技兴陕"工作得到进一步落实和深化。

(三)科教兴陕战略阶段(1999~2006年)

1999年,陕西省委、省政府提出了科教兴陕战略,促进科技产业发展和经济结构调整紧密结合,提高全民的科学教育文化素质,把经济建设转移到依靠科技进步和提高劳动者素质的轨道上来。在这一阶段,为适应市场化需求,陕西省政府颁布《关于深化科技体制改革,加快科技产业化的决定》推动科研院所改革转制,2001年底省内17家开发类科研院所全部顺利实现企业化转制,这一举措加速了科研成果市场化、产业化的进程。然后,为适应陕西区域内发展不平衡的特点,发挥关中地区的科技、经济优势,陕西省政府出台了《关于加快"一线两带"建设,实现关中率先跨越发展的意见》,着力打造国家级关中高新技术产业开发带和国家级关中星火产业带,促进关中崛起,进而辐射陕南、陕北地区,助力全省经济实现跨越式发展。截至2006年底,关中"一线两带"[①]地区聚集了陕西80%的科技实力和73%的生产总值[②],科技、经济实力雄厚。

(四)建设创新型陕西战略阶段(2006年至今)

为响应国家提高自主创新能力的号召,陕西省政府颁布了《陕西省中长期科学和技术发展规划纲要(2006~2020年)》,开启了建设创新型陕西的伟大征程。在这一阶段,陕西省委、省政府主要采取了以下重大举措。一是实

---

① "一线两带"是指以西安为中心、以陇海铁路陕西段和宝潼高速公路为轴线,以线串点、以点带面形成的以高新技术和先进技术为特点的产业经济体系,涵盖整个关中地区。

② 《陕西科技年鉴2007》,https://www.doc88.com/p-9592939895121.html,最后搜索时间:2020年12月11日。

施"13115"科技创新工程。在10个重点领域，组织实施30个重大科技专项，重点支持100个重大产业化项目，在全省组建100个产学研结合的工程技术研究中心和50个科技园区，努力化科技优势为现实生产力。二是统筹科技资源改革，建设科技基础条件平台。建设陕西科技资源统筹中心和西安统筹科技资源改革示范基地，搭建了资源共享、研究开发、成果转化、科技金融、综合服务等五大平台和仪器设备共享、科技文献共享、自然科技资源共享等12个子系统，建成了技术交易大市场，实现了科技资源要素的统筹集成和高效服务。三是发布并实施《陕西省创新型省份建设工作方案》，贯彻落实创新驱动战略，通过重点实施"四工程一计划"，即产业转型升级工程、企业创新能力提升工程、园区基地创新发展工程、创新型市县建设工程和优化创新环境计划，着力促进科技与经济、社会、文化、生态、金融紧密结合，全力构建以市场为导向、以企业为主体、以科技为支撑、以人才为根本、以支柱产业和优势特色产业为重点，具有陕西特色的创新体系[①]。

二 陕西深化科技体制机制改革成效：基于高质量发展视角

（一）科技体制机制对经济高质量发展的作用机理

高质量发展，是以创新、协调、绿色、开放、共享的发展新理念为指导，能够满足人民日益增长的美好生活需要，生产要素投入少、资源配置效率高、资源环境成本低、经济社会效益好的经济发展方式。高质量发展以创新为第一驱动力，科技创新通过引入新的生产要素或改变现有生产要素的组合方式，创造出新理念、新模式、新手段、新工具，为经济发展注入新动能。如果说"科技创新"是生产力，那么"科技制度"就是生产关系，制度供给决定了一个国家、一个地区的科技创新发展水平，也就是说，科技体

---

① 资料来源于《陕西省人民政府公报》。

制机制改革的深度决定了科技创新的高度,科技创新的高度事关经济发展的质量和效率,科技体制机制改革在经济高质量发展中的作用不言自明。新时期实施创新驱动战略引领经济高质量发展,要贯彻创新、协调、绿色、开放、共享的新发展理念,积极推进科技体制机制变革,处理好政府与市场的关系,以合理的制度供给激发创新活力,实现经济发展的动力变革,进而引领质量变革和效率变革。

(二)科技体制机制改革成效分析:基于高质量发展视角

近年来,陕西结合省情,深入贯彻落实创新驱动发展战略,不断深化科技体制机制改革,科技供给能力明显增强,科技创新逐渐融入经济发展主战场,经济高质量发展取得新成效。

1. 科技体制机制改革驱动经济创新发展

自2012年以来,陕西研发经费投入力度不断增大,研发经费投入的平均增长速度约为12.94%,远高于9.81%的全省GDP平均增速,但与东部经济强省相比仍有差距。2017~2018年,陕西R&D投入强度大致保持在2.10%~2.25%,基本等于全国研发经费的投入强度。从资金投入结构看,企业资金增速较快,但政府资金仍是主要来源。科技资源的不断投入带来的是高质量科

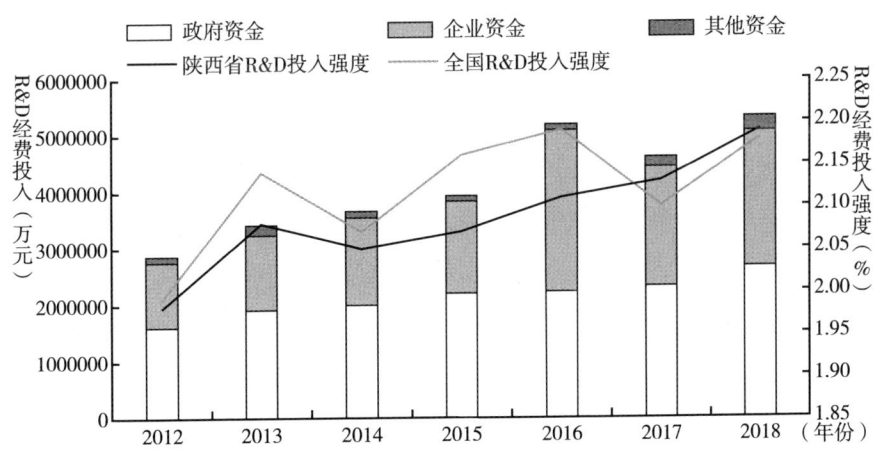

图1 2012~2018年陕西R&D经费投入及投入强度

技成果的涌现。2018年陕西33项科技成果获国家科学技术奖,2019年陕西28项科技成果获国家科学技术奖,居全国前列;2012年至今,陕西专利申请量、专利授权量和各类技术合同签订量增长了近一倍,各类技术开发合同的成交金额也由2012年的334.82亿元增长到2019年的1467.83亿元①,翻了两番左右。科技成果的增多使陕西综合科技创新水平指数持续攀升,2019年增长到66.58%,居全国第九位。科技成果转化的步伐也不断加快,2018年全省共登记应用技术成果3010项,占登记成果总数的93.54%,其中,产业化应用项目1189项,试用项目1186项,小批量或小范围应用项目559项;登记的科技成果实现经济效益1049.37亿元②,有力地带动了陕西经济创新发展。

2. 科技体制机制改革助推经济协调发展

科技体制机制改革对促进经济协调发展的影响主要体现在两个方面。一是促进科技体制与经济体制接轨,科技经济一体化进程加快,科技进步贡献率由2011年的52.07%增长到2018年的57.5%。二是通过体制机制改革运用政策补贴、直接布局等多种手段实现创新资源在陕西区域内的再配置,改变市场化条件下创新要素向关中地区集聚的现象,促进区域间科技创新合作与成果应用,推进了关中、陕南、陕北的协调发展。统计数据显示,2019年,陕西77个县(市)实现生产总值10956.42亿元,同比增长4.9%,关中、陕北和陕南实现县域生产总值分别为4339.28亿元、4182.45亿元和2434.69亿元,同比分别增长2.7%、6.5%和6.6%,陕南、陕北经济增速明显加快,区域协调发展取得了一定的进展③。

3. 科技体制机制改革引领经济绿色发展

绿色发展是科技创新的重要方向。科技体制机制改革通过引领绿色技术创新实现节约资源、保护生态环境,达到经济效益、社会效益、生态环境效益的最大化,推动经济绿色发展。近年来,陕西愈加重视对绿色科技创新的

---

① 《陕西统计年鉴2020》。
② 《陕西科技年鉴2019》。
③ http://www.shaanxitoday.com/index.php?v=show&cid=1&id=14381,最后搜索时间:2020年12月11日。

保护与应用,这无疑对陕西经济绿色发展起到了一定的积极作用。具体成效体现在陕西环境质量持续改善上,2018 年,全省 13 个市(区)空气质量平均优良天数为 242.8 天,同比增加 4.3 天;能源利用效率不断提高,2012 年以来陕西单位 GDP 能耗量呈现不断下降的态势,且下降速度明显加快,万元 GDP 用水量持续下降,2017 年的万元 GDP 用水量为 42.27 立方米,2018 年的万元 GDP 用水量为 38.35 立方米,比 2017 年降低了 9.27% 左右,均远低于全国万元 GDP 用水量,如图 2 所示①。

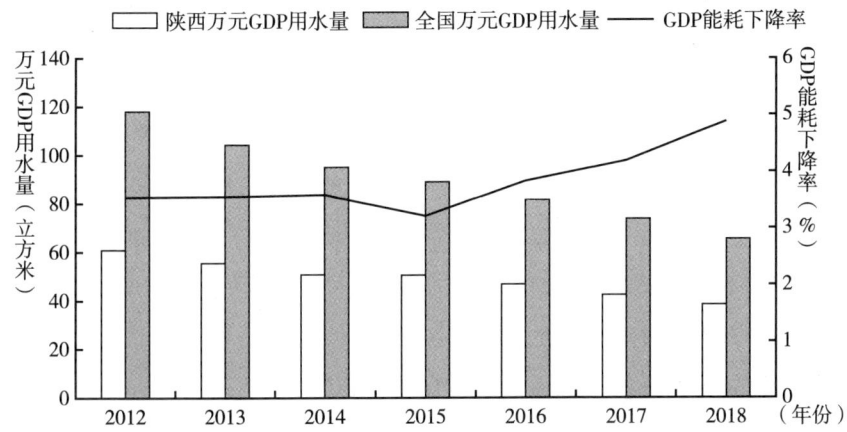

图 2　2012~2018 年全国万元 GDP 用水量、陕西万元 GDP 用水量和 GDP 能耗下降率

4. 科技体制机制改革推动开放发展

科技体制机制改革为科技创新搭建了国际化的新平台,全面统筹"引进来"和"走出去",使陕西经济发展在愈演愈烈的国际竞争中处于优势地位。在"引进来"方面,不仅陕西 R&D 经费境外资金总额保持增长态势,而且在 R&D 经费中发挥越来越重要的作用,2017 年境外资金占陕西 R&D 经费的比例高达 12.24%,比 2016 年的 6.61% 翻了近一番;另外,企业也越来越重视境外先进技术的引进,2017 年企业引进技术经费支出首次突破 3 亿元,如表 2 所示。

---

① 《中国区域创新能力监测报告 2019》。

表 2　2012~2017 年陕西 R&D 经费境外资金金额及企业引进技术经费支出

单位：万元，亿元

年份	R&D 经费境外资金利用情况	企业引进技术经费支出
2012	964	—
2013	2142	2.2
2014	1191	2.06
2015	2140	0.47
2016	2774	2.46
2017	5641	3.02

资料来源：《陕西统计年鉴》及《中国区域创新能力监测报告》。

在"走出去"方面，陕西百万人技术国际收入①自 2013 年以来保持 4.36% 的平均增长率，2017 年增长至 1014.92 万美元每百万人，陕西科技创新的国际竞争力在不断增强；陕西省商品出口额持续增长，对陕西 GDP 的贡献率也逐渐提升，其中高技术产品出口额增速不断提高，占商品出口额的比重呈现不断增长的态势，如图 3 所示，这在一定程度上体现了科技创新在开放发展方面发挥着重要的作用。

5. 科技体制机制改革助力共享型发展

科技体制机制改革助力经济共享型发展主要体现在两个方面。一是科技成果的共享。陕西科技体制机制改革提高了科技创新的生产效率，加速了科技成果的转化进程，更多的科技产品走入日常生活，使广大人民群众共享科技进步成果。二是科技资源的共享。通过建立陕西科技创新公共服务平台，实现科技创新券申请平台、科学仪器服务共享平台、服务资源供应平台、科技资源调查平台的整合，有效提高了科技资源利用率。统计数据显示，在大型仪器设备共享方面，截至 2018 年底，全省大型科学仪器协作共用参加单位 519 家，对外开放数量 9000 余台（套）。陕西科技创新券注册用户新增 651 家，共 1233 家中小企业注册，其中 588 家根据创新研究需求申领了科

---

① 技术国际收入是指通过向他国转让专利、非专利发明、商标等知识产权，提供 R&D 服务和其他技术服务而获得的收入，百万人技术国际收入是衡量一个国家或地区创新国际竞争力的指标之一。

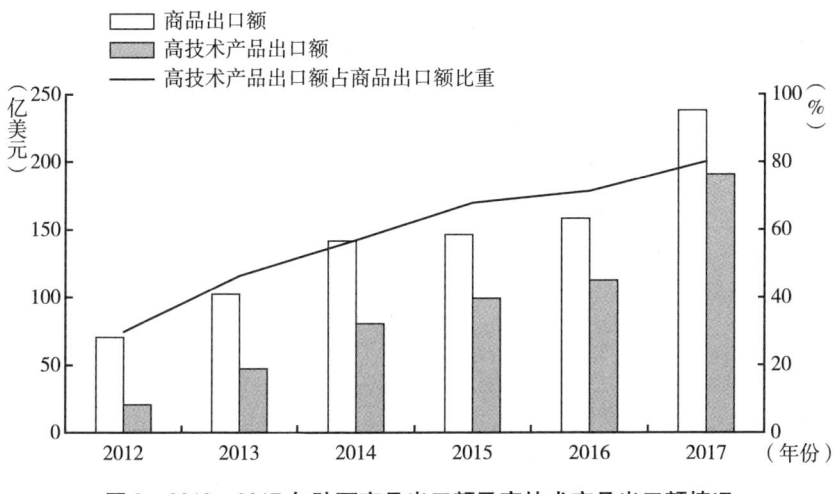

图3 2012~2017年陕西商品出口额及高技术产品出口额情况

技创新券。创新券发放金额4995万元,178家中小企业在管理系统上下单,65家接券服务机构提供仪器共享、检验检测和实验服务,实际交易服务金额7421.6万元。在科技文献与科学数据共享方面,共享平台科技数据超过600万条,网站访问量高达143万人次,文献检索量3.4万人次。在自然科技资源共享方面,陕西自然科技资源共享平台为全省供应标准化实验动物55万余只,完成企业委托的动物实验1500人次以上,共享利用业务量超过2000人次,切实提高了动物实验数据的共享性[1]。

三 陕西深化科技体制机制改革存在的问题及原因分析

近年来,陕西结合发展实际深入推进科技体制机制改革,改善创新环境,优化创新资源配置,科技创新能力大大增强,但仍然面临研发投入不足、企业主体作用不显、科技成果转化不畅、科技资源融合不够等现实问题,制约着经济高质量发展。

---

[1] 《陕西省科技创新年鉴2018》。

（一）研发投入不足，科技投入体制不合理

充足的创新要素投入是科技创新活动顺利开展的前提。近年来，陕西省政府不断集聚创新资源，加强人才、资金等要素投入，但受经济发展水平的制约，研发投入呈现投入不足且不均衡的特点。2018年陕西研发投入总额居全国第13位，与东部省份相比存在较大差距，且省内各地区研发投入相差很大，2018年西安的研发投入占全省研发投入的80%以上，商洛、铜川等地区的研发投入仅占全省研发投入的0.3%左右，研发投入强度过低，如表3所示。科技人才供给、科技平台、科技基础设施等其他要素投入方面也存在类似问题。研发投入不足的根源在于科技投入体制与创新体制的不协调，难以满足创新活动的需要，具体体现在：一是资金投入呈现向少数行业、部分地区和部分大型企业聚集的特点；二是资金投入方式较为单一，多以财政补贴、税收优惠的方式开展；三是尚未形成引导企业加大科技投入的有效机制，企业研发投入的动力不足，政府资金仍是科技投入的主要来源；四是金融服务往往集中于相近行业或同一发展阶段的企业，覆盖程度低。

表3 2019年陕西各地区研究与试验发展（R&D）经费情况

单位：亿元，%

地区	R&D 经费	R&D 经费投入强度
全　省	584.58	2.27
西安市	481.76	5.17
铜川市	1.23	0.35
宝鸡市	25.28	1.14
咸阳市	12.26	0.56
渭南市	12.97	0.71
延安市	15.69	0.94
汉中市	16.41	1.06
榆林市	5.57	0.13
安康市	6.14	0.52
商洛市	1.76	0.21
杨凌示范区	4.76	2.85

资料来源：《2019年陕西省研发经费投入统计公报》。

（二）企业主体作用不显，高新技术企业培育机制不健全

企业是科技创新活动的主体，但陕西高新技术企业、龙头企业等呈现规模较小、发展水平不高和对科技创新活动参与度低的特点，难以为经济高质量发展提供充足的动能。首先，陕西高新技术企业数量较少，规模较小。截至2018年底，全省共有高新技术企业3138家，居全国中游水平，远不及相邻省份湖北的6597家和四川的4330家。其次，陕西龙头企业发展水平不高，2019年陕西入围全国500强的企业仅有8家，且大部分集中在100~200名。这些龙头企业、大型企业仍然以资源型企业为主，缺乏真正以创新驱动为核心的企业。最后，陕西企业参与科技创新的积极性不高，科技投入偏低，在一定程度上导致科技创新活动与市场的脱节。企业科技创新发展水平不高暴露了陕西高科技企业培育机制存在的障碍：一是科技企业孵化速度、数量和规模难以满足陕西经济发展的要求；二是政府对企业的扶持力度有待加大，"一企一策"、上门跟踪服务等政策措施仍有待落实。

（三）科技成果转化不畅，成果转化机制不完善

高质量发展需要高水平成果的支撑，高水平成果市场化、产业化依赖高效运转的科技成果转化机制。一直以来，陕西科技成果转化呈现"高产出、低转化"的特点，这主要是由于陕西科技成果转化机制存在以下"堵点"。第一，基础研究和应用研究与市场需求脱节。陕西众多科研实力雄厚的"985""211"高校和科研院所多为国家战略部署，隶属中央，课题研究与陕西经济社会发展存在一定程度的脱节。同时，陕西军用科技发达，但军民融合层次低、范围窄、程度浅的问题较为突出，军用科技对陕西经济发展的带动辐射作用不强。第二，中试环节投入严重不足。理论上来说，从基础科研的实验室阶段，到成果转化的中试阶段，再到形成生产力的产业化阶段，这三个阶段的投入比应该为1∶10∶100，而事实上，陕西三个阶段的投入比约为1∶4∶14。中试环节投入不足一方面是因为科研主体以成果产出而非成

果转化为主要考核指标；另一方面是因为科技成果多为实验室成果，一般只做到样机或初级产品阶段，后续开发成本和风险较大，企业不愿意投资。第三，产学研合作机制不完善、不稳定。主要表现在产学研合作模式较为单一，即双方合作模式较为普遍，多方合作模式罕见；产学研各方利益分配、产权归属问题尚未得到解决，2017年9月发布的《陕西省促进科技成果转化条例》中技术权益部分对单位与科技人员的利益分配做出了较为明确的划分，但并未涉及产学研合作中的各方利益分配问题，产学研稳定合作得不到保障。

（四）科技资源融合不够，资源统筹体制机制不健全

科技资源是包含人力资源、物力资源、财力资源和信息资源在内的一切推动技术创新与技术进步的要素总和。改革科技资源统筹体制机制，突破现有体制下条块分割的现状，整合现有科技资源并实现资源的互通与共享，有利于夯实创新基础，为经济高质量发展提供科技支撑。从目前实际情况来看，陕西科技资源统筹仍存在以下问题。一是资源配置极度不均衡。陕西科技资源大都集中于西安市，且数量和质量上分化严重，区域内资源配置效率存在严重失衡。二是资源统筹共享不全面。现有的共享科技资源以陕西科技情报院科技文献资源为主，涵盖省内部分重点院校科技资源，并未将部分科研实力强劲的军工企业、高技术企业和与地方经济关系密切的省直属、市直属院校的科技资源纳入共享平台。三是资源统筹共享不深入，现阶段资源的统筹共享仅限于科技文献资源、大型仪器设备、自然生物资源等部分物力资源的共享，尚未实现人力、财力、信息、政府服务等其他科技资源的整合与共享。

四 深化陕西科技体制机制改革的政策建议

深化科技体制机制改革，激发科技创新活力，构筑经济高质量发展的新格局，需要进一步丰富科技投入机制、健全高新技术企业培育机制、疏通科

技成果转化机制、完善科技资源统筹机制,以增强科技创新对经济高质量发展的驱动效果。

(一)深化科技投入体制改革,为经济高质量发展积蓄力量

深化科技投入体制改革,重点在于构建以企业投入为主体,以财政投入为引导,金融机构、社会资金和外资共同参与的多层次、多渠道的多元科技投入体系。首先,应持续加大财政科技投入。发挥好财政资金的杠杆作用,以财政投入撬动社会资金进入科技创新领域;发挥好财政资金的资源配置作用,加大对商洛、铜川等科技投入不足区域的财政投入。其次,创新财政资金投入方式,如以财政资金支持企业研发应多采用入股而非直接投入方式,投入科技中介服务机构应主要实行政府购买服务方式。再次,建立引导企业加大科技投入的有效机制,使企业成为创新投入的主体。例如,允许企业计提研发准备金并给予税前扣除的税收优惠制度,建立企业研发补助制度等多种长效激励机制。最后,积极推进科技金融体制改革。运用大数据、人工智能等金融科技手段建设陕西金融科技市场和金融服务对接大平台,实现科技市场和资本市场、金融机构和科技企业的有效对接,扩大金融服务的覆盖面,努力营造以金融创新助力科技创新、科技创新反哺金融创新的良好氛围。

(二)健全高新技术企业培育机制,使经济高质量发展充满活力

建立高新技术企业培育机制,要坚持提质增量的原则,快速孵化中小科技型企业,重点扶持龙头企业,大力发展高新技术企业,建设高新技术企业集群,提高政府跟踪服务水平,使企业真正成为科技创新的主体。首先,建立中小企业快速孵化机制。依托陕西科技园区资源优势,规划建设一批要素集中、配套齐全的高新技术产业集群,使科技型中小企业按照"科技型中小企业—高新技术企业—省级龙头企业—国家龙头企业"的模式快速孵化。同时,建设高新技术企业培育库,摸清科技型中小企业的发展情况,精准帮扶。其次,扶持龙头企业发展。鼓励发展势头较好的龙头企业通过股权、资产收购等多种资本运作方式,壮大自身实力,扩大企业规模,加大研发投

入，促使高端创新要素集聚企业提升企业的核心竞争力和创新能力，并带动相关中小企业的发展。最后，发挥陕西丰富的科教资源优势和独特的军工资源优势，对科技成果开展专家评定工作，将比较成熟的、符合市场需求的科技成果实施技术转移，以高科技成果孵化高新技术企业。

（三）疏通科技成果转化机制，为经济高质量发展注入新动能

疏通科技成果转化机制，一是促进基础研究与应用研究更加贴合市场需求，围绕产业链部署创新链。打破目前科技资源条块分割的现状，平衡好在科研计划制定过程中政府与市场的关系，使市场在科研计划制定过程中发挥更重要的作用。二是加强中试环节建设。加大中试环节的研发投入，每年划拨一定财政资金投入中间试验环节，给予企业开展中试试验的投入允许税前扣除等税收优惠，完善中试环节的金融投融资体制。三是加强中试基地的建设，政府出资建设国家级、省级中试基地，并引导有能力的企业、科研机构和高校分别或者联合建立中试基地，积极开展中试试验，积极探索中试失败的风险补偿机制。四是构建产学研协同创新体系，努力形成"官产学研中金"战略联盟。界定好政府、企业、高校、科研机构、中介机构这五大创新主体在创新体系中的定位与作用，明确产权归属，建立合理的利益分配机制，使高校和科研机构的"智力"更好地转化为企业创新的"动力"和"活力"，进而转变为经济高质量发展的动力。

（四）完善科技资源统筹体制机制，为经济高质量发展夯实基础

科技资源是陕西创新能力的重要基础，从根本上决定着陕西的创新水平与创新绩效。健全科技资源统筹体制机制，应发挥政府的资源配置作用，坚持企业需求导向，协调企业、高等院校和科研院所、中介服务机构等创新主体间的利益，实现科技资源在陕西科技创新体系内的整合与流动，为经济高质量发展夯实基础。首先，要继续建设陕西科技资源开放平台，建设涵盖陕西省内所有创新主体，以及人力、物力、财力、信息和政府服务等全部科技资源的共享大平台，促进科技资源、创新成果在更大范围内自由流动，推进

全省协同创新。其次，要完善与资源共享相适应的产权制度，制定针对特定科技资源的知识产权政策法规体系，明确产权归属和利益分配原则，激发科技资源主体共享资源的积极性。最后，发挥政府宏观调控的作用，建立区域利益补偿机制。比如，对于企业自主研发的科技资源，通过给予一定政府补贴，鼓励其通过经营收费模式向社会共享；对于国家、政府所有的科技资源，全面放开经营权和收益权，鼓励相关单位积极开放共享。

参考文献

丁涛、顾金亮：《科技创新驱动江苏地区经济高质量发展的路径研究》，《南通大学学报》（社会科学版）2018年第4期。

苏毅：《1978年以来陕西科技事业发展脉络与综述研究》，《科技经济市场》2019年第10期。

赵志成：《中国自主创新思想精神内核的历史演进分析》，《理论建设》2020年第1期。

张卉、杨文选：《陕西"一线两带"建设的核心在于培育具有关中优势和特色的产业群》，《西安财经学院学报》2003年第6期。

杨忠泰：《区域创新政策的几个误区》，《科学学与科学技术管理》2010年第4期。

王永昌、尹江燕：《论经济高质量发展的基本内涵及趋向》，《浙江学刊》2019年第1期。

方维慰：《深化科技体制改革激发创新活力的路径解析》，《南京航空航天大学学报》（社会科学版）2016年第4期。

华坚、胡金昕：《中国区域科技创新与经济高质量发展耦合关系评价》，《科技进步与对策》2019年第8期。

蒋伏心：《深化科技体制改革　为高质量发展提供新动能》，《群众》2018年第9期。

胡明晖、楚明超、康艳等：《科技创新推动河南经济高质量发展研究》，《河南科学》2019年第3期。

杜林远、高红贵：《绿色科技创新与绿色经济发展》，《党政干部学刊》2017年第1期。

区域篇
Regional Reports

B.16
中国（陕西）自由贸易试验区改革创新发展的问题及对策研究[*]

王铁山 石娴[**]

摘　要： 当前中国（陕西）自由贸易试验区的发展水平不高以及可复制可推广的制度创新成果有限，在制度创新方面的差异化试验探索不足，对陕西改革创新的引领作用不够明显，自贸试验区的创新拓展仍存在一些问题和困难。为此，根据陕西自贸试验区自身功能、定位和特点，分析其面临的挑战及改革创新发展的重点方向，有针对性地提出陕西自贸试验区改革创新发展的路径及对策建议，从创新角度为陕西自贸试验区建设提供理论支持。

---

[*] 本文是全国统计科学研究项目（编号为2016LY11）、陕西省软科学项目（编号为2019KRM144）、陕西省教育厅项目（编号为18JT003）、西安市科协决策咨询项目（编号为201902）、中国（西安）丝绸之路研究院项目（编号为2016SY01）的阶段性成果。

[**] 王铁山，西安工程大学管理学院副教授、硕士生导师，研究方向为产业经济学；石娴，西安工程大学管理学院硕士生。

中国（陕西）自由贸易试验区改革创新发展的问题及对策研究

关键词： 自由贸易试验区　高质量发展　陕西

一　引言

中共十九大报告明确要求推动全面开放新格局的形成，以"一带一路"建设为重点，优化区域开放布局，加大西部开放力度，赋予自由贸易试验区更大改革自主权，探索建设自由贸易港。2018年10月，习近平总书记对自由贸易试验区建设作出重要指示时指出，建设自贸试验区是党中央在新时代推进改革开放的一项战略举措，在中国经济由高速增长转向高质量发展阶段，要以高水平开放推动高质量发展，尤其是发挥自贸试验区的改革开放"排头兵"的示范引领作用。2020年4月，习近平总书记就来陕考察工作作出重要讲话：对陕西而言，开放不足是发展的突出短板。因此，中国（陕西）自由贸易试验区在巩固前期取得的一系列改革创新成果的同时，就习近平总书记指出的不足之处进行反省修正以及对自贸试验区建设的发展建议深入贯彻执行，探索陕西自贸试验区改革创新发展的重点方向、路径以及对策建议，把自贸试验区建设成新时代改革开放的新高地，推动陕西经济高质量发展。

二　陕西自贸试验区发展现状与挑战

（一）陕西自贸试验区发展的主要成绩

陕西自贸试验区成立以来，坚持解放思想、大胆实践，紧紧围绕制度创新，加强改革整体谋划，不断推动自贸试验区发展。主要做了以下工作。

1. 紧扣国家战略发挥改革开放试验田作用

截至2019年底，陕西自贸试验区积极完成了改革、开放、创新等方面所承担的全部试点任务，培育了370项创新案例，其中全国范围内复制推广的创新案例16项，全省范围内复制推广的创新案例53项，初步形成"西安样本"；同时，出台了《西安市政府深化改革创新若干措施》，提出7个方面31条支持措施。

2. 行政效能革命助力构建高水平营商环境

实行网上核名、微信登记等多渠道、多平台注册，推进企业注销便利化，全面深化商事制度改革；实行"线上+线下"自助政务服务模式，如"24小时自助信包箱"、"零跑路"线上服务、"全城通办"速递服务；设立西安自贸试验区公共法律服务中心、"一带一路"国际商事调解中心西安调解室、西安仲裁委员会陕西自贸区仲裁院等机构，推进建立"一站式"多元化国际商事争端解决机制，营造自贸试验区法治化营商环境。

3. 制度创新激发市场主体活力和经济发展动力

对投资领域实行公开、公平、开放的管理模式，不仅给予外国投资者以准入前国民待遇，而且实行"非禁即入"的负面清单管理制度，围绕着新开放领域和功能区产业规划，吸引更多外资企业入驻自贸试验区；推进贸易转型升级，强化企业市场主体地位，开展企业自定核销周期试点，在高新综保区开展"简化进出区"政策试点；加大金融改革创新力度，针对不同领域、不同产业、不同企业开展各类创新金融服务，例如，以新兴技术区块链助力跨境金融、为军民融合企业需求服务而创新开展的核心人员信用担保贷款业务以及针对农业推出的"农产品价格指数保险"等项目，有望进一步降低企业融资交易成本。

4. 创新"一带一路"经济合作与人文交流新模式

深化国际产能合作，加快推进中欧国际合作产业园建设，高标准打造全新智能工厂；深化互联互通合作机制，持续创新中欧班列运营模式，2019年，中欧班列"长安号"共开行2133列，运送货物180.2万吨，分别是2018年的1.7倍和1.5倍；通过探索艺术品保税拍卖模式，建立"云端"网上自贸综合服务平台，成立丝绸之路职教联盟，打造"丝绸之路国际博览会"平台，不断创新人文交流新模式，加强与共建"一带一路"国家的会展合作。

（二）陕西自贸试验区发展面临的挑战

1. 公众自贸认识有待提高

陕西各界对建立自贸试验区的重大意义在认识上还不到位，改革创新认识有待提高，形式主义思想需要转变。第一，在自贸试验区工作推进中，有些部门对该工作重视和支持不够，存在"重申报、轻建设"现象。第二，各级政府（管委会）工作部门普遍有意或无意地认为自贸试验区工作是各级自贸办的事情，自己最多只是配合部门，对主体责任的认识还不到位，工作动力不足。第三，社会公众普遍对自贸试验区不了解、不理解，甚至不少政府、企事业单位的领导干部对此也是一知半解。

2. 管理体制机制不顺

（1）自贸试验区管理体制与原有行政体制存在冲突

第一，作为日常协调机构的自贸试验区管委会（及下属功能区），多被挂靠在各级政府的商务部门。第二，陕西省和西安市都成立了自贸试验区工作领导小组，但并未对各成员单位形成制度化的职能划分，且缺少有效的考核、督查等引导办法，领导小组成员单位主动参与改革不够深入，存在"小马拉不动大车"问题，导致动力不足，不能支撑全方位的制度创新。

（2）自贸试验区管理体制与原有行政区划存在冲突

第一，体制机制成了陕西自贸试验区建设的掣肘。例如，中心片区分别由自贸试验区西咸管委会和西安管委会管理，出现管理行政化、业务开发区化的倾向，在推动过程中整合能力欠佳，行政成本偏高，创新效率较低。第二，自贸试验区各功能区所在的开发区管委会负责承接上级下放的各项职能权限以及实现开放型经济体制改革的各项具体工作。但是，作为"准"政府组织和政府派出机构，上述管委会未被正式列入行政机构设置序列，缺乏法定行政资格，行政权威不足。

3. 基础设施不够完善

第一，陕西在经济发展水平上仍然难以与东部沿海省市相竞争，而且进出口贸易在近年来取得了较大发展，但比起重庆等其他地区，陕西的贸易总额仍处于弱势地位，不仅外贸规模小，增长速度缓慢，差距越来越大，在贸易整体上还有待发展。第二，陕西的要素市场化配置效率不高，实际引入外资企业数量与利用外资水平方面与周边地区存在较大差距，在吸引外资方面还有很大的进步空间。第三，自贸试验区内物流体系建设不够完善，多式联运的运输方式还没有完全实现，口岸效率及海关管理便利化水平还有待提高。

4. 改革创新自主权不够

陕西自贸试验区改革创新成果不够，系统集成不足。第一，改革创新成果不够。中央部委出台的关于陕西自贸试验区的有关政策，复制推广的多，改革突破的少，授权式改革多，自主性改革少，致使陕西自贸试验区压力测试的功能远未达到中央的期望。第二，改革创新成果的系统集成不足。自贸试验区推出的创新成果大部分集中在政府管理领域的程序性的创新、优化、简化，而制度创新、自主创新突破少，且呈现碎片化、环节化的特征，尚未形成可以推动法规修订、政策突破的系统性制度创新成果。同时，各部门推进改革重点不同、先后不同、快慢不同，导致创新无法实现协同效应。第三，立法权限偏低束缚了制度创新的步伐，改革需要制度保障。自贸试验区改革大多涉及现有法律法规，推动中极易踩线及突破现有法律，法制层面缺少自贸试验区管理、鼓励创新、容错纠错等法规制度，改革者还存在思想顾虑。

5. 营商环境需要优化

根据粤港澳大湾区研究院发布的2019年中国城市营商环境报告，西安在36个城市中排名第14，其中，政务环境维度排在第21位，人力资源维度排在第15位。一是在政策环境方面，一些政策针对性不强。目前，区内功能区存在多重政策叠加现象，但在实际发展中，各个创新功能区的政策是相互独立操作的，影响范围及发挥的作用有限，没有形成"1+1>2"的效应，如何整合利用跨区域、跨部门的政策值得深入思考。二是在人才环境方面，专门人才缺乏问题凸显，自贸工作被动。自贸试验区建设所需专门人才匮乏，自贸型复合人才不足，尤其是缺乏熟悉国际金融、贸易新模式、新业态、新产品等专业技术和管理的高层次自贸型复合人才，多以商贸型人才代替，致使西安资源禀赋、区位优势不能通过自贸试验区建设得到充分挖掘。

（三）陕西自贸试验区改革创新发展的重点方向

1. 向更深层次、更高标准的改革领域探索

当前，陕西自贸试验区的改革创新多以传统的程序化创新、便利化创新和复制推广其他自贸试验区的创新案例为主，接下来应向更深层次、更高标准的改革领域探索，建设成新时代改革开放的新高地。首先需要理顺自贸试验区的体制机制与管理体制，并建立和完善自上而下的创新机制，促进形成常态化的制度创新路径和机制，同时加强服务贸易、数字贸易、金融开放、投资安全等领域的开放措施及事中事后监管措施，进一步凸显制度红利对产业升级的促进作用。

2. 建设内陆型自由贸易港，形成全方位开放新格局

沿海与内陆地区在开放程度和环境上的不平衡性已经成为我国开放型经济水平进一步提升的重要制约。要在新时代形成全面开放新格局，就要加大开放力度，加快"追赶超越"脚步，尽力争取并率先建设全国首批内陆型自由贸易港。陕西可以紧跟国际自由贸易港主流布局，通过实现"陆港＋空港"联动，开发出广阔的发展空间，形成区别于东南沿海地区的新布局，以弥补缺乏海港的不足。

3. 推动与共建"一带一路"国家的经济合作战略

陕西是"一带一路"和黄河流域的重要纽带，是连接西南西北、沟通中亚南亚东南亚的重要交通走廊，更是内陆开放的前沿地带和西部大开发的战略依托。推动与共建"一带一路"国家的经济合作，有利于进一步放大陕西的辐射和示范功能，探索内陆地区双向开放的模式和路径，促进国际国内要素有序自由流动，形成陕西自贸试验区改革创新发展新动力，培育国际合作和竞争新优势。

4. 培养中国西部地区面向全球的竞争优势

中国的物流支出总费用在国民生产总值中的比例高出世界8%的平均水

平,国际贸易中交易成本费用高,降低了中国产品的外贸竞争优势。自由贸易试验区最基本的功能是实现贸易便利化,应通过改革创新降低贸易成本,从而培养中国西部地区面向全球的竞争优势。一方面,应在审批方面,将感染性物品的审批方式改为年度审批,审核对象由每一个物品调整为一类产品,在监管方面,监管思维由货物管理理念转变为企业管理式监管。另一方面,应推进新型贸易业态的转变,培育集多种功能于一体的现代贸易优势,以实现多元贸易形态持续发展与创新。

三 陕西自贸试验区改革创新发展的路径

(一)引领建设改革开放新高地

探索建设内陆自由贸易港是陕西自贸试验区建设改革开放新高地的重要目标,是自贸试验区的全面创新升级版,开放的范围和层次将向更高水平、更大方位拓展,开放的结构布局和机制将更加完善,开放的质量将进一步优化。

第一,在自由贸易港定位上,要依托打造国际性交通枢纽的目标,探索"一带一路"人文交流模式,发展文化贸易,打造具有中国特色的发展模式,加强与成都、重庆联动,发挥"西三角"作用,成为西部大开发新引擎;立足新型国际分工,根据内陆地区对外开放的需要,突出对外贸易功能,建设内陆地区最大的、适合内陆货物进出口需要的集散中转港,为内陆地区的货物储存、加工、贸易提供更加便利化的服务。第二,在产业布局方面,可通过整合协调西安国际港务区片区和西咸新区空港新城功能区,实现"陆港+空港"联动,同时发挥空中丝路走廊和欧亚经济走廊陆海铁联运的综合优势,结合西安四通八达的高铁和高速公路,协同建设成为推动陕西三大经济发展的核心支撑。第三,在产业选择方面,应该大力吸引转口贸易,更多地集聚商品物流以及供应链企业;同时加深对离岸业务的认识,探索施行最大限度的税收优惠政策,支持离岸业务的开展,包括外汇管理和人民币业务开办等，形成要素、资本、人才的流通，创立要素流动平台，服务"一带一路"。

（二）扩大对外开放合作机制与模式

加强与共建"一带一路"国家的经济合作和人文交流、深度融入"一带一路"建设不仅是陕西自贸试验区的重要任务，也是促进自贸试验区改革创新发展的重要路径。陕西自贸试验区需要逐步推进构建扩大对外开放的经济合作机制的任务。首先，与共建"一带一路"国家联合构建区域合作机制，并优先选择重点领域进行合作；其次，加快推进完善各类区域经济合作机制组织架构，实现区域投资贸易自由化、便利化、高标准化；最后，将区域合作机制拓展到政治、文化、社会等多个领域。

陕西与沿线国家应充分利用现有的双边和多边经济合作机制与平台，探索和扩大双边国家或者多边国家间的共同利益，深化促进与沿线国家之间的区域经济合作。一是发挥合作机制的协调作用，对合作中出现的纠纷和问题及时进行协商和调节，维护国家之间的友好合作关系。二是落实经济合作协议，增强陕西与沿线国家经济合作的效果。三是注重发挥地方政府和企业的积极作用，充分发挥市场对区域经济合作的主导调节作用。四是通过建设西安服务贸易中心，充分发挥服务贸易对陕西、西北经济发展、结构转型的重要推动作用，发挥关中城市群的聚集优势，推进陕西与沿线国家区域经济合作向纵深发展。

（三）助推经济高质量发展

自由便利的贸易制度、开放的金融制度、配套的产业发展政策是陕西自贸试验区实现改革创新发展的重要路径，更有利于助推陕西经济高质量发展。第一，完善地区法律制度建设，可以选择在一个特殊监管区试行准自由港，在准自由港内，试行货币自由兑换、资金自由进出，开展离岸金融，实施较低税率和简明税制等，并只对禁运货物进出口施行管制。第二，大力推进国际航运中心建设，依托港务区推进航运业的大力发展，是陕西自贸试验区助推经济高质量发展的主要路径之一。第三，建立国际化的、开放的金融制度，可将金融市场的建设重点放在企业债券市场、金融期货期权市场、以票据市场为主的货币市场等领域，发展货币经纪、金融租赁、金融仲裁等非银行金融机构，力争建设开放程度高、国际化的完善的金融支撑体系，为陕西自贸试验区助推经济高质量发展提供资金支持。第四，应配套制定相应的现代服务业发展政策，支持高端服务业发展，增加服务业附加值的同时，为陕西自贸试验区助推经济高质量发展提供优越的软环境支持。

四 陕西自贸试验区改革创新发展的对策建议

（一）提高公众自贸思想认识

在当前中美贸易摩擦背景下，有必要提高陕西社会各界对自贸试验区的思想认识，凝聚对自贸试验区建设的共识。自贸试验区建设是国家为了进一步推动新时代改革开放进行的一项具有重要战略意义的举措，同时深化陕西自贸试验区改革创新发展更是推动陕西发展的抓手和优势，是大力发展"枢纽经济、门户经济、流动经济"的先行区和主阵地，有利于陕西经济尽快融入全球产业链、价值链，实现国际资源要素在陕西市场配置的重要抓手。一方面，要发挥各级社科联、科协及社会团体组织、学会的作用，利用科普宣传、科普著作、报纸杂志、广播电视、网络及移动终端、个人公众号、自媒体平台等各种形式，向社会公众诠释陕西自贸试验区的基本内涵，展示建设与发展成就。另一方面，开展研究和讨论，总结自贸试验区发展中的问题，提出下一步高水平建设高质量发展的思路和建议。

（二）理顺管理体制机制

自贸试验区现在的管理体制与原有行政体制存在冲突，要想方设法解决这个根本问题，才有可能在此基础上构建精简、高效、有序的管理模式和运行体制。解决这一问题关键是要尽快开始，一步一步解决。第一，创新管理体制。设置省市（区）两级自贸试验区管理体制，省级管理层级和市（区）管理层级，设立省市（区）领导小组和办公室，提高各级自贸办的领导层级，强化功能区所属职能部门的权责。第二，加强组织实施。统筹协调，积极抓好工作落实，积极争取国家和相应省级主管部门支持，及时报送需要配合推进的各类事项；加强对各项职责措施实施情况的跟踪、督促与评估，并将评估汇总工作及时报送至上级单位。第三，深化监管服务模式创新。完善"走出去"一站式服务平台，深化海关、检验检疫监管服务模式创新，建议由海关总署、公安部出入境管理局等国家相关机构派专人入职管委会或授权管委会执法，形成统筹管理、分级负责的管理运行机制。

（三）对标国际水平提升营商环境

1. 对标国际标准优化国际营商环境

陕西自贸试验区要想营造更高层次的营商环境，必须顺应国际化的趋势，本着与国际标准和国际通行规则相匹配的原则，以更加开放、公平的态度吸引跨国公司和国际组织入驻园区，努力在政策服务体系、组织服务体系等公共服务方面形成与国际接轨的体制机制，建立符合国际规范、灵活高效的开放管理体制和符合高标准贸易便利化规则的贸易监管制度，持续推进投资贸易便利化改革，打造西部国际营商环境标杆。应加快推进"一带一路"国际法务服务体系建设，对纠纷和争端提供审判、仲裁、调解等专业国际法律服务；建立完善的知识产权政策，加强自贸试验区信用体系建设，打造适合自贸试验区特色的公共服务和公共环境，将陕西自贸试验区打造成为国际投资贸易便利、法制保障完善、信用体系健全的国际化营商环境新高地。

2. 创新人才服务模式

人才是陕西自贸试验区营造国际化营商环境的关键环节。一方面，针对引进国内外高端人才的企业提供专项奖金扶持，并且建立健全针对外国籍高端人才来陕西自贸试验区就业、创业的专项支持政策，在办理签证、居留住房、伴侣工作、子女就学等方面提供便利；另一方面，鼓励在陕高校开展自贸型复合人才的培养和培训，并且与其他国家合作进行人才互培，更加贴合自贸试验区的高端人才需求；建设多种形式的离岸创新创业基地、海外孵化器，促进高端人才"带土移植"，把陕西自贸试验区打造成具有国际影响力的人才集聚地。

（四）推进重点领域改革创新发展

1. 提升贸易便利化水平

口岸的基础设施建设滞后、航空货运短板明显、信息化与贸易便利化融合程度不高等问题严重制约了陕西自贸试验区提升贸易便利化水平的进程。第一，创新海关监管模式，加快完善国际贸易"单一窗口"，促进贸易便利化。第二，构建全方位的综合交通物流体系，将陆港、空港以及高铁、高速公路等多种交通方式集结运转起来，加强各个交通方式之间的联系，同时健全机场客货中转、物流基础设施等，提高货运效率和便利化水平。第三，加强数字核心技术在物流、通关及移动端中的推广和应用，打造更加高效、便捷、安全、可靠的智能化服务贸易创新模式。第四，全面落实外商投资准入前国民待遇加负面清单管理制度。第五，推进陕西同其他国家的友好合作关系，鼓励陕西企业在境外开展投资并购，吸纳境外优势资源要素，培育竞争新优势。

2. 鼓励支持金融创新

金融创新是自贸试验区建设的重要内容，也是陕西自贸试验区的薄弱环节。一方面，在民营企业融资、外币融资业务、跨境人民币出入境及结算业务等方面创新贸易融资模式，适时开发相关金融产品。另一方面，针对区内重大文化项目、文化企业的涉外发展需求开发相关专项金融产品，鼓励文化企业积极利用国内外两个市场进行融资，并加快推进文化金融合作示范区的建设。

3. 促进"一带一路"人文交流

加强与共建"一带一路"国家的经济合作和人文交流，深度融入"一带一路"建设，围绕陕西特色推进差异化改革，形成更多具有陕西特色的改革创新经验，形成更多可复制推广的"陕西样本"。第一，打造"一带一路"进出口产品国际中转枢纽和集散中心,不断开发中欧班列运行新模式。第二,引导经开区企业在共建"一带一路"国家建立合作园区,深化"一带一路"城市联盟合作,打造西部经济中心和对外交往中心。第三,以中国传统中医药文化打造国际知名健康服务养生品牌,向共建"一带一路"国家和地区宣传中华特有文化,拓宽合作范围,加大交流力度。第四,在自贸试验区范围内积极申请设立免税店、艺术品保税仓等多种形式的商品交易中心,满足境内外消费者的需求,扩大文化旅游类商品的交易规模,增加文化旅游消费体量。

(五)形成全方位改革开放新格局

1. 积极探索建立西安内陆自由贸易港

自由贸易港是全球开放水平最高的特殊经济功能区。从国内外自由贸易港建设经验来看,西安已经具备建设开放型经济新体制的基本条件。建议陕西尽快启动探索建设内陆自由贸易港的可行性研究工作。一方面,瞄准国内外高标准自贸区及国际通行做法,探索新型离岸金融、离岸贸易、投资和出入境管理制度,加大开放监管,完善风险防控体系;加强我国与共建"一带一路"国家和地区的经贸及人文交流与合作,凸显珍珠链效应,吸引全球科技、人才和资本的集聚,充分发挥陕西向西开放、向东集散、辐射全国的门户作用。另一方面,借鉴海南自贸港,低调务实地强化西安的特色和优势,尤其是协商税务部门,参照国际自贸区标准,有针对性地进一步降低自贸试验区税负,为自贸港筹建奠定最根本的基础。

2. 建立区域协同开放合作机制

实施内陆与沿海协同开放战略,加强与沿海港口联动发展,建立全方位区域协同开放合作机制。第一,结合陕西自贸试验区三大片区的地缘优势与战略发展方向,利用其空间布局协同推进三个片区之间的经贸合作。第二,设立协同创新区,根据各自优势产业,围绕新产业、新业态、新模式,从纵、横两个方向共同构建产业协同创新发展路径,不断完善产业链和供应链体系,推动跨区域合作与创新。第三,加强陕西与"海上丝绸之路"相关省市的经贸合作、周边省市的互联互通、共建"一带一路"国家和地区自贸园区的经贸交流与合作,推动陕西自贸试验区建设对外开放新高地。

3.推动形成国内国际双循环新发展格局

一方面,把"一带一路"建设、自贸试验区建设、西部大开发与国内国际双循环衔接起来。既强调其内在的一致性,又突出各自的特色和重点,互相支持,互相促进,提升西安在国家发展战略中的地位和作用。发挥自贸试验区的示范作用,加强基础设施建设及相关产业发展,重点推进陆港、空港建设及多式联运、跨境电子商务及物流,突破航运产业功能型政策。另一方面,以提升经济增量和质量为基础推动国内国际双循环。形成双循环是以构建完整的内需体系、形成强大国内市场、消费扩容提质为基础的。一是进一步改革开放,促使国内大循环顺畅运转。实现持续改善营商环境,提高社会资本投资积极性,推进供给侧结构性改革,不断提升资源配置效率,更好发挥政府在扩大内需、维护市场中的作用。二是以扩大就业和提高居民收入为基础,提高居民消费能力来创造需求,带动经济进入良性循环状态。三是做好"出口转内销",鼓励企业研发适销对路的内销产品,创建自有品牌,培育和发展新的消费热点,丰富国内市场供给,带动消费升级。

参考文献

崔春华:《创新案例370个 自贸区让陕西经济更加开放——写在陕西自贸试验区成立三周年之际》,《陕西日报》2020年4月1日。

杜国臣、徐哲潇、尹政平:《我国自贸试验区建设的总体态势及未来重点发展方向》,《经济纵横》2020年第2期。

杜国臣:《自贸试验区的成都使命 以制度创新为核心 打造内陆开放新高地》,《先锋》2017年第2期。

张释文、程健:《我国自由贸易港建设的思考》,《中国流通经济》2018年第2期。

《加快实施自由贸易区战略 加快构建开放型经济新体制》,《人民日报》2014年12月7日。

尹政平、李光辉、杜国臣:《自贸试验区主动对接国际经贸新规则研究》,《经济纵横》2017年第11期。

黄春丽:《对接自贸区新需求的国际营销人才培养模式改革初探——以陕西高校为例》,《经济研究导刊》2017年第24期。

陈超凡、刘浩:《全球数字贸易发展态势、限制因素及中国对策》,《理论学刊》2018年第5期。

王铁山、裴兵兵:《自贸试验区:推动陕西经济高质量发展》,《国际经济合作》2019年第2期。

王铁山:《西部地区在推进国内国际双循环中大有可为》,《中国贸易报》2020年7月9日。

B.17
把"中俄丝路创新园"俄方园区打造成陕西省对外开放平台的探讨*

冯家臻 白振中**

摘 要： 本文对陕西省"中俄丝路创新园"俄方园区的基本情况、发展面临的主要问题做了系统分析，就中俄丝路创新园俄方园区发展的目标定位和工作着力点做了初步探讨，对推进陕西省中俄丝路创新园俄方园区进一步发展提出了对策建议。

关键词： 中俄丝路创新园 俄方园区 陕西

课题组围绕"把'中俄丝路创新园'俄方园区（以下简称'俄方园区'），打造成我省对外开放的平台"，到俄方园区、省发改委、商务厅、文旅厅做了调研，现将有关情况分述如下。

一 中俄丝路创新园俄方园区已经开园运营

中俄丝路创新园是中俄两国总理见证签约的跨国性园区，是陕西省在国家丝绸之路战略分工中一个标志性品牌。该园按照"一园两地"原则，已经在俄罗斯、西安沣东新城各建一个园区。俄方园区位于俄罗斯联邦莫斯科

---

* 本课题在调研过程中得到沣东新城沣东集团的大力支持，在此深表谢意。
** 冯家臻，陕西现代经济与管理研究院专家咨询委主任；白振中，陕西现代经济与管理研究院副院长。

市郊区，2018年8月16日开园。目前该园区共落户中资企业16家，其中陕西企业13家。入园企业运营健康有序，已经成为陕西对俄经贸、科技、教育、文化等交流合作的重要载体，陕西省与俄罗斯合作的标志性窗口。当前，俄方园区正处于稳健起步、高效能发展的关键时期，有条件建设成为"一带一路"上的战略推进器。主要有三个特点。

（一）省委省政府高度重视

2014年2月，时任陕西省委常委、常务副省长江泽林同俄方签订了中俄产业园备忘录，进入国家战略合作程序。省政府委托西咸新区沣东新城筹备建立"一园两地"，成为陕西融入"一带一路"建设的标志性工程。2017年7月，省委常委、常务副省长梁桂对项目选址进行了实地考察，做出了"不贪大、动起来"的重要批示。按照梁桂副省长指示精神，2018年9月，俄方园区在莫斯科格林伍德国际贸易中心落地，并正式投入运营。2019年9月，时任陕西省委副书记贺荣同志再次赴俄考察，并做出了打造对俄及独联体国家"一个平台、四个中心"的重要指示。在省委省政府和西咸新区、沣东新城管委会的高度重视下，俄方园区进入稳健起步、按国际标准进行运行的重要时期。

（二）园区功能比较完善

西安沣东发展集团有限公司作为西咸新区沣东新城管委会下属国有企业，通过其香港投融资平台——丝路创新发展有限公司出资2000万美元，在莫斯科格林伍德国际贸易中心租赁3300平方米办公楼作为俄方园区。目前，园区共有工作人员10名，其中中方人员3名（包括公司总经理1名、沣东集团外派人员1名），俄籍员工7名，设置有招商引资、内部管理、国际关系联络等三大业务管理部门以及陕西科技文化产品展示展销区等，初步实现了现阶段为陕西企业和有关地区企业在俄罗斯发展提供平台支撑和项目推介的作用。

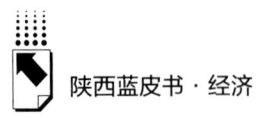

（三）运营绩效比较突出

按照中俄政府备忘录和省委省政府领导的指示精神，俄方园区把主要发展方向定位于加强中俄政府间对接，促进科技创新联动。已和俄罗斯总统经济顾问（现俄罗斯宏观经济部部长）、俄罗斯农业部、科学院、莫斯科大学等高层领导和科研机构建立了良好合作关系。在科技合作、现代农业合作等方面达成共识，特别是2019年邀请俄罗斯农业部司长带团参加杨凌农高会，成功举办"2019中俄丝路工业与科技创新论坛"多场中俄科技交流活动，为俄罗斯政府与陕西省政府机制性对接发挥了桥梁纽带作用，已经显示出陕西与俄罗斯开放合作极有价值的功能平台优势，在提升陕西在"一带一路"建设上战略地位、价值链分工等方面发挥着不可替代的重要作用。

二 中俄丝路创新园俄方园区建设存在的主要矛盾和问题

俄方园区从诞生之日起，就是服务两国政府的机制性跨国园区，但又是由西咸新区沣东新城管委会下属的两家国有企业出资建设的跨国园区，一直存在"三不"矛盾和问题。

（一）协同推进机制不完善

虽然俄方园区已经与俄罗斯总统经济顾问、宏观经济部、农业部、科学院、莫斯科大学等重要经济、科技等部门建立了比较好的人脉关系，形成了一定的沟通协调渠道，但由于园区在俄罗斯规模较小，迫切需要理顺体制机制，为俄方园区营造一个单一部门管理、便捷高效的直通工作机制。

（二）服务功能平台支撑力不强

俄方园区虽然已经建立了相对固定的工作平台、与俄方联系联络的工作机制和陕西历史文化展示区，但平台规模小、层次较低，远远不能满足与俄罗斯及独联体国家贸易投资合作、文化教育合作、科技创新合作、国际信息合作需求,"小马拉大车"的矛盾非常明显。特别是对陕西企业入驻俄罗斯产业园实行免房租的办法,调动了企业海外发展积极性。但迫切需要强化投资,强化对接对外开放的政府公共服务平台功能,扩展服务范围,为俄方园区创造一个服务政府决策、对接市场和企业的发展载体。

(三)发展方向和战略定位不明确

中俄丝路创新园成立时就是国家给陕西含金量很高的牌子,又是中俄两国总理见证签约的一个合作项目。但俄方园区五年来一直存在企业主导,园区主攻方向格局小,整合陕西在俄罗斯及独联体国家开放资源力量不足的矛盾,妨碍了中俄丝路创新园向国际化、品牌化发展。迫切需要科学界定俄方园区的角色定位,用规划和行动方案的形式,努力把俄方园区锻造成丝绸之路上的国家级品牌园区。

三 中俄丝路创新园俄方园区发展的目标定位和工作着力点

如何加快提升俄方园区,现对园区的发展思路、目标定位和工作着力点分析如下。

(一)发展思路和目标定位

以陕西省"一带一路"建设行动计划为统领,以策划重点项目和活动为抓手,整合中俄科技、教育、文化、商贸等领域优势资源,努力把俄方园区打造成陕西对外开放的平台,中俄经济、教育、文化、科技合作交流中心(简称"一个平台,四个中心"),实现由单一性"科技创新园区"向全省对外展示合作交流的综合性平台转变,力争在2021年前,建成服务功能比较完善的海外园区,在2025年前,建成国家级海外园区,使陕西在对俄合作方面走在全国前列。

（二）工作着力点和实现路径

俄方园区建设要围绕服务上合组织、丝博会、杨凌农高会、欧亚论坛、中欧班列等国际化合作平台，加快完善提升服务于政府、企业、大专院校、科研机构和民间组织对接功能，以策划项目和活动为抓手，努力将园区打造成陕西省对外开放的重要平台。

1. 全力打造中俄经济合作交流中心

策划项目和活动的工作可以从三个方面发力。一是建设俄罗斯－陕西经济信息服务平台，为两国企业提供信息服务。二是为中俄农业的交流合作提供服务。推动俄罗斯当地资源和陕西农业高科技技术交流合作。在俄罗斯建设高科技农场，发展暖棚种植、养殖、农产品半成品的加工业。三是为企业拓展市场提供服务。建立陕西特色商品展示销售中心或海外仓；对有意愿来俄罗斯开拓市场的企业，进行当地资源对接，扶持公司初期的成立和运营，支持陕西省优势企业在园区设立营销中心；引导俄方大型企业，在陕西设立销售平台，开展贸易活动；支持帮助跨境电子商务企业在园区建设境外服务平台，为陕西省跨境电子商务企业提供贸易、仓储、配送和售后服务。

2. 加快构建中俄教育合作交流中心

策划项目和活动工作向三个方面发力。一是加强人才培养。大专院校可以通过相互招收留学生、互派访问学者、教师任职、组织各种体育赛事等路径解决；中俄与丝路沿线国家可以探索建立互派各级政府行政人员的短期研学机制，农业专家、技术人员、农民的相互学习和培训体制。二是加强教育合作。积极参加陕西省高校丝绸之路教育合作交流会，筹办中俄（陕西）丝路高校教育合作系列峰会；主动参与陕西省丝绸之路大学联盟和"一带一路"职教联盟，加强中俄"一带一路"沿线国家和地区的教育交流合作。三是支持开展国际合作研究。根据科技部和陕西省科技厅每年下发的课题指南，组织中俄大专院校开展学术交流，建设合作实验室，支持推荐联合攻关。

3. 努力建设中俄文化合作交流中心

策划项目和活动工作向六个方面发力。一是搭建展示平台。在中方园区，设立长期人文展示平台，例如俄罗斯食品文化厅、芭蕾舞蹈艺术厅、油画厅、石材工艺品厅等；在莫斯科园区，设立陕西高校图片展、旅游图片展、历史文化和民俗文化图片展、高科技图片展。二是举办节庆活动。围绕陕西省丝路年度行动计划和俄罗斯国内重大节庆活动，举办中俄（陕西）丝绸之路国际艺术节、中俄（陕西）丝绸之路国际电影节、中俄（陕西）丝路留学生国际艺术节、庆祝卫国战争胜利电影周等活动。三是举办会展。根据陕西省部署，举办中俄（陕西）丝绸之路国际旅游博览会、中俄（陕西）丝绸之路国际食品博览会等；以促进经贸合作为推手，围绕陕西文化、产业、企业和产品等优势，紧密结合俄罗斯及独联体国家市场诉求，策划一批跨国合作展会项目。建设具有国际国内影响力的人流、物流、资金流、信息流的展览、展示、展销中心。四是组织文化学术交流。根据不同专业、企事业单位、社会团体的需求，组织文化研讨会、峰会、论坛。五是申报国家文化合作交流项目。根据文化和旅游部下发的年度工作指南，组织推荐申报。六是开展民间艺术文化交流。发挥陕西省音乐、舞蹈、美术、摄影、体育等民间组织的桥梁纽带作用，促进中俄文化合作交流。将俄罗斯教练推荐给各种有需求的大专院校或艺术团体。

4. 积极建设中俄科技合作交流中心

策划项目和活动的工作向三个方面发力。一是开展科技交流活动。定期在莫斯科和中方园区举行高科技论坛和路演活动。二是支持开展科技合作。建立俄罗斯和陕西大专院校之间的合作实验室，互派学者，共同开发研究新型科技项目。围绕陕西省重点产业和技术领域，引导有条件的优势企业、科研机构在俄罗斯建设研发机构或省级中俄科技合作基地。根据科技管理部门下发的年度工作指南，组织推荐中俄产学研相关机构，联合申报中省国际科技合作交流项目。三是设立陕西-俄罗斯高科技发展专项资金，对合作研发项目给予扶持。

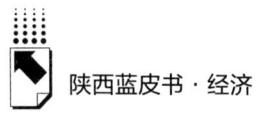

四 推进中俄丝路创新园俄方园区建设的对策建议

针对俄方园区发展实际,借鉴有关海外园区建设经验,陕西省推进俄方园区建设,应重点抓好以下六个方面工作。

(一)构建协同推进机制,形成政府主导、企业运营的发展格局

把海外产业园区建设作为省委省政府实施对外开放战略的重要组成部分。成立由省上领导担任组长的"陕西省海外产业园区建设领导小组"。办公室设在省商务厅对外合作处。省发改委、省商务厅、省教育厅、省农业厅、省科技厅、省文化旅游厅、省外办、省贸促会和杨凌示范区管委会、西咸新区管委会等是成员单位。建立海外产业园建设联席会议制度,每年召开一次海外园区发展形势分析会,系统解决海外园区发展中的矛盾和问题。按照"一园一策"的办法,把中俄丝路创新园俄方园区提升为国家级园区,建立一站式直通省级有关部门的体制机制。

(二)提升俄方园区发展定位,加快形成陕西省对外开放发展新高地

按照"一个平台、四个中心"的发展定位,由省级有关部门指导中俄丝路创新园加快编制发展规划,促进俄方园区发展思路方向、重点产业、重大开放型项目与省委省政府对外开放的战略布局对接,与全省对外开放相融合。从更高层次、更宽领域赋予中俄丝路创新园俄方园区大型项目,使其尽快成为陕西省对外开放、交流示范的大平台。

(三)整合陕西向西开放战略资源,把海外园区打造成为"一带一路"新引擎

重点把陕西省现代农业、新能源、智能制造、文化教育、科技创新、人文旅游和贸易投资等优势资源整合成为海外共享发展方阵。利用中俄丝路创新园的政府对接资源优势,分别在俄罗斯、哈萨克斯坦、吉尔吉斯斯坦、巴

把"中俄丝路创新园"俄方园区打造成陕西省对外开放平台的探讨

基斯坦等中西亚、中东欧国家建设一批海外专项口岸和海外仓,争取国家"一带一路"重大项目和资金的支持,把国家赋予陕西的中俄丝路创新园,打造成为在国际国内具有影响力的战略引擎。

(四)着力打造国际产业联盟,多元化构建利益共享新平台

依托俄罗斯及独联体国家与陕西省发展基础高度契合的特点,充分利用中俄丝路创新园与俄罗斯农业部、俄罗斯科学院、莫斯科大学、航空动力学院等国家权力部门和大专院校合作基础良好的优势,支持中俄丝路创新园发挥优势,推进俄罗斯及独联体国家与陕西形成现代农业开发联盟、大学科技联盟、高端能源化工联盟、智能制造联盟、人文交流联盟等国际化社会组织。谋划一批大型国际会展项目,孵化一批领军产业,达成一批国际化合作共识,助力陕西走向开放前沿。

(五)争取各方政策支持,进一步优化海外园区发展环境

一是东道国政府的经贸和法律政策支持。争取类似中白工业园的白俄罗斯当地政府和西港特区的柬埔寨当地政府的优惠政策支持。二是国家发改委和商务部的建设开发支持政策。根据中国和南非(东道国)双方的各项扶持政策,积极争取国家相应部门的政府补贴和资源支持。三是地方政府的政策支持。争取西安市政府和高新区在税收、金融、产业、科技、人才、技术标准等方面提供优惠政策,支持集团在海外建设产业园区。四是金融机构对俄罗斯丝路创新园建设开发的融资支持。搭建海外产业园区投资的新平台和再融资的通道,为园区的建设和入驻园区企业的发展提供全方位的融资服务。搭建以人民币计价的证券交易平台,打通项目上市融资、风险管理和资本退出的渠道。

(六)建立陕西海外园区发展专项资金,全面提升海外园区发展实力

针对中俄丝路创新园正处在创建期和高质量发展攻坚期,迫切需要政策、资金、项目扶持和政府强力推动的特点,结合中俄丝路创新园启动一年

多的实践经验，建议省上设立5亿~10亿元的海外园区发展专项资金，主要撬动企业和社会资本加大对海外发展的投资，建立与"一带一路"投资专项资金（基金）的对接机制，在更高层次形成海外发展的投融资机制，用政策和财政扶持的红利，促进中俄丝路创新园尽快成为"一带一路"建设的重要推进器。

B.18 黄河流域陕西省经济高质量发展评价

方兰 李军 王恒*

摘 要： 本报告在深刻理解经济高质量发展内涵的基础上，分析了陕西省各地级市的长期经济发展趋势，并从经济发展的持续性、普惠性、资源适应性和环境友好性四个维度构建了黄河流域陕西省高质量发展指标评价体系，采用主成分分析法测度了陕西省10个地级市的经济高质量发展水平，得到了经济高质量发展综合指数以及对应的一级指标得分和二级指标得分，结果表明，陕西省经济高质量发展存在区域不平衡，且部分地区发展驱动单一等问题。最后，根据经济高质量发展评价结果提出了相应的对策建议。

关键词： 陕西经济 高质量发展 黄河流域

一 引言

中国经济已由高速增长阶段转向高质量发展阶段，正处在转变发展方式、优化经济结构、转换增长动力的攻关期，建设现代化经济体系是跨越关口的迫切要求和国家发展的战略目标。2017年中央经济工作会议指出，必

---

* 方兰，陕西师范大学西北历史环境与经济社会发展研究院教授、博士生导师，主要研究方向为水资源管理、环境政策；李军，陕西师范大学博士研究生，主要研究方向为水资源管理、环境政策；王恒，陕西师范大学博士研究生，主要研究方向为水资源管理、环境政策。

须加快形成推动高质量发展的指标体系、政策体系、标准体系、统计体系、绩效评价、政绩考核。经济高质量发展评价包括高质量发展指标体系、综合评价指数、监测预警系统、政绩考核体系和发展统计体系等。从不同角度衡量并分析经济高质量发展水平，对于推动地区高质量发展具有重要意义。

黄河自西向东流经青藏高原、黄土高原和华北平原的9个省区，气候条件、地貌地质条件、资源禀赋迥然不同，是我国重要的生态功能区、贫困人口聚集区、粮食安全重点区和能源经济区。2019年，习近平总书记在黄河流域生态保护和高质量发展座谈会上指出要坚持以水定城、以水定地、以水定人、以水定产，把水资源作为最大的刚性约束，合理规划人口、城市和产业发展，黄河流域生态保护和高质量发展自此上升为重大国家战略。黄河流域生态保护和高质量发展是一项重大而复杂的系统工程，需要统筹兼顾流域内生态保护、山水林田湖草空间修复治理、农业水管理制度机制创新以及城市群高质量发展等诸多方面。

作为国家粮食安全重点区域，黄河流域有限的水资源主要服务于农业灌溉，全流域农业用水占比高达70%以上，然而农田灌溉水有效利用系数仅为0.553，低于全国平均水平0.554，农业用水效率低下的问题长期以来未能得到较好解决。除山东0.641、河南0.611、陕西0.572和甘肃0.560稍高于全国平均水平，宁夏、内蒙古、青海、四川的农业灌溉水利用系数均大大低于全国平均水平。如此大规模的农业用水量伴随着较低的用水效率，成为黄河流域灌溉农业目前面临的最大困境和挑战。除了技术层面用水效率的提升，在农业水管理机制方面也存在诸多问题，如偏好行政管理，政府作用被置于主导地位；农业水价偏低，难以反映黄河流域水资源的稀缺价值；注重供给管理，对需求和参与式管理未能给予应有的地位；水权市场建设尚处于初级阶段，对农业初始水权分配制度还不够完善等。这些问题必须给予高度重视，农业水资源的高效管理及利用是未来黄河流域实现高质量发展的重要前提。

2019年9月18日，习近平总书记在黄河流域生态保护与高质量发展座谈会中指出中游区域要重点打赢脱贫攻坚战，增强水土保持和污染治理，提高经济发展质量。习近平总书记强调，要发挥比较优势，构建高质量发展的动力系统，积极探索富有地域特色的高质量发展新路子。陕西正处于追赶超越的关键时期，必须牢牢抓住国家重大战略机遇，落实新时代推进西部大开发形成新格局要求，坚持走生态优先、绿色发展之路，为黄河流域生态保护和高质量发展作出贡献，切实增强推动黄河流域生态保护和高质量发展的现实紧迫感。陕西省应该牢牢把握奋力谱写陕西新时代追赶超越新篇章的总体目标，并提出全面落实推动经济高质量发展迈出更大步伐、打造内陆改革开放高地、推动生态环境质量持续好转、加强民生保障和社会建设、推动全面从严治党向纵深发展等五项要求。

陕西省陆续出台了一系列的政策以加快高质量发展。2019年1月25日，陕西省出台了《关于大力发展"三个经济"的若干政策》，从而加快发展枢纽经济、门户经济、流动经济，构建全面开放新格局，推动高质量发展。2019年，陕西省财政厅实施积极财政政策，全力支持陕西省经济高质量发展，主要包括落实各项减税降费政策、支持经济转型升级、支持民营经济发展、支持制造业发展和科技创新、加快县域经济和城镇化建设发展、发挥好财政金融政策作用、创新财政资金投入方式等。2020年6月5日，陕西省出台了《关于创新驱动引领高质量发展的若干政策措施》，推出9个方面共38条政策措施，以解决陕西省企业研发投入不足、高新技术企业数量偏少、企业创新活力偏弱、企业发展规模偏小等问题。

二 陕西环境经济发展趋势

黄河流域存在生态环境脆弱、水资源短缺、资源环境压力大等问题，经济高质量发展应立足于生态环境承载力之上，良好的生态环境是黄河流域陕西段经济高质量发展的基础。2019年，陕西省经济高质量发展持续向好。陕西省坚持稳中求进工作总基调和"巩固、增强、提升、畅通"八字方针，紧扣追赶超越定位和"五个扎实"要求，推动高质量发展，着力稳增长、促改革、调结构、惠民生、防风险、保稳定，保持了经济社会持续健康发展。

其中生产总值增长6%，财政收入增长2%，城镇登记失业率为3.2%，调查失业率在5.5%以内，城乡居民人均可支配收入分别增长8%和9%，CPI涨幅2.9%，建筑业总产值增长10.7%，固定资产投资增长2.5%，社会消费品零售总额增长7.4%，金融实体经济存贷比提高2.36%，战略性新兴产业增加值增长8%左右，文化企业营业收入增长20%，境内外游客和旅游总收入分别增长12.2%和20.3%，深度贫困地区扶贫资金投入增长39.3%，57.88万贫困人口脱贫，29个贫困县即将摘帽，空气质量综合指数同比改善2%，国省控断面Ⅰ~Ⅲ类水体上升3.9个百分点，城镇化率达到59.4%。

习近平总书记强调，黄河流域仍然存在一些突出困难和问题，表象在黄河、根子在流域，揭示了黄河保护治理的关键所在。陕西黄河流域土地面积和人口分别占全省的65%和76%，当前仍存在生态环境脆弱、水资源短缺、贫困人口集中、区域发展不平衡等现实问题。在水污染治理方面，黄河流域陕西段承担了全省83%以上工业用水和78%以上生活用水，污染防治任务重。在水资源禀赋方面，黄河流域陕西段人均水资源量447立方米，不足全国平均水平的1/5。鉴于数据可得性，本文从经济发展、水资源利用、环境保护、社会文化、居民生活、创新发展六个方面对陕西环境经济的发展趋势进行概述。

（一）经济发展

1. 经济发展水平

陕西省经济发展迅速，2019年，陕西省常住人口3876.21万人，其中城镇人口2303.63万人，占总人口的59.43%；乡村人口1572.58万人，占40.57%。实现地区生产总值25793.17亿元，比上年增长6.0%。其中，第一产业增加值1990.93亿元，同比增长4.4%，占生产总值的比重为7.7%；第二产业增加值11980.75亿元，同比增长5.7%，占46.5%；第三产业增加值11821.49亿元，同比增长6.5%，占45.8%。人均生产总值66649元，比上年增长5.4%。

如图1所示，陕西省10个地市生产总值整体呈现增长趋势，其中西安增幅最大，增幅达到7421.76亿元，2003~2018年年均增幅14.87%，2015年至今呈快速增长趋势；榆林地区生产总值增长最快，2003~2018年年均增长24.53%，2008~2012年增长幅度最快，2014~2015年有所回调，2016年后又呈现快速增长态势；铜川增幅较慢，2003~2018年年均增长12.35%。

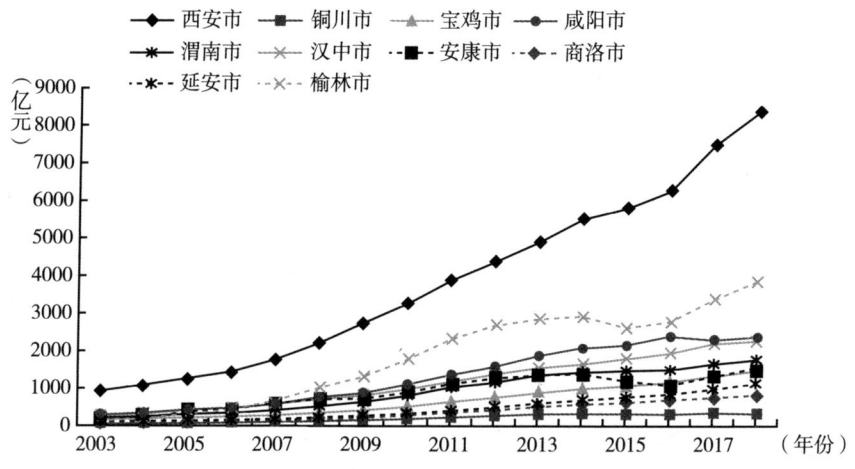

图1　2003~2018年陕西省各地市生产总值

资料来源：《陕西统计年鉴》。

如图2所示，陕西省10个地市人均生产总值整体呈现增长趋势，其中2003~2018年榆林的人均生产总值增速年均达20%以上，2003~2017年，人均生产总值从1966元增长至112845元；西安与延安人均生产总值增长较慢，年均增长为11.0%，延安在2015~2016年出现了下降趋势。

如图3所示，陕西省十个地市生产总值增长率整体呈现波动下降趋势，其中延安（93.22%）、榆林（72.97%）、宝鸡（29.82%）等市皆在2005年达到生产总值增长率峰值，铜川（-5.84%，2018）、咸阳（-4.12%，2017）、延安（-13.52%，2015）、榆林（-10.25%，2015）等市在近年来也出现了较大的负增长率。

2. 产业结构

如图4所示，陕西省10个地市第一产业增加值占比总体呈现下降趋势，

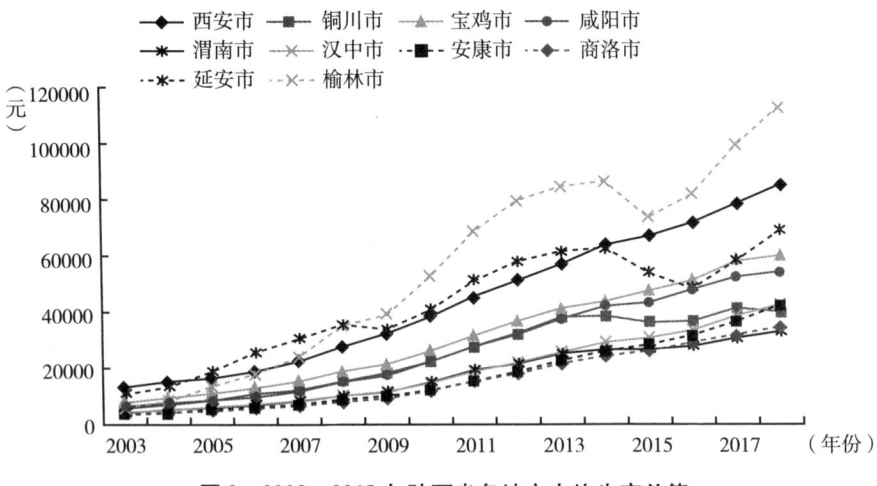

图 2　2003～2018 年陕西省各地市人均生产总值

资料来源：《陕西统计年鉴》。

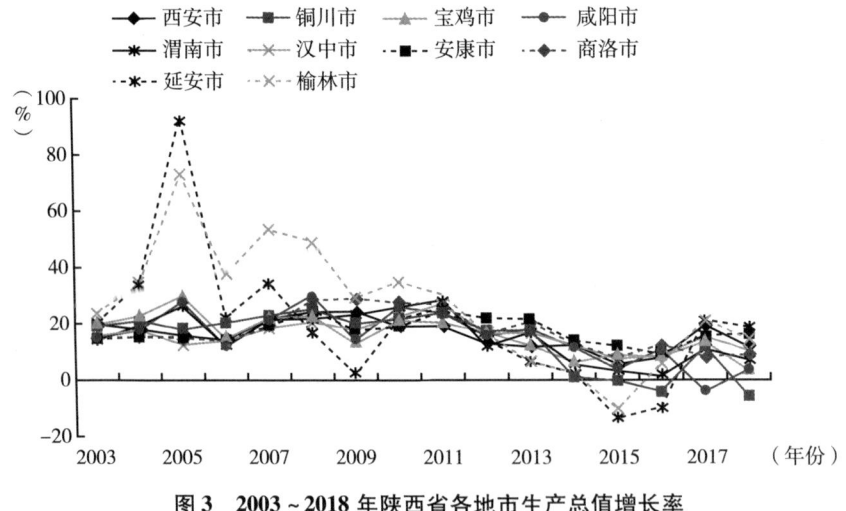

图 3　2003～2018 年陕西省各地市生产总值增长率

资料来源：《陕西统计年鉴》。

全省10个地市第一产业增加值占全省地区生产总值的比重由2003年平均17.25%降低到2018年平均9.78%，其中安康、商洛、汉中、咸阳、渭南5个地市第一产业增加值降幅最大，西安、铜川、宝鸡的第一产业占比趋于平稳。

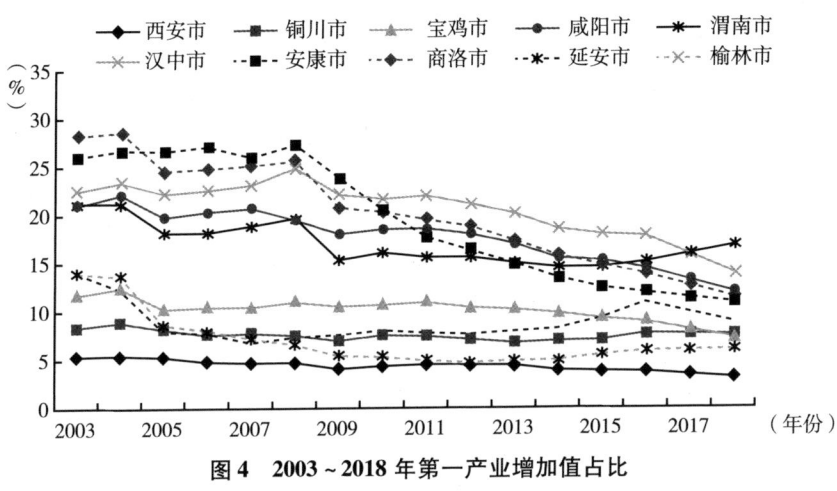

图 4 2003~2018 年第一产业增加值占比

资料来源：《陕西统计年鉴》。

如图 5 所示，陕西省 10 个地市第二产业增加值占比总体呈现波动上升趋势，全省 10 个地市第二产业增加值在全省地区生产总值的占比由 2003 年的平均 43.25% 增加到 2018 年的平均 51.92%，其中安康第二产业增加值占比上升 30.69 个百分点，商洛第二产业增加值占比上升 23.85 个百分点，西安第二产业增加值占比下降了 9.11 个百分点，铜川第二产业增加值占比下降 4.58 个百分点。

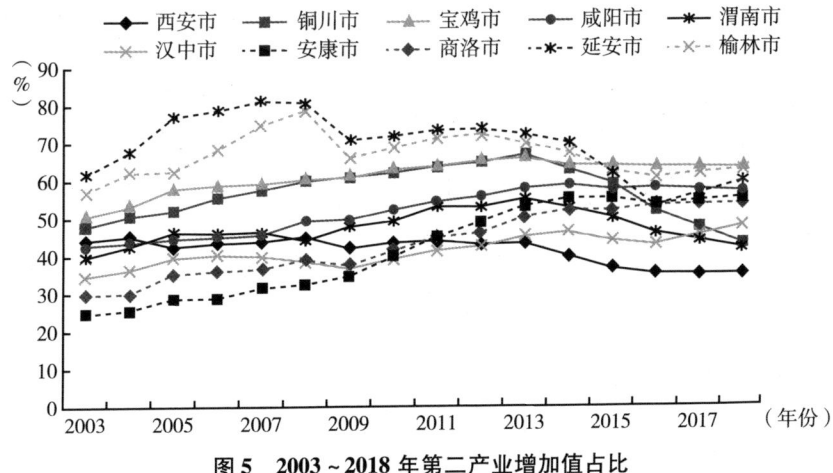

图 5 2003~2018 年第二产业增加值占比

资料来源：《陕西统计年鉴》。

如图6所示,陕西省10个地市第三产业增加值占比总体呈现波动走势,全省10个地市第三产业增加值在全省地区生产总值的占比由2003年的平均39.49%降低到2018年的平均38.30%,其中西安第三产业增加值占比增长最多,增加了11.39个百分点,延安第三产业增加值占比增加了7.33个百分点,相反,宝鸡第三产业增加值占比降低了8.24个百分点,安康第三产业增加值占比降幅最大,降低了15.55个百分点。

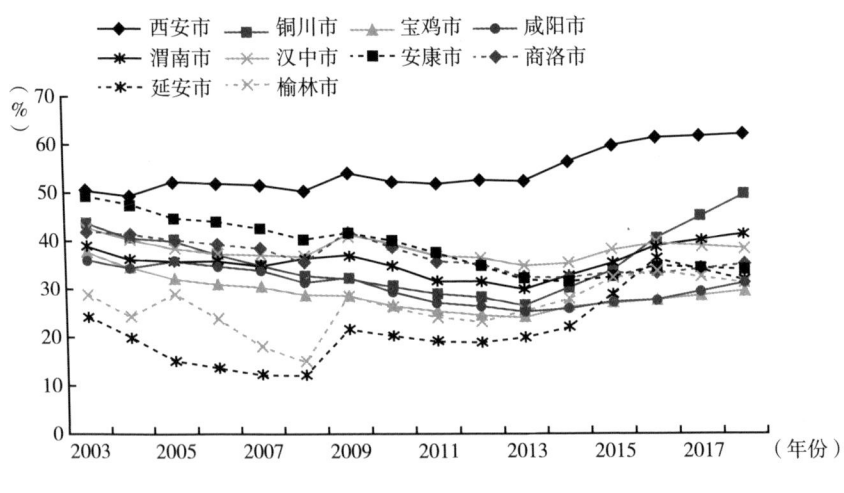

图6 2003~2018年第三产业增加值占比

(二)水资源利用

在水资源利用方面,根据全国节水办的数据,2018年黄河流域总体水资源利用效率低于全国平均水平。万元GDP用水量全国平均水平为66.8立方米,黄河流域为82.2立方米,万元GDP用水量高于全国平均水平15.4立方米,其中山东、陕西两省水资源利用效率较高,为全国平均水平的一半,已超过国际平均水平,而青海、内蒙古、甘肃、宁夏四省区则大大高于全国平均水平,其中甘肃、宁夏用水量是全国平均用水量的两倍以上,其主要原因是农业用水量大。2018年,黄河流域生活用水为187.9亿立方米,占用水总量比重为14.78%,生活用水总量首度超过工业用水总量。迅速崛起的关中平原城市群、呼包鄂榆城市群等沿黄地区是典型的资源型缺水型城市群,进一步加剧了流域内水资源紧缺现状,随着城市化进程的快速进行,城市群的合理规模和发展应该予以足够的重视。

在陕西省地级市万元GDP用水量方面,如图7所示,其中属于汉江流域的地级市,用水效率较低,万元GDP用水量高于100立方米,而陕西黄河流域的地级市如延安、榆林、铜川、西安、咸阳、宝鸡,其万元GDP耗水量2015~2017年均低于50立方米,均低于全国平均水平,水资源利用效率较高。

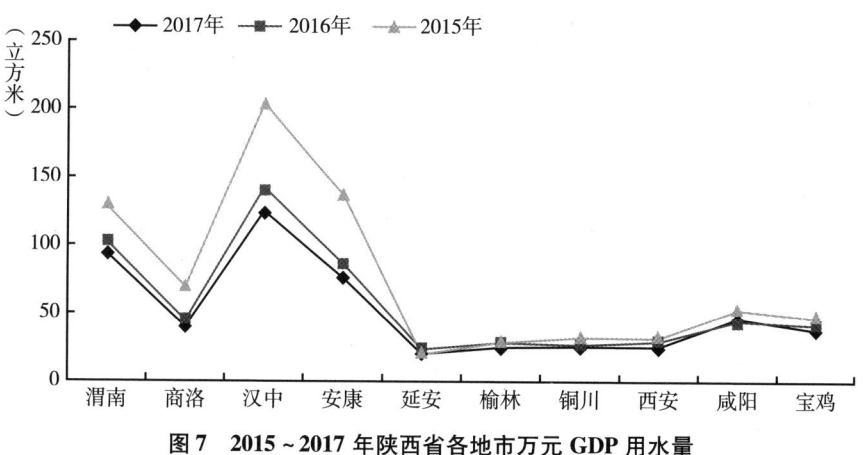

图7　2015~2017年陕西省各地市万元GDP用水量

(三)环境保护

1. 城市绿化

2019年,陕西省森林覆盖率为43.06%,年造林面积537.65千公顷,活立木总蓄积5.1亿立方米,林地面积12367.9千公顷,湿地保有量308.5千公顷,林业自然保护区61个,林业自然保护区面积1146千公顷。

如图8所示,在园林绿化覆盖方面,陕西省10个地市园林绿化覆盖面积总体呈现增加趋势,全省10个地市园林绿化覆盖面积由2003年平均1655.70公顷增加到2018年平均7716.28公顷,其中西安市覆盖面积增幅最大,达到28177.25公顷,其次为咸阳增幅达18491.00公顷,增幅最小的为铜川415.13公顷和商洛791.00公顷。

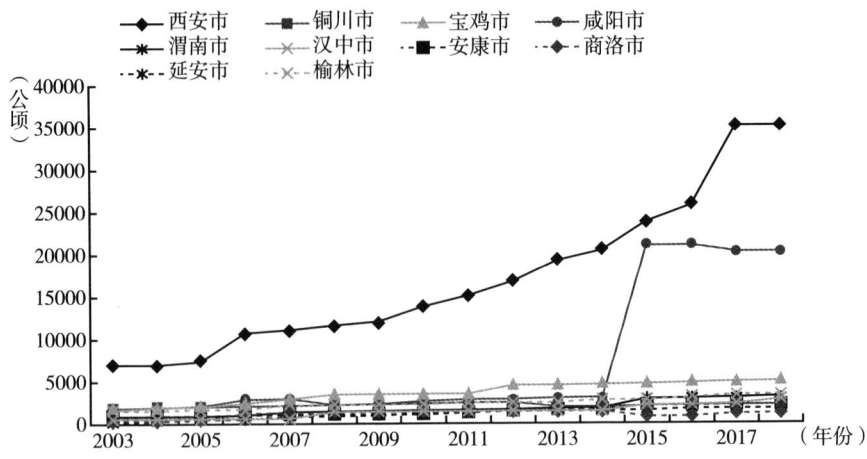

图8　2003～2018年陕西省各地市园林绿化覆盖面积

资料来源：《陕西统计年鉴》。

2. 空气污染

（1）二氧化硫排放量

如图9所示，陕西省10个地市二氧化硫排放量总体呈现下降走势，全省10个地市二氧化硫排放量由2003年平均62923吨降到2018年平均

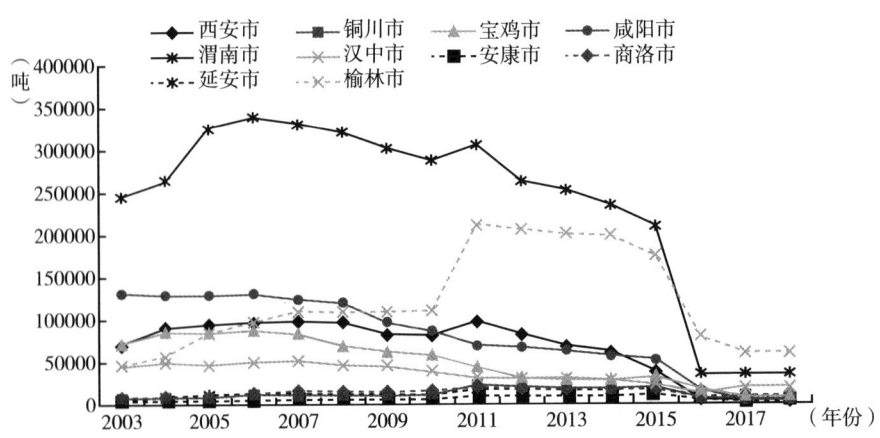

图9　2003～2018年陕西省各地市二氧化硫排放量

资料来源：《陕西统计年鉴》。

19016吨，其中渭南降幅最大，降幅达14.85万吨，其次为咸阳，降幅12.19万吨，相反，榆林（+14591吨）和延安（+1461吨）两市二氧化硫排放量略有增加。

（2）烟粉尘排放量

如图10所示，在烟粉尘排放方面，陕西10个地市烟粉尘排放量总体呈现下降趋势，全省10个地市烟粉尘排放量由2003年平均27726.39吨降到2018年平均13846.86吨。除铜川和榆林外，各地市排放量在2007年和2008年达到峰值，随后大幅降低，咸阳降幅最大，达46502吨，铜川（+10030.48吨）和榆林（+13661.43吨）两市烟粉尘排放量略有增加。

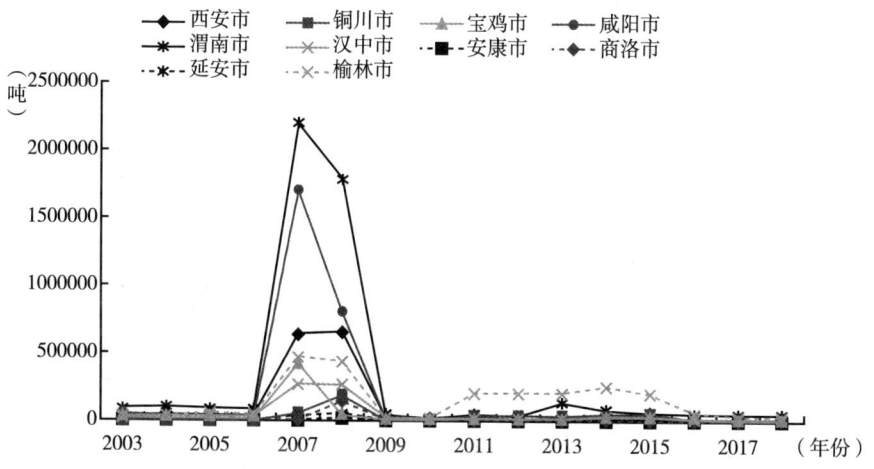

图10　2003~2018年陕西省各地市烟粉尘排放量

资料来源：《陕西统计年鉴》。

（四）社会文化

1. 公共图书馆图书总藏量

如图11所示，在公共图书馆图书藏书方面，陕西10个地市藏书量总体呈现增长趋势，全省10个地市公共图书馆图书藏书量由2003年平均83.52万册增长到2018年平均246.7万册。其中,西安和咸阳藏书量增长最快,15年间西安增加了1072万册藏书,咸阳增加了112.3万册藏书。

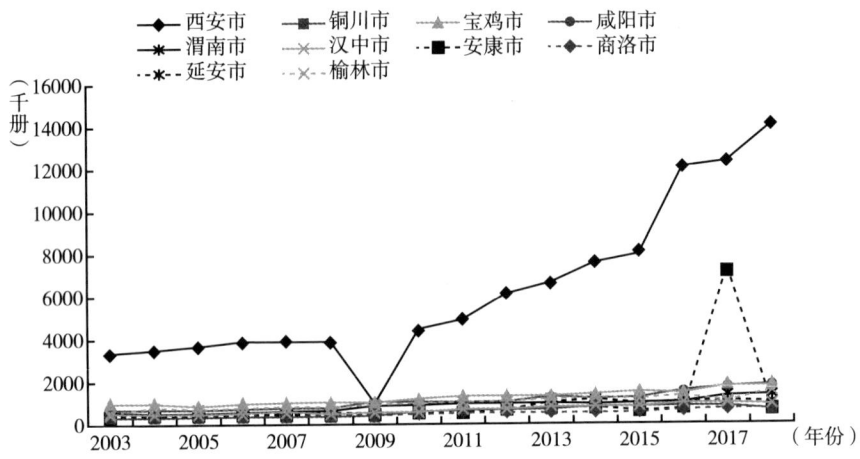

图11 2003~2018年陕西省各地市公共图书馆图书藏书量

资料来源:《中国城市统计年鉴》。

2. 教育支出

如图12所示,在教育支出方面,陕西10个地市教育支出占财政支出比重总体呈现下降趋势,全省10个地市教育支出占财政支出比重由2003年平均24.45%降到2018年平均17.13%。其中,西安和延安教育支出占财政支出比重下降较少,分别为-0.47个百分点和-1.24个百分点,商洛和榆林教育支出占财政支出比重下降较多,达到-16.32个百分点和-10.50个百分点。

(五)居民生活

1. 医院、卫生院床位数

如图13所示,从各地市医疗卫生保障方面来看,陕西10个地市医院、卫生院床位数总体呈现增加趋势,全省10个地市医院、卫生院床位数由2003年平均9653张增加到2018年平均20150张。其中,西安、咸阳床位数

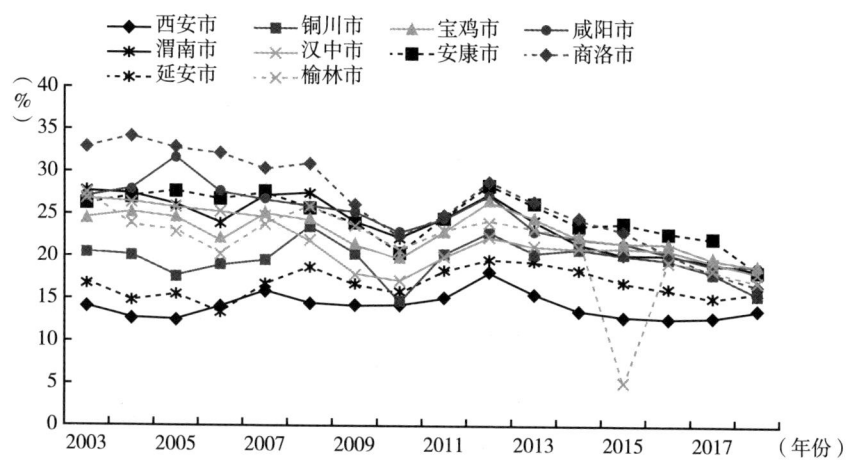

图 12　2003～2018 年陕西省各地市教育支出占财政支出比重

资料来源：《中国城市统计年鉴》。

增加最多，增加了 32517 张和 12861 张床位，铜川、延安床位数增加最少，仅为 1794 张和 5125 张床位。

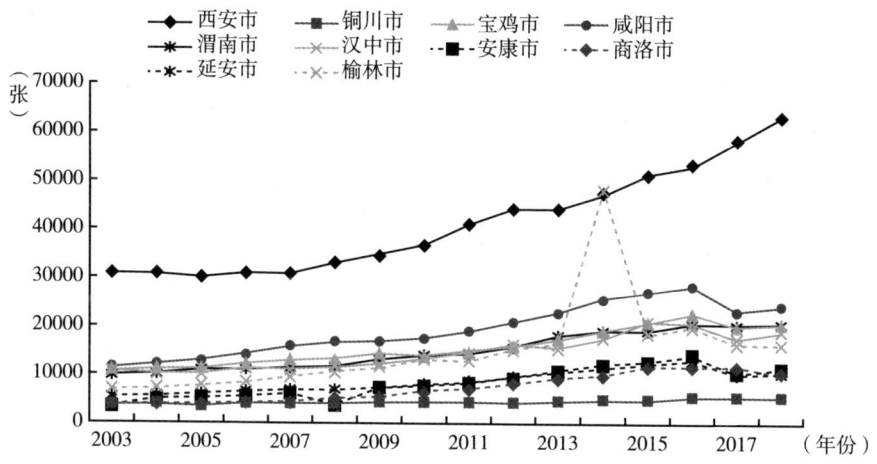

图 13　2003～2018 年陕西省各地市医院、卫生院床位数

资料来源：《中国城市统计年鉴》。

2. 互联网发展

如图14所示,从互联网普及方面来看,陕西10个地市互联网宽带接入用户数总体呈现增加趋势,全省10个地市互联网宽带接入用户数由2003年平均15.87万户增加到2018年平均105.74万户。其中西安互联网宽带接入用户数增长最多,15年间增加了291.50万户,铜川互联网宽带接入用户数增长最少,15年间仅增加了18.09万户。

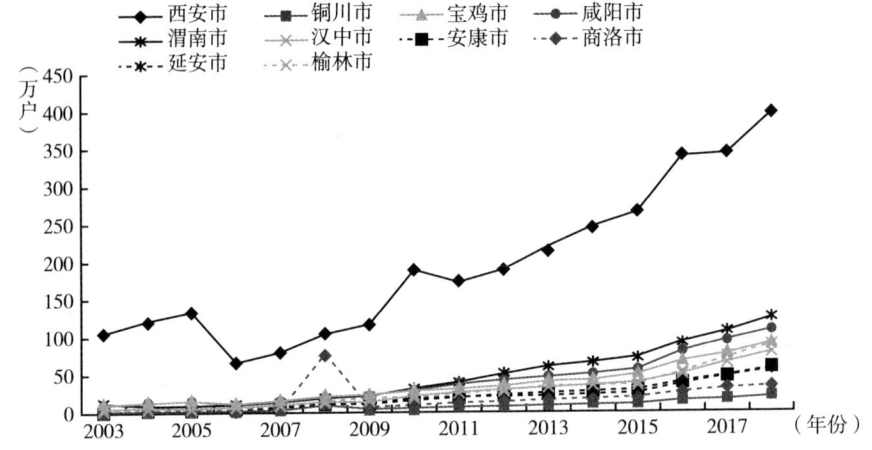

图14 2003~2018年陕西省各地市互联网宽带接入用户数

资料来源:《陕西区域统计年鉴》。

(六)创新发展

如图15所示,从科学创新方面来看,陕西10个地市科学支出占财政支出比重总体呈现增加趋势,由2003年平均0.26%增加到2018年平均1.16%。其中,科学支出占比增加最快和增幅最大的是西安,15年间科学支出增加了48.08亿元,占比增加3.98个百分点,科学支出占比增幅较慢的是安康和商洛,15年间科学支出占比增幅仅为0.03个百分点和0.17个百分点。

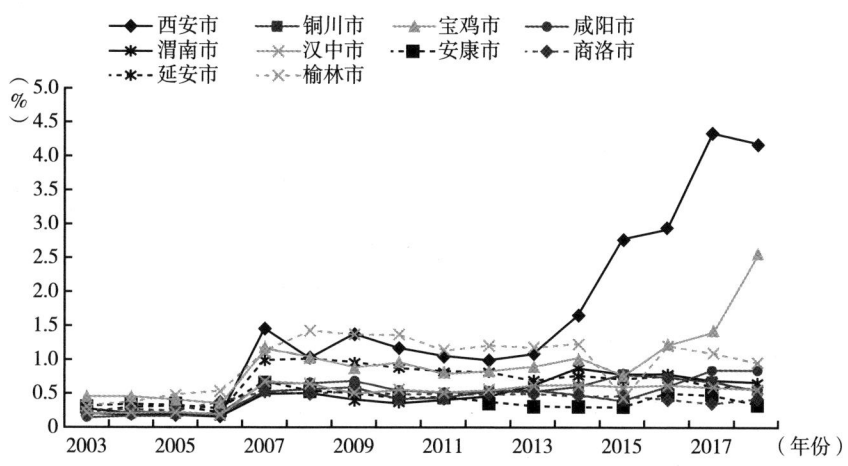

图15　2003～2018年陕西省各地市科学支出占财政支出比重

资料来源：《中国城市统计年鉴》。

三　陕西经济高质量发展评价

（一）陕西省高质量发展指标说明

"高质量发展"是一个综合的概念。"高质量"涉及很多目标的共同发展与推进。使用指标体系设计这种综合性工具可以从广泛的指标中抽象出最重要的方面，从而使高质量发展变得直观化，容易理解。量化研究"高质量发展"这一抽象概念，构建高质量发展指标体系使"高质量发展"在现实中体现出价值，有助于政策决策者通过具体数字来评价经济发展质量，从而改进发展方向。总体上，构建的高质量经济发展指标体系基本包括经济发展的各方面内容，并通过对陕西省各地市的高质量发展指数进行综合排序和比较研究，可以分析陕西省不同地区的高质量发展差异，有助于中央、地方政府设置规划重点，充分解决不平衡、不充分的发展问题。

本报告将陕西省地级市高质量发展的一级指标分为经济发展的持续性、

经济发展的普惠性、经济发展的资源适应性和经济发展的环境友好性。其中，经济发展的持续性反映经济增长的持续性、稳定性，经济发展的普惠性反映经济发展成果的共享程度，经济发展的资源适应性反映经济发展的资源约束和资源利用的效率，经济发展的环境友好性反映经济发展的环境代价，以及经济发展对环境的"反哺"情况。此外，每个一级指标又分为两个二级指标，经济发展的持续性又分为经济增长的持续性和经济增长的稳定性；经济发展的普惠性又分为经济平等程度和民生发展重视程度；经济发展的资源适应性又分为经济发展的资源承载力和经济发展中的资源利用效率；经济发展的环境友好性又分为经济发展中的环境污染和经济发展中的环境保护。具体说明如表1所示。

表1 高质量发展指标体系说明

指标	说明
（一）经济发展的持续性	反映经济增长的持续性、稳定性
经济增长的持续性	反映经济增长的长期趋势
经济增长的稳定性	反映经济增长过程的平稳性
（二）经济发展的普惠性	反映经济发展成果的共享程度
经济平等程度	主要反映城乡经济平等程度
民生发展重视程度	反映财政分配以及经济发展中的人本理念
（三）经济发展的资源适应性	反映经济发展的资源约束和资源利用的效率
经济发展的资源承载力	反映经济发展的资源约束
经济发展中的资源利用效率	反映经济发展过程中资源利用效率的变化情况
（四）经济发展的环境友好性	反映经济发展的环境代价，以及经济对环境的"反哺"
经济发展中的环境污染	反映经济发展的环境代价
经济发展中的环境保护	反映对环境污染的高效合理处理

（二）陕西省高质量发展指标体系构建

本报告围绕经济健康和高质量发展的定义设计指标体系，着重考察经济的长期表现和环境的可持续发展。该指标体系设计重点反映以人为本的发展理念、五位一体的总体布局和质量型经济增长的新要求。本报告在分析借鉴现有高质量发展评价指标体系和综合评价文献的基础上，秉持系统性与全面性相结合、代表性与特殊性相结合、定量化与定性化相结合、实用性与可操作性相结合的原则，构建了陕西省高质量发展评价指标体系，具体指标设计如表 2 所示。

表 2　陕西省高质量发展指标体系

一级指标	二级指标	三级指标
经济发展的持续性	经济增长的持续性	平均 GDP 增长率
		平均人均 GDP 增长率
		平均财政总收入增长率
		平均人均固定资产投资增长率
		平均城镇化率增长率
		平均服务业增加值占生产总值比重增长率
		人口自然增长率
		非公经济增加值占生产总值比重变化率
		中学生数量占总人口比重的变化率
	经济增长的稳定性	GDP 增长率的波动性
		固定资产投资增长率的波动性
		城镇新增就业增长率的波动性
		人均社会消费品零售总额增长率的波动性
		地方财政收入完成增长率的波动性
		城镇居民人均可支配收入增长率的波动性
		农民人均纯收入年增长率的波动性
经济发展的普惠性	经济平等程度	城乡收入差距
		城乡收入增速差距
		城乡人均消费品零售额差距
		城镇和农村居民财产性收入之比
		城乡居民恩格尔系数之比
		城镇农村居民人均住房面积之比
	民生发展重视程度	财政教育投入占 GDP 比重的变化率
		财政社会保障支出占 GDP 比重的变化率
		财政医疗卫生支出占 GDP 比重的变化率
		万人卫生机构床位数
		全年生产安全事故死亡人数变化率
		亿元生产总值安全事故死亡人数变化率
		城镇新增就业

续表

一级指标	二级指标	三级指标
经济发展的资源适应性	经济发展的资源承载力	人均水资源量
		年降水量
		日照时数
		人均耕地占有量
		森林覆盖率
	经济发展中的资源利用效率	万元 GDP 能耗
		万元生产总值用水量
		万元工业产值用水量
		万元农业产值用水量
经济发展的环境友好性	经济发展中的环境污染	万元 GDP 废水排放强度
		万元 GDP 化学需氧量排放强度
		万元 GDP 氨氮排放强度
		万元 GDP 废气排放强度
		万元 GDP 二氧化硫排放强度
		万元 GDP 氮氧化物排放强度
		万元 GDP 烟尘排放强度
		亩均化肥使用量
	经济发展中的环境保护	固体废物综合利用率
		工业废水处理率
		节水灌溉面积比
		水土流失新增治理面积比
		二氧化硫排放削减率
		氮氧化物排放削减率
		环境保护设施投资增长率
		生活垃圾清运量

（三）研究方法和数据来源

本报告使用主成分分析法对陕西省高质量发展进行综合评价，主成分分析是将原来变量重新组合成新的互不相关的几个综合变量，同时根据实际需要从中可以取出较少几个综合变量尽可能多地反映原来变量的信息，其通过每个主成分得分对研究样本进行综合评价。采用主成分分析法对陕西省各地级市的高质量发展进行综合评价以及分模块评价前，首先需要对逆向化指标以求倒数的方法进行正向化处理，指标体系中逆向化指标有：GDP增长率的波动性、固定资产投资增长率的波动性、城镇新增就业增长率的波动性、人均社会消费品零售总额增长率的波动性、地方财政收入完成增长率的波动性、城镇居民人均可支配收入增长率的波动性、农民人均纯收入年增长率的波动性、城乡收入差距、城乡收入增速差距、城乡人均消费品零售额差距、全年生产安全事故死亡人数变化率、亿元生产总值安全事故死亡人数变化率、万元GDP能耗、万元生产总值用水量、万元工业产值用水量、万元农业产值用水量、万元GDP废水排放强度、万元GDP化学需氧量排放强度、万元GDP氨氮排放强度、万元GDP废气排放强度、万元GDP二氧化硫排放强度、万元GDP氮氧化物排放强度、万元GDP烟尘排放强度、亩均化肥使用量；其次采用Z-score标准化公式消除不同量纲和数量级对评价结果的影响；然后根据特征值＞1及累积贡献率≥85%的原则，根据各主成分的得分大小及总相关系数值提取重要的指标；最后得出陕西省高质量发展综合得分以及其二级指标和三级指标的得分与排序，并分析其原因。本文数据均来源于2004~2019年陕西统计年鉴、中国城市统计年鉴、陕西区域统计年鉴、陕西省各地级市国民经济与社会发展统计公报。由于统计数据的滞后性，且全面获取数据难度较高，因此本文使用截至2017年的多年数据，对陕西省各地级市高质量发展水平及其分指标进行了综合评价。

（四）陕西省经济高质量发展综合评价

1. 陕西省高质量发展综合得分和一级指标分析

表3　陕西省高质量发展综合得分和一级指标得分

地区	综合分析	经济发展的持续性	经济发展的普惠性	经济发展的资源适应性	经济发展的环境友好性
西安	2.9162	-0.3835	0.7902	-0.5541	3.1285
铜川	0.4726	-1.3441	0.4911	0.5112	-0.5127
咸阳	0.2840	-0.4179	1.6989	-0.5980	-0.1257
安康	0.1966	0.6775	-0.6619	-0.6112	0.6045

续表

地区	综合分析	经济发展的持续性	经济发展的普惠性	经济发展的资源适应性	经济发展的环境友好性
宝鸡	0.0225	0.7907	0.7114	-0.3630	-0.4291
商洛	-0.1370	1.6276	-0.3965	-0.2189	-0.1985
榆林	-0.5134	-0.2414	-0.4214	1.6561	-1.1915
延安	-0.6828	-1.6469	-0.3069	1.4784	-0.5712
汉中	-0.8955	0.2831	-0.9875	-0.8286	-0.1277
渭南	-1.6631	0.6548	-0.9174	-0.4719	-0.5766

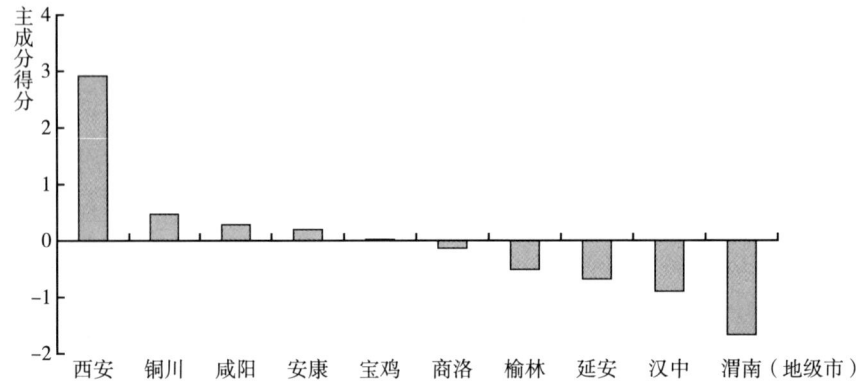

图16 陕西省各地市高质量发展主成分综合分析

陕西省经济高质量发展综合得分表明，西安的高质量发展综合得分为2.92，远高于第二名铜川的0.47。其中，西安、铜川、咸阳、安康、宝鸡的得分均大于0，综合情况相对较好，而商洛、榆林、延安、汉中、渭南的得分均小于零，综合情况相对较差。

陕西省高质量发展一级指标得分可以进一步看出高质量发展综合得分高低的具体原因。西安的高质量发展得分最高，排名第一，主要原因是西安的经济发展的环境友好性远远高于其他地区，且经济发展的普惠性较高，从而拉高了高质量发展综合得分。而西安市的经济发展的持续性和资源承载力方面由于经济的快速发展略显不足。铜川排名第二，主要原因是铜川的经济发展的普惠性和资源适应性较高。咸阳排名第三，其经济发展的普惠性得分很高,而其余的三个指标相对较差。安康排名第四,其经济发展的持续性和环境友好性相对较好,而经济发展的普惠性和资源适应性相对较差。宝鸡排名第五,其经济发展的持续性和普惠性相对较好,而经济发展的资源适应性和环境友好性相对较差。商洛排名第六,其经济发展的持续性比较好,而其余三个指标相对较差。榆林、延安分别排名第七、第八,其均主要靠经济发展的资源适应性支撑,而其余三个指标有待提升,主要原因是陕北能源经济占主导地位,且受国际能源市场波动的影响较大。汉中、渭南分别排名第九、第十,其经济发展的持续性较好,而其余三个指标均相对较差。由上述分析可以看出,咸阳、商洛、榆林、延安、汉中、渭南均主要是单一指标较强,发展的全面性有待提升。

从图17还可以看出,在陕西省经济发展的持续性方面,商洛最高,其经济增长的持续性和稳定性较好,具有较强长期经济增长潜力,而延安经济发展相对不稳定。经济发展的普惠性方面,咸阳最高,说明其经济发展成果的共享程度较好,而汉中和渭南较差。经济发展的资源适应性方面,榆林和延安最高,这两个地区较好地处理了资源约束和资源利用的矛盾,而汉中较差。经济发展的环境友好性方面,西安市最好,远高于第二名安康,而榆林在环境保护和环境治理方面有待提升。

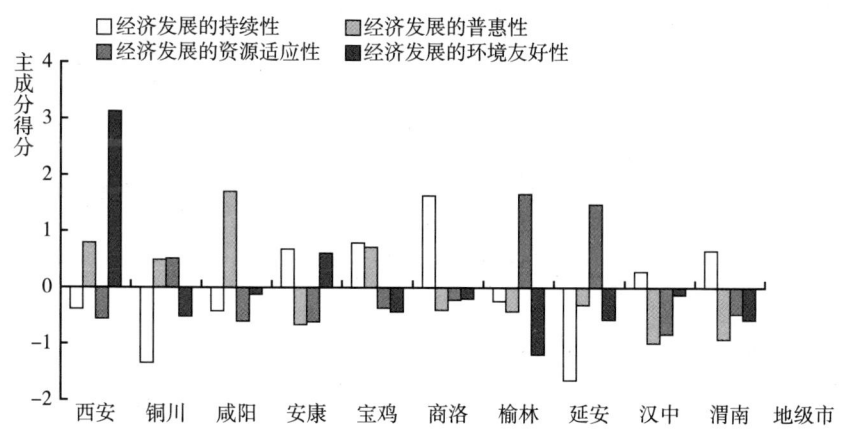

图17 陕西省高质量发展一级指标主成分分析

2. 陕西省高质量发展二级指标得分分析

表4 陕西省高质量发展二级指标主成分分析

地区	经济增长的持续性	经济增长的稳定性	经济平等程度	民生发展重视程度	资源禀赋	资源利用	环境污染	环境保护
西安	0.0438	-0.2953	0.8238	-0.0176	-0.4533	-0.0943	2.6719	2.0206
铜川	-1.3399	-0.1263	-0.0773	-1.1185	-0.1233	0.7488	-0.5789	-0.4356
咸阳	0.3437	-0.5004	1.3664	0.6483	-0.1651	-0.4265	-0.0597	0.0656
安康	1.0031	0.5891	-0.5447	0.6035	-0.9019	-0.5443	0.6291	0.0860
宝鸡	0.5204	0.4498	0.7601	0.2070	0.2719	-0.4222	-0.4543	-0.0214
商洛	0.6294	1.9812	-0.7445	-0.0500	-0.7054	0.0862	0.5200	-0.4075
榆林	-0.0284	-0.4128	-0.1405	0.0521	2.1636	0.4789	-0.8646	-0.7806
延安	-2.3744	-0.9459	0.1690	1.3516	0.6142	1.8534	-0.3794	-0.5208
汉中	0.7860	0.1810	-0.7579	-0.6886	-0.8439	-0.8717	-0.5203	0.0545
渭南	0.4163	-0.9204	-0.8543	-0.9878	0.1432	-0.8083	-0.9638	-0.0609

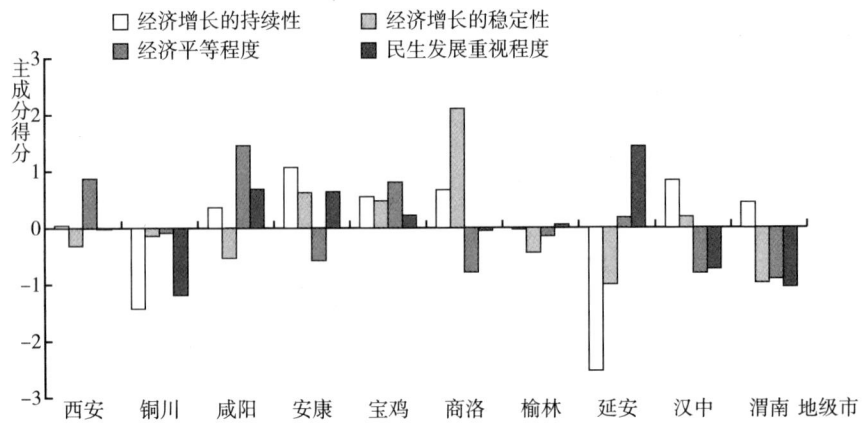

图18 陕西省经济部分主成分分析

陕西省经济部分主成分分析结果表明,经济增长的持续性方面,西安、咸阳、安康、宝鸡、商洛、汉中、渭南得分均大于0,其中,安康和汉中表现最好,经济增长长期趋势较为乐观;而延安和铜川在该方面表现有待提升。经济增长的稳定性方面,安康、宝鸡、商洛、汉中得分均大于0,且商洛得分最高,其平稳性最好;而榆林、延安受国际能源市场的影响,经济增长并不平稳,其增长动力并不稳定。经济平等程度方面,西安、咸阳、宝鸡、延安、榆林得分均大于0,其中,咸阳、西安、宝鸡均较好,经济高质量发展的城乡差距较小;而商洛、安康、汉中、渭南相对较差,其城乡差距较大。民生发展重视程度方面,咸阳、安康、宝鸡、延安、榆林得分均大于0,其中,延安得分最高,地方政府对于民生的财政分配较高,而铜川、汉中、渭南相对较差,地方政府应重视财政支出对高质量发展的作用。

陕西省环境部分主成分分析结果表明,经济发展的资源禀赋方面,宝鸡、榆林、延安、渭南得分均大于0,其中,榆林得分最高,其经济发展的资源约束较小;而安康和汉中较差,其经济发展的资源约束较强。经济发展中的资源利用效率方面,铜川、商洛、榆林、延安得分均大于0,其中,延安得分最高,能更有效地利用水资源以及能源;而汉中和渭南较差,在能源管理和技术方面有待提高。在控制环境污染方面,西安、安康、商洛得分均大于0,其中,西安得分最高,做得最好,而铜川、宝鸡、榆林、延安、汉中、渭南有较大的提升空间。在环境保护方面,西安、咸阳、安康、汉中的得分均大于0,其中,西安得分最高,做得最好,而铜川、商洛、榆林、延安在该方面有待提升。

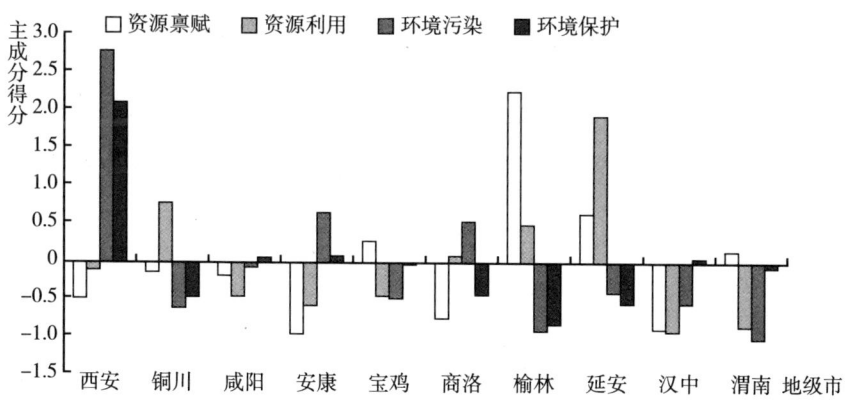

图19 陕西省环境部分主成分分析

四 结语

经济高质量发展理论能够推动经济转型,可以在一定程度上解决中国粗放式发展产生的一些问题,具有重要的理论价值和实践价值。经济高质量发展的内涵和衡量较为复杂,虽然很多学者对地区经济高质量发展开展了一系列研究,但是,在经济高质量发展方面的定义、发展方向、具体路径和测算等方面尚未达成共识。本报告提供了一个全面的、多层次的分析结构,对高质量发展指数进行分解,从而形成全面的分析结果,可以为相关政府部门提供有效的政策建议。

陕西经济高质量发展评价结果表明,陕西各地级市的发展在各方面仍然不均衡,各地市依旧要在经济发展与环境保护之间进行权衡,把握重点,关中地区主要抓好经济发展的持续性,陕南地区重点抓好经济发展的普惠性和环境友好性,陕北地区重点抓好经济发展的持续性、普惠性和环境友好性。此外,陕西要实现高质量发展,必须重点统筹区域城乡发展,推进关中协同创新、陕北转型持续、陕南绿色循环发展,以西安国家中心城市建设引领关中平原城市群发展,推动陕北深度参与呼包鄂榆城市群建设,支持陕南融入汉江生态经济带。陕西各地市要推动城乡融合发展,发展区域特色农业,加快沿黄生态城镇带建设,加大保障改善民生力度,推进"互联网+"行动计划,实施人才强省战略,促进各类要素合理流动和高效集聚。

B.19 推动延安经济高质量发展研究*

陕西中城经济发展研究院课题组**

摘　要： 延安经济具有"三长三短"的基本特征，即形成能源化工、特色农业、文化旅游业"三大优势"，民营经济滞后、创新能力较差、开放水平低"三大短板"。本报告提出以"三提三补"为主抓手，一方面，通过"提"，使优势产业变得更强，更符合绿色化、现代化、高效化要求，成为高质量发展的强硬支柱；另一方面，把短板"补"起来，带动结构优化，焕发新的活力，使发展更具协调性、持续性，更富创新力。最终，将延安建设为革命老区实现高质量发展的典范。

关键词： 延安经济　高质量发展　三提三补

一　把"三提三补"作为延安迈向高质量发展的主抓手

（一）"三长三短"是延安经济的主体特征

经历了改革开放以来较长时间的发展，延安经济依托石油、煤炭、天然

---

* 项目资助单位：延安市人民政府。本报告中主要数据和对延安市发展说明的相关材料，主要来自该市统计资料和市委、市政府的相关文件。

** 课题组组长：曹钢，陕西中城经济发展研究院院长，教授；课题组成员：郭卫东、张岚清、李振平、赵守国、柯淑娥、翟文俊、李冰、郭普松、赖作莲、胡铭焓等。主要执笔人：曹钢、郭卫东、张岚清、赵守国、柯淑娥、李冰。

气资源开发和苹果生产等特色产业,曾有过较快速度的增长,逐渐地形成了一种有"长"有"短"、"长"与"短"都较为明显的基本态势,表现出"三长三短"的基本结构。

1. 从"长"的方面说,延安具有三大优势产业

(1) 能化工业

延安市是中国石油开采的发源地,大陆的第一口油井就诞生在延长。经历了上百年的发展,延安市的石油产业不断壮大。与此同时,延安的煤炭和天然气也得到快速开发。能化工业已成为全市经济的主要支撑。2018年,原油、原煤、天然气的产量分别达到1529.24万吨、5112.09万吨、49.71亿立方米。以产值计,延安能化工业产值曾高达工业总产值的95%以上,2018年仍保持在89.2%(见表1)。

表1 2009年以来延安以石油工业为主导的工业结构特征

单位:亿元,%

年份	工业总产值	石油工业产值	石油工业产值占工业总产值的比重	非石油产业产值	能源产品产值占工业总产值的比重
2009	986.16	799.99	81.1	186.17	95.2
2010	1263.97	1020.48	80.7	243.49	96.1
2011	1551.73	1226.20	79.0	325.53	96.1
2012	1699.29	1341.89	79.0	357.40	95.4
2013	1670.29	1287.81	77.1	382.48	94.6
2014	1769.41	1300.90	73.5	468.51	89.8
2015	1375.36	863.77	62.8	511.59	86.7
2016	1125.56	619.28	55.0	506.28	82.7
2017	1361.54	789.55	58.0	571.99	91.2
2018	1594.80	967.69	60.7	627.11	89.2

(2) 特色农业

延安以苹果、养殖和设施农业为主的产业也颇具优势。尤其是苹果,占有天时地利人和的优势,已成为享誉国内外的名牌产品。2018年苹果种植面积达到380.19万亩,农民人均果园2.4亩;总产量达到289.20万吨,农

民人均产苹果 1.83 吨；实现产值 128.70 亿元，占全市农业总产值的 53.58%（见表 2、图 1）。除苹果外，以舍饲养羊为主的养殖和设施农业，也对农民增收、精准脱贫做出突出贡献。

表2 2009 年以来延安苹果产业发展状况

年份	农业总产值（亿元）	苹果种植面积(万亩)	苹果产量（万吨）	苹果产值（亿元）	改良苹果种植面积(万亩)	改良苹果产量(万吨)	耕地面积（万亩）
2009	96.41	254.03	196.91	36.33	71.7	2.2	350.27
2010	125.16	282.78	221.52	53.88	100.4	6.4	351.86
2011	152.29	299.33	243.81	69.74	117.0	14.7	352.94
2012	169.69	315.43	260.02	76.60	133.1	28.0	360.63
2013	187.81	327.76	244.01	82.04	145.4	45.9	360.83
2014	203.2	336.50	261.44	92.91	154.1	71.0	367.31
2015	197.63	345.39	273.46	86.25	163.3	98.1	370.73
2016	209.77	353.93	303.18	118.85	171.6	127.1	368.90
2017	214.09	366.05	323.15	122.80	183.7	155.2	383.16
2018	241.12	380.19	289.20	128.70	197.8	138.9	392.09

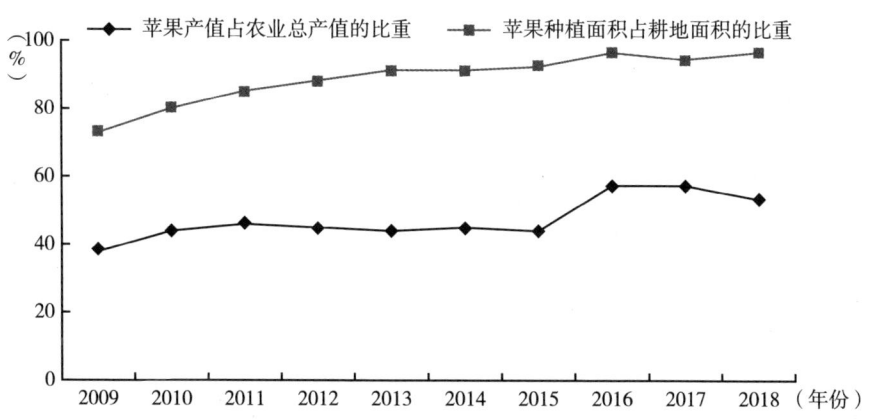

图1 2009 年以来苹果产业在延安全市农业中的比重

(3) 文化旅游业

延安是中国革命圣地和黄帝、黄河、黄土文化的核心区，具有非常丰富的红色教育和旅游观光资源。伴随党性教育的升温，来延安进行培训和接受各种红色洗礼的人数骤增，为旅游文化产业的发展创造了大好机遇。2013年以来，培训人次年均增长46.1%；旅游收入年均增长25.3%（见表3）。

表3 2009年以来延安文化旅游业发展情况

年份	文化产业增加值占GDP比重(%)	国内外游客数量（万人次）	国外游客（万人次）	红色教育培训（人次）	旅游收入（亿元）
2009	0.72	1024	5.05		53.88
2010	0.73	1451	8.54		76.51
2011	0.74	2050	12.01		110.05
2012	0.89	2190	12.71		118.00
2013	1.06	2848	6.90	23183	151.90
2014	1.11	3146	4.98	20839	171.75
2015	1.38	3501	3.52	41871	192.60
2016	1.70	4025	3.46	67227	228.00
2017	1.55	5059	3.95	108138	298.70
2018	—	6344	4.48	154015	410.70

2. 从"短"的方面看，也存在明显的三大短板

（1）民营经济发展滞后

改革开放以来，我国非公经济快速增长，目前占国内生产总值的比重已达60%以上，民营经济的企业数量已占全国企业的90%以上。然而截至2018年，延安的非公经济增加值占全市GDP的比重仅为29.3%。与全省的平均水平相比，还相差20个百分点以上（见表4）。如果与发达地区的县市比较，这个差距就更大了。

表4 2009年以来延安民营经济发展状况

年份	地区生产总值(亿元)	非公经济增加值(亿元)	非公经济增加值在全市GDP中的比重(%)	全省非公经济增加值比重(%)	延安与全省非公经济增加值比重的差距(百分点)
2009	728.26	118.71	16.3	48.6	-32.3
2010	885.42	151.47	17.1	49.5	-32.4
2011	1113.35	201.55	18.1	50.5	-32.4
2012	1271.02	235.25	18.5	51.2	-32.7
2013	1354.14	266.65	19.7	52.2	-32.5

续表

年份	地区生产总值(亿元)	非公经济增加值(亿元)	非公经济增加值在全市GDP中的比重(%)	全省非公经济增加值比重(%)	延安与全省非公经济增加值比重的差距(百分点)
2014	1386.09	292.62	21.1	52.7	-31.6
2015	1198.27	280.77	23.4	53.4	-30.0
2016	1082.91	282.99	26.1	53.6	-27.5
2017	1312.59	364.78	27.8	54.1	-26.3
2018	1558.91	456.82	29.3	54.2	-24.9

(2) 创新能力明显较差

创新能力差是延安的重大弊端，突出地表现在知识人才占比低、创新研究成果少、科研投入严重不足等方面。近10年中，研究与试验发展经费占GDP的比重最高仅为1.06%，大大低于全国和全省水平（见表5）。从产业上看，基本以传统产业为主，且都停留在粗放增长的水平上。

表5 延安研发投入强度与全省和全国平均水平的比较

单位：%，百分点

年份	延安研发经费占GDP的比重	陕西省研发经费占GDP的比重	全国研发经费占GDP的比重	延安与全省平均水平的差距	延安与全国平均水平的差距
2009	0.04	2.32	1.70	-2.28	-1.66
2010	0.04	2.15	1.76	-2.11	-1.72
2011	0.04	1.99	1.84	-1.95	-1.80
2012	0.07	1.99	1.98	-1.92	-1.91
2013	0.25	2.14	2.08	-1.89	-1.83
2014	0.32	2.07	2.05	-1.75	-1.73
2015	0.43	2.18	2.07	-1.75	-1.64
2016	0.49	2.19	2.11	-1.70	-1.62
2017	0.64	2.10	2.13	-1.46	-1.49
2018	1.06	2.18	2.19	-1.12	-1.13

(3) 对外开放水平很低

自2009年以来，延安市的年进出口总额的最高值也只有7.14亿美元（2014年），2016年后的三年实际到位国内资金2093.71亿元，引进外资

4725万美元，占招商引资总额的0.16%，经济外向度很低（见表6）。综上可知，"三长三短"是延安经济的基本特征，这也典型地反映出其发展的粗放状态。"三长"虽说是优势，但其在总体上都属于资源型产业。在较长一段时间中，所谓能源产业基本仅为出卖原煤原油。而这"三短"，远非一般性缺陷，都是经济体系的基础性结构，涉及区域发展的动力生成和机制变革，对发展产生整体性、深层性、战略性的制约作用。正是这个原因，2008年以后当能源价格发展变化后，所谓的"优势"也不复存在，一个时期的"高增长"便呈现断崖式垮塌，造成整个经济数年处于困境。这不能不引起我们的高度重视。

表6 2009年以来延安外向型经济发展状况

年份	进出口总额（亿美元）	全年出口总额（亿美元）	签订招商引资项目（个）	签订招商引资总投资（亿元）	招商引资项目总到位资金（亿元）
2009	0.22	0.22	148	502.9	75.53
2010	0.22	0.22	157	861.06	144.72
2011	0.37	0.37	194	785.48	203.26
2012	0.66	0.66	252	1420.8	307.57
2013	0.96	0.96	352	2698.6	410.77
2014	7.14	7.14	392	1593.5	511.83
2015	6.85	6.84	380	2353.9	620.26
2016	1.46	1.16	495	2676.7	705.60
2017	1.78	1.64	630	3270.8	862.16
2018	2.99	1.80	386	1639.4	525.95

（二）"两生"调整使延安经济开始走出困境

党的十八大后，延安市委市政府明确提出"有中生新，无中生有"的思路，推动经济结构深度调整。实践说明：经历这段调整之后，经济发展已开始走出下行困境，出现了新的增长态势。

1. 增长水平开始加快

近10年，延安市经济总量大体上处于跌宕状态，前8年增幅逐年下滑，基本处于全省最低水平。2016年探底后开始上行，2018年创1500亿元新高，当年增幅明显高于全省平均水平，一举扭转连续九年全省垫底局面。

2. 经济结构出现好转

从趋势上看，供给侧结构性改革出现了可喜的变化，形成"一产稳、二产调、三产升"的发展格局。一是第三产业占比逐渐上升，自2015年起从早先的20%左右，跃升到30%以上的台阶；二是工业中，"一业独大"问题有所改变，石油产值占工业总产值比重从81%（2009年）下降至61%（2018年），10年中下降了20个百分点，说明非石油工业发展明显加快；三是农业占比在二、三产业较快增长的同时仍保持稳中有升，10年中由7%左右上升至10%，这看似"反常"现象，实则说明延安农业发展的强劲势头。

3. 发展动能有所提升

这主要表现在：财政收入由"石油经济"后期的断崖式下跌，开始恢复到历史上的高位水平；全社会固定资产投资迈上新台阶，连续几年保持在千亿元规模；社会消费品零售总额逐年增长，由五年前的100亿元台阶提升到200亿元台阶，2018年又迈上300亿元台阶；万元GDP能耗连年下降，新兴产业连年快速增长，生产的绿色化水平显著提升。此外，非公经济在历来发展较慢的情况下，于2017年和2018接连两年增速超过20%，占GDP比重也提升到29%。

（三）实施"三提三补"加快延安高质量发展

延安"有中生新、无中生有"的良好推行效果，说明其具有治愈问题的针对性和重大战略价值。但从深层上说，延安经济的结构性弊端仍没有根本改变，主要产业的发展还没有上升到现代化水平，发展的整体状态与高质量发展要求尚有较大差距。基于这种状况，同时与"有中生新、无中生有"相衔接，建议把"三提三补"作为推动延安经济迈向高质量发展的基本对策和主要抓手。

"三提三补"是战略性与现实性相统一的对策。从战略性上说，就是要以迈向高质量发展为目标定位，把"提升""补齐"融入质量、效率、动力

"三大变革"中,加快构建适应延安高质量发展的现代化经济体系;从现实性上看,则是要针对"三长三短",更加积极地推进"有中生新,无中生有",采用扎实有效的措施,使"提"与"补"有机结合,并获取实实在在的进步。一方面,使优势产业变得更强,更符合绿色化、现代化、高效化要求,成为全市高质量发展的强硬支柱;另一方面,补短板带动经济结构整体优化,焕发出新的活力和不竭动力,使延安经济发展更具协调性、持续性,更富创新力。最终,把延安打造为革命老区实现高质量发展的典范。

二 提升"三大产业",打造高质量发展强硬支柱

(一)推进特色农业提升优质现代化水平

农业要由增产导向转为提质导向,把提质增效作为统领发展的总目标,坚持绿色、现代的基本要求,推进农业现代化和乡村振兴一体变革,使苹果、舍饲养羊、设施农业、后整理产业及其支撑体系的生产、经营、建设水平有较大提升,着力实施好五方面20项提升工程。

1. 苹果产业的标准化提升

(1) 苹果品种优化创新工程

每个苹果生产重点县,建立一个苹果生产科研基地,开展良种引进试验示范、新品种提纯育壮、精品栽培技术实验等活动。利用全市庞大的生产基地作为种质资源库,利用3~5年,选育出适宜当地生长、具有自主知识产权的系列新品种。开展新品种优化提纯,整治品种混杂、品种不纯问题。建立栽培模式配备制度,按照"宜矮则矮、宜短枝则短枝、宜乔化则乔化"的总体要求,以中早熟和晚熟品种2:8的比例,确保全市苹果栽培模式合理。让科技支撑延安苹果产业,让以洛川为代表的延安苹果持续健康发展,能始终处于全国发展前列。

(2) 果园栽培技术提升工程

培养具有专业技术职称的职业果农队伍,逐步做到每个乡有10位以上

具有中级以上职称从业者,有不少于 2 名高级职称从业者。定期开展重点技能普及推广,每个时期重点选定几个技术项目,予以推广普及。分阶段推进技术难关攻克,对果园管理面临技术障碍进行攻关试验和相关研究,近期把免套袋法、机械作业、节水省肥技术、有机化生产技术,作为重点攻关项目。对 20 年以上树势健壮的郁闭果园,实施标准间伐,同时注重枝组培育,增施有机肥,使果树经济寿命达 50 年以上,并保持良好的经济效益。

(3) 有机苹果生产工程

推行土壤有机化改良。制定果园地选址、土壤免除化肥和农药污染、灌溉用水质量等标准,并加以监督实施。建立果园绿色发展档案,按年确定有机化改良任务和进程。制定苹果生产逐步减少以至完全免用农药化肥的方案。大力推行物理和生物技术防病治虫。建立产品产地编码、生产者基础信息和可识别、可追溯系统,实现质量安全、全程可追溯管理,落实质量管理岗位要求和全过程质量保障体系。

(4) 苹果生产循环经济工程

①"苹果栽培 + 养殖产业",在总体上做好种与养的天然互补、循环发展配置;②"生物质发电 + 有机肥制造",将苹果树枝条做燃料发电,再将灰渣制作转化为商品有机肥;③"果汁生产 + 饲料制造",将次果用于果汁生产,再将生产的下脚料制作为养殖饲料;④"无污染土地 + 苹果栽种 + 养殖生产条件有机化",从苹果栽培和养羊开始起,保证能生产出有机产品。

2. 舍饲养羊产业调整和提升

(1) 舍饲养羊科学布局和饲养工程

适度扩大舍饲养羊规模。据市畜牧单位提供数据,以一只羊单位饲养周期计算,以草定畜,理论上还可增加 200 万只羊饲养数量。以效益为中心,优化养殖布局,建议省上把延安南部县列入奶山羊养殖基地县,解决奶山羊养殖所需配套。从长远看,还应因地制宜,择优发展。在坚持相对集中、适度规模化的原则下,小区块布局猪、鸡、牛、驴、兔、鱼等不同养殖品种,使整个养殖产业上规模、增实惠。

（2）舍饲养羊"产业链"推进工程

变传统的家庭式"小而全"的舍饲养羊，为"分而专"的产业链养殖。在"小而全"的养殖法中，养羊过程中的全部作业，都由养殖户承担，造成杂事太多、精力分散，养殖数量很难扩大。实行"产业链"养殖方式，则是把养殖过程改变为以喂养为中心的种草—草加工—喂养—除粪—剪毛—防疫—接生—宰杀—卖肉等环节的产业链条（简称"分而专"经营模式）。每一个段落由一个专业公司（专业户）承担，喂养户只负责喂养这一个环节，其他服务也都有专门人或公司提供，便可大大提高饲养规模。从而，把养羊产业逐步地形成高蛋白饲草种植、营养饲料加工、技术化喂养、专业化屠宰、食品生产和供应、冷链物流运输、线上线下销售等全产业链发展。

（3）饲草专业化服务带动工程

"产业链"养羊法推广的关键是制草专业公司（或专业户）的兴起和发展。现在市场上已有很成熟的机械设备和比较容易的操作技术，比传统的青储方式制草既简单又科学。一套家庭使用的打草设备几万元，农户购买也不很困难。而且原料草来源广阔，成本又低。只要政府予以重视引导，在初创时给予一定支持，制草业就会很快发展起来。

（4）"产业链"专业主体发展工程

重视各分工段专业经营者的健康发展，促进多个产业得以拓展。以除粪为例，它独立出来后，通过一定的专业化技术提升，不仅可以用比较低的成本完成除粪任务，而且可以把畜粪加工成商品有机肥料，再卖给苹果种植户。再如，当宰杀作为一个单独领域，便可延伸出羊肉分解和羊下水加工、小包装售卖等产业。这样，涉及养殖的产业越多，就业领域越多，产业总体收入也会大幅提升。

3. 设施栽种产业扩展和提升

（1）日光大棚标准化改建工程

日光温室建设选址和设计，实施以县为单位统一规划、统一采用"95"式标准建造。根据不同地理地形条件，提高温室采光和保温能力，配套必要的水电路等附属设施和山地防洪工程。充分利用丘陵沟壑区的地理气候特点，重视做大山地日光温室板块。

(2) 设施棚栽能力提升工程

大力推广工厂化育苗、水肥一体化、物理和生物防治病虫害等技术。重视对棚栽作物的品种配套、调茬及不同品种管护的总结提高；开展配方施肥、肥料效力提高、不同肥料使用方式对比试验。引进推广无土栽培、立体栽培和食用菌培育。推广新品种和新式栽培模式，优化不同区块的主打品种和品牌形象。此外，在黄龙和吴起可以试种高山冷凉菜。

(3) 机械化智能化替代工程

坚持以降低劳动强度和经营成本为目标，积极提升棚栽产业机械化、管控智能化水平。普遍推广卷帘机、自动放风、轨道运输、微耕机械、物联网等设备和技术，采用机械手段和智能工具代替人工操作。建造智能测水测肥测温测湿和预警系统，以及相应的自动调控方式。棚栽重点县都应建立棚栽管护技术研究机构和培训体系，组织相关专家、技术人员指导种植户的生产管理，跟踪调研大棚蔬果种植管护技术，并积极做好技术服务。

4. 产业后整理和品牌化建设提升

(1) 产业后整理全面拓展工程

把产后整理当作一个战略性发展空间去打造。从现在的苹果一个产品领域，向苹果和养殖、棚栽等几个产品领域扩展。苹果产业的后整理要定位于更高层次，扩展更多的产业领域和整理链条，打造让人更方便消费、更放心食用的产品。舍饲养羊产业的后整理，要同"产业链"养殖结合起来，推进横向技术升级和领域开发，将一个分工环节，扩展演化为一个产业体系。设施农业的后整理，应先易后难，由简单到复杂，由一般性服务到加工性服务，由小批量的手工加工到大批量的机械加工，循序渐进，不断进步。

(2) 电商和市场销售创新工程

支持苹果、养羊、设施栽培生产企业自办电子销售系统，引进大型电商来延安创建平台，鼓励农民家庭开展网络销售，构建多种网络协调的农产品销售体系。围绕销售能力提升，不断完善供应链、人才链和物流链体系，鼓励支持快递产业发展，以便尽可能地降低物流成本；鼓励龙头企业建设冷链运输体系，远距离大半径建立保鲜直销途径；鼓励在沿海地区建立中心转运站，设立苹果、羊肉等有信誉有影响力的代销店、直销店、自动售物平台；构建与销售体系相配套的产品可追溯系统，组建多种销售方式结合、互补互利的联营体系和会员体系。引进高端电商人才。加快培育移动端电商，稳步增加PC端电商，大力推广新兴电商。

（3）深化加工业和一、二、三产业融合工程

实施农产品工业化深加工，打造批量上市的产品。要努力提高农产品的商品率和深加工产品的比重。每个县兴办一个农产品加工小区，提供投资者和农民可以很方便进入、低成本创业的投资环境。围绕延安苹果、羊肉、蔬菜等优势产品，延伸产业链，做大做强龙头企业，带动农产品加工规模化开发。鼓励企业充分利用当地食材，开发延安特色明显的营养食品、健康食品、休闲食品、旅游食品。从事荞麦、杏子、沙棘等深度加工研发，打造有自主知识产权的热销产品。一、二、三产业融合发展，用经营性思路生产农产品，采取二、三产业的方式和手段，提升农产品的使用价值。

（4）品牌化建设加强工程

以苹果、羊肉、棚菜为重点，着力抓好标准化生产，按品牌化要求检验、验收产品。苹果按照市上已整合确定的"洛川苹果"和"延安苹果"两大品牌定位，分别组建"品牌质量联盟"，统一检验"贴标产品"质量，统一制定分拣、包装、保鲜标准，统一建立追溯系统和发退货制度。在拓展国际市场上做文章，努力树立国际化优质产品形象。也要逐步提升羊肉、棚菜等产品的知名度和品牌价值。进一步做好品牌宣传。积极申报地理标志产品、绿色产品、有机产品认证。

5. 优化特色农业变革支撑体系

（1）高标准基本农田等整治工程

按照山水林田湖草一体规划、一体治理的原则，统筹强化山区水土流失治理，全面做好绿色化发展。山坡地整治要认真贯彻黄河流域生态保护和高质量发展座谈会精神，坚持大区块统一规划、全流域综合治理，把握好治理

的系统性、整体性、协同性；按照削顶、平地、绿坡、封岔、护坝的总体要求，从山顶到沟底，区分田、林、草三种定位，把治理措施落实到每块土地上；可耕地建成宽排水平梯田，配套水电路网建设，推进节水灌溉工程，可实行小型机械化耕作，进行土壤有机化改良，建成高标准基本农田。川道塬地的整治应把改土保水增肥、打造高标准基本农田作为重点。有效降低农药化肥残留，浇灌缺水的着力补水、储水，肥力不足的着力增加有机质，加强智能化应用配套，实行节水灌溉，改渠改路以方便机械化操作。

（2）涉农经营主体和组织化创新工程

对集体财产实行量化折股，把国家补贴转为集体资产，建立产权清晰的新型村级合作经济组织，让每个农户切实成为经济组织的股权拥有者。鼓励农民通过土地、劳力、财产等折股，自愿组建经济联合体；依据产业类别，顺应生产协作关系，实行生产性互助合作；适应技术服务的要求，形成生产者与科技服务者的有机结合；瞄准苹果、养殖、棚栽等产业发展的一些关键环节，创办专业化服务组织。同时，支持农民创办家庭农场、饲养场、作坊，组建行业协会，开展行业自治。在大范围内优化"科技推广中心＋栽培农户＋后整理公司""龙头企业＋农户＋基地""专业服务公司＋种（养）经营主体"等组合关系。支持城市科技人员深入农村创办实体经济。积极申报创办国家级农业科技创新园区，做大做强国、省、市级龙头企业。

（3）装备、设施、圈舍加强建设工程

坚持经济主体自主和政府适当支持的方式，加大对果园建设和设施栽种设备、舍饲养殖圈舍和后整理产业设备的智能化、数字化改造。按照各县或全市产量80%的智能化选装、70%的冷储量，及远距离对外运输冷链化的需求，建设配备智能选果链条、气调库和冷链运输机械等三大设备，形成从苹果采摘入库到销售柜台的全程保鲜。建议将大棚建设中的卷帘机、自动放风机、轨道运输、微耕机械、物联网设备、智能化装备、农用打草机械等纳入国家农机补贴范围。同时，对大型养羊圈舍建造给予适当补贴。

(4) 扶持政策体系建设工程

应在加快"放管服"改革的同时,围绕农业高效化标准化品牌化提升,优化质量扶持体系和投资环境。支持新技术推广、新业态成长、新品种引进、新模式应用;支持实施工程开发,采用大型设施建造,推进机械化智能化发展;鼓励绿色化现代化改造,提升发展综合效益;鼓励研究创新、市场拓展、销售途径扩展;协助生产者经营者化解灾害风险,强化必要的保障。

(5) 强农工作领导责任制工程

市县党委政府都应建立加强农业提升和农村工作的责任制。定位五提升20项工程,帮助生产者投资者解决发展中的难题,化解相关矛盾;利用公共投入,支持产业创新、技术提升、转变发展方式;采用政府注资,实施担保、贴息等方式,协调金融机构,破解经营者的资金困难。建议市上重视利用华为在延安的分支机构,瞄准生产的关键环节,推进智能化建设,使有关产业的发展再上一个台阶。

(二)加快能化产业向前沿性高端化高附加值发展

1. 延安能化产业发展的基本态势

延安有丰富的油煤气资源,延安的能化产业以石油工业为基础已有上百年的发展历史。改革开放后,特别是进入新时代,延安的资源开发与转化才取得了积极进展。但就总体而言,目前延安能化产业创新能力依然较弱,产业体量小、链条短、转化比例低,一次能源和初级原材料占主导地位,新能源和清洁能源占比太低,与建设国家级延安综合能源基地的要求仍有较大差距。

2. 延安能化产业高质量发展的战略路径

延安能化产业应以联手榆林、打造世界一流高端能化产业基地核心区为目标。在大方向上,应推动好三个转变,即煤、油、气、盐,由燃料向原料、由原料向材料、由材料向制品转变;由低层次粗放加工向前沿产业链纵向侧链延伸,促进产业整体向前沿性、高端化、高附加值转变;由传统单一结构、单一产业链、单线条、少数产品发展，向集成国内外先进技术、多业链与分品种融合的产业生态集聚与绿色发展方向转变。

3. 延安能化产业创新发展的技术路线

一是在煤炭开采、石油天然气开采、煤干馏、煤电、煤制油气协同利用、石油化工等开发技术和转化模式上取得创新；二是围绕煤炭加工、煤电转化、焦油深加工、煤制烯芳烃、氯碱制造、新能源、合成塑料、合成纤维、合成橡胶等产业链延伸和产业生态集聚上展开创新；三是在重大能化项目的终端产品选择上，向多联产、多品种和产业集群、产业生态集聚发展，提升附加值和市场竞争力，清洁转化、能与元素充分利用、碳氢资源充分利用，形成集成应用和融合发展上形成创新；四是统筹矿渣回填或资源化利用、矿井水资源化利用、采空区治理及塌陷区土地综合利用、矿区垃圾及废弃物分类回收及资源化利用等技术的集成应用，在绿色低碳与"两化"融合发展上进行创新。

4. 延安能化产业高质量发展的几点建议

从"环境影响最小、碳排放最少、用能成本最低、能与元素利用最充分、碳氢互补最合理、终端产品附加值较高、市场风险较小"的视角来看，延安市能化产业发展应统筹规划、精心选择，引进一批骨干项目，支持一批原有企业做强做大，打造一批前沿性领头企业，建成数个千亿元级的产业集群和产业聚集区，成为实现全市高质量发展新的增长点。结合现有基础，一是力争在油煤气盐协同利用中，引进发展一批重大前沿高端装置与项目；二是围绕产业链延伸和资源循环利用低碳发展，重点打造四大新的产业集群与新的加工业聚集区；三是支持延炼以油煤资源综合利用为目标，对永坪炼油厂、子长工业园区、延安高新区等现有能化项目，进行提质扩能改造和下游材料及制品产业发展。

（三）推进延安旅游向多色调、全域化发展

1. 延安市旅游资源优势突出

延安是黄土、黄河、黄帝文化的集中区，是中华文明"根"和"魂"

的重要策源地。毛主席在这里居住13年，领导革命转危为安，逐步壮大，并夺取了最后胜利，这里是中国革命的伟大圣地。这里保留了中华始祖轩辕黄帝陵、黄河壶口瀑布、乾坤湾和反映"三黄文化"的历史遗存，以及大量革命旧址和厚重的历史文物，是开展爱国主义和红色教育的宝贵资源。现有A级旅游景区35处，其中5A级1个、4A级7个、3A级25个，红色景区15处，这里已成为全国人民普遍向往的旅游目的地。

2. 延安旅游产业发展面临矛盾

目前延安旅游产业已得到一定发展，但尚有不少矛盾之处。一是旅游产品尚处于小、散、乱、堵的状态，与旅游观光所要求的时尚、体验、便捷、全面存在矛盾；二是红色教育与旅游业之间有着严格区分，红色教育培训对整个旅游产业的带动作用发挥较差；三是在红色旅游资源大树覆盖下，非红色旅游的资源如黄河峡谷的开发受到冷遇，未能形成综合引力；四是投资主体单一，旅游投资不足，缺乏投资者的群体优势和轰动效应；五是配套旅游的消费品缺乏热门卖点，可消费项目较少，导致游客量增速快但旅游收入增长缓慢；六是城区住宿困难，往返缺乏快速便捷通道，严重地制约了旅游规模扩大；七是刺激政策不够有力，未能激活旅游市场活力。

3. 推进延安旅游产业提升的战略思考

基于现状，建议实施"改革、创新、拓展、优化、升级"的战略思路。

（1）改革

主要是搞好红色培训改革，把红色培训真正打造为拉动红色旅游发展的龙头。以提高教学质量、适当扩大培训规模为重点，着力组织体制、课程体系、教学方式创新，构建总院统领，分院办学，公办与民办相互协作、竞争发展的全市红色教育培训体系。

（2）创新

在旅游产业发展整体思路上，定位于红色与非红色两根主轴支撑、两个轮子驱动、两条腿走路，打造红色引领，黄（黄帝、黄河、黄土文化）绿（绿色发展和美丽乡村建设）白（冰雪旅游）结合、覆盖全市的多色调、全域化旅游经济发展格局。表现在旅游产业发展路线上，一方面继续强化红色资源开发,做大做优以红色教育为带动的红色旅游;另一方面加强黄帝、黄河、黄土文化旅游资源的挖掘,重视绿色发展和冰雪旅游的开发,大力度发展非红色旅游。

(3) 拓展

应着力于经营主体变革和拓展,形成多层次、多类别,以展现繁花似锦的旅游产业群体队伍。在更大范围招商引资,更大力度培育有活力的主体,打造单元式的经营者群体队伍。以建立产业联盟为抓手,形成较大规模的区域性协作和外延扩展,促进大协作、大发展、大旅游格局。引导乡民、市民、各方面接待人员在服务中学习,打造熟练的旅游产业基层从业者队伍,加快向乡村旅游、康养旅游、休闲旅游、专题旅游等延伸。

(4) 优化

尽量优化配套服务,全面整治旅游大环境。抓紧解决旅游产业发展中的瓶颈问题,尽快改变交通受阻和住宿困难等问题。倡导"城市即景区""市民是环境"理念和意识,进一步加强全民教育和旅游服务人员的综合培训,提高从业人员的服务意识和职业道德水平。想游客所想,解游客之难,供游客之需,全面做好配套服务,用周到细致的服务,保障旅游产业健康持续发展。

(5) 升级

通过多方面创新提升,推进产业发展方式变革,实现旅游产业再上一个层次:由以"观光游"为主的旅游向"旅游+"多产融合体系转变;由走马观花、一看即了、看完即走的旅游向学习式、体验式、度假式、康养式、精神感悟式等具有综合享受价值的旅游转变;由传统的模式化从业方式向自主化智慧化从业方式转变。

基于以上发展思路,提出着力红色培训改革,带动旅游产业整体上水平;着力产业体系创新,打造多色调全域化旅游格局;着力产业主体拓展,强化产业群体创造活力;着力服务配套优化,打造文明规范市场环境等方面的创新与建设,把延安的旅游文化产业真正提升为全市骨干支柱。

三 补齐"三大短板",营造高质量发展"新底版"

(一)关于"三补齐"的战略认识

1. "三大短板"是延安发展不能不补的缺失

"三大短板"是延安经济的深层性结构矛盾,破解"三大短板"是延安迈向高质量发展无法躲避也躲避不过的一道坎。尽管要补齐这些"短板",无疑要经历较长时间、花费较大功夫,却也不能不补。问题不是在"三大短板"之外,再有没有"短板"的存在,而是这"三大短板"是最紧要最带根本性和战略性的"短板";我们讨论的重点也不应是"要不要补"的问题,而是采取"何种方式补"的问题。

2. "三大短板"的要害是民营经济发展滞后

"三大短板"的要害是民营经济发展滞后。经济主体是第一生产要素,又是各种要素的组合者,即发展原动力之所在。民营经济发展滞后,就是民营主体稀缺和软弱,其势必造成经济活力不足,自然会使科技创新需求缺失和有效输出产品生产乏力。现在全国民营经济创造了40%的对外贸易总额、50%的税收和出口、60%的GDP、70%的就业、80%的创新成果、90%的企业数量。延安民营经济发展严重缺失,一是没有创新能力,二是没有好产品,创新水平和对外开放又何以能够强势?事实说明,破解"三大短板"必须从加快民营经济发展做起。

3. 着力核心突破、统筹破解"三大短板"

基于以上分析,建议实施"抓一带三"的策略路线,逐步补齐"三大短板"。即坚持强化民营、着力创新、加快开放的理念,打造具有充沛活力的经济主体,带动形成创新能力强、对外竞争力强的发展格局。争取在"十四五"期间,使民营经济的比重有较大幅度提升,十年内接近或达到全国平均水平,推动整体经济结构和发展水平出现崭新变化。

（二）"多管齐下"推动民营经济突破发展

1. 确立"引进—催生—再创"的民营发展路径模式

从全国来看，民营经济发展经历了特定的过程。发达地区都曾利用改革开放初的卖方市场、投资饥饿、管理粗放和政策机遇等有利环境条件。眼下时过境迁，面对早已饱和的商品市场和竞争格局，群众性自我创业的难度明显增加，再靠自发式的创造打造成有影响力的企业则更难。有鉴于此，建议在民营经济创业模式上，实施引进带动战略，完成"引进—催生—再创"的三步骤战略。引进是第一步，即选择在当地有条件发展和协作需求较大的产业，打造民间创业的"种子"企业；催生是关键的一步，通过引进达到催生当地创业局面形成，带动民营企业突破发展；第三步即再创新，在催生的基础上，与当地创业条件的结合，形成再创新和进一步的发展。如此推进，打造产业发展的群体队伍，进而使民营经济迈上一个新台阶。

2. 推进"放出""变身""快乐创业"的组合变革

延安民营经济发展，应把国企"放出"、农民"变身"、打造"快乐创业"环境有机地结合起来，实施综合性变革。

（1）市上已决定，对51家国企进行整合，重组为16个集团性公司

建议改革的步子能迈得更大一点，把改革的重点放在"放出"上，除重组少数具有引领带动性的企业转制为混合经济外，然后通过多种改制产式，促使国企向民营经济转变，让民营经济获得更大发展空间，撬动更多社会资本投入，形成实质性的突破。

（2）我国改革已进入加快城镇化发展阶段，城镇化的实质是农业和农民的转变

一方面，农民创办乡镇企业，农民变成"工人"；另一方面，农村剩余劳动力成批涌入城市，成为城市新成员——"农民工"。其关键是要深化农村变革，促进农民脱离传统的小农生产，促进农民"变身"转业，成为多种商品的生产者和经营者；进而由小到大、由少到多，逐步造就一批"群体小创客"，打造一支有规模有实力的民营经济队伍。

(3) 加快民营经济发展，离不开创业环境的改善

政府应从软件和硬件两方面着力，打造有利于普通群众创业的环境条件。让创业者在一种尽可能低风险、尽可能低成本中创业，在一种尽可能多的关爱和受支持的氛围中从业，不断激发创业者的激情、享受创业的快乐，一步一步地把产业做大做强。

（三）因地制宜不断构筑创新发展格局

1. 从发展理念上强化"创新"的重大战略价值

创新是引领发展的第一动力，是"五位一体"摆在第一位的发展理念。由于多方面的原因，延安干部群众中事实上存在对"创新"重视不够、认识肤浅、下功夫较少的问题。因而补齐"短板"，先要转变对创新的认识，在思想上充分认识"创新"的重要价值，牢固地树立起"创新"是发展第一因素之理念，并把它实实在在地体现在工作中，不懈推动、久久为功，最终总会取得一定实效的。

2. 进一步提升延安高新技术开发区的创新功能

高新技术开发区是现代科技的集聚地和创新型企业的孵化器，延安高新区是延安实施创新驱动发展的重要引擎，是拓展高质量发展空间的重大举措，也是培植全市核心竞争力的迫切需要。根据2019年8月国务院办公厅《关于促进开发区改革和创新发展的若干意见》，延安应抓住晋升为国家级开发区的机遇，力争将其打造为提升全市创新能力的战略性支撑。

3. 着力科技创新强化几大优势产业发展

面对产业升级和高质量发展，一定应把产业转型与创新提升结合起来。要围绕优势产业开展技术、体制机制、管理方式创新，加强人才充实，加强与高等院校、科研院所联系，组建技术创新联盟。建设重点实验室、院士工作站、工程研究中心、技术创新中心，开展关键技术、创新项目研究，用发展难题的破解，带动产业整体性跃升。

4. 构建创新发展的"三大支撑体系"

创新能力提升是个系统性工程。从延安的实际出发，着力构建以技术创

新为重点的创新任务体系,将重视创新、促进科技事业发展贯彻于生产建设和社会管理的全过程和各领域。构建以企业自主创新为核心的创新主体体系,以市场为导向,以企业为主体,政、企、学、研、金多方深度融合,协作推进创新。构建系统化创新人才政策体系,对原有的人才政策进行全面检查,找漏洞、补短板,出台新的更具强度的扶持政策,促进人才队伍健康成长不断壮大。

(四)从战略与战术的结合上促进对外开放

延安对外开放度低,有客观上的原因,也有主观上的原因。破解对外开放低的难题,既要把握好战略上的定位,也应处理好近期的对策性问题。

从长远看,延安对外开放应主要定位于打造"一带一路"的区域枢纽城市。按照"一带一路"规划,铁路方面有西、中、东三条干线通道,其中,中线从内蒙古的二连浩特出境,连接蒙古国和俄罗斯;公路方面新建的京新高速、京藏高速,成为京津冀和环渤海湾及东北地区,向西直通中亚、西亚和欧洲等地区的便捷路径。同时,将"中蒙俄国际经济合作走廊"作为开放的一个重要路径,商务部已提出将延安建设为"国家陆港新物流枢纽城市"。加之西包高铁建成,延安完全有条件建成我国新的贯通南北、衔接东西,出口境外大通道上的区域性枢纽城市。

从近期对策来看,延安尤其应做好三件事。

首先,要强化与周边地区的开放对接。以实行"延西(西安)同城化、延榆(榆林)一体化"为重点,借船出海,搭便车上路,以提高经济的开放度。向东就近融入黄河沿岸经济带发展,积极推进黄河大峡谷两岸跨省城市交流,尽快融入京津冀鲁经济区,加强在科技、金融、口岸等方面的合作;向南融入大西安和关中城市群,吸纳西安的科技资源,加快延安的产业开发,推进产业链、创新链、价值链、供应链、配套链的延伸;向西加强与丝路沿线地区和国家在能源开发、现代农业、文化旅游、科技经贸等领域的交流合作;向北加快融入呼包鄂榆经济圈,与榆林相结合打造世界一流的能化高地,参与中俄蒙经济走廊建设。

其次，要依托优势产业，打造出口骨干产品。把三大优势产业作为对外开放骨干产业，加大苹果、果汁、蔬菜、化工原料和化工产品等的宣传力度，选择合适消费市场，进行重点突破，不断强化其在国际市场的竞争力。基于自身产品的质量优势，通过努力，使延安的这些优势产品赢得国际市场认可。

最后，应着力破解影响延安开放之难题。鉴于"一带一路"向北开放的市场和通道尚在建设中，在一定程度上仍没有引起人们的重视，积极建议中省加大对北通道开发的力度，推动国家尽快实施西包高铁建设和原有铁路的骨干线路改造，力争在"十四五"期间取得突破性进展。

"三提三补"是促进延安高质量发展的重大战略任务，必须在厘清思路、明确目标的基础上，以相应的政策与其配套，并且要树立打持久战、花大气力的思想准备。如果抓紧落实，"三提升"有可能在五年左右取得实质性的进展；而"三补齐"的时间可能会更长一些，大体需要十年以上。为此，建议做好"三提三补"与"十四五"发展的对接，加快打造现代化经济体系和投资环境，不断提高发展综合承载能力。成立推进"三提三补"领导小组，协调解决"三提三补"推进过程中出现的各种问题。用强有力的组织领导，保障"三提三补"任务的圆满完成。

B.20
"绿色+现代"山区治理致富之路

——子洲县山区农业现代化路径研究[*]

曹钢[**] 李冰 胡铭焓

摘 要：本文依托子洲县山区实际，围绕"绿色+现代"的理念，从理论与实际的结合上，提出了生产条件、劳动方式、组织体系、农民素质、生态环境五个方面现代化的路径体系，并就这一系列问题展开了跟踪研究和探索。

关键词： 山区农业 农业现代化 子洲县

一 陕北山区实施农业现代化

实施"山区农业现代化"，首先是个认识问题。长期以来，人们总认为，农业现代化只能在平原等发展条件比较优越的地区推行，像陕北这样的穷山沟连传统农业都搞不好，又何言"现代化"呢。

经过研究后我们认识到，陕北山区农业发展的条件是有一定缺陷的，但也有不少优势，其土地面积广袤、土层深厚、土质疏松、土壤基本无污染，光照充分、昼夜温差大、通风条件好，是苹果、小杂粮及根茎型

---

[*] 本文是陕西省社科界2019年度重大理论与现实问题研究项目的阶段性研究成果（立项号：2019SJ002）。
[**] 曹钢，经济学教授，博士生导师，中共陕西省委党校（陕西行政学院）原副院长，陕西省决策咨询委员会委员，陕西省经济学会副会长，终身享受国务院政府特殊津贴专家，陕西省有突出贡献专家。除作者外，参与调研的人员还有杨沛英、柯淑娥、郑党鹏、翟文俊等。

中药材的优生地，发展特色农产品和有机农业具有得天独厚之条件，非常适宜发展特色农产品和有机农业。其主要缺陷是气候干旱、山坡地水土流失严重，又不便耕作。然而在现代生产力条件下，这些问题是可以得到较大改变的。

通过对新中国成立以来山区治理的回顾，我们还形成了"三阶段模式"的观点。

第一阶段（1949~1999年），主要实行以多打粮食为目的的毁坏生态式开发和人工方式的治理：一方面政府动员支持民众通过有限的体力劳动，打坝修梯田，治山治水；另一方面却毁林开荒，扩大耕种面积，搞广种薄收，争取解决好吃饭问题。

第二阶段（1999~2010年前后），主要实行以修复生态为目的的退耕还林和消极性绿色化方式治理：自1991年起，国家在陕北实行退耕还林政策，给农民提供可观的钱粮补贴，山坡栽树，封山禁牧。农民们便把应退和不应退的地（包括大量可耕地）都"退"了下来，加之受城镇化浪潮冲击，大批农民外出打工，大量可耕土地荒芜，大多数村庄"空心化"，生态水平虽提高了，而农村经济却全面凋落。

第三阶段（2010年前后至今），主要形成以可持续发展为目的的绿色化和现代化相结合的治理：这种模式的特点是按照绿色发展的理念进行统一规划，在强化生态保护、实施水土流失综合治理的同时，采取现代化手段（大型推土机和农业科技等），在山坡地上修造宽幅水平梯田，全面配套水电路工程，打造可长期耕种的高标准基本农田，发展特色农业产业，成为产业扶贫的主要支撑。

基于这三个阶段认识，我们认为，历史上经历的这三阶段的治理，是个否定之否定过程。其中第三阶段的治理模式，是经过实践检验形成的科学选择。同时，其治理成本也是可承受的（一亩水平梯田的推地成本1000~1500元，加上水电路配套工程，大体需要5000~6000元，最高不过1万元）。因而，正确的治理路径应是：把"治理"与"致富"两个目标很好地结合起来，既不能重复那种为多打粮食不惜毁坏生态而广种薄收的做法，也不应为"绿色"而绿色,放弃有条件的开发,搞"消极绿色化"。一方面更加坚定绿色化发展方向,加强全方位的生态保护和有效治理;另一方面利用现代工具和手段的强大改造能力,在缓坡地上整修宽幅水平梯田,营造高标准基本农田。进而发展现代特色农业,走"绿色+现代"的治理致富之路。这是黄土丘陵沟壑地区实施农业现代化的可行之路。

二 围绕"三大体系",实施"五个现代化"[①]

农业现代化的重点,是要打造现代农业的产业体系、生产体系、经营体系。我们认为,山区农业现代化,毕竟是依托山区自然生态条件,具有特殊创建过程的现代化。其必须是对山区优越条件更加充分的发挥,和对现代农业发展中的制约因素和实际障碍更为有效的破除。因而,实施山区农业现代化,光靠空喊口号是无济于事的,而一定要针对山区的实际,扬长补短,对传统农业进行一场革命性改造。由此提出,要围绕"三个体系"建设,因地、因气、因人制宜,从生产条件、劳动方式、组织体系、农民素质、生态环境五个方面,对"现代化"进行开发和治理,一项一项地真正落实在山区农业的发展过程中。

(一)生产条件现代化:把山地改造为高标准基本农田

长久以来,陕北山区贫困的重要原因是,地理气候条件较差。土地大多在山峁陡疙瘩上,气候又比较干旱。年降水量不过3~400毫米,多数年份遭受旱灾。而山坡地保水又差。稍微多下点雨,又产生洪水,造成严重的水土流失,以致土地越来越贫瘠。加之山坡地交通困难,又不便耕作,运送生产资料和收割庄稼主要靠肩挑背背,生产效率低,劳动强度大。集体经济时期,虽大力推行打坝修梯田,但限于人力,所有的梯田都很狭窄,治理作用

[①] 原先称为"五位一体",后来中央出台了"五位一体",为了避免产生混淆,改为"五个现代化"。

很难发挥到位。

基于这种情况,子洲山区农业现代化把"生产条件现代化"放在首位,又把改造耕地作为重点。按照"地要平、保三通、强肥力、能机耕"的要求,利用现代机械把坡度小的山地(一般限定在25度以下)推成10米左右的水平梯田,然后配套建设水电路工程,做到通水(抽水上山,建设蓄水池,推行滴灌、喷灌)、通电(提供动力电源)、通路(主要地块通公路,汽车可以开上山头),使用小型机械,进而推进土壤改良,增施农家肥和绿肥,逐步地将其改造为高标准基本农田。自2014年以来,全县新修水平梯田22万亩;四年中(至2018年),配套水利工程项目353个;至2016年,修建山地水泥公路949.5公里;建成高规格基本农田28万亩。2017年7月,子洲下了史上少有的大暴雨,但凡是按标准修好的梯田,都没有发生水土流失现象。

与此同时,子洲县还十分重视现代农业设施的建设和装备的配置。在梯田、平台地、坝地,建设塑料大棚、日光温室大棚,扩大县内棚栽棚种面积;推广滴灌、喷灌等先进适用节水灌溉技术,积极发展现代旱作节水农业;全面推广塑料薄膜覆盖栽培技术,增强土壤保温、保湿、保肥能力;对广大养殖户进行圈养厩舍建设知识培训,依据地形、交通及成本,推广建设实用型、科学型厩舍、草棚、青储设施;有条件的地段还推广果园防雹网技术,降低冰雹等自然灾害对果林的损害,防止鸟类对果品的侵害,提高林果产量和质量。

(二)劳动方式现代化:科学培育优质高效特色农产品

生产什么和怎样生产,是劳动方式现代化的重点标志。过去粮食短缺严重,逼着子洲这些山沟把粮食作为主要生产对象。实施山区农业现代化以来,县上以科学测定为依据,决定把苹果、羊、核桃、中草药和某些小杂粮,选定为适宜本县生长的优势产品,并进行了大面积推广。自2014年以来,新栽苹果25.2万亩(挂果10万亩、年产量14万吨)、核桃22.3万亩(挂果10万亩、年产量2万吨),新增中药材种植面积20万亩,新增养羊

40万只，基本形成以优势产品为主的产业体系，极大地推动了农民收入水平的提高。

围绕这些产品，子洲县又着力推进种子革命。重视引进、培育适于当地生长的种养业良种。在种植业上，主要推广苹果、核桃、红枣等经济作物和高产、质优、抗病、耐旱的粮食作物，以及各种蔬菜、瓜果类优质新品种；在养殖业上，引进、改良、培育羊、鸡、猪、兔、牛等产肉多、繁殖快、品质高的新品种。建立和加强良种育繁体系。种植业方面，按照引进—试种—评价—推广的品种培育过程，相应搞好配套基地和技术队伍建设，逐步形成良种培育体系，不断实施新品种选育、旧品种淘汰、良种品牌打造。养殖业上重点抓好引进品种试养工作，推广良种杂交培育、人工繁殖技术。积极支持企业、种养大户与省内外农业科研院所的技术合作，多途径建立有效的良种培育推广体系。

此外，还着力于种养生产新技术、农产品加工技术、现代绿色化生产和管理技术的开发与推广。在种养生产新技术上，重点推广旱作农业技术、果树栽培管理技术、先进养殖技术、棚栽培育技术、养殖防疫和植物病灾保障技术等五项技术。农产品加工技术开发上，因地制宜、循序渐进，鼓励企业投资，逐步推进普通农产品初加工、重点农产品精细化加工和处理、农业生产资料系统化供应链创建、有机食品产业化生产四条加工产业链打造。现代绿色化生产和管理技术上，分步实施四个保证：一是保证生产条件的无污染；二是保证生产过程绿色化；三是建立农产品可追溯体系；四是加强绿色食品质量监督。从而综合打造有机食品县，全面提升农业和农产品的产出效益和品牌价值。

（三）组织体系现代化：引导广大农民更好地走进市场

实行家庭联产承包以来，子洲这样的贫困山区除了名义上的"土地是集体的"外，基本上退回各家种各家地的境地，相互之间没有多少联系，在农民的心里就是又"单干了"。面对蓬勃兴起的市场经济，多数农户虽然靠着那份承包地，吃饭问题并不发愁，但总体上处在一种"要卖没有什可卖的,想买却没多少买东西的钱"的状况,成为市场经济海洋中"孤岛人家"和新时代的贫困户。

我们认为,组织体系是生产运行、经济发展的内在机制,具有较强的联系功能和效率激励作用。山区农业现代化,必须打造强有力的组织体系,围绕把农民引入市场,着力推进经济主体创新、产业链条延伸、流通渠道拓展、配套制度建设和经营体制改革,形成促使农业现代化、产品有机化、经营市场化的正向促进机制,以利于创业、提质、增效目标的实现。

在现实中,一是积极推动土地流转中利益关系的处理。按照所有权、承包权、经营权"三权分置"的基本原则,重点研究了流转前后地权变化问题、转包费用的合理确定、流转期满后土地归位及流转费用保障等问题,并对每个问题处理办法做了明确规定。二是打造良好的创业环境,鼓励农村新经济主体自主创业。建立新型经济主体发展标准登记制度,促进新型经济主体便捷化注册、低成本创业、无卡压发展;制定对各种注册新型市场主体实行配套性扶持政策,量身定制扶持各种建设项目;支持"一村一品"式发展,促进产业分工、专业化生产和规模效益水平提高;实施持续发展鼓励制度,打造一批创业发展的领头羊和骨干力量。三是加快实施市场开发和农村流通方式改革。培育比较稳定的销售客户和销售关系,形成订单式生产。鼓励农民经纪人从业,鼓励成立以产品推销为重点的专业合作经济组织,鼓励以"公司+农户"方式把农户产品带进市场。

组织体系现代化推进,使全县经济主体从原先的小农家庭自给式生产和小块土地经营中解放出来,新型经济主体和组织形式成批增长。每年新增公司100多家、农民种养专业合作社300多户,个体工商户400多个,累计新增市场主体4897个。其中:新办公司642家,创办农民合作经济组织1826个,发展个体户2426个。建成专业村28个、专业镇4个。现有省级现代农业园区1个、重点龙头企业4个、家庭农场15个;市级现代农业园区8个、龙头企业3家、家庭农场26个。建成的国家、省级、市级示范合作社分别为1个、10个和24个。有产前、产中、产后服务实体108个。

（四）农民素质现代化：培育新一代创业者和职业农民

通过调研我们认识到，农村青壮年劳动力大量外流，农民不重视农业技术学习，其主要根源是受传统认识影响，普遍存在看不起农业、歧视农民的思想，对现代农业和职业农民缺乏认识。农村劳动力短缺，实质不是数量问题，而是有怎样的从业者的问题。同时，解决农村劳动力短缺，首先，要树立新的就业观念，培养适应现代农业要求的新型职业农民；其次，要用现代化改革的理念和思路解决问题，通过机械化、集约化、智能化、市场化，降低对农村劳动力需求，破除城乡劳动力流动障碍。

基于这种认识，我们提出普遍开展传统农民与职业农民"四个明确"、推进"四个破除"的教育：一是明确传统农民主要靠体力输出劳作，而现代职业农民主要靠技术能力作业，破除认为当农民要受苦受累一辈子的传统印象；二是明确传统农民从事自给自足生产，而现代职业农民为市场生产产品，破除现实中农民不懂市场经济、忽视经营的理念性缺陷；三是明确传统农民只能在农村过清贫艰苦的日子，而现代农民虽然也与农业打交道，但同样可以过上城里人的生活，破除害怕做"乡里人"让人瞧不起的心理；四是明确传统农民从事简单重复生产、多少年不变，而现代农民要不断学习新技术，并根据技术贡献大小获取职称，享受待遇，破除认为农业谁都能干、不求上进的想法。从而，树立现代农业从业者的自信、自尊和奋斗精神，让老一代农民愿意继续留守农村务农，做一个懂技术会管理的新式农民；让年轻人有志成为现代农业的从业者，做新一代的职业农民；让城乡投资者都能以新理念、新思路用人管人培养人，推动山区现代农业创业成功。

在开展"四个明确""四个破除"教育的同时，我们把工作的着力点放在吸引城里人返乡创业和培育新一代劳动力上。劳动力是随着产业发展流动的，哪里有创业、有产业发展，就会吸引劳动力向哪里走。县上一方面通过宣传动员，让有一定实力的外出企业家和成功人士返乡创业，兴办涉农企业，创造劳动力和人才需求；另一方面在需求吸引下，让进城打工的人和城里闲散人员到农村务农或打工。同时鼓励有条件的人生活在城里而就业在村里。几年中，全县新发展的创业实体，特别是一些规模大的公司和大户实体，基本上是返乡创业者兴办的。返乡创业人数达到1.2万人次，创办各类实体2600多个。这些城里的创业者和在城里打过工的人，在创业眼界、劳动技能上都比长久待在农村的人要好得多。

根据产业发展需求，子洲县还有针对性地加强了技能人才培训。近年中，采取集中办班和下乡现场集训等方式，每年专门培训苹果栽培管理、大棚蔬菜栽植管理、羊只饲养管理、电子商务等方面人员1万~1.2万人次，6年多合计培训7万多人次，大大提高了农民的职业技能水平。

（五）生态环境现代化：实施全域化系统化综合化治理

在对山区农业现代化的研究中，我们就明确提出一定要把生态环境治理作为发展的大前提。认为绿色发展是山区农业现代化的主要内涵和原则要求，强调了"生态承载原则"的三条红线：一是整地以不造成流失为前提，坚持山顶到坡沟综合治理；二是用水以可供水量为前提，坚持找水、蓄水、科学用水结合；三是养殖以草地承载为前提，坚持草与畜协调发展。

从绿色生产和生产绿色化出发，我们十分重视倡导实施循环经济产业体系。提出在总体上要以"种、养、加工"结合为基本思路，要种养互补，种种相融，养养配套，深化加工，生产与生活结合，做到循环使用资源，充分提高效率，消除生产污染，实现有机化生产。总结当地实际经验，推出"玉米种植＋秸秆青储＋喂养牲畜＋有机肥料""粪便处理＋沼气处理＋家用照明＋沼液施肥""谷子种植＋小米加工＋糠皮养殖＋有机肥料""小麦加工＋黄粉虫养殖＋蝎子养殖"等十多个产业和产品配置模式。在生态保护上，部署了全面推行流域综合治理和乡村综合治理两大生态化工程。流域综合治理工程：以支干级沟道流域为单元，从田、林、草生态协调，路、水、电配套齐全的要求出发，实行统一规划和集中性治理。乡村综合治理工程：以行政村为主要对象，按照生产进步、生活健康、设施完备、根治污染四个方面，全方位综合推进生态文明建设。

通过"五个现代化"的实施，子洲县不仅在农业生产的基本建设上发生了很大改观，有力地支撑了山区农业现代化的推进，而且已初步形成了适应现代农业和绿色发展需求的"三大体系"。一是以苹果、羊、核桃、棚栽、优质小杂粮等产品生产，种养结合、产前、产中、产后共进，农工商贸配套、一体发展的产业体系；二是以科技创新为引领，手工劳动、机械作业、绿色加工、智能调控等各有侧重、相互协作、有机配套的生产体系；三是以市场调节为导向，以优质增收提效为目标，多种经营主体并存、多行业多分工协作、线上线下销售结合的经营体系。

三　多措并举，推动山区农业现代化协调扎实展开

山区农业现代化是个战略性系统性工程，短时期内是完不成的。如何做到战略目标与现实发展紧密结合，是不能不考虑的关键性问题。只有把这个关系处理好，才能使现代化的建设有序推进，一步接一步地落到实处，并取得最后成功。为此，我们设定了"两个五年规划、三步走建成"的推进路程和工作步骤，同时细化了前五年的工作任务和指标定位，相应地推进了五大战略举措。

（一）将全民创业作为推进山区农业现代化的战略抓手

从推行山区农业现代化建设开始，县委县政府就发出了"全民创业"的号召，并及时召开了高规格、大规模的动员大会，邀请全国子洲籍企业家回乡参观，制定创业"744"计划，推行"638"工程，出台相关创业"实施意见""实施方案"。组建创业领导小组及其办公室，以政策为导向，鼓励民众创业，创办内部报纸，向县内参与关心创业的人士通报工作进展情况，推动山区农业现代化建设逐步展开并深入进行。

（二）推进山区农业现代化与产业扶贫的有机结合

精准扶贫的第一重要路径是产业扶贫，山区农业现代化一定要同产业扶贫有机地结合在一起。在实施山区农业现代化中成长起的创业大户，自然地

成为全县产业扶贫的有生力量，从多方面拉动脱贫致富。同时，贫困户和贫困人口在自家的脱贫奋斗中，也为山区农业现代化的推进做出了贡献。

1. 支持和引领了贫困户参与山区农业现代化创业

在政府的支持和创业大户的带领下，不少贫困户都参与了现代农业创业活动。电市镇天河农民专业合作社，流转全村土地，安置包括13个贫困户劳动力在内的43人就业，带领村民搞养殖（猪、鸡）、种植苹果，发展棚栽业、农家乐、旅游等产业。另据调查的23户现代农业企业和合作社中，通过发展山区现代农业和农产品加工、农产品销售及农业服务业等产业，已带动全县6320多户农民从事创业活动，其中从事创业的贫困户就有3000多户。

2. 在山区农业现代化中安置贫困人口就业

在已发展起的涉农企业、合作社、农场等实体中，都已就地安置了贫困户人员就业，通过就业使贫困户的收入普遍提升。据统计，2017年上半年贫困人口就业，平均日工资120元左右，年收入可达到3.5万元以上。贫困户家庭中有一人就业，就可实现全家人脱贫。据统计分析，县上每增加创业收入1亿元，大体可带动6000名贫困劳动力就业。

3. 通过企业与贫困户协作创业带动农户脱贫

鼎盛中药材公司采取提供种子、技术和产品销售服务，带领700多户农户搞药材种植，这些农户在药材上的收入已达3000多万元。天赐、富发、富华等企业和众多专业合作社，通过采取提供种子、技术、包销产品的方式，带动农户发展种植、养殖业，已带动贫困农户约1.5万人就业。

4. 通过土地流转增加贫困农户收入

自2014年以来，全县新增种植大户中，流转农民土地1万亩以上的有2户，2000亩以上的有20多户，500亩以上的有30多户。流转农民土地多数以果畜、药材、杂粮等农畜产品开发为主，给贫困户一般可带来四部分收入：土地直补、林补（归农民）收入；地租（或以土地入股分红）收入；在公司、合作社、农场中的打工收入；资金入股的分红收入。

（三）将山区农业现代化建设纳入"十三五"规划中

山区农业现代化课题研究结束后，县上又聘请原课题组协助县上开展"十三五"规划的制定。"十三五"规划把建设"陕北山区现代农业示范县"作为战略目标和首要任务，提出构建"一业主导、多产并举、绿色发展、民生优先"的战略新格局。一方面，将发展山区现代农业任务落实到长远规划中，大大强化了山区现代农业发展的计划性和可持续性；另一方面，以任务为导向，把山区农业现代化的建设转变为"十三五"时期的重点项目，真正落到实处并作为全县经济社会整体发展的主要支撑。

（四）把山区农业现代化变革与全面小康建设相融合

2016年10月，县上在总结全县精准脱贫和山区现代农业产业发展工作的基础上，结合全面小康社会的建设要求，提出"双包双推+覆盖"创建活动。具体规定推进"全面小康"乡村建设十个方面的要求，部署了"十覆盖新村"的创建任务。这样，一方面把山区农业现代化的变革融入全面小康建设之中，作为小康建设的重要组成部分；另一方面使山区农业现代化真正成为产业扶贫、乡村振兴、全面小康的根本支点。既解决了因扶贫政策导致的村与村救助不平衡问题，使山区农业现代化支持得以均等，又使山区农业现代化、精准脱贫、全面小康社会建设得以统一，避免形式主义，提高了发展中的协调性、可持续性和成果及政策的共享水平。

（五）把基层党建作为山区现代农业发展的根本保证

为了最大限度地发挥好人的主观能动性，以主观优势克服客观不足。县委县政府坚持用强化基层党建工作，统领山区现代农业建设、精准扶贫、全面小康建设等各项任务。县上连续几年以"一号文件"的形式，全面部署和安排推进全县山区农业现代化及各方面发展。持续推进"两学一做"常态化，把学党章党规、学系列讲话、做合格党员与推动山区农业现代化变革相联系，把基层政治工作贯彻于推进山区农业现代化的全过程。另外，不断改进政治工作方式，克服"空对空"现象，在找差距、补短板、破难题、促发展中，充分发挥党员和驻村干部的骨干带头作用，将"两学一做"活动落到实处，落实在山区现代农业创业的日常推进中，大大增强对山区农业现代化建设的引导和保障作用。

四 创新发展模式，加快增收富民目标的实现

在深推"五个现代化"、实施"五大举措"的过程中，子洲县以增收致富为目标，把经济主体变革和发展方式转变有机地结合在一起，使创新性发展模式如雨后春笋般涌现出来，并且产生了由点到面的普及势头，充分显示了县域经济的发展生机和活力，促进了县域发展由穷到富的快速跨越。

下面选择八个代表性模式，以示说明。

（一）清水沟王岗的农业科技园区模式

清水沟村在投资者王岗带领下，从2010年开始创办农业科技园区。全县山区农业现代化推进以后，更加强化了他们的创业劲头，经过几年的努力，该村已基本建成了集土地流转、现代化整治、苹果新品种引进和管理创新试验等于一体的现代农业试验示范园区。该园区已开发山地2440亩，栽植苹果1800亩，试栽37个苹果新品种，2016年产苹果30万斤，并获得国家级"有机苹果"认证。该园区与西北农林科技大学建立了稳定的校企合作关系，建成"榆林山地苹果科技试验示范站"，并成为西北农林科技大学的博士培育点和国家榆林农业科技园区的重要组成部分。该企业已成为全县发展山区现代农业的领头羊。

（二）南洼村崔应国的高标准养殖模式

老君殿镇南洼村在返乡创业者崔应国的带领下，采取"公司+基地+农户"的模式，从事科技化饲养细毛羊。从2014年起，基地共培育种羊

3500多只，发展18个养羊专业户，农户养羊达到2100只，人均收入由3000元提高到1万元。目前，该企业积极推进细绒羊胚胎移植技术，改良养殖品种，并与加拿大等国投资者合作，组建中外合资企业，兴建了厂房，购置了设备，开始向"细绒羊养殖+羊绒梳洗加工+服装制造"全产业链的方向迈进。

（三）水地湾村李彩斌的农村综合发展模式

水地湾村在村干部李彩斌的带领下，采用"村委会+合作社+基地+农舍"组合模式，鼓励农民以入股方式参与合作社建设。目前已建成温室大棚种植（32个）、养殖（牛200头，鱼塘40亩）、制酒（100吨/年）等产业项目。改造基本农田500亩种植苹果、核桃。他们通过种植玉米、高粱，用高粱酿酒，将酒糟、秸秆喂牛，用牛粪制沼液送入温室大棚，发展设施农业，成功实现了农业的绿色、循环、有机发展目标，并通过种养结合和资源的循环利用，又实现一、二、三产业融合发展。早期项目已开始赢利。在组织农民集体经营方面，该村已开始进行大胆尝试。

（四）卧虎湾村刘振清的农业旅游结合模式

李孝河乡在外创业成功人士刘振清，近几年在政府的号召下，回到家乡卧虎湾村，搞农业开发。他一方面按照发展现代农业的要求，流转土地2000多亩，进行整治，栽种苹果树、蔬菜；另一方面，围绕附近"四大名山"的旅游资源，新建"刘家大院"，并开发窑洞发展史展览、教化展览、观光农业、农家乐等，形成以"农旅结合"为特色的发展模式，带动了周边农民致富。

（五）曹家沟村加保存农业发展模式

何集镇曹家沟村青年农民加保存，积极响应政府号召，流转本村山坡地1750亩，建设了一个现代农业小区。在小区内已开发大棚水果种植、设施养牛、高效饲草种植、高标准苹果和核桃栽植等项目。这个小区特别重视先进技术的应用,特别重视规范化管理,特别重视发展循环经济,形成鲜明的发展特色。

(六)陈大坪村陈治海专业养殖模式

驼巷乡陈大坪村农民陈治海,2014年返乡创业发展养牛养羊项目。他把几个养殖场建在驼巷、砖庙等山沟里,雇用附近农民喂养和管理,自己负责技术引进、品种引进和产品销售以及争取政府的政策支持等工作。在他的带动下,合同户养殖的牛羊因只喂草和粮,肉质好,已在榆林形成固定消费群体。现在每年有400多只羊和50多头牛出栏,个人稳定收入可达30万~40万元。在他的身上我们看到了山区现代职业农民的雏形。

(七)川崖根村曹发药材种植模式

三川口乡川崖根村农民曹发,采取"公司+基地+农户"方式,大面积流转农民土地,种植中药材,并进行后续初加工,与国内知名中药生产企业订立产销合同。他的企业吸纳当地农民进行种植和加工。在本乡已租地种植中药材7100亩,他成为全县中药材种植大户。目前,在政府引导下,他正在向标准化种植加工方向迈进。

(八)冯渠村自主创业的大棚种植模式

马家岔镇冯渠村在村干部带领下,组织农民举债筹集资金,兴建了72个温室大棚,栽培早熟水果。经过数年艰苦奋斗,现在,该村已基本还清了债务,渡过了创业初期的难关,进入正常经营状态,为全县棚栽产业树立了一面旗帜、培养了一批乡土技术人才。

子洲县山区农业现代化发展的生机和活力,同时显现在全县经济量的总体攀升上。2014年全县实现生产总值52.26亿元,2018年达到63.63亿元,四年生产总值年均增长达到7.42%;2014~2018年人均生产总值由29643元提高到38264元,农民人均纯收入从8296元提升到9713元,年均增长354元,财政总收入由19681万元提高到39712万元。

五 子洲山区农业现代化模式的若干思考与启示

子洲县的实践，已比较理性地回答了山区现代农业推进中的一系列重要问题，在黄河中游地区发展中，做出了有益的尝试。其符合黄河流域生态治理要"因地制宜，分类施策"的精神。综合来说，提供了几点启示。

（一）树立"治理"与"致富"相统一的目标

"治理"和"致富"在一定意义上说是有矛盾的，但把握得好又是可以互补互利的。如前文所说，陕北地区历史上经历过的三个阶段治理模式，就是很好的例证。子洲县的实践说明，坚持第三阶段的治理模式，便可使二者得以很好统一。所以，实施山区农业现代化，首先必须解决好总体定位问题。对山区水土流失治理，既要坚持绿色发展的总体方向，避免为多打粮食而走破坏生态、广种薄收的老路；也应考虑民众的吃饭和发展问题，克服为"治理"而治理、为"绿色"而绿色的观念，把"治理"的过程看作创造"致富"条件的过程，最终真正做到"治理"和"致富"相统一。

（二）坚持"绿色"与"现代"相结合的理念

"绿色"与"现代"作为发展理念的关系，在一定意义上就是"治理"与"致富"关系在治理方式上的展现。绿色发展既包括对自然生态本身的保护，也包括生产方式和生产过程的绿色化要求，以及生产真正绿色的产品。在陕北丘陵沟壑区，如果单就为治理水土流失而言，那么只要完全地放弃生产，退耕还林、封山禁牧，用不了几年就可以办到。问题是假若那样，这就只能退回到原始状态。事实则是，这里广袤的黄土地从古至今都没有停止对社会的贡献，具有"一方水土养一方人"的条件。而且在当今的生产力水平下，则更具有走向现代化发展的条件。因此，要想做到"治理"与"致富"的统一，实质上是要处理好"绿色"与"现代"的关系，让"绿水青山"真正地成为富民强县的"金山银山"。这也是子洲实施山区农业现代化路径的价值所在。

（三）做好"特色"与"多样"的结构性配套

鉴于陕北山区自然地理的特殊条件，这里理应以发展特色产业为主。然而子洲的经验说明，这不应排除多样性的发展。其一，特色农业一定应保持种养结合。种养结合是农业发展的天然绝配，既可形成种养产业的互配互利，又能实现产业之间的循环发展，达到自然资源的充分利用。其二，重视同类资源的多样化发展。实践说明，在一个地区无论种植还是养殖，都会有多种适应的产品。子洲是山地苹果的生长区，但这里的黄芪等中药材是全国名牌产品。以养殖说，除了羊只，其他草食动物，如牛、兔、驴等都有良好的发展前景。其三，重视"小气候"产品发展。山区小气候环境较多。阳光、风向、地块位置差异，都会带来不同的气候。总之，在发展特色产业的同时，做到多样化发展，也是山区农业现代化发展中值得注意的一个问题。

（四）处理好"创业"与"治乡"的配合关系

子洲的实践还表明，山区农业现代化不只是产业发展本身的问题。农业现代化与农村现代化是新农村建设不可分割的两个方面。离开农村现代化，农业现代化也难以真正实现，更不会使农民群众真正富裕起来，过上幸福的日子。党中央关于新农村建设指导思想提出20字的方针，就是一个综合发展要求。子洲在山区现代化的推进中，又部署了"十覆盖"，有力地配合了现代化的顺利推进。而从实际看，山区的村庄建设任务更重、难度更大，更不能忽视这方面的现代化。只有把"创业"与"治乡"、农业现代化与农村现代化很好地结合起来，才是实现山区现代化的成功之路、致富之路、幸福之路。

（五）着力"返乡"与"进城"双向就业路径

当前我国的新农村建设与城镇化，处于同步推进过程中。一方面，大批青壮年劳动力涌向城市转移就业，转变为新的"城里人"；另一方面，早先进城的创业者和一部分城里人，又开始到农村去搞开发，发展现代农业和从事新农村建设，成为返乡创业者和新一代的职业农民。面对这种局面，子洲山区农业现代化建设采取了双向就业路线。既支持农民外出打工或到城里创业，又鼓励和吸引城里人去农村创业。应该说这种双向创业就业路线，是符合现代化发展形势要求的、有利于现代化的推进的。这也是子洲山区农业现代化推进中的可取之处。

（六）把握"市场"与"政府"双重协调推动

从经济发展的推动力上说，子洲山区农业现代化也体现了市场推动和政府引导的两方面作用。在现实的市场经济条件下，作为县域经济中的创业者，都是实实在在的自主经营者，他们的经营决策都是受市场推动和调节的。在一定意义上又受到政府政策的影响。子洲在全县山区农业现代化的推进中，从开始决定主攻方向到发动民众创业，再到实施政策扶持，都在一定程度上发挥了政府推动经济发展的调节功能。

参考文献

习近平：《在黄河流域生态保护和高质量发展座谈会上的讲话》，http：//www.xinhuanet.com/2019-10/15/c_1125107042.htm。

国务院印发《全国农业现代化规划（2016～2020年）》（国发〔2016〕58号），http：//www.gov.cn/zhengce/content/2016-10/20/content-5122217.htm。

中共中央、国务院印发《关于推进新时代西部大开发形成新格局的指导意见》，http：//www.gov.cn/zhengce/2020-05/17/content_5512456.htm。

本课题组：《子洲县山区农业现代化及发展模式研究》，2015年1月报送子洲县政府。

本课题组：《子洲县实施山区农业现代化战略中期评估》，2018年1月报送子洲县政府。

杨三省、曹钢等：《关于在省北部黄土沟壑区推广子洲山区现代农业发展经验的几点建议》，《决策咨询建议》2017年第78期。

产业篇
Industry Reports

B.21 聚焦"双循环"驱动陕西装备制造业与科技融合发展研究*

王满仓 韩锦绵 刘希章**

摘 要： 装备制造业是陕西省的支柱产业之一，陕西省的教育、科技资源富集，但陕西这两个强项资源融合不足，装备制造业面临内、外循环不畅，平台化、数字化转型慢，价值链低端锁定，集群效应不显著等问题。基于此，本报告制定"双循环"背景下陕西装备制造业与科技融合的发展思路与目标定位，并从打造装备制造业产业"双循环"、提升对外开放水平、构建"云技术+制造业"新格局、转变发展方式、聚焦数字化转型、营造营商环境六个方面提出针对性的政策建

---

* 本文是西北大学陕西财政研究院2020年重大课题"打造关中装备制造业与科技融合发展新高地战略研究"的阶段性成果。
** 王满仓，西北大学经济管理学院金融系主任、教授、博士生导师，研究方向为金融学和公共经济学；韩锦绵，西北大学经济管理学院金融系教授、博士生导师；刘希章，西北大学经济管理学院金融系副教授、硕士生导师。

议,旨在当前国内外新发展格局下,推动装备制造业与科技融合发展。

关键词: 双循环　装备制造业　融合发展　陕西

一　引言

装备制造业作为战略性基础产业,承担着为国防建设提供技术装备,为国民经济的再生产提供生产设备的重任,习近平总书记多次强调"装备制造业是国之重器,是实体经济的重要组成部分"。装备制造业对陕西省经济和财政收入的贡献率在工业中仅次于能源化工行业,其发展水平是衡量陕西现代化程度、科技进步和综合竞争力的重要标志。

当前,陕西装备制造业迎来三个重大机遇。一是习近平总书记来陕考察的重大发展机遇。习近平总书记来陕考察时指出"制造业是国家经济命脉所系","新时代陕西要有勇立潮头,争当时代弄潮儿的志向和气魄",陕西省要抢抓这一重大机遇。随着"一带一路"建设的稳步推进,陕西省作为丝绸之路的起点因其区位交通等优势成为中国向西开放的前沿阵地,推进装备制造业做大做强和高质量发展。二是深度融入共建"一带一路"大格局的重大现实机遇。陕西装备制造业必须紧抓这一重大现实机遇,统筹国际、国内两个市场,强化与丝路沿线国家的合作。三是新时代推进西部大开发形成新格局的重大历史机遇。陕西应着眼长远、统筹规划,发挥装备制造业整体性、全覆盖优势,加快打造西安国际门户枢纽城市,并以此为引领形成内陆开放新高地和发展新枢纽,进而为关中平原城市群发展创造有利契机。抓住这一重大历史机遇,是新时期推动装备制造业高质量发展的强劲动力。

在现代经济中,装备制造业现代化的水平同其与科技融合的程度紧密相关。装备制造业作为科技创新的主要平台,是科学技术的载体,是成果转化的桥梁,也是科技变现的重要手段。陕西省是科技大省,科技创新能力较强,科技研发创新与产业发展的关联度还比较低,科技资源就地转化率不高。因此高效完成装备制造业与科技的融合、提升装备制造业与科技的协同发展力、建立良好的装备制造业科技创新体系,对构建陕西省装备制造业高质量发展格局具有重要意义。

二 陕西省装备制造业与科技融合现状

(一)陕西省装备制造业的发展现状

1. 陕西省装备制造业总体现状

装备制造业是陕西省极具优势的产业,同时也是陕西省重要的支柱产业,在装备制造业规模和产品销售收入全国排名中,陕西省武器装备制造业位居首位,航空、航天、船舶等也占有重要地位。陕西省规模以上装备制造业在规模以上工业总产值中所占比重在20%左右,除2018年外,规模以上装备制造业总产值占工业总产值的比例也呈现逐年增长的趋势。具体情况如表1所示。

表1 2015~2018年陕西省规模以上装备制造业总产值发展与规模以上工业总产值的关系

单位:亿元,%

年份	规模以上工业总产值	规模以上装备制造业总产值	装备制造业所占比重
2015	20333.98	4059.96	19.97
2016	21837.61	4783.47	21.90
2017	23825.18	5472.45	22.97
2018	25192.36	5479.95	21.75

陕西省装备制造业分行业工业总产值也在逐年增长,增长趋势如图1所示。

2. 陕西省装备制造业相对现状

由表2可知,2018年陕西省装备制造业的总资产规模仅占全国的1.57%,与较发达省市,特别是与广东省相比差距显著,广东省约为陕西的

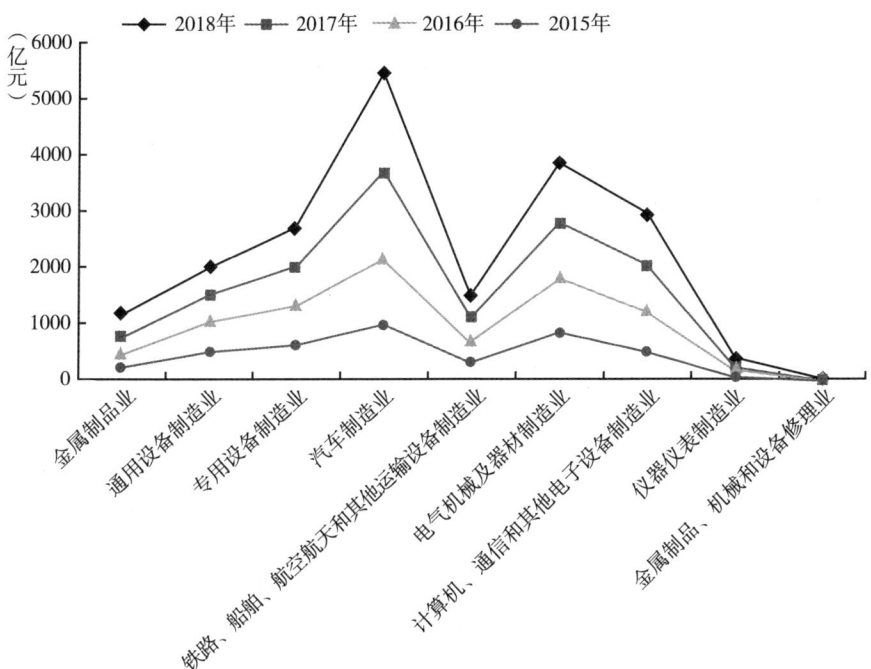

图 1　2015～2018 年陕西省装备制造业分行业工业总产值

表 2　2018 年陕西省装备制造业与其他省市装备制造业的现状

地区	装备制造业工业总资产（亿元）	利润总额（亿元）	就业人数（万人）	总资产利润率（%）
陕西省	6099.22	360.56	37.55	5.91
广东省	68529.81	4164.21	721.11	6.08
安徽省	13964.80	832.93	106.25	5.96
重庆市	10597.11	619.19	89.01	5.84
全国	387402.60	22297.50	3110.20	5.76

11 倍。从利润总额和就业人数来看，陕西省和广东省的差距依然是最大的。从总资产利润率来看，陕西省的总资产利润率超过全国平均水平，并与表中相关省市差距不大。可以看出，相对于发达省市，陕西省装备制造业存在较大的发展空间。

(二) 陕西省装备制造业的科技发展现状

1. 产业体系较为完整但竞争力不强

陕西省装备制造业产业体系经过不断的改革发展，至今已比较完整，这源于其于"一五"时期便开始了发展，在经历了后续长时期的改造和调整，已成为省内各行业中具有一定竞争力和影响力的支柱产业。迄今为止，陕西省装备制造业已发展成九大产业集群，其发展情况如表3所示。

表3 陕西省装备制造业九大产业集群的产业类别

序号	产业集群	所属行业门类	龙头企业
1	汽车产业集群	交通运输设备制造业	陕西汽车集团、陕西法士特公司、西安比亚迪汽车公司
2	航空产业集群	交通运输设备制造业	西安飞机集团、陕西飞机集团、西安航空发动机公司、西安庆安集团
3	航天产业集群	交通运输设备制造业	庆安宇航设备公司、远东公司、中国航天科技集团公司第六研究院、航天时代公司771所、西安电子工程研究所
4	冶金煤炭重型装备制造产业集群	专用设备制造业	中钢集团西安重机公司、陕西压延设备厂、西安煤矿机械厂
5	石油装备产业集群	专用设备制造业	宝鸡石油机械公司、宝鸡石油钢管公司
6	工程机械产业集群	专用设备制造业	陕西建设机械公司、西安筑路机械公司、陕西新黄工机械公司
7	输变电设备产业集群	电气机械及器材制造业	西电集团、西安西玛电机公司、西安电力电子所
8	数控机床产业集群	通用设备制造业	陕西秦川机床工具集团、宝鸡机床厂、汉江机床公司、汉川机床公司
9	电子通信设备元器件产业集群	通信设备、计算机及其他电子设备制造业	大唐电信集团、彩虹集团、咸阳偏转公司、黄河机器制造厂、西京电气总公司

陕西省积极推进自主创新、精益制造，梳理产业链、部署创新链，优化产业结构，形成了以汽车、航空航天、电力装备、轨道交通装备、专用通用装备等为主的装备制造业体系，涌现出陕西汽车集团、西电集团、比亚迪汽车公司、西安飞机集团等产值超过百亿元企业。西安市拥有11个国家级的装备制造业企业技术中心、74家市级以上的技术创新示范企业、军民融合

创新型企业 300 多家，实施各类技术创新计划项目 2000 多项。目前，陕西省智能化改造企业达到 90 余家，西电集团、法士特、中航工业西安飞行自动控制研究所等 20 余家企业承担了多项国家智能制造试点示范项目，通过智能化改造的方式，使得装备制造企业数字化和智能化水平得到进一步的提升。

即使如此，与发达省市相比，陕西省装备制造业产业集群体系发展缓慢，部分产业的经济效益不好、集群数量较少，绝大多数产业目前还处于产业集聚状态。西安阎良的航空产业、西安经开区的重型汽车产业、西安临潼区的风机产业和缝纫机产业、宝鸡蔡家坡的汽车零部件产业、宝鸡眉县的砖瓦机械产业已经形成产业集群雏形，但企业数目较少，产业规模较小且企业间的专业化配套较差。

2. 创新驱动实力有所增强但产业基础较弱

陕西省创新资源富集，拥有 64 位两院院士、15 个国家级工程研究中心及实验室、5 个国家级高新区、6 个省级高新区。陕西省拥有集全国 1/8 的军工科研生产能力及 1/5 的高新技术武器研制任务的西北自由贸易试验区，是我国国防军工、综合性高新技术产业和装备制造业聚集基地。同时，西安全面创新改革试验区、西安高新区国家自主创新示范区、西咸新区双创示范基地等国家创新试点示范建设先后获批，形成了具有陕西特色和优势的创新驱动发展格局。

陕西省装备制造业发展迅猛，市场占有率不断提高，但仍面临基础薄弱的问题。陕西省装备制造业自主研发能力薄弱，创新链与产业链互动较少，产学研用一体化程度不高且科技成果转化通道不畅，其结构升级也主要依赖进口的先进技术。并且，陕西省科技资源的改革进程较慢，军与民、中央与地方、部省之间的融合存在障碍，激励创新的环境和氛围也尚未形成，推进创新驱动的体制机制需进一步完善。

3. 自主研发能力有所提升但人才流失较多

陕西省关中地区拥有国际领先水平的装备制造产品已达 31 个，航空航天等军工产业的综合竞争力居全国前列。其中，中煤科工西研院井下定向测量钻探装备国际先进，煤炭地质勘查技术、矿井水害防治技术国内一流；陕鼓集团8万等级大型空分装置配套压缩机组已实现了国内首次研制成功并在生产中得以利用；居于世界第一位的宝石机12000米特深石油钻机已投入使用，首创国内海洋自升式钻井平台；关中地区生产的新能源汽车、研发的增材制造成果以及产业化的实施也位于国内前列①。

陕西省教育体系良好，为装备制造业的发展储备了充分的人力资源，但人才就业更倾向于沿海地区，人才流失量较大，每年都有大量科研人员流出，而流入相对较少。高端专业人才的供给存在断层现象，装备制造业在总体上面临着人才短缺的局面，近年来，装备制造业相关从业人数总体上不增反减，尤其是通用设备制造业、专用设备制造业以及汽车制造业等行业。

4. 科技创新不断升级但智能化发展不够

陕西省装备制造业加快实施重大科技创新工程，国家增材制造创新中心获批筹建，省级创新中心建设和布局不断加快。西安铂力特公司、特变电工西安公司、西开电气、彩虹集团公司4家企业成为全国智能制造试点示范企业；西安航天精密研究所等单位的9个项目获得国家智能制造专项支持；陕汽控股集团、法士特集团等20家企业成为首批省级智能制造示范企业②。

但是陕西装备制造业发展仍处于"爬坡过坎"的阶段，全省智能制造全产业链只是稍现雏形。工业机器人和智能化生产线是未来科技发展的大趋势，而陕西省缺乏这方面的自主研发能力，如法士特集团的机器人，其仍是从其他省市或国外引进的。

三 陕西装备制造业与科技融合存在的问题

（一）集群效应不显著，装备制造业"内循环"体系亟待形成

1. 装备制造业集群效应不明显，龙头企业"大而不强"

目前陕西装备制造业存在产业集群度低、企业大而不强等问题，严

---

① 陕西省决策咨询委员会课题组、张贵孝、冯钧平、负文贤、王海燕、苗金祥：《陕西关中应打造国家级高端装备制造业基地》，《西部大开发》2014年第11期。

② 沈谦：《八大工程助力陕西装备制造业发展》，《西北信息报》2018年5月17日。

重拖慢了产业转型发展的步伐。陕西省2017年装备制造业分行业区位熵指数①如表4所示,其中,只有两个行业区位熵指数大于1,其余行业均低于全国水平。以汽车制造业为例,2017年其工业生产总值高达1576亿元,位列陕西装备制造业第一,但其区位熵指数低至0.23,说明龙头产业集群效应不明显②。陕西汽车制造业在经营上"单打独斗",空间上各园区也相对分散,未能形成良好的产业合力,导致龙头企业"大而不强"。

表4 2017年陕西省装备制造业各行业区位熵指数

行业名称	区位熵指数
金属制品业	0.30
通用设备制造业	0.51
专用设备制造业	0.85
汽车制造业	0.23
铁路、船舶、航空航天和其他运输设备制造业	1.08
电气机械及器材制造业	0.37
计算机、通信和其他电子设备制造业	1.02
仪器仪表制造业	0.62

2. 装备制造业行业间发展不协调,八大行业呈"两快六慢"结构分布

当前陕西八大行业中只有铁路、船舶、航空航天和其他运输设备制造业与汽车制造业发展势头良好,其余行业发展缓慢,主要体现在两个方面:从工业生产总值来看,2018年汽车制造业为1762.3亿元,全行业占比30.3%,仪器仪表制造业为124.9亿元,全行业占比2.1%,两个行业相差

---

① 区位熵指数:区位熵也称为生产的地区集中度,当指数等于1时,说明该产业在该地区的专业化生产水平与全国平均水平一致;大于1时,说明集中度水平要高于全国平均水平。区位熵指数越大,说明该地区该产业的集群度越高;反之则说明集中度水平低于全国水平,越小则集群度越低。

② 杜骄阳:《陕西省制造业竞争力研究》,西安科技大学硕士学位论文,2019。

13倍；从显示性比较优势指数①来看，只有铁路、船舶、航空航天和其他运输设备制造业在全国的综合竞争力较强，专用设备制造业与汽车制造业处于中等水平，其余五个行业较弱，而相邻省份四川拥有1个较强竞争力行业，5个中等竞争力行业，2个弱竞争力行业，如表5所示，相比之下陕西省装备制造业发展不够协调，整体呈"两快六慢"结构分布。

表5 2018年陕西、四川省装备制造业8个行业RCA指数

行业名称	陕西RCA指数	综合竞争力	四川RCA指数	综合竞争力
金属制品业	0.451791039	弱	1.223842642	中等
通用设备制造业	0.502933541	弱	1.130188199	中等
专用设备制造业	0.839652079	中等	0.992131634	中等
汽车制造业	0.884786439	中等	0.907130205	中等
铁路、船舶、航空航天和其他运输设备制造业	1.317981941	较强	1.798628975	较强
电气机械及器材制造业	0.643988704	弱	0.569564663	弱
通信和其他电子设备制造业	0.308591388	弱	1.159795262	中等
仪器仪表制造业	0.615570993	弱	0.56701073	弱

资料来源：2019年中国统计年鉴。

3. 三大区域相互带动不足，难以实现省内"内循环"格局

陕西省的陕北、关中和陕南三大经济区虽然都有独特的优势，但各区域的产业未能很好地形成互相联动的格局，主要体现在两个方面。一是三大区域经济发展不平衡。关中地区产业结构良好、设施相对完善，陕北近几年依靠能化产业得到迅速发展，但陕南工业基础薄弱。根据2019年陕西统计年鉴计算得出，2018年关中工业生产总值为14311亿元，陕北为6065亿元，

---

① 显示性比较优势指数（简称RCA指数）衡量行业综合竞争力，以金属制品业为例，RCA指数的具体计算公式为：金属制品业RCA指数 = $\dfrac{\dfrac{陕西金属制品业主营业务收入}{全国金属制品业主营业务收入}}{\dfrac{陕西装备制造业主营业务收入}{全国装备制造业主营业务收入}}$ 一般认为：RCA≥2.5，表明该行业具有极强的竞争力；1.25≤RCA<2.5，表明具有较强的竞争力；0.8≤RCA<1.25，表明具有中度的竞争力；RCA<0.8，表明有弱的竞争力。

陕南为4236亿元，区域发展不平衡；二是省内三个区域的装备制造业关联度差。国家对能源的需求快速增长拉动了陕北的工业以及经济发展，榆林市的工业生产总值在全省占比高达18%，但其产业结构单一且高附加值的能源化工产业发展水平较低，因此对关中装备制造业的带动能力十分有限。

（二）对外开放程度较低，装备制造业"外循环"不畅通

1. 陕西省贸易开放水平较低，导致装备制造业不能充分吸收国外的技术溢出

2019年陕西的贸易开放度①为0.13，与0.23的全国平均水平有较大的差距，而上海、广东、天津、浙江和江苏的贸易开放度分别达到0.86、0.76、0.67、0.50和0.47，是陕西的3~6倍。进出口主要发生在制造业，而装备制造业是陕西制造业的核心，因此陕西贸易开放度较低意味着其装备制造业的开放程度较低。贸易开放程度低，导致陕西装备制造业不能充分地利用国际贸易中产生的技术溢出，妨碍技术进步。而且进出口总值在省内的分布极为不平衡，西安市占全省的比重为94.39%，而其他市仅为0~2%。

2. 陕西省利用外资水平较低，导致不能充分利用外资支撑装备制造业与科技融合

2018年陕西的实际使用外资占GDP的比重为0.32%，与4.07%的全国平均水平有明显差距，而上海、天津、广东、海南、北京和辽宁分别达到1.62%、1.43%、1.27%、1.24%、1.09%和1.06%，是陕西的3~5倍，这导致陕西省不能充分利用外资引进国外先进技术或进行自主创新，不能充分利用外资支撑装备制造业与科技融合。实际使用外资在省内的分布也是极为不均衡的，西安市占全省的92.62%，其他市仅为0~2%。

3. 陕西省装备制造业缺少世界级的龙头企业带动产业技术进步

据2020年8月《财富》发布的世界500强排行榜，中国入围企业133家，其中陕西省仅有两家，分别为陕西延长石油公司（第265位）和陕西

---

① 贸易开放度=地区进出口总额/地区GDP。

煤业化工集团（第 273 位）。图 2 为我国世界 500 强入围企业在各省区市的分布情况，可以看出，陕西省在全国处于中游水平。但陕西入围企业均属于能源化工企业，装备制造业企业未能上榜。可见，陕西省装备制造业缺少世界级的龙头企业来带动其技术进步。

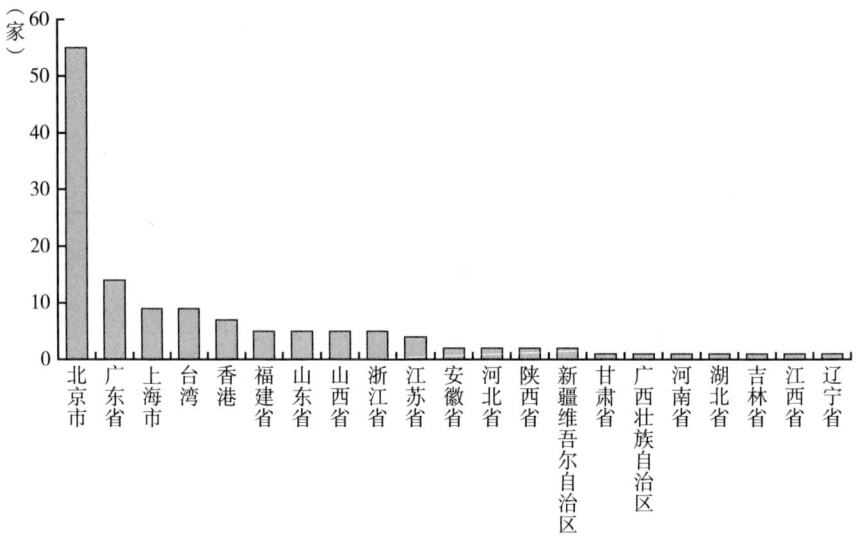

图 2　世界 500 强企业在各省区市的分布情况

（三）平台化转型较慢，装备制造业资源整合效果较差

1. 陕西省平台化转型政策推进滞后，导致本省平台化转型滞后

早在 2017 年 4 月，浙江、江苏就首推了 10 万元企业上云，而陕西在 2019 年 3 月才跟进企业上云，相较而言，陕西的推进政策滞后了两年。我国工业互联网标识解析国家顶级节点布局在北京、上海、广州、武汉、重庆 5 个城市，已全部上线运行并实现互联互通，形成"东西南北中"的格局，而陕西省仅作为二级节点于 2020 年 7 月建成并开始运营，推进工作滞后导致本省平台化转型滞后。

2. 陕西省缺少龙头工业互联网平台企业，导致装备制造业平台化进程缓慢

中国科学院《互联网周刊》联合 eNet 研究院发布的 2020 龙头工业互联

网平台的头部企业包括海尔集团、航天云网、浪潮集团等,陕西工业互联网平台企业未进入国内前 20 名,可见陕西缺少大型的工业互联网平台企业带动省内装备制造业平台化。法士特集团、陕汽集团等龙头企业,应当进行积极的带领,为陕西装备制造业成为工业互联网平台节点中的一部分打下坚实基础。

3. 陕西省装备制造业平台化转型的人才供给不足

制造业平台化转型带来的是商业平台模式的转变和人才需求的极大变化。首先是数码流程化带来的操作流程智能化及电子设备的广泛使用,原有劳动力的知识结构不能适应这一需求的转变;其次是开发端个性化带来的设计对接流程转变使设计师的人力需求大幅增加,原有的劳动力市场供给不足;最后是缺乏具备平台化转型视野和格局的管理者,大多数制造业中层管理者长期工作于劳动密集型生产模式,平台化带来的知识密集型生产模式对管理者形成了更加复杂的挑战。

(四)供需错位,科技成果转化率低,价值链"低端锁定",装备制造业核心竞争力有待进一步提升

1. 装备制造业与科技之间供需错位,科技潜能无法充分释放

目前,陕西省装备制造业市场存在严重的供需矛盾。一方面,汽车、航空装备等行业对高技术装备的需求较多,但陕西省的相关产品技术欠缺,这些产业只能依靠进口;另一方面,在国家发展战略的推动下,虽然更多的企业将投资转向装备制造业,但是大部分企业发展粗放式经济,盲目扩大生产,带来低层级的产能过剩,造成供需严重不匹配;此外,陕西省科技研发活动主要集中在政府的科研单位和高校而非装备制造业领域,但高校、政府科研单位与制造业企业之间没有建立良好的科技成果转化机制。

2. 科技成果转化水平低,创新发展活力不足

通过对陕西省科技资源投入产出进行分析,发现以下三方面问题。一是科技资源投入累计增长,但与兄弟省份相比仍有差距。2019 年陕西 R&D 经费投入为 584.6 亿元,排在全国第 13 名,同处于西部的四川省为 871.0 亿

元。二是陕西省知识产出处于中等水平。知识产出包括专利申请授权数和三大检索科学论文数，2012~2017年陕西省SCI和EI论文数量稳步增长，但CPCI-S增速缓慢且始终没有突破6000篇；2017年陕西省专利申请授权数为98935件，全国排名第12位，相邻省份四川是陕西省的1.69倍。三是陕西省经济产出偏低。经济产出包括技术成交额、高技术产业主营业务收入和新产品销售收入，2017年陕西新产品销售额在全国排名第17位，高技术产业主营业务收入排名第16位，只有技术市场成交额排名第4位，说明陕西技术市场环境对科技成果转化的推进作用较小。

3. 装备制造业价值链"低端锁定"，核心竞争力较为薄弱

主要体现在两个方面。一是陕西省装备制造业在整个国际产业分工体系中仍然处于价值链的底端。如表6所示，陕西省除了专用设备制造业在全球价值链中的地位较高以外，其余行业偏低[1]。二是陕西省装备制造业大多数行业只能从事全球价值链分工体系中的加工、组装、简单制造等技术含量低、附加值低、位于"微笑曲线"底部的低附加值活动，这导致产业长期游离于研发、设计、品牌等战略性环节，科技资源也逐渐流失至发达地区，导致"利润少，品牌弱"的后果。

表6　2015~2017年陕西省装备制造业全球价值链地位分行业数据

行业名称	2015年	2016年	2017年
金属制品业	1.75	2.33	2.20
通用设备制造业	39.12	9.78	56.43
专用设备制造业	207.38	375.39	409.58
汽车制造业	6.62	14.21	16.36
铁路、船舶、航空航天和其他运输设备制造业	9.07	14.93	18.63
电气机械及器材制造业	70.92	20.10	106.09
通信和其他电子设备制造业	4.01	6.35	10.26
仪器仪表制造业	0.14	0.15	1.31

---

[1] 沈冰：《陕西装备制造业在全球产业链中的位置和变化研究》，《西部金融》2018年第11期。

（五）数字化转型较慢，装备制造业实现智能制造任重道远

1. 数字核心技术储备不足，对装备制造业与数字经济的深度融合形成制约

新型数字技术是融合发展的关键支撑。硬件方面，数字技术的核心是集成电路产业，具体包括芯片、传感器等的制造，而陕西在这些行业的发展与国际领先水平还有较大的差距。软件方面，虽然陕西在应用端的发展较为先进，但在工业设计开发、仿真测试和制造执行系统等工业软件方面发展较为落后。因此，在工业互联网、工业云、工业大数据等领域的自主创新还需要加强。

2. 装备制造业与数字经济融合不充分，存在"重量轻质"的现象

装备制造业企业和数字企业对融合存在认知偏差。装备制造业企业未能充分认识到与数字经济深度融合的价值，缺少主动进行数字化转型的意识，并且数字化转型能力较为薄弱。虽然在目前大数据背景下，数据呈爆炸式增长，但企业缺乏高效挖掘数据的能力。新型数字企业在挖掘数据方面有优势，但对产品的生产过程不够了解，难以有效地将大数据的分析结果用于改善产品的设计和生产流程优化。这种融合认知偏差在装备制造业较为普遍。

3. 装备制造业企业数字化转型的积极性较低，导致企业数字化转型滞后

企业在数字化转型中面临观念落后、人才短缺、资金不足三大障碍。首先，企业家对数字化转型对本企业的影响缺乏全局性、系统性和战略性的认知，对数字化转型存在畏难情绪，没有迫切转型的需求。其次，企业数字化转型面临"人才不足"的困难，高端和复合型人才的结构性短缺成为转型的重要瓶颈。最后，融资约束、投入不足成为企业数字化转型的重要掣肘。由于数字化转型所需的资金量大、周期长、风险高，这些因素都极大地限制了企业数字化投入。

（六）人才机制不完善，数字政府建设不成熟，市场环境不够宽松，装备制造业与科技融合亟须高质量营商环境支持

1. 人才机制建设不够完善，高层次人才"引、留"成为难题

2018年统计年鉴数据显示，陕西省人才流失100万人，其中制造业流

失11.4万人,根本原因在于其人才机制的建设不完善。自2016年起,陕西省连续出台了各类人才引进政策,不断放松户籍限制,但是缺乏完善的中长期人才发展规划体系,没有从根本上解决人才住房压力大、子女上学难等问题。相比而言,如表7所示,以北京、广东、浙江、四川、重庆等为代表的制造业重镇都形成了地方特色鲜明的人才引进机制和培养体系。陕西省高端人才"难引进、留不住",对装备制造业与科技前沿的融合造成直接影响。

表7 全国代表性省市人才政策

地区	人才政策
北京(中关村)	股权激励、税收减免、"紧缺人才引进"、"杰青计划"等
四川(成都)	"金熊猫人才计划""万名AI人才培养计划""天府万人计划"等
广东(深圳)	"珠江人才计划""海外青年引进计划""领航2020人才发展计划""孔雀计划"等
重庆	"百名优秀企业家培养计划""鸿雁计划"
浙江(杭州)	"双创平台""521人才计划"等

2. "数字政府"建设成绩不够显著,"信息孤岛"现象依然突出

数字政府对新基建、数字经济、产业融合的发展具有重要意义。近年来,全国扎实推进数字政府建设,以广东"东莞方案"为首。河北、福建、浙江、上海等地政务服务效能都有了明显改善,陕西省2020年8月21日发布《陕西省推进"上云用数赋值"行动培育新经济发展实施方案(2020~2023)》,加入"数字政府"建设行列,但由于起步时间较晚,整体还处于探索阶段,其成效并不显著。陕西省的数字经济实力相较薄弱,在一定程度上反映了陕西省数字政府的建设不成熟。政府数字化一方面直接影响陕西数字经济的未来,进而影响装备制造业的数字化转型进程;另一方面会影响政府数据平台的开放程度,数据无法融通导致装备制造业与科技之间的数据壁垒,阻碍产业融合。

3. 市场环境不够宽松,企业创新意愿普遍偏低

将陕西与其他八个创新型试点省份的市场环境发展状况进行横向比较,选取市场需求情况、市场结构规范程度、市场开放程度来测度市场环境。如

图3所示,根据三个指标测算出陕西省的综合得分为0.0731,在九个省份中排名第六①。可以看出:第一,市场需求得分不及湖北省的1/2,这导致陕西装备制造企业创新需求少,进而影响了企业及其他创新主体的创新意愿;第二,市场结构得分排名第九,说明陕西省在企业数量、规模分布、产品差别程度上存在问题;第三,市场开放度得分也与其他省份相差甚远,说明陕西省在吸引外资方面的环境还不够完善,对区域外的资源利用程度不充分导致企业创新绩效偏低。

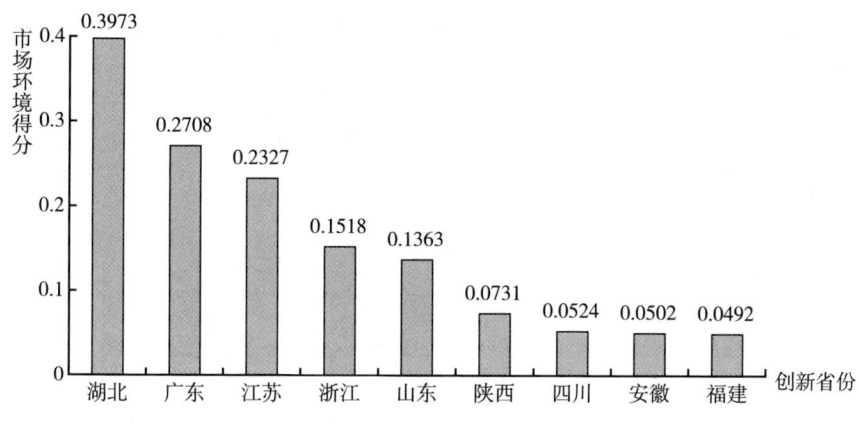

图3 市场环境综合得分

四 陕西装备制造业与科技融合的发展思路与目标定位

(一)陕西装备制造业与科技融合的发展思路

2020年5月14日,中共中央政治局常委会会议提出"构建国内国际双循环相互促进的新发展格局",而且习近平总书记来陕考察时强调制造业对

---

① 李丹:《互联网背景下陕西省创新环境评价研究》,西北大学硕士学位论文,2018。

一国的重要性,在这个充满机遇与挑战的关口,陕西省应抢抓机遇,在"双循环"背景下推动装备制造业与科技融合发展,我们提出以下发展思路。①政府应留住人才、激励企业、引导区域融合,企业应投入资金、高效分配、联合科研院所,人才要储备知识、培养能力、树立创新意识。三者相互配合、紧密合作,为提高制造业的创新能力提供全力支持。②内部结构的优化:在加强现有产业园与科技融合的同时强化园区内部企业合作,进一步延伸产业链,最终构建跨区域基地网络建设,优化产业集群效应。③外部环境的完善:构建市场化平台以提高成果孵化率,发展服务化平台以优化外部配套体系,完善法制化平台以健全专利保护制度。陕西装备制造业与科技融合的发展思路如图4所示。

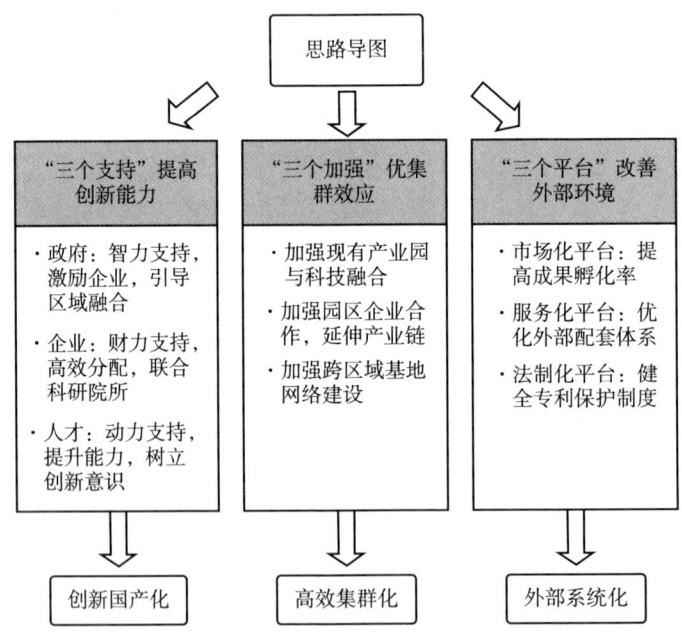

图4　陕西装备制造业与科技融合的发展思路

总的来说,提高企业的科技创新能力,将先进技术渗透传统制造业中去,不仅要掌握核心技术,还要形成具有陕西特色的品牌,减少进口依赖,实现核心技术的自主研发。国产化是制造业发展进程不可缺少的一部分。目前我国大多数企业国产化的方式为引进—吸收—再创新，但更重要的是高科技产品的自主研发与运用，鉴于高精机械的复杂性，可先进行工业产品成套设备中零部件的自行设计，进一步形成成套设备的国内供应，最终实现先进制造业产品成套设备关键技术出口，增强我国产品的核心竞争力。

（二）陕西装备制造业与科技融合的目标定位

在"双循环"背景下实现陕西省装备制造业与科技融合，应构建可持续发展的装备制造产业链生态，推进装备制造业向高端化、智能化、服务化发展，把陕西建设成国家先进装备制造业基地和国家战略性新兴产业基地。具体目标定位如图5所示。

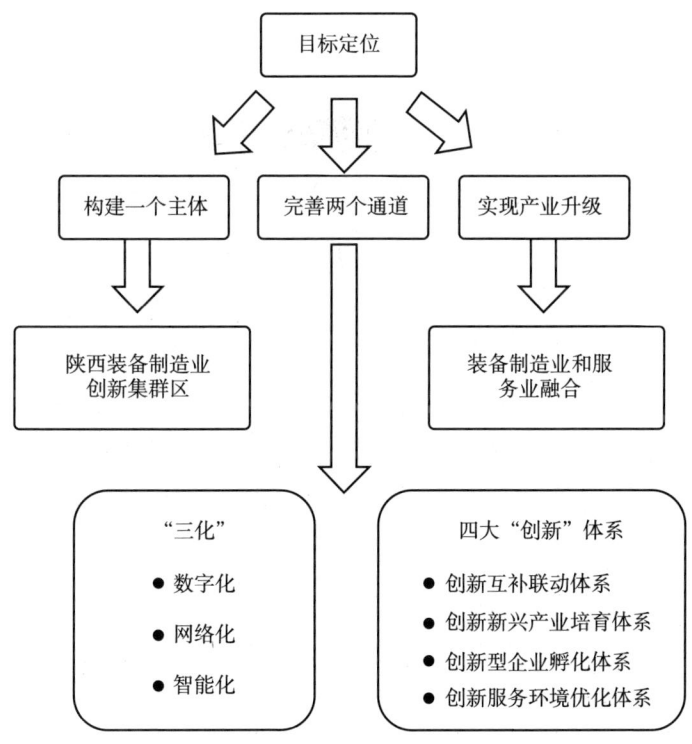

图5 陕西装备制造业与科技融合的目标定位

1. 构建陕西装备制造业创新集群区

积极响应《中国制造2025》，根据指导意见发展重点领域，以"创新、生态、智能、绿色"为发展方向，把陕西省建设成结构更加完备、布局更加合理、更具创新能力、更有质量效益以及能耗排放更低的装备制造业创新集群区。陕西省装备制造业的产业布局思路可以根据各地制造业实力进行划分：以实力雄厚的西安、咸阳为核心技术研发中心，以实力较强的宝鸡等地为辅助研发和主要制造基地，以渭南等装备制造业实力较弱的地区为辅助的产业配套设备加工制造基地。在这一思路下，主要的科研力量将集中在核心研发区，为装备制造业与科技融合提供设计思路、技术支撑与实践检验，以示范效应带动其他地区，更好发挥城市群协同发展作用，争取到2025年实现全省装备制造业总产值达到2.5亿元以上的目标。

2. 实现陕西装备制造业的数字化、网络化以及智能化

第一，数字化方面，积极推进"区块链＋智能制造"，整合高校、科研院所的实验室资源，接受国家实验室指导，解决陕西装备制造业数字化转型动力不足、质量不高等问题。第二，网络化方面，推动网络制造生产方式创新，形成网络化企业集群；大力开发工业云平台，实现数据、设计等制造资源共享，让制造端和需求端"面对面"。第三，智能化方面，加速"陕西制造"向"陕西智造"转变，进一步加速传统产业向智能化、绿色化方向改造升级，在这方面每年支持1000个技术改造、升级换新的项目，抓好10亿元以上重大工业投资项目和1亿元以上重点技改项目跟踪服务；到2025年，创建国家级绿色工厂50家、绿色园区10家。

3. 构建完善四大"创新"体系

一是构建创新互补联动体系，打破阻碍创新的各种桎梏。构建覆盖全区域的创新资源网络，整合各方创新资源，互通有无，互补短板，共商创新议题，联合攻克技术难关。聚集众人智慧推进创新能力的发展，打造科研院所创新平台，完善创新互补联动体系。二是切实加大新兴产业培育力度，加强重大科技攻关，持续重点培养汽车、航空航天、电力装备、轨道交通、新材料、医药等产业。三是构建完善创新型企业孵化体系，第一，加大装备制造业企业研发投入，力争到2025年，这一投入占主营业务收入比重达到1.5%以上；第二，加大专精特新、单项冠军、领航企业等培育力度，力争到2025年，培育省级专精特新中小企业900家、制造业单项冠军100家，争创国家级单项冠军及"小巨人"企业50家；第三，进一步提升装备制造业企业产学研水平，做大做强一批具有世界级竞争实力的企业集团组织。四是完善创新服务环境优化体系，降低市场运行成本。充分发挥市场在资源配置中的决定性作用，简政放权、拓宽政策、开放市场、放活主体，形成有利于创业创新的服务环境；强化"数据治理思维"，促进和规范政府数据共享，推进数字政府建设。

五 陕西装备制造业与科技融合的政策建议

（一）打造装备制造业产业集群，打通经济大循环中的"制造内循环"

1. 以"产业集群"为建设方向，促进装备制造业内大中小企业间的"互动循环"

一是大力支持战略性新兴产业聚集区、国家新兴工业化示范基地建设，增加3D打印产业基地、国创中心技术创新园和电池产业园等国家级项目引进，引导园区间的差异化发展；二是科学规划城市工业区的基本设施建设，制定适当的优惠政策，优先考虑产业园区用地，保障水、电、气、煤、运等资源要素供应；三是深化企业间的关联，装备制造业企业加强合作，以核心技术攻关、前沿引领、颠覆性创新为突破口，实现制造业关键核心技术自主可控；四是装备制造业行业协会充分发挥引导作用，利用集群优势，将单个企业的优势推向整个装备制造业产业，引导龙头企业向配套企业转移产品，打造生产配套、区域协同、产业集聚的发展格局。

2. 以"协同发展"为战略方针,促进装备制造业与生产性服务业间的"互动循环"

一是推进装备制造业和服务业市场一体化,通过多样化城市合作模式,充分发挥空间外部性作用,从而实现融合发展的各种要素能够在相邻城市或更大空间范围内自由流动和优化配置。二是促进装备制造业产业链向前后延伸,通过鼓励装备制造业企业将属于生产性服务业性质的业务外包,推动生产性服务业向规模化、专业化发展,同时装备制造业企业本身也能获得更高效率的服务,最终在装备制造业与服务业互动循环下完成陕西装备制造业的产业升级。

3. 以"融合共进"为发展目标,促进装备制造业与国防军工业的"互动循环"

一是设计军民市场对接机制,强化顶层协调,打破军工体系的进入和退出等制度性障碍,推进信息、技术、资源等诸多要素融合,完善军民融合人才培养、合作共建机制、对接机制等。二是设立军民融合产业示范园区,从企业层面要重点发展产品融合,以关联军民两用的智能制造技术为切入点,培养出一批市场主体,也可建立风险补偿机制,鼓励本地优势民营企业优先使用军工科技成果。三是航空装备制造业是军民融合的重点领域,要通过政府的政策倾斜,不断提高其对陕西高端制造业增长的拉动率。

(二)提升陕西对外开放水平,助力装备制造业转型升级

1. 充分利用技术外溢效应,加大国际产品先进技术的"引进来"

一是加大关键零部件项目、中间投入品的引进力度,对相关项目的引进制定进口设备减免税政策,推动重大进口项目落地;二是直接引进国外的先进设备和融合技术,通过技术引进消化吸收再创新方式累积自主创新能力,提高陕西省创新质量和效率,突破中国式创新"双底"困境;三是鼓励企业对国外高科技公司部分开放融合发展过程中的技术问题或与跨国公司建立适度的合作机制,强化跨境生产,共同攻克融合发

展过程中的技术难关。

2. 积极发展国际市场,推动陕西省高端装备制造业产品的"走出去"

适度有序地开放陕西高端装备制造业领域,积极参与到国际市场的产品竞争,扩大航空航天、输配电、汽车、机床工具等重点领域的相关产品出口,促使其广泛参与国际市场竞争,抢占国际市场份额。同时政府要为企业在国际市场上获得公平公正的竞争保驾护航。

3. 不断深化金融开放层次,加大陕西装备制造业招商引资力度

一是完善装备制造业领域外商投资保障体系,鼓励外资和境外金融机构进入陕西金融市场,利用"一带一路"发展机遇,吸引更多外资向陕西装备制造业的转型升级进行融资活动,通过不断的努力,打破外资进入时存在的"玻璃门""弹簧门""旋转门"等疑难杂症,逐步取消部分装备制造业领域的外资持股比例限制,促进"两头在外"的外资企业转向"深耕国内"。二是注重高端制造业领域外资的引进,针对高端制造业的产能供给不足问题,结合陕西重点新型装备制造业,积极吸引外商直接投资,扩大高端装备制造业的供给。

(三)探索云服务新模式,打造"云技术+制造业"新格局

1. 探寻云服务平台突破口,推进工业云平台建设

伴随着第三次科技革命的浪潮,"互联网+制造业"的模式迅速发展,为装备制造业提供了信息交流与共享的服务云平台。制造云平台应侧重智能化发展,使其不仅能获取制造资源信息,还能将这些信息注入实体制造运转过程中。陕西省要努力打造全国领先的工业云平台,在"中国制造+互联网"陕西行动的引领下,加速信息化与工业化两化融合,推动企业智能制造发展,建立便捷的云服务平台。

2. 完善工业云平台建设,推广工业软件云平台

陕西省可以借鉴湖南培育工业 App 经验,加强平台关键技术研究,推动新一代信息技术融合应用,打造出工业软件体系中心,运用各相关领域的专业知识,营造良好的平台创新氛围,提高平台用户体验感,并组织用户学

习有序推进。考虑各地区实际状况，对区域内企业集中进行软件操作和使用的培训，在学习和应用中深化企业信息化服务意识。

（四）加快装备制造业发展方式转变，突破价值链"低端锁定"困境

1. 明确关中地区装备制造业在全球价值链新型分工体系的位置

一是强化危机意识，避免过度依赖进口高质量高技术的中间投入，企业越依赖GVC生产链，越愿意从价值链中直接进口以代替原有的低质量低技术的本国投入，导致其丧失研发创新的动力；二是提升装备制造业的技术吸收能力，打通将GVC溢出技术转化为自身研发创新能力的渠道，避免将过多的技术创新资源投入附加值极低的生产环节，整合技术创新资源，重构竞争优势；三是深度参与国际贸易规则的全球治理，改变当前装备制造业企业与国际化分工中利益分配不对等局面，改善企业营商软环境。

2. 顺应"五链融合"政策号召，提升陕西装备制造业水平

一是基于大数据技术，搭建"五链融合"信息化平台。陕西省要走创新链、产业链、人才链、政策链、资金链融合的发展路径，就需要构建以数据为基础的五链融合体系，实施"上云上平台"行动，支持中小企业通过ERP系统构建出完整的信息链和价值链，组织其云上服务资源对接会，实现上下游间的信息沟通、物流管理等多平台信息共享。二是牵住创新"牛鼻子"。以"政府搭台+企业唱戏+构建生态"模式为陕西装备制造业的创新链建设服务。通过市校合作、院企合作平台持续聚集创新资源，促使创新优势转化为发展优势，创造出"1+1＞2"的效果。三是定好政策"风向标"。对装备制造业企业实施出口退税、进口设备免税、减免土地使用税等政策，扩大减税范围，清理不合理费用；设立专项补助基金，利用已有工业转型升级专项资金，补助符合融合发展的装备制造企业。同时，立足陕西省传统优势特色，选取科技水平高的、具有示范意义的项目，积极争取国家专项资助支持。

（五）聚焦制造业数字化转型，创造数字化制造业新生态

1. 发挥大科学装置价值效益，助推装备制造业数字化

大科学装置是集聚科研资源、解决复杂科学问题、开展持续科学研究活动的重要物质基础。借助大科学装置这一学习研究平台，促进高校、科研院所与企业使用大科学装置，充分发挥大科学装置对内外部实验团队实行开放共享服务的优势，以此来克服单个创新主体在创新能力提升方面的局限性，在共享数据、设计等制造资源的过程中提高资源利用效率和生产效率，加速创新成果的转化。

2. 把握区块链创新机遇，深刻重塑装备制造业

以区块链技术为切入点，统合高校、科研院所的实验室资源，接受国家实验室指导，以"区块链＋智能制造"为契机深刻重塑陕西装备制造业。利用区块链技术能够将装备制造企业中的各个系统连接起来，提高生产制造的安全性和可靠性。同时，区块链账本记录的可追溯性和不可篡改性也有利于企业审计工作的开展，便于发现问题、追踪问题、解决问题，提高生产制造过程的智能化水平。

（六）营造良好营商环境，助力创新与科技融合

1. 着力培育"灰领"人才，加速助力"陕西智造"

作为陕西装备制造业转型升级的中流砥柱，兼备较高知识层次、较强创新能力和丰富实践经验的"灰领"人才在数量上仍存在较大缺口，在质量上也有待提升。制造业的深刻变革催生了新型技术人才的需求，推行工学结合、校企合作是培养"灰领"人才的必由之路。制造业的变革需要学校和企业之间更深层次的合作，建立真正的"教学—科研—开发"三位一体格局。

2. 推进数字政府建设，推动营商环境优化

建设数字政府是深化"放管服"改革、推进政府职能转变、优化营商环境的核心环节。浙江的"掌上办"、上海的"无纸化创业"以及广东的

"无纸化窗口"等营商流程优化创新,既节约了企业办事成本,又提高了企业办事效率。陕西要学习其他省市数字化政府改革经验,强化"数据治理思维",以系统"大整合"推进数据"大集中",实现"数据替人多跑路"。

3. 建立多层次金融支持体系,全面推动支持企业科技创新

着力培育多层次、多元化的金融支持体系,企业内外部金融支持"双管齐下",多方金融供给主体"全面发力",为装备制造企业科技创新提供资金保障。政策性银行、商业银行与开发性金融机构协同发挥各自优势,多样化金融产品,为装备制造业提供综合金融服务,尤其要推动地方金融机构为当地企业提供特色金融服务。鼓励装备制造业企业利用债券市场进行直接融资,鼓励社会资本进行风险投资,建立风险投资支持体系,实现装备制造业企业融资渠道的多元化发展。

B.22
丝绸之路经济带陕西文旅融合的发展路径和趋势

余洁 刘明秋[*]

摘　要： 丝绸之路经济带的国家战略为陕西文旅产业发展提供了新的机遇。本文分析了丝绸之路经济带陕西特色文化资源优势和发展的动力机制，总结陕西丝绸之路发展模式和特点。通过对陕西文旅产业建设成效以及西安丝路文化建设高地的实践经验进行分析，结合后疫情时期旅游新业态，提出陕西文旅融合发展的趋势。本文从宏观政策的视角研究了丝绸之路经济带陕西文旅产业融合发展的模式、特点、地方实践和趋势，对于"一带一路"文旅产业发展具有一定的借鉴和参考价值。

关键词： 丝绸之路经济带　文旅产业　陕西

一　丝绸之路经济带陕西特色文化资源优势

（一）陕西丝绸之路文化资源特色

1.文化旅游资源数量多、品位高

陕西省作为中华文明的发祥地，拥有得天独厚的文化旅游资源优势。文

---

[*] 余洁，西北大学经济管理学院副教授，研究方向为文化遗产旅游管理；刘明秋，西北大学经济管理学院硕士研究生。

化旅游资源丰富，共有古遗址 23453 处、古墓葬 14367 处、古建筑 6702 处、石窟寺及石刻 1068 处、近现代重要史迹及代表性建筑 3213 处以及全国重点文物保护单位 270 处①。文化遗产旅游类型多样，知名度高，物质和非物质文化遗产资源都十分丰富，共有 78 项国家级非物质文化遗产②、世界文化遗产 3 处 9 个点、中国世界文化遗产预备名录 6 处 33 个点。秦始皇陵、乾陵、明城墙、大雁塔、小雁塔、唐大明宫遗址、汉长安城遗址等都是举世闻名、独具特色的文化旅游资源。

2. 地域文化丰富多彩

陕西省南北地貌差异大，地域文化迥异，文化习俗具有鲜明的地域特色。关中地区汇集了儒教、道教、佛教、伊斯兰教文化和古代帝王文化，成为中原文化乃至中华民族文化的生发地。陕南地区汇集了秦文化、楚文化、巴族文化、中原文化以及依托秦岭山水的生态文化。陕北地区深受中原农耕文化和北方草原游牧文化的双重影响，是汉遗胡风的"结绳之地"。陕西省文化资源鲜明的地域性和多民族融合性，为丝绸之路文旅产业融合提供了丰富的文化内涵和创意内容。

（二）文化遗产资源与民俗文化资源有机融合

陕西省丰厚的文化遗产资源与民俗文化资源有机融合，带动了陕西独具地方文化特色的乡村旅游发展。咸阳礼泉县昭陵博物馆、昭陵遗址与袁家村，兴平市杨贵妃墓、黄山宫与马嵬驿民俗文化村，依托先天的文化资源聚合优势，成为众多乡村旅游中特色文化最鲜明的两个典范，也极大地推动了当地县域旅游经济发展。2019 年"五一"小长假期间，礼泉县累计接待游客 75.2 万人次，实现旅游综合收入 2.7 亿元，分别增长 30%、15%，其中袁家村累计接待游客 61.9 万人次，直接旅游收入 5500 万元，分别增长 24%、20%，袁家村的乡村旅游发展直接带动了礼泉县旅游经济

---

① 《陕西省文物基本数据（2020 版）》，陕西省文物局官网，最后访问时间：2020 年 10 月 13 日。
② 《非物质文化遗产地图》，中国非物质文化遗产网·中国非物质文化遗产数字博物馆，最后访问时间：2020 年 10 月 13 日。

规模性增长①。2019年国庆假期,袁家村接待游客数达89.5万人次,马嵬驿游客数量也达到44.58万人次②。

(三)丝路申遗整合优势文化资源

2014年6月,中哈吉三国跨国联合申报的"丝绸之路:长安—天山廊道路网项目"入选世界文化遗产,陕西省汉长安城未央宫遗址、唐长安城大明宫遗址、大雁塔、小雁塔、兴教寺塔、彬县大佛寺石窟、张骞墓共七处遗产点被列入《世界遗产名录》。丝路申遗成功一年后,七处文化遗产点游客数量均大幅增长,尤其是带动了西安市外围遗产旅游的发展。汉中城固县张骞墓游客人数由不足年均5万人上涨到年均10.2万人,咸阳彬县大佛寺石窟游客人数涨幅甚至超过30%。

二 丝绸之路经济带陕西文旅融合的动力机制

(一)丝路政策助力发展

1.培育"新丝路、新起点"

为响应国家政策推动丝绸之路经济带旅游业发展,陕西省持续推进"一带一路"五大中心建设,加快形成对外开放新格局,推进交通商贸物流中心优化升级,促进国际文化旅游中心做强做优,加快丝绸之路金融中心创新发展③。在丝绸之路新起点建设的过程中,陕西开通了新长安号通往中亚和欧洲的货运班列,成功举办了中国西安丝绸之路国际旅游博览会、西安丝绸之路国际电影节、丝绸之路万里行等活动,在经济文化等领域同丝绸之路

---

① 《"五一"小长假期间,礼泉县累计接待游客75.2万人次 实现旅游综合收入2.7亿》,礼泉县文化和旅游局官网,最后访问时间:2020年10月10日。
② 《2019国庆假期咸阳旅游收入48.84亿元 接待游客841.52万人次》,陕西省旅游协会官网,最后访问时间:2020年10月14日。
③ 《陕西省"一带一路"建设2020年行动计划》,陕西省人民政府官网,最后访问时间:2020年10月10日。

沿线国家开展广泛的交流和合作。

2.整合旅游新格局

在"一带一路"建设背景下,陕西省迎来了旅游发展的新时期。万达集团投资建设万达城,宋城投资7亿元打造"西安千古情景区"项目,华夏文旅大剧院和西安华夏文旅海洋公园的开业运营,打破了陕旅、西旅、曲文旅、陕文投在陕西文旅项目清一色国字号投资开发的格局,有力地推动陕西旅游新格局的整合发展和市场竞争。

3.引领区域旅游新合作

丝绸之路经济带贯穿沿线区域旅游合作的新局面,构建跨区域的旅游廊道,建立共赢竞合机制,是促进"丝绸之路经济带"沿线旅游业共同发展的有效方式。在丝绸之路高铁城市旅游合作大会中,陕西、甘肃等14个省区的33个高铁城市,开启了"旅游+高铁+城市"的合作模式。四川、陕西、甘肃3省8市(州)还共同发起成立了川陕甘区域旅游合作体创新发展试验区协作会,整合川陕甘区域5个国家5A级景区、59个国家4A级景区、118个国家A级景区优势资源。

4.推进国际旅游新对接

西安市作为我国陆路重要的交通枢纽和旅游集散地,在丝绸之路经济带的合作中拥有东承西进的枢纽地位。"空中丝绸之路"向西辐射拓展,建设开通前往中亚和欧洲重要城市的直达航班,形成以西安为核心的丝路国际航线网络。以西安为中心的高等级公路干线网基本形成,开辟零担运输线路,已经辐射到全国大中城市和部分乡镇。截至2020年10月18日,中欧班列长安号共开行3004列,是上年同期的1.8倍,运送货物总重230.9万吨,是上年同期的1.5倍,中欧班列长安号的开行量、重箱率、货运量等核心指标已稳居全国第一①。目前,西安市已基本建成与丝路沿线主要国家空港、陆港、高铁港三港联运的立体交通枢纽。

---

① 《中欧班列高质量开行 集结中心织线成网 通道建设服务双循环》,西安国际港务区融媒体中心,最后访问时间:2020年10月20日。

（二）营造良好的文旅商业氛围

1. 节庆旅游大力刺激假日经济消费

西安市围绕"春、夏、秋、冬"四季文化旅游特点，以"最中国·看西安"为主题，打造具有"传统色、地方味、科技风、时尚潮"特色的文化旅游品牌活动。2019年"西安年·最中国"的国际影响力持续加大，美国东部时间2019年2月5日，"来西安过中国年"活动巨幅广告赫然出现在美国纽约时代广场的纳斯达克大屏上，《人民日报》刊文《这个年，真有味儿》就重点聚焦西安的国际范春节。2020年10月11日，第七届丝绸之路国际电影节在西安启幕，500余部影片70%以上来自丝路沿线国家和地区，电影节创投会收到来自德国、意大利、日本、伊朗等17个共建"一带一路"国家和地区创投项目的报名。除此之外，陕西延安市文化旅游过大年、汉中油菜花旅游文化节、商洛秦岭生态旅游节等节庆品牌的推广，也促进了陕西文化旅游提质增效。

2. 会展旅游完善城市商业服务设施

近年来，陕西深耕会展旅游，依托交通枢纽地位和资源优势，不断完善城市配套设施建设和旅游服务体系，推出一系列促进会展旅游发展的配套激励政策。西安市设立会展业发展专项资金，对展览给予最高奖励150万元、会议最高给予100万元的资金支持①。"西安丝绸之路国际旅游博览会""世界文化旅游大会"等会展活动每年成功吸引众多丝路沿线国家和地区参会，充分展现各国文旅产业发展成果及旅游目的地形象，助力打造西安"一带一路"的国际会展名城地位。

3. "文旅+电竞"丰富现代商业业态

电子竞技产品及其相关产业可以吸引大量年轻消费群体，促进两大产业的融合发展。作为国家级文化产业示范区以及西安电竞产业的核心发展区，

---

① 《西安市会展业发展专项资金管理办法》，陕西省会展中心官网，最后访问时间：2020年10月10日。

曲江新区紧抓发展电竞游戏产业的良机，除发布激励政策外，还不断引进各大赛事、头部企业，推进电竞场馆建设，加速西安电竞之都的建设。西安曲江新区出台相关政策投入30亿元以上设立电竞游戏产业发展基金，吸引更多国内外顶级的电竞赛事、相关产业落户曲江新区[1]。

4. "夜经济"延长商业经营的有效时间

"夜经济"并不是简单的白天经济的延续，而是独特的"夜色+特色文化"，夜经济已经成为城市消费的"蓝海经济"。为推动夜间经济发展，陕西省商务厅提出利用3~5年时间，在全省建设一批多个业态复合、区域特色鲜明、具有辐射带动功能的夜间经济示范城市、示范聚集区及示范项目[2]。"最中国·看西安""西安年·最中国"品牌活动、韩城古城夜间演出、中国韩城国际灯光艺术节等一批城市文化夜经济旅游体验项目相继产生。2020年6~8月，西安市推出"长安夜·我的夜"——千年古都·常来长安夜游嘉年华系列活动，包括28项夜间消费业态以及西安十大夜游板块，各区也围绕夜食、夜秀、夜游、夜购、夜娱、夜宿推出各具特色的活动。西安特色夜游街区已经达到30个，新增社会消费品零售总额500亿元以上。

（三）科技创新提升文旅体验

1. "旅游+直播"——开启文旅新模式

西安碑林博物馆通过"网红"讲解员白雪松的直播，两小时成功吸引几十万人在线观看，其最高点赞数达511.4万次，回放超40万次，博物馆的淘宝官方店铺粉丝数增长到2.5万人，拓片、字帖等文创产品销量迅速增长。2020年5月，"云游西安"直播把西安各大景区呈现在观众面前，立体、生动地展示了西安的历史文化、美食美景，让旅游资源在云端"活起来"。西安电视台丝路频道首批推出《行走丝路》《丝路书简》等直播栏目，打造丝路沿线

---

[1] 《西安曲江新区关于支持电竞游戏产业发展的若干政策（修订版）》，西安曲江新区管理委员会官网，最后访问时间：2020年10月10日。
[2] 《关于加快发展夜间经济促进消费增长的实施意见》，陕西省商务厅官网，最后访问时间：2020年10月10日。

国家与城市历史文化及风土人情展示平台。2020年10月，丝绸之路国际电影节通过人民网、人民视频等国家、省、市、县四级融媒体矩阵，以及意大利侨网、葡新网、日本华商网等近千个海内外新媒体平台123个小时大直播，传播"丝路连接世界电影和合文明"的主题，全景式呈现丝绸之路国际电影节盛况。

2. "旅游+VR"——创新交互体验方式

2020年9月3日，由陕西"互联网+革命文物"教育平台、陕西科技出版社、延安新华书店联合建设的全省首个"5G+VR"红色文化体验馆正式对外开放体验。观众戴上VR眼镜，进入虚拟现实空间，可以自由地在陕西各个革命纪念馆和革命遗址虚拟游览，进行720度全景参观，全方位、互动式观看革命文物，聆听讲解，重温革命历史，身临其境感知革命文物价值，激发大众对红色文化的兴趣爱好，传承革命精神。"旅游+VR"技术的应用，创新了游客旅游体验交互方式，大大提高了游客的参与热情和体验质量。

3. "数字文旅"——文旅产业发展新动向

陕西数字文旅发展首先体现在5G技术的应用上，5G技术推动陕西省开启主客共享旅游模式。截至目前，陕西移动在全省建成5G基站近800个，总基站规模占全省的60%以上，2020年底将超过1000个，在西安已建成5G基站近600个。陕西移动运用5G技术对西安市2019年迎春团拜会、2019丝路城市春晚、2019中国最美油菜花海汉中旅游文化节等多场活动进行直播。第六届丝绸之路国际艺术节西安数字互动娱乐文化周"新光奖"收到来自中国、英国、法国等16个国家和地区的作品与项目，活动中多家企业展示了5G、AR/VR等新科技与动漫、电影等文化旅游元素的有机融合。

三 陕西文旅融合的发展模式和特点

（一）文旅融合的陕西模式

1. 乡村旅游+民俗文化模式

咸阳袁家村和马嵬驿、柞水终南山寨、西安白鹿原景区成为游客体验陕西地方民俗特色旅游的知名景区，袁家村每日接待数万名游客，已成为陕西最热门的乡村旅游地之一。该模式下的旅游景区，依托特色民俗文化开发乡村旅游，为当地村民提供更多就业创业机会，有力地提升了当地乡村旅游扶贫减贫的成效。

2. 文学影视网媒+文旅小镇模式

随着《白鹿原》《一代枭雄》《平凡的世界》等文学作品的传播和影视剧热播，故事剧情的IP符号，催生了以影视场景片段为旅游热点的文旅小镇。白鹿原、青木川、高家堡古镇在文学影视网媒的宣传下，带来了巨大的游客流量，有效地推动了乡镇经济发展。

3. 文博科教模式

陕西数字博物馆、实体体验馆、陕西文物之声网络电台、陕西数字博物馆移动馆等"互联网+博物馆"展示形式，开创了新科技下博物馆旅游的新体验。陕西历史博物馆、碑林博物馆、西安博物院等景区，依托陕西省丰厚的科技力量，运用多种形式的展示方式，开发文化内涵深厚的文创产品，广受国内外游客的欢迎。

4. 文化遗址开放式展示模式

陕西拥有丰富的帝陵文化遗址，沿渭河南北两岸分布着11座汉帝陵和18座唐帝陵，帝陵风貌基本保存完好。汉阳陵遗址公园、汉长安城遗址公园、唐城墙遗址公园以及大明宫遗址公园等景区，把开放式遗址展示与周边环境改造、居民生活改善相结合，运用现代科学展示技术向游客还原历史遗址的原貌，推动文化旅游深度融合，也带动了遗址周边经济和商业繁荣发展。

5. 节会展演模式

通过将现代光影技术与传统历史文化相结合，陕西省打造出特色文化节会展演模式。华清宫《长恨歌》和《西安事变1212》、西安千古情、华夏文旅《驼铃传奇》《延安保育院》等大型演出，成功推动文化与旅游的进一步融合。"西安年·最中国"特色品牌IP，在春节期间，运用多样化的路演形式，增强游客旅游体验，使西安成为春节假期最热门旅游目的地之一。

6. 文化主题园区模式

大唐芙蓉园、永兴坊、诗经里景区将历史文化与主题园区建设相结合，借助园区历史文化开发丰富的主题体验活动，成为广受游客喜爱的旅游打卡地。大唐芙蓉园依托唐文化，高度还原唐代建筑，设计水秀表演等多种体验项目，强化了游客对大唐文化的创新性体验。

7. 古代建筑文化+旅游街区模式

陕西特色古代建筑文化与旅游街区建设相结合，使古代建筑文化遗产表现形式及活化形式更加多样化和特色化。在书院门、北院门、回民街、明城墙、钟楼和鼓楼这些传统古街区，许多穿汉服的游客成为一道亮丽的风景线。

8. 时尚文化+创意街区模式

西安市打造了曲江电竞量子辰、创业咖啡街区、创客大街等一系列时尚街区，植入现代时尚文化元素，以新科技展示方式，吸引大量年轻游客的参与和体验，也进一步拉动了消费经济和夜间经济的繁荣发展。

9. 红色文化+景城融合模式

延安市和铜川市依托其丰厚的红色文化资源，深度开发红色教育研学旅游，带动核心景区及城镇相关产业发展。铜川照金红色旅游名镇依托陕甘边革命根据地纪念馆，开发红色文化创意街区、生态农业观光休闲区、康体养生与时尚运动区，实现老区群众就地就近就业，景区发展与当地居民发展相结合，推动了城镇经济多业态发展。

10. 生态文化+养生度假模式

陕西秦岭山水和黄河水系孕育了丰富美丽的生态旅游资源，度假旅游拥有先天优势。商洛市山阳县将天竺山优美的生态环境与养生项目相结合，凭借天竺山优越的自然资源，结合现代高科技与中华传统养生方法，打造集娱乐休闲、康体健身、养生度假于一体的天竺山养生度假小镇。

（二）陕西文旅融合发展的特点

1. 异业融合跨界文旅产业业态丰富

依托"旅游+演艺娱乐"，西安市推出《长恨歌》《西安千古情》，延安推出《延安保育院》等一系列精品。在"旅游+体育"上，大荔县打造的同洲湖体育赛事基地入选"国家体育旅游示范基地"。在"旅游+农业"上，高陵区把农民闲置宅基地和闲置农房使用权出租，建设"共享村落"，盘活农村建设用地，发展区县旅游民宿经济①。在"旅游+网媒"方面，西安市持续推进"最中国·看西安"，向全球华人成功推广了"西安年·最中国"的年味十足的新年旅游庆典活动。陕西历史博物馆、碑林博物馆等多个景区依托互联网技术开展线上直播"云旅游"，开启了景区线上营销推广新模式。

2. 文旅体验时尚感、文化性强

在文旅融合发展过程中，陕西注重旅游文化性与时尚感的结合，网红书店言几又、钟书阁等成为游客文化旅游打卡的热门目的地。大唐不夜城的"不倒翁"表演、钢琴路，通过抖音短视频等的传播，迅速火爆全网，成为国内受欢迎的旅游打卡地。

3. 文旅品牌IP地域性强

根据《陕西省全域旅游发展规划（2018~2025）》，陕西将全面建设七大板块，包括陕北北部大漠风情旅游板块、陕北南部红色文化黄土风情旅游板块、关中西部生态与文化旅游板块、关中中部周秦汉唐文化体验板块、关中东部山河风情休闲板块、商山洛水人文生态休闲度假板块、秦巴汉水生态文化休闲度假板块。以文化整合全省旅游资源，实施板块推进，构筑陕西四大文化旅游高地，打造丝绸之路起点风情体验旅游走廊、大秦岭人文生态旅游度假圈、黄河旅游带和红色旅游系列景区。

4. 科技主导旅游创新形式

陕西以科技为主导，开发了直播带货旅游产品、云游博物馆等多样化的旅游推广渠道，不断创新旅游发展形式。2018年陕西数字博物馆移动馆启动，采用"大屏+鼠标"形式为观众搭建了解陕西文物、文化和中华文明的可移动互动平台。截至目前，陕西数字博物馆上线虚拟现实馆142座、数

---

① 《关于第一批"共享村落"（农民闲置宅基地和闲置农房使用权出租）的通告》，西安市高陵区人民政府官网，最后访问时间：2020年10月10日。

字专题展100个。

5. 文旅融合带动区域经济发展

曲江新区是文化部授予的首个国家级文化产业示范区，开发建设中依托大雁塔遗址深厚的文化价值，充分挖掘文化内涵，在充分加强文物保护的基础上，融合旅游体验、文艺表演、商业发展、旅游地产等多业态，建成了大唐芙蓉园、大唐不夜城、大悦城购物城、威斯汀酒店、曲江南湖遗址公园等大型文旅项目，迅速发展成为西安乃至全国文化产业的新亮点和城市新坐标。区域旅游规模化发展带动了商业繁荣以及地价、房价的上涨，2019年12月，西安市城六区存量住宅均价最高的是曲江新区，监测均价为16634元/平方米①。

四 丝绸之路陕西文旅产业提质增效的建设成效

（一）文旅项目投资建设情况

陕西省不断整合文旅项目，积极推进文旅领域的供给侧改革，不断优化文旅融合发展的营商环境，立足历史、民俗、文化等独特资源优势，突出传统文化的现代解读。2020年，陕西省进一步加大文化旅游省级重点项目建设力度，总投资达2000亿元以上（见表1）。可以看出，陕西文旅项目上规模、上档次的投资总量很大，以旅游项目投资拉动旅游消费增长，未来大力刺激旅游需求成为陕西文旅融合发展的长期任务。

表1 2020年文化旅游省级重点项目建设计划

单位：万元

序号	项目名称	建设地点	总投资
1	大唐西市丝路文旅小镇（二期）	西安市莲湖区	25000
2	延安红云红色文化云平台	延安市宝塔区	64000

---

① 《2019年12月西安市存量房市场分析报告》，房天下官网，最后访问时间：2020年10月10日。

续表

序号	项目名称	建设地点	总投资
3	西安曲江文创中心	西安市曲江新区	38600
4	宝鸡张载文化园	宝鸡市眉县	12000
5	宝鸡秦源文化产业园（三期）	宝鸡市陇县	12000
6	天汉大剧院	汉中市滨江新区	115900
7	小雁塔历史文化片区综合改造	西安市碑林区	828200
8	延安革命旧址保护利用工程	延安市	130000
9	汉中兴汉新区基础设施建设	汉中市兴汉新区	1370942
10	陕西省龙头山森林公园（一期）	汉中市南郑区	85000
11	商洛柞水孝义厅文化创意园	商洛市柞水县	50006
12	延安圣地河谷文化旅游产业园区	延安市宝塔区	512000
13	宝鸡麟游县九成宫怡心谷	宝鸡市麟游县	9800
14	宝鸡虢川河生态旅游度假区	宝鸡市太白县	12000
15	宝鸡眉县融创天朗文旅建设工程	宝鸡市眉县	50000
16	宝鸡大美佛汤城	宝鸡市扶风县	80000
17	宝鸡大剧院	宝鸡市金台区	65000
18	延安子长安定文化旅游名镇	延安市子长县	121451
19	延安万达文旅城	延安市宝塔区	1200000
20	安康瀛湖水旨小镇	安康市汉滨区	135000
21	靖边波浪谷旅游区（一期）	榆林市靖边县	7500
22	榆林统万城考古遗址公园	榆林市靖边县	2172
23	商洛印象文化旅游产业园	商洛市高新区	28000
24	甘泉大峡谷旅游观光带	延安市甘泉县	10000
25	南湖旅游度假区	汉中市南郑区	140000

资料来源：陕西省发展和改革委员会官网。

（二）效益

1. 经济效益

随着丝绸之路文旅融合的不断深化，陕西省旅游经济效益稳步提高，文旅产业发展效果显著。2015～2019年，陕西省接待境内外游客数量和旅游总收入都增长1倍左右，国内旅游收入增长迅速，如表2所示。

表2 2015～2019年陕西省旅游总人次和总收入

年份	旅游人次（万人次）	国内游客（万人次）	国际游客（万人次）	旅游总收入（亿元）	国内旅游收入（亿元）	国际旅游收入（亿美元）
2015	38567	38274	293	3006	2904	20.00
2016	44913	44575	338	3813	3659	23.39
2017	52284	51901	384	4814	4630	27.04
2018	63025	62588	437	5995	5789	31.26
2019	70715	70249	466	7212	6979	33.68

资料来源：陕西省统计局官网、陕西省文化和旅游厅官网。

2. 社会效益

陕西省服务设施日益健全，逐步实现"厕所革命"，基础设施与旅游服务设施不断健全，促进了公共服务智能化建设。同时，旅游对社会就业做出很大贡献，2019年旅游直接带动全社会就业人数达到277.95万，旅游通过行业间接作用，带动全社会实现综合就业495.69万人，陕西省旅游业对全社会就业的贡献不断增强，其直接和综合贡献率如表3所示。

表3 2017～2019年陕西省旅游业对全社会就业贡献

单位：%

年份	直接贡献率	综合贡献率
2017	11.50	19.91
2018	12.26	21.36
2019	12.82	22.87

资料来源：陕西省文化和旅游厅官网。

3. 文化效益

陕西发挥丝绸之路新起点优势，以旅兴文，以文旅跨界融合的方式，形成了以延安枣园文化广场等为代表的红色文化与旅游融合项目，以华清池《长恨歌》为代表的历史文化与旅游融合项目，以咸阳袁家村为代表的民俗文化与旅游融合项目。2019年，陕西博物馆数量比2000年增长了6

倍,如图1所示。2019年,陕西省有备案博物馆达319座,博物馆数量位居全国第四,其中,文物系统博物馆164座,国有行业博物馆60座,非国有博物馆95座。每12.1万名陕西人就拥有一座博物馆①。

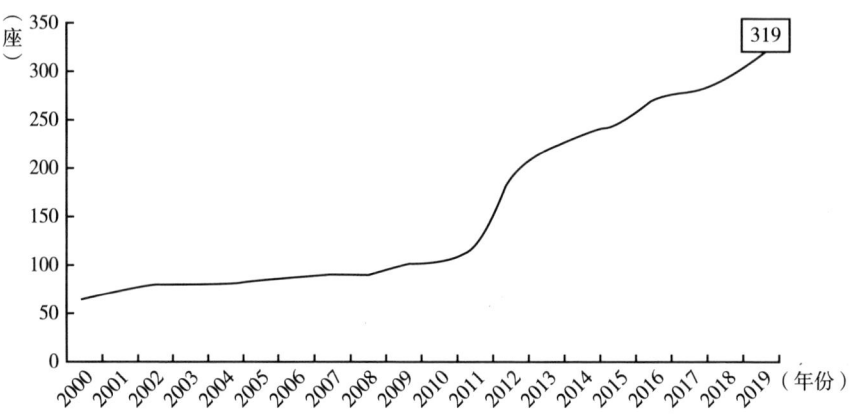

图1　2000~2019年陕西省博物馆数量变化

资料来源:陕西省文物局官网。

4. 生态效益

在生态效益上,陕西省牢固树立"绿水青山就是金山银山"的发展理念,积极开展主要旅游线路沿线风貌集中整治,在路边、水边、山边、村边开展净化、绿化、美化行动,在重点旅游村镇进行改厨、改厕、改客房、整理院落和垃圾污水无害化、生态化处理。2019年,划定秦岭生态保护红线面积2.23万平方公里,占秦岭区域总面积的37.8%;全省已建成含188个自动站(国省控)的空气质量监测网,全省城市环境空气质量综合指数同比改善2.0%②。

---

① 《陕西省文物基本数据(2020版)》,陕西省文物局官网,最后访问时间:2020年10月10日。
② 《陕西:生态文明建设迈上新台阶》,中华人民共和国生态环境部官网,最后访问时间:2020年10月14日。

五 西安市丝路文化建设高地的实践经验

(一)西安市丝绸之路文旅政策背景

西安市为推动丝绸之路文化旅游推出了一系列政策,早在2013年,西安市与沿线15个地区开发丝路主题街区和长安号丝绸之路专列旅游,加强与沿线国家和地区的合作,为部分国家和地区的国际旅游者提供落地签服务,推动西安高校与中亚地区的文化教育方面交流合作。

为贯彻落实习近平总书记来陕视察时做出的扎实加强文化建设的重要指示,2017年陕西提出"建设丝路文化高地""实施文化产业倍增计划",战略定位将西安建设为中华民族共有精神家园重要标识地、国际参与"一带一路"文艺创作的内容生产高地、丝绸之路文化产业带引领区。这意味着西安可以发挥省会城市的增长极作用,带动周边城市综合承载力的不断提升。

(二)西安丝路文化建设高地的战略布局

根据《西安市建设"丝路文化高地"行动计划(2018~2021)》,西安市提出六大举措,主要包括建设国家级文化生态保护区、历史文化名镇名村,"书香之城""博物馆之城""长安·中国节"传统节日礼仪振兴、"汉服唐装"传统服饰振兴等"最美西安"群众性活动;开展丝绸之路国际旅游博览会,推进"名家绘名城"西安创作工程、西安文艺创作"双百"工程等深挖和创作西安优秀IP故事;实施"六脉托长安"文化产业大走廊建设工程,推动西安文化装备制造业迈向全球价值链中高端,打造"文化+金融"发展的西安"千亿级"文化产业;实施西安城市更新工程和居民"美学素养"等系列历史文化标识工程,全面提升西安城市园林景观。

(三)西安丝路文化旅游发展措施

1. 发展文化旅游新业态

西安在丝路文化旅游产品的开发上,深入挖掘旅游产品的文化内涵,打造独特的西安IP，丰富创新文化内容，满足游客的审美和体验。针对游客需求，开发传统文化与现代文化有机结合的旅游产品，注重文化原真性的表达，设计内容丰富的游客体验形式。西安城墙推出了中国唐文化节活动，通过向游客展示唐文化礼仪、邀请游客参与投壶等古代游戏，创新旅游产品，推动唐文化的传播。大明宫国家遗址公园也推出了穿华服免费畅游大明宫活动，推动了唐代服饰文化的普及。

2. 创新营销推广方式

西安市着力打造属于西安的丝路文化旅游品牌，依托"西安最中国"系列活动，树立"西安最中国"城市品牌，利用微博、抖音、快手等新媒体多渠道营销，打造各类旅游打卡地，提高西安丝路文化旅游知名度，使西安迅速成为最受国内外游客欢迎的旅游目的地。从五一南门无人机光影科技表演到城墙上的中秋圆月亮，从永兴坊的摔碗酒到南门城洞网络歌手唱响《西安人的歌》，都成为西安独特的IP符号。2019年7月23~26日，西安市在多个城市举办了"看长安十二时辰，游千年古都西安"主题推介会，策划了体验十二时辰线路，引发了一股追剧观众的西安游热潮。

3. 完善旅游配套服务

西安通过创建"一带一路"国际金融网络信息服务平台，开放金融合作，构建"一带一路"区域金融中心，积极开展金融在文化旅游领域的国际合作与互联互通。建设旅游智慧服务平台，利用互联网和大数据、云计算等新技术，开展信息服务、数字娱乐等增值业务，推进智慧旅游，推动西安文旅企业"走出去"。

六　陕西文旅融合的发展趋势

（一）疫情复工后"非遗抗疫"文旅营销加速线上线下互动体验

在新冠肺炎疫情复工后，陕西省文旅厅联合安康市政府开展了以"非遗传承，健康生活"为主题的文旅活动，线上线下游客互动体验，提升了游客的参与体验和健康安全。陕西省有 50 家中华老字号、非遗项目保护单位、非遗生产性保护单位等非遗相关企业进行线上线下的展览展销活动，让游客和居民在非遗购物体验中共同参与非遗保护、共享非遗保护成果。突如其来的新冠肺炎疫情改变了人们的旅游消费行为，线上直播带货，线下体验消费，双向互动体验形式将长期成为人们的旅游习惯。

（二）文旅融合驱动乡村振兴发展

把文旅融合积极融入全省扶贫攻坚大局，促进乡村旅游不断向品质化、品牌化发展，逐步成为乡村振兴、产业转型的重要支撑和抓手。文旅融合与乡村振兴相结合，可以通过农业产业化，让农民就地就业，脱贫富裕起来，农村的环境也变得更加优美，吸引更多城市游客参与乡村振兴的发掘。柞水县营盘镇朱家湾村坚持"生态美、产业美、生活美、环境美、人文美"的发展理念，既注重绿水青山，又能赚取金山银山，吸引了周末西安市游客。

（三）现代时尚文化彰显城市文化IP

西安曲江新区作为电竞之都，将文化以"电竞+"形式展现出来，曲江新区配合扶持政策，全面深入推进电竞产业生态化、集群化、尖端化发展，推动"西安电竞"独特城市 IP 的树立，电竞与文旅的融合是其中重要的一环①。曲江新区不但引进西安曲江 WE 电子竞技俱乐部，还举办"王者归来"WCG2019 世界总决赛、LPL 英雄联盟职业联赛等头部赛事，为西安开辟了电竞顶层流量链。

（四）节会展演焕发传统文化与现代文化融合的活力

陕西文化旅游通过特色节会展演形式，促进传统文化与现代文化技术的交融，彰显文化艺术经久不衰的生命力。2020 年"十一黄金周"，《长

---

① 《全球 4 万玩家报名参赛 144 名选手巅峰对决"电竞奥林匹克运动会"WCG2019 总决赛西安开幕》，西安市文化和旅游局官网，最后访问时间：2020 年 10 月 14 日。

恨歌》接待游客5.08万人次，收入1380.74万元，位列全国旅游演艺第一。节会展演将会长时间成为游客体验传统文化与现代文化融合的主要形式，并刺激城市的夜间经济和消费，繁荣城乡商业，带动电商物流发展。

（五）历史文化遗产资源活化利用方式多样化、科技化、网媒化

在数字技术背景下，陕西丰富的历史文化遗产资源发展将呈现融合化、生活化、分级化、IP化、智慧化新趋势。文化遗产活化利用、数字化展示、沉浸式体验和高科技传播介质，让游客在数字博物馆里可以进入"虚拟现实馆"，通过虚拟三维技术观看博物馆展览实景，获得全新的体验和感受。

（六）旅游+体育——文旅产业转型新思路

疫后人们更加重视有品质的健身康体旅游项目，户外运动、体育小镇等新型旅游形式也将成为陕西省文旅融合的发展趋势之一。西安体育学院与鄠邑区建设特色体育小镇，大荔县建设国家体育产业示范基地。2021年第十四届全运会、第十一届残运会暨第八届特奥会即将在西安举办，"我要上全运"2020陕旅集团i奔跑荧火主题夜跑新闻发布会在西安唐乐宫召开，通过5G直播实现赛场实时互动。通过举办多种赛事活动和建设体育小镇，不断丰富体育+旅游的赛事运营模式，完善体育设施条件，形成大众体育旅游的良好社会氛围。

（七）"微旅行"——疫后旅游业深度细分的新模式

受疫情影响，今后一段时间，以距离近、时间短、随心性、慢体验为特点的"微旅行"将会成为疫后旅游业更新迭代和深度细分的新模式。在文旅融合新时代，"微旅行"是一款内涵丰富、形式精巧的高质量的文旅融合产品。当前"微旅行"目的地主要集中在："两小时"交通圈相邻城市、"一小时"城市文化生活圈、"半个小时"城市购物圈、"30公里"乡村旅游圈、"十分钟"社区交友圈。在疫情防控常态化时期，"微旅行"的兴起可以为陕西省文旅细分市场的发展提供借鉴。

参考文献

郝诗雨：《"丝绸之路经济带"中国段旅游经济效应研究》，南京师范大学硕士学位论文，2019。

马萍萍：《基于新丝绸之路理念的陕西旅游文化产品开发及应用研究》，《企业改革与管理》2020年第5期。

游仪、刘新吾、高炳：《这个年，真有味儿（大数据观察·关注春节消费）》，《人民日报》2019年2月5日。

王树君、尚云峰：《电竞登堂、旅游景附：电竞旅游的兴起与发展》，《当代旅游》2019年第3期。

哈乐群：《科技创新体系引领丝绸之路经济带产业合作研究——以陕西省为例》，《对外经贸实务》2020年第4期。

程广斌、沈雨研、陈曦：《丝绸之路经济带中国西北段节点城市综合承载力及影响因素研究》，《生态经济》2020年第8期。

周瑞：《博物馆信息化的智慧之路——以陕西数字博物馆建设为例》，《北京数字科普协会、北京博物馆学会、中国博物馆协会博物馆数字化专业委员会、北京联合大学应用文理学院.2019北京数字博物馆研讨会论文集》，2019年7月，第164~170页。

杨明：《西安列全国十大热门旅游目的地第二》，《西安日报》2020年10月10日。

李卫：《"我要上全运"i奔跑荧火主题夜跑启动》，《陕西日报》2020年8月9日。

余洁：《后疫情时期陕西旅游服务行业研判和帮扶企业脱困十点建议》，《新西部》2020年第3期。

沈莉：《对发展城市微旅行的思考》，《中国旅游报》2020年8月12日。

王军：《"微旅行"火了，后疫情时代去景区化的六大特质被曝光》，《文化产业评论》2020年9月14日。

社会科学文献出版社

皮 书

智库报告的主要形式
同一主题智库报告的聚合

❖ 皮书定义 ❖

皮书是对中国与世界发展状况和热点问题进行年度监测,以专业的角度、专家的视野和实证研究方法,针对某一领域或区域现状与发展态势展开分析和预测,具备前沿性、原创性、实证性、连续性、时效性等特点的公开出版物,由一系列权威研究报告组成。

❖ 皮书作者 ❖

皮书系列报告作者以国内外一流研究机构、知名高校等重点智库的研究人员为主,多为相关领域一流专家学者,他们的观点代表了当下学界对中国与世界的现实和未来最高水平的解读与分析。截至2021年,皮书研创机构有近千家,报告作者累计超过7万人。

❖ 皮书荣誉 ❖

皮书系列已成为社会科学文献出版社的著名图书品牌和中国社会科学院的知名学术品牌。2016年皮书系列正式列入"十三五"国家重点出版规划项目;2013~2021年,重点皮书列入中国社会科学院承担的国家哲学社会科学创新工程项目。

权威报告・一手数据・特色资源

皮书数据库
ANNUAL REPORT(YEARBOOK) DATABASE

分析解读当下中国发展变迁的高端智库平台

所获荣誉

- 2019年，入围国家新闻出版署数字出版精品遴选推荐计划项目
- 2016年，入选"'十三五'国家重点电子出版物出版规划骨干工程"
- 2015年，荣获"搜索中国正能量 点赞2015""创新中国科技创新奖"
- 2013年，荣获"中国出版政府奖・网络出版物奖"提名奖
- 连续多年荣获中国数字出版博览会"数字出版・优秀品牌"奖

成为会员

通过网址www.pishu.com.cn访问皮书数据库网站或下载皮书数据库APP，进行手机号码验证或邮箱验证即可成为皮书数据库会员。

会员福利

- 已注册用户购书后可免费获赠100元皮书数据库充值卡。刮开充值卡涂层获取充值密码，登录并进入"会员中心"—"在线充值"—"充值卡充值"，充值成功即可购买和查看数据库内容。
- 会员福利最终解释权归社会科学文献出版社所有。

数据库服务热线：400-008-6695
数据库服务QQ：2475522410
数据库服务邮箱：database@ssap.cn
图书销售热线：010-59367070/7028
图书服务QQ：1265056568
图书服务邮箱：duzhe@ssap.cn

卡号：663732967334
密码：

基本子库 SUB DATABASE

中国社会发展数据库（下设 12 个子库）

　　整合国内外中国社会发展研究成果，汇聚独家统计数据、深度分析报告，涉及社会、人口、政治、教育、法律等 12 个领域，为了解中国社会发展动态、跟踪社会核心热点、分析社会发展趋势提供一站式资源搜索和数据服务。

中国经济发展数据库（下设 12 个子库）

　　围绕国内外中国经济发展主题研究报告、学术资讯、基础数据等资料构建，内容涵盖宏观经济、农业经济、工业经济、产业经济等 12 个重点经济领域，为实时掌控经济运行态势、把握经济发展规律、洞察经济形势、进行经济决策提供参考和依据。

中国行业发展数据库（下设 17 个子库）

　　以中国国民经济行业分类为依据，覆盖金融业、旅游、医疗卫生、交通运输、能源矿产等 100 多个行业，跟踪分析国民经济相关行业市场运行状况和政策导向，汇集行业发展前沿资讯，为投资、从业及各种经济决策提供理论基础和实践指导。

中国区域发展数据库（下设 6 个子库）

　　对中国特定区域内的经济、社会、文化等领域现状与发展情况进行深度分析和预测，研究层级至县及县以下行政区，涉及省份、区域经济体、城市、农村等不同维度，为地方经济社会宏观态势研究、发展经验研究、案例分析提供数据服务。

中国文化传媒数据库（下设 18 个子库）

　　汇聚文化传媒领域专家观点、热点资讯，梳理国内外中国文化发展相关学术研究成果、一手统计数据，涵盖文化产业、新闻传播、电影娱乐、文学艺术、群众文化等 18 个重点研究领域。为文化传媒研究提供相关数据、研究报告和综合分析服务。

世界经济与国际关系数据库（下设 6 个子库）

　　立足"皮书系列"世界经济、国际关系相关学术资源，整合世界经济、国际政治、世界文化与科技、全球性问题、国际组织与国际法、区域研究 6 大领域研究成果，为世界经济与国际关系研究提供全方位数据分析，为决策和形势研判提供参考。

法律声明

"皮书系列"(含蓝皮书、绿皮书、黄皮书)之品牌由社会科学文献出版社最早使用并持续至今,现已被中国图书市场所熟知。"皮书系列"的相关商标已在中华人民共和国国家工商行政管理总局商标局注册,如LOGO( )、皮书、Pishu、经济蓝皮书、社会蓝皮书等。"皮书系列"图书的注册商标专用权及封面设计、版式设计的著作权均为社会科学文献出版社所有。未经社会科学文献出版社书面授权许可,任何使用与"皮书系列"图书注册商标、封面设计、版式设计相同或者近似的文字、图形或其组合的行为均系侵权行为。

经作者授权,本书的专有出版权及信息网络传播权等为社会科学文献出版社享有。未经社会科学文献出版社书面授权许可,任何就本书内容的复制、发行或以数字形式进行网络传播的行为均系侵权行为。

社会科学文献出版社将通过法律途径追究上述侵权行为的法律责任,维护自身合法权益。

欢迎社会各界人士对侵犯社会科学文献出版社上述权利的侵权行为进行举报。电话:010-59367121,电子邮箱:fawubu@ssap.cn。

社会科学文献出版社